經 濟 政 策

湯 俊 湘 著

學歷：國立湖南大學及中央幹部學校研究部畢業
　　　美國俄亥俄州立大學研究院研究
經歷：國立中興大學經濟系教授及主任
　　　國立政治大學、臺灣大學及中國文化大學
　　　經濟研究所兼任教授、高普考典試委員

三 民 書 局 印 行

國立中央圖書館出版品預行編目資料

經濟政策／湯俊湘著.--增訂初版.--
臺北市：三民，民84
面；　　公分
ISBN 957-14-0408-X（平裝）

550

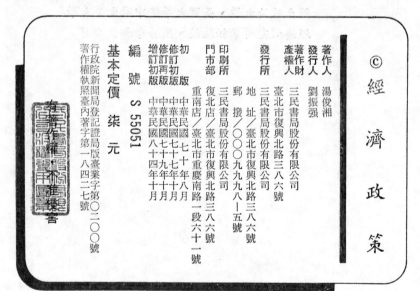

ⓒ 經濟政策

著作人　　湯俊湘
發行人　　劉振強
產著作財
權作人　　三民書局股份有限公司
發行所　　三民書局股份有限公司
　　　　　地址／臺北市復興北路三八六號
　　　　　郵撥／〇〇〇九九九八一五號
印刷所　　三民書局股份有限公司
門市部　　復北店／臺北市復興北路三八六號
　　　　　重南店／臺北市重慶南路一段六十一號
初版　　　中華民國七十年八月
修訂初版　中華民國七十七年十月
增訂初版　中華民國七十九年十月
增訂再版　中華民國八十四年十一月

編　號　　S 55051

基本定價　柒　元

行政院新聞局登記證局版臺業字第〇二〇〇號

著作權執照臺內著字第一八四二七號

ISBN 957-14-0408-X（平裝）

第三版序言

近幾年來，國內外經濟情勢又已有了巨大的變化。國際方面，由於蘇聯及東歐共產集團的瓦解，已證實集權政治與計劃經濟的不可行。而中國大陸則因進行了一連串的經濟改造，實施其所謂中國式的社會主義，不僅保住了共產政權，並已促成其經濟的快速發展。前一事實，固在吾人意中；後一發展，雖覺可喜，但仍未成為定型的發展模式，前途如何，仍待未來事實演變而定。對世界經濟影響最大的，應為關稅貿易總協定（GATT）烏拉圭回合的成功，已使經濟自由化與國際化成為一股不可遏阻的新潮流；加以歐洲經濟聯盟（EEC）的茁壯與發展，已為區域經濟樹立新的典範。國內方面，隨著經濟環境與條件的改變，我國經濟也達到由轉型而升級的階段；並為自身利益及配合世界潮流，必須加速經濟自由化與國際化的腳步。

此次本書第三度修訂，即就前述國內外之經濟情勢加以規劃。第二章第五節增加「蘇聯共產集團的崩潰與計劃經濟的解體」及「中國大陸經濟的改造」兩部分。第三章增加「充分就業」一節，係因一九七〇年代停滯性膨脹發生後，此一問題又受到各國重視。有些國家早已視之為經濟政策的目標之一，我國由於失業率一向低微，未予重視，但從理論上加以探討，仍有必要。第五章第六節增加「美國為穩定農產品價格所曾採取之措施」一項，對其近年來之政策變動作有系統之敘述，我國近年的農業政策也深受美國措施所影響。第六章第四節增加「為促進產業升級而實施的租稅減免」一項，並在第六節中增加「工業升級時期」。工

業轉型與工業升級雖非截然不同，但仍有其相當差別性。例如由輕工業轉向重工業，這是工業轉型；在原有類型中，增加其生產自動化及精密度，那就屬於工業升級了。第九章第一節增加「市場壟斷的衡量」，並將原有「壟斷的標準」改為「取締壟斷的標準」，第四節中也增加「解除企業的限制與保護」，列為對抗壟斷措施之一。第十一章第一節除就美國勞工運動的衰退補加說明外，並增加「勞工運動的前途」一項。最重要的修訂，則是增加第十三章「經濟的自由化與國際化」。在這一章中，除對戰後區域經濟發展及關貿總協定詳加介紹外，並特別著重於我國近年有關經濟自由化與國際化的各項措施。讀者在看完這章後，相信對於我國近年來經濟政策的走向，當有更多的了解。

　　此外，本書內其他章節，亦多以最新資料加以補充，各項統計數字，均儘可能以最新資料為準。惟官方資料有其時限性，例如國內統計資料，多取自經濟建設委員會發表之一九九四年 Taiwan Statistical Data Book，民國八十二年為其統計之最後一年，但如有其他更新的統計資料，自仍予引為參考。國外統計資料由於取得不易，只能間接自有關外文書刊中摘取，並無一定之年限。最後，本書在結構上仍如第一版自序所言，有其自認適當的範圍，只須在內容上隨時更求充實即可。惟體現政策的法令或措施經常有變，今日之所述，或已成明日黃花，如能籍本書尋其脈絡，亦可知其來有自也。

湯　俊　湘

中華民國八十四年九月

第二版序言

本書初版問世後，已逾六年，三民書局擬續出第二版，約請作者加以修訂，此亦為作者自己的心願。在初版序言中，曾謂「經濟政策，涉獵至廣，且有其空間性與時間性」。在過去幾年中，我國與世界經濟均有相當變化，尤以我國在快速的經濟發展中，已產生了若干新的經濟問題，政府亦曾採取了一些新的肆應之策，本書此次修訂，即就這些新的問題與政策加以敍述與檢討。但全書結構則一仍舊貫，並無稍加變更之必要。茲將此次修訂重點列述於次：

1. 第四章第五節關於經濟成長的理論，曾將哈樂德與多馬二人之理論併加敍述並略作補充，另添加新古典學派的成長理論，以求完備。

2. 第五章農業發展政策，除就近年來有關法令之修改及新的統計數字加以修訂外，並另增一節討論農業生產結構問題及其對策，此為近年我國農業政策的重點，自有詳加檢討的必要。

3. 第六章工業發展政策，已就近年來有關獎勵投資及外人投資法規之修訂，以及我國工業發展之現況加以增補，並在工業計劃評估標準一節中，增加兩項私人年利力之計算公式。此外，對影響每人平均再投資邊際商數之各項因素以及徵收綜合消費稅所需之基本資料，亦曾加以補充說明。

4. 第七章國際貿易政策中之輸出保險及輸入關稅兩部分，已依現有情況作較多之修訂；並就我國對外貿易政策重加檢討，增列貿易出超

金額過大問題，探討其短期政策與長期政策。

　　5. 第十章經濟不穩定問題及其對策中有關停滯性膨脹部分，已依美國解決此一問題之經驗重新檢討。由此問題引起之需要面經濟學與供給面經濟學的論爭，亦併作扼要之介紹。目前此一問題雖已暫時消失，但其在經濟理論上引起之波瀾，仍待經濟學家進一步的考驗。

　　6. 其餘各章雖未有較多之變動，但因有關法令修改及統計數字變更而有更改之必要者，均已分別加以修訂，並儘可能以民國七十六年底之資料為依據。

湯　俊　湘

中華民國七十七年十月

自　序

　　經濟政策，涉及至廣。且有其空間性與時間性。我國在大學經濟系之課程中，列有經濟政策科目，主講者每因缺乏適當教材，深感不便。作者在中興大學經濟系主講是課，已歷多年，最初曾以 William D. Grampp 及 Emanuel T. Weiler 二人編輯之「經濟政策」一書為參考材料，該書係一有關經濟政策之論文集，作者多為美國大學著名教授，內容精闢，毌待詞飾。以後美國 Kenneth E. Boulding 教授所著「經濟政策原理」一書問世，亦曾引為參考。本國方面，施建生教授曾於民國五十七年自刊「經濟政策」一書，為我國第一部極富學術水準之經濟政策教科書，作者用為教材多年，教學稱便。惟施先生以後未再修訂印行，乃促使作者鼓起勇氣撰寫此書。除對當前各項經濟問題及其對策，從原理與實務兩方面詳加探討外，並着重介述近年我國經濟政策之內容與成果，期使理論與政策融為一體，外邦與我國相互參證。

　　在寫作過程中，感於政策重在實踐，不尚高談，因而儘量不以數學公式或複雜圖解作為說明或分析之工具，以使不專攻經濟學者亦有閱讀本書的能力。再者，本書參考之著作及資料頗多，小如雜誌之一篇論文或報紙之一則報導，祇要有實際參考價值，無不廣為徵引，如一一註明出處，實嫌繁瑣。又如末章引述　國父遺教之處，多見於民生主義及有關演講之中，讀者類多耳熟能詳，故亦未再加註釋。最後，尚有一言及之者，即任何政策之取捨，均有賴於執政者的價值判斷，原無絕對是非

之可言，以是本書在論及某一問題之對策時，亦祇列述各種可供採取或選擇之途徑，至於利弊得失，大多略而不論。

　　本書共列十二章，前四章為了解經濟政策所須具備之歷史性及一般性知識，第五至第七章，分述一國發展農工及國際貿易之政策，第八至第十一章,分述在經濟發展過程中發生之重大問題及其對策。最後一章，雖顏曰我國民生主義的經濟政策，但民生主義之精神，實已融合於前述各章有關政策之中，此地僅就平均地權、節制私人資本及發達國家資本三項，分別詳加探討，並為本書之歸結。關於貨幣與財政政策，作者認係經濟政策賴以實施之手段，已分別插敍於有關章節之中，故未專章論述。

　　本書寫作，多利用寒暑假為之，時斷時續，費時幾近三載。作者雖已勉力以赴，祇恐學養有限，見識難周，況政策原非理論，見仁見智，更易參差，如有錯誤或不妥之處，尚祈讀者不吝指教，是所感幸。

湯俊湘謹識

中華民國七十年八月

於國立中興大學

經 濟 政 策 目次

第三章　經濟政策的目標

第四章 經濟發展概述

第五章　農業發展政策

第六章　工業發展政策

第七章　國際貿易政策

第八章　所得分配問題及其對策

第九章　企業壟斷問題及其對策

第十章　經濟不穩定問題及其對策

第十一章　勞工運動與勞工政策

第十二章　我國民生主義的經濟政策

第十三章　經濟的自由化與國際化

第一章 緒 論

第一節 經濟政策的意義

所謂政策 (Policy)，通常是指人們爲達成某種目標或解決某項問題所採取之策略。美國鮑汀 (Kenneth E. Boulding) 教授在其所著「經濟政策原理」一書中，則謂「政策一詞，通常指爲達成某種目的而支配其行動的準則」❶。小而言之，一個企業有其營業政策，一個工廠有其生產政策；大而言之，一個國家，更有所謂外交政策、國防政策或經濟政策等。在制定任何政策時，必將考慮下列幾方面，也可說是形成任何政策的必經步驟：一是我們所要達到的目標或所要解決的問題是什麼？二是可有那些方法作爲達到目標或解決問題的手段？三是選擇那一方法以使目標的達成或問題的解決最爲滿意或最爲有效，兹再分別言之。

第一，人類在其求生的過程中，必然地會要遭遇各種問題及各種困難，如果只抱聽天由命的觀念，而不設法以謀解決問題或克服困難，自不會有運用政策的必要。因之，任何一項政策的發生，都必先有解決一

❶ Kenneth E. Boulding: *Principles of Economic Policy*, 1958, p. 1.

定問題或追求一定目標的意念。有時候，這些問題的性質不是十分清晰或不是十分重要的，沒有對症下藥的政策，固然解決不了問題；而那些不成問題的問題，也不值得人們去致力解決。

第二，解決任何問題通常可有許多不同的方法或途徑，它們之間，不僅在解決問題的效果方面有所不同，而且也有其不同的成本或代價。我們在制定一項政策時，必須先要探討解決某一問題的每一可能的方法或途徑。這些方法，有時是可以互相替代的，有時則又可以聯合運用，我們必須在各種方法之間，就其效果與代價加以比較，然後選擇一種我們認為最為理想的方法，以為解決某一問題或達到某一目標的手段。

第三，事實上，一項政策的制定，尚不止於上述過程。我們所要追求的目標，可能是多方面的。不僅有政治的、社會的或經濟的不同，且在某一性質的大目標之內，又有各種小目標之別。這些大目標或小目標之間，有些是可並存不悖的，有些則是互相衝突的。例如政治民主與經濟自由，是我們追求的兩大目標，它們之間且是互相輔助的；而發展經濟與平均財富雖也是我們追求的兩大目標，它們之間則是多少有所衝突的。我們在制定達成各項目標的政策時，如在各項目標之間有所衝突，就須權衡輕重有所取捨，這就涉及所謂「價值判斷」(value judgement)問題。

上述一般政策形成的過程，如以之用於一國經濟問題的解決，那就形成了經濟政策。例如我們遭遇了失業問題，在謀求對策之前，我們先要確定此一問題是否到了我們必須解決的程度。在任何社會內，由於種種原因，總有若干人發生失業現象，因之在某一程度之內的失業，並不構成一個需要解決的問題。如果失業問題到了必須加以解決的程度，我們就須探討對付這一問題可以採取的各種途徑，例如實施就業輔導、加強職業訓練、增加投資支出、舉辦公共工程等，均為可行的有效途徑。

採行那一方法，自隨失業問題發生的原因及其嚴重程度而異。輕微的失業，自不必採取舉辦公共工程一類劇烈的手段；反之，如以就業輔導一類溫和的手段，亦不足以解決經濟蕭條期中的大量失業問題。加之，各項手段不僅功效不同，亦有其不同的代價及副作用，例如過多的公共投資，可能加重未來的財政負擔，或是增加通貨膨脹的壓力，我們必須就各種手段的功效與代價加以分析與比較，才能有所選擇。而充分就業與通貨膨脹的關連性，更是我們所要考慮的重要因素：我們願有較多的就業而忍受較多的通貨膨脹乎？抑是不願有過多的通貨膨脹而願忍受較多的失業乎？在二者之間如何選擇，要視價值判斷而定。而價值判斷的標準，涉及經濟以外許多其他因素的考慮，有時進入倫理學的範圍，不是單純的科學知識所能決定的，經濟理論與經濟政策的分野，主要的即在於此。

　　經濟政策雖爲解決經濟問題的策略，但仍有其時間性與空間性。經濟事象是無時不在變動之中的，經過的時間愈長，經濟事象的變動愈大，同一問題在不同時期有其不同的性質，因之亦須採取不同的經濟政策以對付之。即以失業問題而論，在同一國家內，由於發展階段的不同，失業問題即有不同的特性，今日美國遭遇的失業問題，即與一九三〇年代的情況不盡相同。過去認之爲適當而有效的政策，可能已不適合於解決今日的經濟問題。再者，每一國家或每一地區亦有其不同的經濟與社會背景，甲國的失業問題與乙國的失業問題比較，在其發生的原因或其嚴重的程度上亦未必完全相同；即使完全相同，亦因兩國在其他方面的情況不同，而不能採取完全相同的經濟政策。總之，沒有任何政策，可以放諸四海而皆準，或是垂諸百世而不惑，這是我們在研究或制定經濟政策時必須先有的了解。否則，在變動不居的經濟事象中，固持某種「以不變應萬變」的政策，非獨於事無補，更足以僨事，不可不

愼耳。

第二節　經濟理論與經濟政策的關係

理論與政策自是屬於兩個不同的範疇。理論所研究的，是在了解或闡釋某些事象的因果關係或是某一事象的行為準則。這些因果關係或行為準則，乃是客觀存在的事實，不受主觀的好惡所影響。而政策所研究的，則與主觀的「好壞」、「是非」或「善惡」有關，人們須先選擇所要達成的目標，然後選擇達成目標的適當手段，目標與手段的選擇，均受人的意志所支配。雖然如此，目標與手段之間，仍有其必然的因果關係，不是人的意志所能隨便左右的。

關於經濟理論與經濟政策的關係，可有三種不同的看法：

一是認為兩者旣各有其不同的研究範疇，自應構成兩個不同的學科，甚至分由不同的人去從事研究，因之有人將經濟理論的研究，稱之為敍述經濟學 (descriptive economics) 或實證經濟學 (positive economics)，而將經濟政策的研究，稱之為實用經濟學 (practical economics) 或規範經濟學 (normative economics)。經濟理論的研究，亦猶自然科學的研究一樣，旨在闡釋各種事象的因果關係，亦卽研究「是否」 (what is) 問題，經濟學之所以成為一種社會科學，應指經濟理論的研究而言。而經濟政策所研究的，則為「應否」(what ought to be) 問題，帶有濃厚的倫理成分，不能視為科學的一部門。

二是認為經濟理論與經濟政策的研究，無法截然劃分，亦不應截然劃分。古典學派的經濟學家，當其建立一種經濟理論時，無不涉及當時發生的某種經濟問題或反抗當時政府實施的某種經濟政策。例如亞當·斯密 (Adam Smith) 倡導的自由貿易理論，就是由於反抗當時的重

商主義而建立起來的；李嘉圖 (David Ricardo) 的差別地租理論，也是為了證明當時「穀物法」(Corn Law) 的不當而提出來的；本世紀三十年代發生的經濟蕭條，亦使凱恩斯(J. M. Keynes)建立其充分就業的經濟理論。凡此例證，不勝枚舉。事實上，十九世紀初期的經濟學家，多將政治經濟混爲一體，而稱之爲「政治經濟學」(Political Economy)。在今日的經濟學教科書中，亦每在某種理論分析之後，從事有關政策的探討。他們認爲經濟學家既已熟知經濟理論，則據以表達其對經濟政策的意見，自更較他人爲適當了。而且，任何社會科學的理論，都不免摻有建立理論者的主觀成分。

三是認爲經濟理論與經濟政策仍爲兩個不同的研究範疇，但兩者有其密切的關係。沒有理論作基礎的政策，將如黑夜行路，莫辨方向。反之，僅有理論而不能用之於解決問題，則理論只能供人玩賞，甚或流於一種詭辯術。因之，在制定任何一種經濟政策時，仍須依賴經濟學家的分析與建議。經濟理論至少可在下列幾方面對之有所幫助：

第一，確定所要解決的問題的性質 經濟問題有時是相當複雜和十分曖昧的，一個不懂經濟理論的人，甚至不知道一項經濟問題的本質及其形成的原因，自亦不知道應該如何加以解決。以物價問題爲例，物價變動每有多方面的原因，有因成本變動而引起者，有因有效需求變動而引起者；而需求之所以變動，又有其多方面的原因。只有藉助經濟理論的分析，才能透視問題的本質，找出問題的起源，甚至確定它究是經濟發展過程中的必然現象，抑是值得我們設法加以解決的問題。否則，對付一項不成問題的問題，固不免庸人自擾，而忽視了問題的嚴重性，更將貽禍於無窮。

第二，找出解決問題的各種可能的途徑 在了解一項問題的眞象後，必須對症下藥，始克有濟。經濟理論幫助我們了解各個經濟事象的

因果關係，從而可以針對問題發生的原因，找出解決問題的各種可能途徑，並分析比較各項途徑的利弊得失，以供決策人士的取捨。例如爲抑制通貨膨脹所可採取之方法有：提高銀行利率、直接緊縮銀行信用、減少政府支出、增加稅目與稅率、政府發行短期債券等。每一方法的效果與代價不盡相同，經濟理論可以幫助我們對此作客觀的分析，俾能選擇正確而有效的手段，達成我們理想的目標。

第三，爲決策人士提供選擇目標與手段時之參考　前已言之，經濟政策涉及價值判斷，決策人士在選擇目標與手段時，每須從多方面加以考慮權衡，有時從經濟觀點認爲適當的目標與手段，並不爲決策者所採取。雖然如此，經濟理論仍是決策者所須考慮的重要因素。例如在制定所得分配政策時，經濟理論告訴我們：過份的平均財富分配，必將阻礙國民經濟的發展，因之在追求「均富」的目標時，必先對此加以充分的考慮。事實上，一個從事經濟理論的經濟學家，往往也對當前的經濟問題提出政策性的意見，由於他們了解各項經濟變數之間的關係，其政策性的建議自更易受到決策者的重視。

由上所述，可見經濟理論實爲制定經濟政策不可缺乏的基礎。但運用經濟政策，仍是政治範疇以內的事，唯有憑藉實際的政治力量，才能謀求經濟政策的實施。因此可以說，經濟政策是經濟理論在政治方面的運用 (Economic policies are the operation of economic theories in politics)。美國鮑汀 (K. E. Boulding) 教授亦云：「經濟政策的研究乃爲經濟理論的前導，政策與理論並不是兩件不同的事，經濟政策的理論就是經濟學的理論」❷。 美國格蘭勃 (William D. Grampp) 及衛勒 (Emanuel T. Weiler) 二氏在其編輯「經濟政策」一書之序言中，亦謂「經濟學家同意經濟政策在經濟學的研究中有其重要的地位，有些人相

---

❷ 見註❶引書 Preface.

信，人們僅是爲了解決問題才去研究經濟學」❸。

經濟理論雖有助於制定經濟政策與解決經濟問題，但這並不是說，以理論作基礎的政策，就可以有效地解決問題，因爲理論的本身也是不完全的，在應用上自亦受到相當的限制。舉其要者，約有下列數點：

第一，任何經濟理論，都是相當抽象的，它只是在衆多有關的事象中，根據若干假定，闡釋某一變數與另一變數之間的關係。例如我們在研究貨幣數量與物價水準的關係時，常須假定其他的因素不變。事實上，其他有關的許多因素，是無時無刻不在變動之中的。因此經濟學家常說，在資源尚未充分就業的時期，貨幣數量的增加，常可促成貨物生產的增加，因之物價可以不漲或其上漲的幅度較小；而在資源已達充分就業的時期，貨幣數量的增加，不能引起貨物生產的增加，因之物價上漲的幅度，每與貨幣增加的數量成比例。舉此一例，已可說明在制定物價政策時，不能單着眼於貨幣數量的控制，貨幣數量學說只能提供部分的解答。

第二，經濟理論的研究，在其假定不變的其他因素中，有些因素是我們所已知的，在制定政策時，尚可對之加以適當的考慮，但必也有若干我們所不知的因素或無法加以考慮的因素。例如技術的變動與心理因素等，雖對經濟事象發生巨大影響，但在分析現有的經濟事象時，常無法預知未來技術的變動，而心理因素更是難以捉摸的。此外，一國的文化背景與社會結構，亦對經濟事象的發展具有密切關係，例如印度的階級制度與我國社會的重義輕利思想，其對兩國經濟發展的障礙，亦不是經濟學家所能衡量出來的。因之以不完全的經濟理論，用作制定政策的考慮時，必須加以適當的修正或限制，才不致發生濫用或錯用理論的流

---

❸ William D. Grampp and Emanuel T. Weiler: *Economic Policy*, 1956, p. ix.

弊。

第三，經濟政策是對未來行動的一種指導方針，而經濟理論則是對過去或現有事象的一種分析，過去認爲如此的現象，未必完全重現於將來，因之經濟預測在經濟政策的制定中佔有極爲重要的地位。但任何預測都帶有相當的不定性，我們無法確知一定的作爲必將發生一定的結果。尤其在經濟事象快速變動和日益複雜的今天，很多過去認爲正確的理論，已不足以解釋當前的經濟現象。例如通貨膨脹與經濟蕭條兩種現象，過去認爲是不能並存的，因之對付兩種現象的經濟政策，亦如枘鑿之不能相容。但自一九七〇年代以來世界各國發生了所謂「停滯膨脹」(stagflation)，過去認爲不能並存的兩種現象，居然同時發生於一個國家之內，任何對付此一現象的政策，非獨已無適當的理論可循，且更增加其預測的不定性。尤以經濟事象每受未來一些非經濟的因素所影響，而使任何的經濟預測變得更爲困難。

第三節　經濟政策與實際政治

廣義的經濟政策，應指人們對其經濟生活加以規範的任何規則而言。這些規則，有些是屬於習慣方面的，例如我們在與別人交易時，應遵守誠實與公平的規則，違反此一規則，卽使沒有法律上的制裁，也會受到輿論的指責與社會的唾棄。然而，最常見而重要的，仍爲以法律或命令方式表達的經濟政策。在法令的規定下，可以告訴人們那些是應該做的，或那些是不應該做的。在自由經濟的社會中，經濟生活的規範多半是消極的，卽是告訴人們那些是不應該做的，而在相當大的範圍內，人們可以依其自己的意志自由作爲。唯有在政治上具有權力的人或團體，才能制定這種具有強制性的行爲規則，因之爲貫澈實施一定的經濟政

策，必須先要掌握或取得一定的政治權力，甚至由於經濟政策的不同，而可影響政治權力的形態。例如倡導自由經濟政策的，必為屬於民主形態的政治權力，而極權政府所崇奉的，必為統制經濟或集體經濟。然而，無論為何種政治權力，在制定經濟政策時，仍須遵循下列幾項原則，也可說是經濟政策必須具有之特性：

1. **整合性**　經濟政策只是規範經濟生活規則的總稱，經濟生活是多方面的，每一方面都可有其相應的政策。卽使是為一個較大的目標而制定的經濟政策，也可散見於許多不同的法令或習慣之中，為達成經濟政策的整體效果，各項法令或政策之間，必須維持相當的和諧或一致。如能在各項政策之間發生互助或互補作用，自屬理想，否則，亦應避免相互間的衝突，勿使它們的效果互相抵銷。

2. **可行性**　任何政策，必須付諸實施，始能發生效果，故在制定經濟政策時，必先考慮當前之需要及其實施之條件。過高之理想，猶如空中樓閣，無補實際；而不具備充足之實施條件，亦將減損政策的效果。例如共產主義之「各盡所能各取所需」之分配政策，只能說是一種烏托邦的理想，迄今亦未為共產國家所採行。又如在一個沒有健全組織與高度行政效率的國家，欲以高額累進所得稅來促進國民所得的平均分配，亦難望有良好的效果。總之，良好的政策，不在其理想之高遠，而在其實施之有效。必要時，可以分段或分期實施，所謂「登高必自卑，行遠必自邇」，卽此之意。

3. **伸縮性**　前已言之，政策具有空間性與時間性，而不是可以一成不變的，今日認為良好的政策，他日或將為人所唾棄。故在制定一項政策時，必須具有相當之伸縮性，俾能隨着客觀條件的變化，而作適當而必要的修正。例如民生主義的均富理想，乃是一項長遠的目標，顯非任何政策所能一次奏效，而須配合國家的經濟發展，不斷地修改達此目

標的政策。反之，一項政策也不能朝令夕改，使人無所適從，而須具有相當的穩定性。如何在兩者之間求其適當的平衡，應屬高度的政治藝術，非可以言語來表達了。

4. **副作用最小**　政策猶如治病之藥方，藥可治病，亦可產生副作用，良好的藥劑，必求副作用減至最少，政策亦然。例如為達成均富目標而實施高額累進所得稅，固有助於財富的平均，但亦將妨害財富之增殖，反不易達到均而富的目標。又如為抑制通貨膨脹而過分地緊縮銀行信用，固有助於物價之穩定，但將妨害正常的生產活動，導致其他的經濟問題。因此，在制定一項經濟政策時，應使有害的副作用減至最少，此則須從兩方面加以努力：一是在多種可用的手段中，以副作用最小者優先考慮；二是一項手段的副作用，仍可因其他原因而異，例如累進所得稅的副作用，可因征收方式及稅率結構而不同，如對此加以周詳的分析與考慮，必可使副作用減至最少。

第二章　經濟政策的演進

第一節　引　言

　　人類爲求生存，乃結合而爲各種形式的政治組織，每一時期的政治組織，必有其所要達成的目標，因亦有其不同的經濟政策。可以說，在未有系統的經濟知識之前，即已有了經濟政策。我國立國數千年，典章文物制度，粲然大備，其有關經濟思想者，亦散見於各家著作之中，例如禮記、管子、鹽鐵論及食貨志等書，均有關於經濟方面之論述；而宋之王安石，明之張居正，更爲一代經世之臣，其變法施政，多與經濟有關。但嚴格言之，我國雖有經濟思想與經濟政策，但迄無有系統之經濟理論。今日我國對於經濟學的研究，仍不得不以西洋的經濟理論爲基礎。至於我國歷代有關經濟之政策，雖因朝代更迭，多所遞嬗，但數千年來以農立國，而農業經濟又以土地問題爲中心，故土地政策乃爲經濟政策之重點。三代的井田制，晉之占田制，隋唐之班田制，均爲解決土地問題之方策。而王安石變法，即以農田水利爲本，更進而裁抑兼併、平均賦役、周轉農本；而張居正之爲政，亦從抑制兼併、丈量田畝、平

均賦役着手。孟子曾謂:「夫仁政, 必自經界始, 經界不正, 井地不均, 穀祿不平, 是故暴君污吏, 必慢其經界, 經界旣正, 分田制祿, 可坐而定也」。此雖針對封建制度下之情況而言, 實亦歷代聖君賢相引爲安邦定國之良策。　國父倡導的土地政策, 亦深受此種思想所影響。

我國固有之經濟思想, 係以解決土地問題爲中心, 而其解決土地問題之目的, 則爲謀求國民之經濟福利, 進而獲致政治上之穩定。因之,「經濟」二字在我國的典籍中, 實乃「經世濟物」之意。總統　蔣公在其所著中國經濟學說一書中, 曾謂「從人與物的關係來說, 中國稱經濟學爲經世濟物之學, 從個體與全體的關係來說, 中國稱經濟學爲國計民生之學。我們可以說, 經濟的原理, 就是經世濟物的道理, 亦就是國計民生的學理。簡言之, 經濟學卽致國家於富強之學, 卽建國之學, ……所以中國經濟學的範圍, 比西洋經濟學的範圍要廣得多」。由此可知我國的經濟思想與經濟政策實不可分, 經濟政策的演變實卽代表着經濟思想的演變。然而, 由於我國數千年來治亂相尋, 始終停滯在農業經濟階段, 因而歷代的經濟政策, 亦少有顯著之變化與更張。另一方面, 自哥倫布發現新大陸之後, 西洋各國爲開拓海外市場, 其國內經濟逐漸發生變化, 隨之而來的經濟政策, 亦曾發生劇烈之變動。本章乃就近代西洋社會經濟政策之演變過程加以分析, 每一時代的經濟政策, 實卽代表着那一時代的主要經濟思潮。至於中古以前之西洋社會, 亦長期處於封建的農業社會之中, 較少顯著之改變, 故略而不論。

第二節　重商主義時期之經濟政策

重商主義 (Mercantilism) 一詞, 原係亞當斯密用以形容自十六世紀至其國富論 (Wealth of Nations) 出版時 (1776) 一段時期內歐洲各國

流行的經濟思想與實施的經濟政策的總稱。 具有這種思想的人， 他們之間並無一定的連繫與交往，亦無顯明一致的一套共同接受的觀點或理論。然而，在當時的政治與經濟環境中，他們形成了若干「中心傾向」(central tendencies)，我們今日所稱之重商主義，只是就這些中心傾向加以概括的敍述，並非所有重商主義國家或重商主義者都有完全相同的看法與做法。事實上，當時的英國、荷蘭或西班牙這些重商主義國家之間，在若干基本政策之間，仍是頗多歧異的。

一、重商主義的時代背景

在哥倫布發現新大陸及麥哲倫 (Fredinand Magellan) 發現印度洋航線之後，歐西各國相率致力於向外發展，而充實國力則爲向外發展的先決條件，因之，各國政治家莫不鼓吹建立強有力的中央政府，並以各種方法謀求國家之富強。加以新大陸發現後，大量黃金流入歐洲各國，而使歐洲經濟發生重大變化，以往基於物物交換之自然經濟，逐漸轉變爲以黃金作爲交易手段之貨幣經濟，黃金成爲財富的代表，認爲擁有的黃金愈多，則國家或個人愈爲富足。因之，如何設法增加黃金的數量，乃爲各國經濟政策追求的目標。同時，歐洲自文藝復興以後，追求個人幸福的人文主義 (humanism) 代替了中世紀時的苦行主義(asceticism)，追求財富已不再視爲罪惡，而在貨幣經濟逐漸抬頭之時，更激發了個人追求財富的熱忱。重商主義就是在上述這些情況之下形成的一種經濟思想，並由而成爲各國力行的經濟政策。

二、重商主義的主要政策

歸納言之，重商主義的政策，約可分爲下列數點：

1. 發展出口貿易　黃金旣已視爲國家的財富，而國際貿易又以黃

金作爲最後的支付手段，則就一個缺少黃金的國家而言，如何擴大國際貿易的順差 (favorable balance of trade)，自爲一國貿易政策之無上目標。爲促進出口貿易，常有藉助政治力量開拓海外市場之必要，因而又產生了擴大貿易空間的殖民主義及獨霸國外市場的壟斷主義。這些國家出口貨物所需的原料，有些必須從海外市場獲得供應，但運回本國加工之後，不僅可以增加出口貨物的價值，且能促進國內的就業及其他產業的發展。在他們的心目中，進口只是出口的手段，而與今日我們以出口作爲進口的手段大不相同。

2. 勵行經濟管制　重商主義旣以擴大貿易順差爲其政策的目標，則對一些可以出口的產業，自必鼓勵其儘量發展，而對一些進口的消費物品，則必抑制其進口數量或改由本國自行生產，因之政府常對國內資源的分配及人民的生活進行干涉。例如以租稅方法減少某些物品的生產，以補貼方法促進某些物品的生產，對新的製造方法給以專利權，對海外航運加以保護，對物價與工資加以規定等。爲開拓海外市場，並以特權授與許多從事國際貿易的公司，使在某一地區形成獨佔的貿易機構，甚至壟斷了當地國家的經濟命脈，最後使其淪爲他們的附庸國家，英國東印度公司之對於印度，卽其顯例。

3. 勞動與工資政策　一般言之，重商主義者大多主張擴張人口與維持低廉工資。他們認爲工資只應保持在僅夠生存的水準，這有兩點理由：一是低廉工資可以減輕生產成本，便利產品外銷；二是貧窮可使工人工作勤奮，而高額工資將使工人趨於酗酒與淫蕩。因之，在重商主義時期，曾有各種抑制淫蕩與鼓勵窮人勤奮的提議，例如一七〇一年的約翰勞 (John Law) 倡議對消費課稅，藉以鼓勵富人節儉及窮人勤勉。休謨 (David Hume) 雖在其他方面致力於自由運動，也支持以適度的租稅鼓勵勤勉，但却認爲過度的租稅將損毀工作誘因與產生失望。他們所希

望的實質工資，乃是一種高到可使工人具有追求奢侈生活的刺激力，但又低到他們永遠難以達到追求的目標。他們對於勞動供給的看法，與今日經濟學家所稱的勞動後斜供給函數 (backward-bending supply function) 相彷彿，卽是擔心工資上升到一定的水準之後，工人們寧可增加更多的閒暇而不要更多的工資，如此將使出口工業賴以生產的勞動力爲之減少。同時，爲增加國內勞動力的供給量，他們主張對外國工人之移入儘量放寬限制；並認爲人口的增加，將有助於國內建立新的產業及增加生產數量。

三、重商主義的評價

重商主義雖因自由主義的抬頭而趨於沒落，但在歐洲經濟發展的過程中仍有其不可磨滅的功績。凱恩斯在其就業、利息與貨幣通論 (General Theory of Employment, Interest and Money) 中，曾稱讚重商主義者的「實用智慧」(practical wisdom)，就其適用於某一國家而言，實具有「科學眞理的成分」(element of scientific truth)，但對整個世界則否。凱恩斯述其主要論點如下：

「在一個政府當局對於國內利率缺乏直接控制，對於國內投資缺乏其他誘力的時代，增加貿易順差的各種措施乃是它們爲增加國外投資唯一可用的直接手段。同時，貿易順差促使貴金屬流入的功效，也是減低國內利率，並因而增加國內投資誘因的唯一間接手段」 ❶ 。

雖然如此，重商主義到了十八世紀以後，由於下列原因，已逐漸受到人們的責難，甚至在重商主義者的文獻中，也發現他們的論調，有些是互相矛盾的。等到亞當斯密的自由放任主義日漸抬頭之後，重商主義

---

❶ J. M. Keynes: *General Theory of Employment, Interest and Money*, 1936, p. 336.

終於在時代主流的推移之中，逐漸趨於沒落而消失了。

第一，重商主義者忽略了貿易順差帶來的黃金增加，所予國內貨幣供給量增加的效果。尤其在部分準備制的貨幣制度之下，更使國內貨幣量增加的比例，遠大於黃金增加的比例。隨着貨幣增加，引起國內物價上漲，而使大多數的薪資階級及其他固定收入者，遭致實質所得減少的痛苦，從而引起他們對於重商主義政策的不滿。早期的政治哲學家洛克 (John Locke, 1632-1704) 以及後期的休謨(David Hume, 1711-1776)，都曾指出貨幣數量與物價之間的密切關係，認為國內物價常隨對外貿易的盈餘或虧絀而發生變動，而為貨幣數量學說開其先河。

第二，重商主義的最大錯誤，是其認為一國的貿易順差及其帶來的黃金累積是可以長期繼續下去的。殊不知當國內物價隨着前述貨幣數量增加而上漲後，必使國外對於本國貨物的需要隨而減少；相對地，因貿易逆差而流出黃金的外國，則因貨幣數量減少而引起物價下跌，從而必將增加本國對於外國貨物的需要。在此一情況下，前一國家將由貿易順差轉為貿易逆差，而引起黃金的流出，後一國家則由貿易逆差轉為貿易順差，而造成黃金的流入。隨着兩國物價水準的變動，又可出現相反的情況。當時的重商主義者對此種關係缺乏認識，而由事實的演變否定了他們的錯誤觀念。

第三，重商主義導致的國內經濟干預，初期固有助於私人產業的發展。但在一國經濟相當發展以後，人們又認為過多的國家干涉，反將阻礙私人經濟作進一步的發展，尤以對新產業的興起為然，因之要求政府放寬管制的呼聲日趨高漲。甚至早在一五四九年發表的英國領域內共同福利論述 (A Discourse on the Common Weal of This Realm of England)一文的匿名作者（或為 John Hales 所寫），就不相信立法管制可以促進社會福利。他在分析圈地運動 (enclosure movement) 引起之各

種問題時，認為市場力量較之政府命令，更有助於資源的有效分配。並
指出政府對於圈地的管制，都是愚蠢的和無益的❷。到了十八世紀以
後，由於技術日趨進步，政府力量已不足對日益發展的私人經濟作有效
的管制，而不得不逐漸放寬或放棄其已有的管制法規，從而加速了重商
主義的沒落。

第三節　自由放任主義的經濟政策

重商主義沒落以後，繼之而起的即為自由放任的時代。此一時期可
從亞當斯密國富論發表後開始，一直延續到本世紀三十年代。古典學派
的經濟學說，乃為這一時期內的思想主流，各國的經濟政策，莫不深受
他們的學說所影響。然而，任何一種思想的產生，雖為當時客觀環境下
的產物，但亦多半有其思想淵源。本節即以古典學派的主張為中心，對
自由放任的經濟政策略加論述。

一、自由放任主義的哲學基礎

在重商主義時期，雖以政府干涉經濟為其特色，但仍不乏自由放任
的思想。例如重商主義者曼德佛爾 (Bernard de Mandeville) 在其一七
〇五年發表的寓言詩中，就曾認為個人的罪惡（自私）可以產生公共的
美德（最大的社會福利），此與亞當斯密在國富論中的中心思想實相一
致。關於人性 (human nature) 的看法，他認為理解應由事實而來，而
非來自任何的唯理主義者或先驗的考慮。此種對於人性的經驗觀，實
為自由革命的一項基本要旨。由於感覺是知識的源泉，由於每一個人都

---

❷　參看 Robert B. Ekelund and Robert F. Hebert: *A History of
Economic Theory and Method,* 1975, pp. 35-36.

接受不同的外來刺激，故早期的經驗主義者都認為最適當的社會組織，應是一個允許個人自由到最大限度的組織。然而，對自由放任主義最有影響的，仍為下列兩種不同的哲學思想：

1. 自然秩序(Natural Order)　在重商主義時代的末期，法國出現了一批所謂「重農主義者」(Physiocrats)，他們認為只有農業可以產生淨生產(net product)，而為真實財富的真正來源。其領導人揆內(Francois Quesnay, 1694-1774) 曾以所謂經濟表說明所得與支出之周流，　此地不擬評論。他們認為當時法國的農業遭遇兩大阻礙：一是由於對外戰爭及宮廷糜費所造成的租稅負擔，多由農民承當，從而阻礙農業資本的累積；二是重商主義的經濟政策，不僅限制了農產品在各地間的貿易，誘使資本由農業轉向工業，且因人們的嗜好轉向工業品，而減少了農產品的國內需求及其價格，　由而更阻礙了農業方面的資本累積。　為改善此種情況，重農主義者一面主張租稅收入只應來自農業的純生產，並應減輕農民的租稅負擔；另一方面，主張廢除貿易限制，便利農產品的流通，促使資本流向農業。其賴以立論的基礎，乃其倡導之自然秩序，因之有人稱重農主義乃「自然秩序之科學」 (science of natural order)，可見其對重農主義之重要性。

關於自然秩序的意義，可有各種不同的解釋。就重農主義者而言，他們認為社會經濟在基本上為一有機體，各部門息息相關，任何一部門受到擾亂，終必透過相互作用與反作用，而使其他部門受到影響，此種有如身體器官之相互依存關係，乃自然界之秩序，而為人人所應遵守。有人甚至認為此種秩序為天意的表示(expression of the will of God)，具有普遍性 (universality) 及不變性 (immutability)，　人類果能依照自然法則處理自身事務，則政府自不必加以行政或立法上的干預。他們認為「阻礙固屬不好，助長之更為糟糕」(To hinder might be bad, but help even worse)。基於自然秩序的觀念，重農主義者也倡導自然權利 (natural right)，認爲人們有追求自己經濟利益的權利，有享受自己勞動所生財產之權利，有私有土地的權利。認「財產乃自然秩序的基石」，「私有財產的安全，實爲社會經濟秩序的眞實基礎」。而此「人類的權利，並非在歷史中所找到的，其根苗在於人的本性」❸。

　　由於上述觀念，重農主義者都主張立法活動應減至最小限度，而以維持自然秩序、保護私有財產、普及敎育（爲保障民權）及從事公用事業爲限。自由放任 (Laissez Faire) 一詞源自法語，實卽重農主義者倡導之觀念，對古典學派之自由經濟理論，實有無比深切的影響。

　　2. 功效主義 (Utilitarianism)　吾人只知「最大多數的最大幸福」(The greatest happiness of the greatest numbers) 乃英人邊沁 (J. Bentham, 1748-1832) 所倡功效主義的信條，實則英人哈其遜 (Francis Hutcheson, 1694-1746) 在其一七五五年出版之「道德哲學體系」(A System of Moral Philosophy) 一書中，卽曾闡述功效主義的思想，但以邊沁發揮得最爲透澈。邊沁所倡之功效原則，係以能否增進社會福利作爲推斷人類行爲價値的一項標準。某項行爲如能增進社會福利，卽屬美德 (virtue)；反之，如縮減社會福利，便屬罪惡 (vice)，因之，人類行爲應導使之爲最大多數人謀求最大幸福。對追求自己幸福而損害他人的個人施以懲罰，無論爲法律的、社會的或宗敎的，都是功效主義者所十分贊同的。他並認爲社會的一般利益，可用社會中個人利益的總和來衡量，但個人的利益或幸福，則仍決定於其主觀的感受或自己的判斷，而不帶有任何倫理或道德成分。同時，世間亦無任何一項行爲或制度，具有永遠不變的價値，如果人們主觀的感受發生變動，則昔日認爲良好的法律與制度，可

---

❸　括弧內引語，見趙迺摶著歐美經濟學史（正中書局出版）第六一到六三頁。

能又在功效原則之下而須加以改變或放棄了。

二、古典學派對於政府的看法

古典學派與重農主義者一樣，都認爲政府的權力應加限制。例如亞當斯密認爲政府的任務應限於下列三項：一是保護整個社會，使其不受外界的侵犯。二是保護社會的每一成員，使其不受他人的欺壓。三是建立並維持各種公用事業與公共工程，這些事業雖有益於整個社會，但如由私人經營，則其收益不足以補償其費用支出。在這些事業中，有些是便利於商業活動的，如道路、橋樑、運河與港口等；有些則是爲了促進年青人及其他一般國民的教育，使他們更有能力照顧自己的活動。斯密氏並認爲個人自由的發揮如若危害到整個社會，則應加以限制，可見他對政府任務的看法，也不完全是消極的。邊沁也曾認爲政府的任務應受限制，但如政府的干預所能增加的社會福利，較其所減少的爲多，則政府的干預仍是正當的。總之，古典學派對於政府的看法，也是根據功效原則而來，在他們的心目中，較少的政府任務，意味着較多的個人自由。而斯密氏認爲每個人「在追求其自己的利益時，每能更有效地促進其社會的利益」❹。這種個人利益與社會利益相調和的論調，雖爲自由經濟主義者的基本信念，但仍以自由競爭市場的存在爲其先決條件。因之如何維持一項自由市場與公平競爭，乃爲他們的重要政策之一，容於下節述之。

三、古典學派經濟政策的特點

古典學派也是一個籠統的名詞，大致是指亞當斯密及其以後一羣倡導自由放任政策的經濟學家。他們之間並不對每一經濟問題都持相同的

---

❹　Adam Smith: *The Wealth of Nations*, p. 423.

看法，但因同在自由經濟的旗幟之下，他們倡導的經濟政策，至少具有三項顯著的目標：一是維持公平競爭，二是保護私有財產，三是維護企業自由。這些目標的含義，毋待解釋。但在這些目標的後面，仍有一些更為重要的特色，每易為人們所忽略，特於此列述於次：

1. 重視消費者的利益　消費為一切經濟活動的終極目的，故消費者的利益，理應受到特別的重視。亞當斯密在其國富論中曾說：「消費為一切生產的唯一目的，生產者的利益固應受到照顧，但僅以其為促進消費者的利益所必需者為限度」❺。例如古典學派都是反對政府管制物價的，但亞當斯密也曾主張當麵包的供給操在壟斷者之手時，則應對其價格加以限制。

2. 重視社會的分工　亞當斯密特別重視分工 (division of labour) 的利益。他在國富論第一篇第一章中，即以製針為例，說明一個完全手工操作擔任全部製造過程的製針工人，一天只能製造一針，而在分工操作的情況下，十個工人一天可以生產四萬八千針，平均每人每日生產四千八百針，可見分工的結果，大大地增加了勞動的生產力。推而廣之，行業與行業之間，國家與國家之間，都可實施相當程度的分工，亦如工藝方面的分工一樣，可以大大增加全體行業或全體國家的總生產量，而使每一行業或每一國家分享此一增產的成果。

3. 尊重個人的選擇　古典學派的經濟學家雖然是以功效原則作為衡量一項行為價值的標準，但他們所追求的最大福利，並不是由外界或他人所賜予或決定的，而是由每個人自己所感受或判斷的。功效主義者通常也是民主主義者與平等主義者，他們視國王與乞丐的差別無關重要，每個人的利益都在衡量一般福利時受到同等的重視。一項措施，如其增加農民的快樂大過其所減少的貴族快樂，那就是值得我們所追求的。他

❺　同上註引書第六二五頁。

們不僅尊重個人所選擇的目標，也尊重個人為達成目標所選擇的手段，因之消費自由、擇業自由與企業自由，都是構成自由經濟的必要條件。

4. 重視價格機能　前已言之，古典學派認為個人利益是可與社會利益相調和的。斯密氏曾經說過：「每一個人通常既未想到促進公共的利益，也不知道他正增進了多少公共利益。他之寧願支持本國產業而不支持外國產業，僅是為其自己的安全着想；他之所以設法使其事業的產品可以獲得最大的價值，亦僅是為其自己的利益着想。在這些以及其他的許多場合中，他是被一隻看不見的手所引導，使其達成一項並非自己所想望的目的」❻。此地所稱之「一隻看不見的手」(an invisible hand)，實即帶有競爭性的市場制度下的價格機能。例如每個生產者都希望自己的產品賣得最好的價格，但在許多生產者的自由競爭下，價格終必落到僅夠成本的水準，而使消費大眾獲得了合理價格的消費。反之，每個消費者都希望以最低的價格獲得一項物品的消費，但在許多消費者的自由競爭下，價格終必達於可以生產的成本水準，而使全體生產者仍能繼續其生產活動。

5. 重視財富的創造　斯密氏之國富論，即以如何增加國民財富為其立論的中心目標。首先他以分工作為增加財富（今日稱為經濟成長）的首要因素，因分工可以增加勞動的生產力，透過生產的增加而提高了工人的工資及每人平均所得，不僅使全體國民獲得更高水準的消費，也能增加國民儲蓄與資本累積，而使分工可以愈趨細密，結果又導致生產與所得的愈益增加。而且，在分工愈趨細密的情況下，常易促成技術與設備的改進，而更有助於生產與所得的增加。

四、自由經濟所受的限制

❻　同註❹引書第四二三頁。

　　自由放任的經濟制度，雖爲古典經濟學家所歌頌，但也不是絕對美滿和無往而不利的。下列三種現象，每使自由經濟的利益不能充分發揮，甚至由而抵消了自由經濟所帶來的利益：

　　1. 競爭的不完全　　公平競爭並不是人類社會的自然現象。事實上，貪婪、獨霸、妒嫉，均爲人類的本性。尤其在財產私有的制度下，各人擁有的財富不同，各人受教育的機會不同，彼此競爭的條件就不是完全一致的。在此種不公平的競爭中，每易發生弱肉強食的現象，競爭的結果反爲競爭的消失，此種現象，隨着經濟的發展而日趨顯著。故以自由競爭爲基礎的自利與公益相調和的論調，就已失其立論的根據。

　　2. 人口增加的壓力　　古典經濟學家一般都重視人口數量對於經濟發展的影響。他們一方面認爲勞動爲一切財富的源泉，斯密氏甚至十分肯定地說，人類之所以能夠每年生產大量的消費物品，乃是由於人類的活動，而非自然的力量。設無勞動者的勞力，土地仍將爲不毛無用之物。然而另一方面，他們又認爲人口的不斷增加，終將迫使工資降到僅夠生存的水準。尤以馬爾薩斯 (T. R. Malthus, 1766-1834) 指出人口係按幾何級數增加，而食物僅依算術級數增加，當生活水準降到最低的「生存水準」時，人口數量才會停止增減，今日我們稱之爲「馬爾薩斯的人口陷阱」。這一數量的人口就與可供使用的資源數量保持着自然的平衡，只是這種自然的平衡乃是一種停滯而貧困的平衡罷了。以後的古典經濟學家雖不如馬爾薩斯之那樣悲觀，但莫不認爲人口的增加與自然資源的有限，同爲經濟發展中的兩大阻力，無怪有人要稱經濟學爲「憂鬱的科學」(dismal science) 了。

　　3. 各階層利益的衝突　　古典經濟學家的社會和諧論，不僅因爲市場競爭的不完全而受到阻礙，事實上，社會各階層的利益也是難得和諧一致的。首先指出這一矛盾現象的爲英國的李嘉圖 (David Recardo,

1772-1823)。 他認為隨着人口的增加， 人類利用的土地必愈來愈趨貧
瘠，而農產物的價格是依最貧瘠土地的生產成本來計算的，因之愈好的
土地就發生了愈多的差額地租。在一定的土地生產中，地主分享的部分
愈多，則資本家與工人分享的部分就愈少，終至工人的工資降到自然工
資 (natural wage) 的水準 (按李氏之自然工資實即生存水準的工資)，
而資本家的利潤率 (當時的經濟學家每將利息與利潤混同)，則降為零
點， 由此可見地主的利益是與資本家與工人的利益相衝突的。氏又認為
資本家的利益也與工人的利益相衝突。他說：「利潤若不降低， 就無法
提高勞動的價值。地主與農業勞動者分割穀物，要是後者所得的百分數
多， 則前者的所得必少。同一理由，資本家與工人分割布疋，要是前者
所得的百分數多， 則後者之所得必少」❼。由此以觀，地主、資本家與
工人三者的利益， 即使在自由競爭之下，也是難得一致的。此在當時經
濟不發達的情況下， 由於生產數量有限，任何一人之所得增加，必致他
人之所得減少。今日技術進步，生產倍增，一人所得增加，非獨不一定
引起他人所得的減少， 甚至在增加的生產中，每人都可獲得比前為多的
所得。李氏前述之言， 亦指百分比的增減而言，而非絕對數量。即使如
此， 由於各個人或各階層的所得，並非按同一比例發生變動，他們之間
的衝突仍是不可避免的。

第四節　現代自由國家的經濟政策

在自由放任的經濟政策之下，各國的經濟莫不呈現空前的繁榮與發
展。雖在十九世紀末期， 由於資本主義導致了社會財富分配的不均，而
有社會主義思潮的興起； 或是便於經濟後進國家的開發，而有國家保護

------

❼　見註❸引書第一四九頁。

主義的產生，但世界各國在基本上仍是遵循自由放任的經濟政策，少有更易。但自本世紀以後，首先在蘇俄國境內發生了共產主義的革命，成立了世界第一個共產國家；到一九二〇年以後，又因各國承襲了第一次世界大戰期間擴大的權力，對民間經濟活動多所干預，尤以一九三〇年以後經濟大蕭條期中，爲促進經濟復甦，各國政府莫不大事擴張其活動的範圍，而使世界經濟進入了一個新的時代，有人稱之爲計劃的自由經濟。而蘇俄及其他共產國家，則由政府掌握了幾乎全部的生產要素（包括人在內），對其本國的經濟活動，加以全面而澈底的規劃，有人稱此爲計劃經濟 (planned economy)。茲先就自由國家說明於次。

一、政府干預經濟活動的原因

自由放任的資本主義，雖對人類經濟的發展有過輝煌的貢獻，但亦隨之發生許多流弊，加以政治情勢的改變，亦使政府的活動大爲增加，舉其要者，約有下列數項：

1. 獨佔力量的滋長　在自由競爭之下，若干私有企業逐漸發展壯大，形成獨佔或寡佔的經濟組織。尤以技術的進步，促使企業的規模日益擴大，私人的資本日益集中，其雄厚的力量，足以壟斷市場而違害全體消費者及勞動者的利益。自由經濟學家所謂個人利益與社會利益相調和的論調，事實上已不復見。美國雖早於一八九〇年就已頒行反托辣斯法案，以打擊獨佔企業，但以執行上之困難，並未收到良好的效果。及至政府扶植勞工力量保護勞工利益之後，工會又寖假形成另一種獨佔力量，其合法取得之罷工手段，每因運用過當而造成勞資雙方的尖銳對立，並常對人們的經濟生活構成巨大的威脅。此種勞資雙方均趨獨佔的情況，雖有助於平衡勞資雙方的利益，但顯已喪失自由經濟賴以運行的基礎，而使資本主義的自由經濟制度，面臨嚴重的考驗。

2. 財富分配的不均　在自由經濟之下，有兩種人在財富分配方面享有優越的地位：一是地主，由於人口的增加與經濟的發達，引起地租與地價的上漲，擁有土地的人，可以坐享社會進步的成果，各國雖以土地稅限制地主的不勞而獲，但其作用至爲有限。古典經濟學家亦曾認爲地租的不斷上漲，可以導致人類經濟發展之停滯，如何改善土地私有制度，要爲今後能否改善所得分配及促進經濟發展之重要關鍵。二是資本家，尤其是經營企業之大資本家，每從壟斷與剝削中分享厚利，亦爲造成財富分配不均之重要原因。以美國爲例，一九七○年，在全部消費單位（即家庭）中，最富有的百分之五的家庭所擁有的財富，佔全國財富總額的百分之四○，而最富有的百分之一的家庭所擁有的財富，佔全國財富總額百分之二十五，可見其財富分配不均之嚴重程度。到一九八九年，情況更爲惡化。（見第八章第二節）其他自由經濟國家亦有類似情況，不過不如美國之嚴重罷了。財富分配不均，不僅構成經濟發展之阻礙，且導致政治與社會問題。

3. 經濟活動的不穩定　自由經濟雖其自身具有自動調節的功能，但在調整的過程中，必然引起經濟的波動。此種經濟循環的現象，在一九三○年代以前，尚不十分劇烈，故未構成嚴重的經濟失調問題。但在一九二九年爆發世界經濟大恐慌之後，各國迅卽轉入空前未有之經濟大蕭條的漩渦，久久而不能自拔。以美國爲例，一九三二年失業人數達到全國勞動人數四分之一，當時尚無失業保險制度，其所引起之社會騷動，不難想像。古典經濟之充分就業理論，至此已完全失却效用。各國政府爲扭轉此一局勢，莫不在經濟立法與行政措施方面進行重大改革，而使政府在經濟方面的活動大爲增加。加之，經濟學家亦多一改往日的論調，贊成政府對經濟活動進行干預，凱恩斯的經濟理論風行一時，且至今猶爲自由國家所宗法。一九七三年以來世界經濟又已進入另一新的階

段，各國政府與經濟學家對於所謂「停滯膨脹」(stagflation) 的新經濟現象，幾至束手無策，難以應付，此對今後經濟政策的方向，必將產生深遠的影響。

4. 兩次世界大戰的影響　本世紀以來歐美自由經濟國家經歷兩次世界大戰，為求戰爭的勝利，不得不以各種手段動員全國資源，並對國內經濟活動進行管制。例如第一次大戰中，歐陸國家多將鐵路收歸國有，並對生產與分配進行管制。有些管制雖於戰後取消，但鐵路國有及若干重要資源的管制政策，則仍繼續維持。二次世界大戰後歐洲各國的政治局勢，更是發生空前的劇烈變動，社會主義的思想日漸抬頭，例如英國戰後在工黨執政期間，將鐵路、鋼鐵、煤礦等事業以及英蘭銀行收歸國有，並實施國民保險政策，而使其經濟本質發生重大改變。其他歐陸國家亦在政治、社會與經濟各方面，發生或多或少的變革，而中國大陸及東歐國家之淪入共產集團，更是本世紀由於戰爭產生的重大悲劇，固不僅止於經濟的變動而已。

5. 加速經濟發展的需要　二次世界大戰後，過去淪為殖民地的亞非諸國紛紛獨立，為改善其國民生活，莫不致力於經濟開發。其他各國亦因人口不斷增加，技術不斷改進，而有更進一步發展經濟的需要與潛力。為加速經濟發展，賴有更多的公共投資或更多的國家保護，因之政府在經濟活動中扮演的角色日益重要。

二、自由主義者的看法

自由主義者對上述現象自不能熟視無睹，但他們對於政府應否增加對於經濟活動之干預及其干預之方向與程度如何，則仍抱持不同的看法。大體言之，可將自由主義者區分為改良派與保守派，他們雖仍共同維護私有財產制度及自由而公平的競爭，相信這是激勵人們努力工作與維護個人尊嚴的唯一途徑，但在實施的方法與政府的職能方面，則顯然有着

不同的歧見。

改良派的自由主義者認為當前的價格制度或市場經濟，至少有三項基本缺點：一是只能滿足少數人的有效需要，而不能滿足大多數人的基本需要 。這是由於自由經濟所產生的財富分配不均，必使富有者的有效需要，成為社會生產趨向的目標，而多數人由於購買力不足，不能產生引導生產的作用。而且，除了個人消費以外，還有共同消費，而此共同消費的種類與數量，却不是透過市場制度所能決定的。二是只能從私人觀點進行資源的有效分配，而不能從社會觀點進行資源的有效分配。這是因為任何生產事業，除私人成本與私人收益外，尚有社會成本 (social cost)與社會收益(social revenue)。例如工廠產生的廢氣與廢水，可以違害人們的健康，由而遭致的損失或代價，並未計入私人生產成本之內；反之，醫院或公園不僅對直接利用者產生利益，也對其他人產生間接利益。在市場制度下，只由私人成本與私人收益決定供給與需要，再以其決定的價格指導資源的分配。在社會成本較高的情況下，則濫用了較多的生產資源，而在社會收益較多的情況下，則又嫌少用了生產資源。三是市場制度只能產生自由競爭，而不能保障公平競爭。這是因為公平的競爭，必以競爭者具有大致相同的條件為前提，而在自由經濟社會中，企業的規模有大有小，經營的資本有多有少，大企業與小企業自難在公平的基礎上從事競爭。加之，企業主與勞動者之間，生產者與消費者之間，亦莫不有競爭的存在；今日勞動者雖已有工會組織，而提高了他們的競爭地位，但衆多消費者則如一盤散沙，加以大企業壟斷了大衆傳播工具，更使消費者處於不利的地位。由於上述理由，改良派的自由主義者大多主張從下列兩方面從事改革：

1. 促進市場的自由競爭　其所採用的主要手段有：（1）強化職業團體之組織，以保障企業主與勞動者之間的公平競爭。（2）鼓勵農民與

消費者組織合作社、從事共同運銷、共同採購或共同融資等業務，以加強他們對抗中間商人的力量。(3) 保障中小企業的發展，並打擊私營企業的獨佔或壟斷。美國羅勃凱 (Wilhelm Ropke) 在其所著「當代的社會危機」(The Social Crisis of Our Time) 一書中，甚至認爲西方社會正徘徊於十字街頭，一方面是自由放任主義造成了大型企業與工會的壟斷，另一方面則受集產主義的誘惑，而有喪失自由生活的危險。拯救之道，唯有發展小型經濟組織，氏稱之爲「第三條道路」。在此一社會中，旣無大型的公司企業，亦無龐大的工會組織，如此即可充分發揮自由經濟的市場功能，而使社會各方面的利益獲得充分的保障。

2. 擴大政府干預經濟活動的權力　改良派的自由主義者並不主張政府直接從事各種經濟活動，如國營事業等。但却認爲自由經濟易於導致各方面的利益衝突及資源的浪費或誤用，因之政府宜用各種手段，對私營經濟進行干預，甚至對國家經濟發展進行規劃，然後藉助財政與貨幣政策對私營經濟加以輔導或規範，以求達成整體經濟的目標。此外，他們認爲政府亦可舉辦若干公共投資，以促進私營經濟事業的發展，亦可生產若干公共財貨，以滿足社會大衆的共同需要。

然而，在自由主義的陣營中，却有三位極爲傑出的經濟學家，他們堅守自由主義的優良傳統，反對政府干預任何的經濟活動。那就是奧國的密塞斯 (Ludwig von Mises, 1881-1973)與海葉克 (Frederick A. von Hayek, 1899-)以及美國的費德曼(Milton Friedman, 1912-)，人們多目之爲保守的自由主義者。

密塞斯早在一九二〇年正當俄國共黨革命政權推行共產主義之際，就曾爲文指出社會主義制度不能處理經濟問題，他說：「凡無自由市場之處，即無價格制度；無價格制度，即不能作經濟計算」。而經濟計算 (economic calculation) 却爲一切經濟活動賴以運行之基礎。一九二二

年，出版「社會主義論」(Socialism: An Economic and Sociological Analysis) 巨著，對社會主義更是加以無情的痛擊，結論並謂社會主義無他，破壞主義而已。事實上，蘇俄自史達林以來，卽已進行多次經濟上的改革，希圖建立經濟計算制度，以爲分配資源的有效指標。他又於一九四九年出版「人的行爲」(Human Action: A Treatise on Economics) 一書，認爲人的行爲的最後目的，總是使行爲人的某些願望獲得滿足，而此滿足的感受，則是完全出於行爲人自己的判斷，誰也沒有資格斷言什麼會使他人更感快樂或較少不滿足。而在今日分工合作的社會中，如要達成個人的目的，則有賴於市場經濟的運作，政府存在的目的，就在保障市場經濟的順利運行。人們須在市場經濟與社會主義之間作一選擇，而無所謂「中間路線」，倘如實行社會主義，廢除經濟計算，則其結果必然是一團糟，社會的分工合作也將歸於解體。

海葉克曾在一九四四年出版「到奴役之路」(Road to Serfdom) 一書，強調政府增加其對經濟活動之干預，必會導向社會主義，而在極權的社會主義中，市場機能將被摧毀，經濟計算已無可能，人們失去民主與自由，無異回復到以前的奴隸社會。然而，他也認爲，自由放任的時代業已過去，不應再予恢復，政府應以立法方式加強社會經濟的競爭。他在一九六〇年出版的「自由的憲章」(The Constitution of Liberty) 一書中，更創「法治之法」(Laws under rule of Law) 一詞，認爲法律之基本原則有三：(1) 法律必爲保障人權的，卽保障每一公民之私領域的自由。(2) 法律必爲一般的，適用於每一公民，特別法必須減至最少可能之限度。(3) 法律必爲平等的，認爲法律平等地適用於立法者與用法者，乃被治人民之主要保障。

費德曼在其一九六二年出版的「資本主義與自由」(Capitalism and Freedom) 一書中，認爲競爭的資本主義對個人自由提供了最堅強的保

證。他曾指出：一個人如因不能獲得執照而被禁止其從事他自己所選擇的職業，或是一個消費者由於進口限制而不能買到他所要的外國產品，或是一個農民由於沒有配額而被禁止其種植小麥，那就無異剝奪了他們自由的必要部分。而且，費德曼也認為歷史顯示經濟的與政治的自由不是沒有關連的，他說：「一個曾以大量政治自由著稱的國家，而又沒有使用自由市場一類的制度以組織其大量的經濟活動，我尚未知前例」。依據費德曼的觀點，競爭的資本主義由於其承認個人的自然權利及其非強制性，實為一種在道德上較為優越的制度。因之他也反對為對抗就業歧視的立法，認為「這種立法顯然地干涉了個人與他人自願訂立契約的自由，它使這類的契約受到國家批准或不批准的支配。……如果我們相信以膚色等作標準是不適切的，則宜說服我們的同伴使其也有我們同樣的想法，而不宜使用國家的強制力量強迫他們依照我們的原則去做」。費德曼顯然相信，為僱主保持其法律上的契約自由，要比增進弱勢僱工的有效論價自由為更具道德性。

　　由上所述，在改良的與保守的自由主義者之間，主要的差別，只在政府活動範圍的不同。前者似乎認為政府為謀整體經濟之和諧與發展，可在適當的範圍內從事若干輔助性的經濟活動，並可進行一定目標下的經濟規劃；而後者則認為政府的主要任務，在設法促進市場經濟下的價格機能，對私人經濟應盡量減少其干預的成分。但兩者都強調政府在有干預私人經濟活動的必要時，應以「規則」(rule) 來引導人民的經濟活動，而不應以「權威」(authority) 來強迫人民從事各種經濟活動。建立規則的目的，在使人們了解並遵循一定的軌道，從事有秩序而公平的競爭。而權威則出於當政者的武斷，人民沒有經濟活動的充分自由，價格機能亦受到人為的干擾，自由經濟下所具有的自動調節與整體和諧的功能，自亦不能達到的了。

三、美國的混合經濟

在當今的自由世界中，以美國的經濟制度保有最多的經濟自由，然而，美國自身並不稱其爲純粹資本主義的經濟制度，而寧可稱之爲「混合經濟」(mixed economy)。在這樣的一個國家內，不是限制那些事情可由私人辦理，而是政府在經濟方面，究竟扮演何種的角色，而政府的經濟政策，就是以其扮演的角色來規劃的。歸納言之，美國政府在經濟方面的任務有下列幾方面：

1. 對於私經濟的促進與規劃　又可分爲下列六類：

(1) 爲企業與家庭提供從事秩序交易的穩定環境。在這一方面的基本職能爲：界定財產權、維護契約、仲裁糾紛、規定度量衡的標準、執行法律與秩序、及維持貨幣制度等。事實上，這些職能都是任何有組織之社會所必需者，在紀元前二千年以前之漢穆拉比法典 (Code of Hammurabi) 及以後之古埃及與希臘之法律中，都曾對界定財產權及有關商業之各項事務有過詳細之規定。

(2) 舉辦各種公共福利設施。例如建立工業的健康與安全標準，爲某些勞工階級規定最低工資，提供老年、殘廢、疾病與失業給付等。這些社會福利設施主要雖因人道理由而舉辦的，但亦顯示私經濟方面未曾公平而適當地滿足社會的需要。

(3) 對特定人羣授予經濟上的特權。政府經由選擇性的補貼、關稅、配額、貸款、租稅、物價支持及其他法律規定，嘉惠於某些消費者、產業、工會及其他經濟力量薄弱的人羣。這些特權與管制的產生，有些出於政治上的壓力，有些基於經濟上的需要，但無疑地，也多半導致物價上漲、效率減退及資源配置不

當等流弊。

(4) 維持經濟體系內的公平競爭。例如制訂法律禁止企業獨佔、不公平交易及改善僱傭條件等。

(5) 經由適當的租稅、支出與貨幣政策，以維持高度的就業水準及鼓勵持續的經濟成長，而又同時遏止通貨膨脹及儘量減少環境污染。

(6) 經由所得稅、遺產稅、財產稅、區域規劃及其他管制，以促成所得與財富的重分配。

2. 提供社會財貨　由於自由市場不能適當地提供某些共同需要的財貨，政府才在此一方面負其責任。所謂社會財貨（social goods）又分兩類：一是公共（集體）財貨（public goods or collective goods），例如國防、立法、維持治安及空中交通管制等均屬之。它具備三個特色：(1) 不具排斥性，即不論人們付費與否，均可同樣享受其利益。(2) 邊際成本為零，即不因享受的人增加而遞增其成本。(3) 產生外溢效果（spillover effects），即其所滋生的外部利益或成本，通常均無法獲得適當的補償。但後兩項特性，有時也是私有財貨所具有的。二是其他社會財貨，如公路、國家公園、圖書館、博物館、義務教育、公共住宅及公共醫院等，其性質介乎公共財貨與私有財貨之間，通常享用者必須付出一定之費用，而不是可以完全免費得到的。

3. 改正外溢效果　經濟活動產生外溢效果的例證，到處可見。在競爭性的自由經濟中，常使產生外溢利益的產業，配置了較少的生產資源，而產生外溢成本的產業，則配置了過多的生產資源，此種資源配置不當的結果，是使整個社會未能在一定的資源下，提供最適當的生產水準。為改正此一情況，可採取下列措施：(1) 對產生外溢利益的產業或活動，由政府直接舉辦，或以補貼方式鼓勵民間舉辦。在後一方式下，

由於成本降低，自可在一定價格下，增加其供給的數量，以使人們獲得
更多的消費。(2) 對產生外溢成本的產業或活動，則由政府強制其增加
防止或減輕公害的設施；或以租稅方式增加私企業的生產成本，以減少
此種產品的生產數量，並由政府以其課稅收入用於公害的防治或補償。
政府亦可動用一般的租稅收入，用於清除污穢、美化環境、利用廢物及
其他類似活動，以減輕此類產業所造成的環境污損。

第五節　社會主義國家的經濟政策

一、社會主義經濟的本質

在十九世紀後葉，即在西歐自由經濟的國家內，亦曾出現了各種社
會主義的思潮。當時由於一般人對於資本主義產生的流弊深致不滿，為
謀社會大眾的利益，乃提出各種改革的方案，統稱之為社會主義。其中
最為激進的自為馬克斯倡導的共產主義。及至共產黨在俄國革命成功，
世界上出現了第一個共產主義國家，但他們仍稱自己為社會主義經濟。
以後歐洲各國的社會主義政黨逐漸得勢，尤以二次大戰後英國工黨取得
政權，實施其社會主義的經濟政策，乃使社會主義的本質趨於明朗，並
顯示其與蘇俄經濟的根本差異。大體言之，共產國家在政治上實施一黨
獨裁的政治，政府擁有無上的權力，故可稱為極權國家。在經濟上，實
施生產財的公有，亦即實施土地國有與企業國營，一切經濟活動完全由
政府加以規劃。由於市場經濟在實質上已不存在，個人選擇的自由自亦
受到嚴格的限制。可以說，在共產國家內，既無政治上的民主，亦無經
濟上的自由，有人稱之為極權的社會主義(authoritarian socialism)。而在
其他的社會主義國家，則仍保持其多黨的民主政治，經由選舉方式決定
執政的人選；在經濟上，主張限制土地的所有權及由政府獨佔一部分的

生產財，重要的經濟活動亦由政府加以規劃。由於大部分的經濟活動仍透過市場行之，政府雖亦可對其加以相當的干預，但人民在經濟活動方面仍保有相當寬大的選擇自由(如擇業自由與消費自由)。他們所標榜的目標是：政治民主化與經濟社會化，有人稱之爲自由的社會主義(liberal socialism)。

二、計劃經濟可行性的檢討

　　無論爲共產國家或其他社會主義國家，都認爲資本主義的自由經濟，缺乏整體的規劃與協調，故不易做到生產資源的合理分配，並導致社會財富分配的不均。他們都主張以計劃經濟代替自由經濟，成問題的，是實施計劃經濟所須具備的條件。就共產國家而言，他們認爲計劃經濟應具備兩個基本條件：一是中央集權，二是生財公有。爲達成第一個條件，故須實施以共黨專政的極權政治，藉以鞏固中央政府的權力，貫澈經濟計劃的實施。同時，唯有將一切生產財收歸國有，政府才能全面地支配資源的使用，並藉以消滅財富分配的不均。而在其他的社會主義國家中，雖也強調中央集權的必要，但却認爲議會仍爲最高的民意機關，一切權力應以立法方式授予，因而反對一黨專政的獨裁政治，更反對以革命方式取得政權。關於生產財的所有權問題，社會主義者亦不認爲有全部公有的必要，只要政府控制了一部分關鍵性的資源及若干關鍵性的產業，就能進行經濟活動的全盤規劃。

　　另一重要問題是，有了強有力的中央政府及取得大部分的生產資源後，是否就能順利而有效地進行經濟活動的規劃呢？或者說，它所計劃的經濟活動是否可以達成其所追求的目標呢？有人認爲那是不可能的。因爲一個良好的經濟計劃，必須滿足兩個條件：一是以有限的資源產生最多的財貨；二是這些財貨的種類與數量，恰能滿足人們最大的需要，

亦卽可使人們獲得最大的滿足。在自由經濟中，一方面，人們基於自利的本能，可從其自己的選擇中，去追求最大可能的利益；另一方面，因有價格制度作指導，能使人們基於經濟的計算，有利地安排其自己的經濟活動。在這兩項因素配合之下，表面上，雖無一定的整體經濟計劃，事實上，却能相當地滿足一項良好經濟計劃所應具備的前述兩項條件。而在社會主義的計劃經濟中，一切經濟活動出於政府的安排，個人不能依其自利的動機而作有利的選擇，加以缺乏價格制度作指導，不能基於經濟計算以作各項活動的安排。因之，我們無從決定應有多少資源用於生產財的生產，多少資源用於消費財的生產，更無從決定每類財貨所應生產的種類與數量。中央當局雖可依其自己的判斷而作決定，無疑地帶有強烈的武斷性。這不是說，中央當局就不能安排與實現一項全盤的經濟計劃，而是它所實現的計劃，不是最恰當和最有效的。

三、社會主義者對計劃經濟的辯解

社會主義者認爲實施計劃經濟雖有許多困難，但他們基於下列幾項原因，仍認爲那些困難有些只是設計的技術問題，可以隨着經驗而逐漸加以改善，有些則是自由經濟中也同樣存在的，社會主義有時反較它們易於解決。玆分別列述於次：

1. 中央當局雖負有經濟規劃的責任，但也不是全然出於少數人的武斷：第一，可以上年度的消費和生產的成果爲依據；第二，依據以往多少年的發展趨勢，預測本年度可能實現的消費與生產的限度；第三，根據上述條件在作初步的設計以後，還得依次傳遞到最低層的各個生產單位，由它們根據實際的生產條件，向設計當局貢獻其如何修改的意見；第四，企業與企業之間或產業與產業之間，也是根據彼此間的實際關聯來作合理的配合和調整。

2. 在社會主義的經濟體制中，所得的分配較為平均，消費者的慾望較為一致。中央設計當局可以根據一般消費者的意向，決定所需消費品的種類與數量，其所遭遇的困難，並不如想像中的嚴重。即使各人的慾望，仍有相當程度的差別，而使生產的種類與數量，未能完全符合消費者的願望與需要，但可根據供求情況隨時加以適度的調整。例如甲物供過於求，發生存貨過多的現象，則可減少下一期的生產數量，反之亦然。甚至政府亦可變動人為的價格，以求供求的配合。只是其調整的過程，不如自由經濟下的靈活罷了。

3. 中央當局的設計，固不免於主觀的判斷，但這也不是社會主義經濟所獨有的。因為在自由經濟中，也有一部分的集體需要，例如國防、教育、公安、衞生或康樂方面的設施，以及必要的公共工程或公用事業等，都需由政府加以判斷和決定，也同樣沒有消費者的需求量表作為判斷的依據。尤其在今日的自由經濟中，政府活動的範圍日趨擴大，其主觀判斷的成分，與社會主義經濟只有程度上的不同而已。

4. 在社會主義經濟中，仍有一部分私經濟的活動，例如一部分工業與商業組織，仍操在個人手中，或以合作方式經營，農業的經營更是如此。它們或與國營事業進行交易，或活動於自由市場，它們經營的效率，可對國營事業發生激勵的作用。消費者與勞動者亦可在有限的範圍內進行其自己的選擇，而使國營事業所定的價格與工資，仍可依據市場情況而作必要的調整。另一方面，部分私經濟的存在，並不足以妨礙國家的經濟計劃，因為政府仍可藉助其龐大的政治權力與經濟力量，導使私經濟與國家的經濟計劃相配合。他們認為私經濟不是國營事業的敵人，而是國營經濟的益友，只有兩者互為配合，才能使社會主義的經濟變得更有效率。

5. 在社會主義的經濟中，國營事業之間通常仍有所謂記帳價格的

規定，可據以作爲計算成本與收益的基礎；而且這些記帳價格也可根據財貨或資源的供需情況加以適當的調整，在相當範圍內，仍可發生價格指導的作用。再者，公經濟與私經濟之間，也仍是以貨幣作爲交易中介的，且以之作爲價值的尺度，其所具有的貨幣與價格的功能，與自由經濟比較，亦只程度的不同而已。

　　6. 社會主義經濟最爲人所詬病的，是其扼殺了人們的自利心，以致喪失了對於經濟的激勵作用。國營事業，固無論矣，就是私經濟部分，也因國家過於重視財富的平均分配，及其對於私營事業的過份干預，而使人們的自利心不能充分發揮，以致減低了企業的經營效率。近年來，若干社會主義國家也曾在國營事業實施利潤制度，以激勵員工的生產情緒，並以經濟以外之各種方法，激發員工的榮譽心與進取心。同時並放寬政府的管制措施，使國營事業之負責人具有較大之策劃權力，凡此雖有助於經營效率之提高，但仍不能從根本上消滅官僚主義。至於私營事業部分，也因市場機能之不能充分發揮，其經營效率自亦不如自由經濟下的爲好。然而，社會主義者認爲這種效率上的若干犧牲，乃是達成經濟秩序與公平分配所必須付出的代價，亦猶自由經濟下所造成的財富分配不均，爲其高度經濟發展所須付出的代價是一樣的。

四、蘇聯共產集團的崩潰與計劃經濟的解體

　　在一九八九年之前，蘇聯一直採行計劃經濟。在史丹林 (Stalin) 時代，尚有相當高的經濟成長率，其後每一繼起的主政者，都不滿意於自己在經濟方面的成就，尤其與自由經濟國家比較，更顯現其經濟成長的落後，對消費品的生產更感不足。另一方面，由於工資逐漸提高，消費者也不願再滿足於低品質的消費，從而有些產品發生生產不足的同時，也有另一些商品卻發生生產過剩的現象。換言之，在僵化的計劃經濟

下，不能適應需要的變動而快速地調整生產的種類與數量，其所浪費的資源與引起的民怨，久已受到政府的重視，只是缺乏勇氣改革罷了。一九八五年三月戈巴契夫（Mikhail Gorbachev）當選為蘇共總書記後，正當五十年華，亟思有所作為，一九八七年首先實施有限度的經濟改革，繼之實行局部政治開放。一九八九年，當東歐國家發生激烈的變動時，他不再加以干預，尤其當東德人民拆除柏林圍牆時，他也作壁上觀。此與過去匈牙利及捷克等共產國家進行經濟改革時，蘇聯為恐它們走向資本主義而不惜揮兵加以鎮壓的故事，適成強烈的對比。由於經濟的市場化與私有化，導致一般物價飛漲及黑市猖獗，而政治開放容許各共和國民選議員及其總統，亦大為削弱了共產黨的統治力量，終於在一九九一年八月發生的一次政變中，導致戈巴契夫權力的沒落，並終使蘇聯變成國協，使俄羅斯總統葉爾辛（Boris Yeltsin）代之而起。葉氏並下令解散俄羅斯共產黨及國家安全組織 KGB，其他共和國繼起效尤，終使列寧創建的共產帝國毀於一旦，於此可見共產主義之脆弱與不得民心了。

五、中國大陸經濟的改造

在一九七六年毛澤東去世之前，中國大陸在中共統治下實施的經濟制度，是以中央計劃的共產經濟為其特色的。由於一九六六～七六年由毛發動的文化大革命，導致經濟衰退與社會不安，共黨內部亦因而發生劇烈的鬥爭，不僅引起民怨沸騰，更改變了中共高級幹部對共產制度的看法，因之一到毛澤東去世，過去為毛清算鬥爭的實力人物，即迅速團結合力奪取政權，並以鄧小平為首領導一連串的經濟改革與開放政策，而使大陸經濟出現嶄新的面貌，在蘇聯及東歐共產國家解體之後，成為世界唯一仍以共產為號召的經濟大國。

　　首先，它於一九七九年實施農業方面的重大改革，在家庭聯產責任契約制的名義下，將一九五八年以來推行的人民公社，以原生產隊所擁有的土地爲單位，分配給屬下每一農戶個別耕種，而由個別農戶依其契約規定以部分產量上繳政府，其餘收成則可由政府定價收購或在自由市場出售。由於自利心的驅使，隨後幾年的農業收成，都有大幅度的成長，農民生活亦較前大爲改善。惟自一九八四年以後，農業成長又出現遲緩現象，這是因爲過去在集體生產下受到壓抑的生產能量，已在「包產到戶」下發揮到極致了，如無進一步的技術改進，實不易再有顯著的增加。加以一九八四年以後，實施城市經濟及工業改革，引起農用物資的價格上漲。農業生產成本增加後，農產品的價格並未相對提高，在農業報酬相對偏低的情況下，已使農民逐漸失去努力增產的興趣。目前更有部分農民，寧可放棄農業生產，流向城市或轉入工業部門工作。今後如何改進農業，使與其他產業保持平衡的發展，已成大陸亟待解決的迫切問題。吾人認爲下列幾項似爲應加努力的方向：(1) 改善運銷制度。由於農業經營規模的受限，農產品的運銷價距 (marketing margin) 要比工業品爲大，爲縮短此一價距，應由農民以合作方式實施計劃運銷，並由政府輔導改善倉儲與運銷設施，才能眞正增加農民的生產收益。(2) 提昇生產技術。此爲政府最應致力的工作，通常又可分爲試驗研究與技術推廣兩方面。臺灣對此都有其卓越的成就，應可在兩岸交流中作出貢獻。(3) 大陸農業的最大問題，仍在農業人口過多，而每戶農家耕地太小。人民公社雖曾擴大了農業經營的規模，但已矯枉過正，且亦非純粹基於經濟觀點而實施大農經營制度；而現今制度，只能使專業農戶勉維溫飽，無法蓄積資本作集約式的經營。在一九五〇年代初期，大陸亦曾有過合作式的經營方式，但非出於農民自願，且爲時極爲短暫，無從發揮其經濟功效。在現時情況下，如能勸使或輔導農民恢復合作經營制

度，或不失爲一項去舊立新的中庸之道。據聞大陸當局已將承包契約期限由十五年延長至三十年，在承包期內並可允許轉包、轉讓、互換、入股，其合法權益仍受保護。此對改善農業情況不無助益，但仍宜建立一合理之經營制度，以期獲致土地公有私營下之規模經濟性。

　　其次，自一九八四年起實施城市經濟改革後，即以優惠條件吸收外資（包括港資與臺資）到大陸投資設廠，投資範圍並由製造業逐漸擴大到服務業及房地產與部分公共設施。由於吸收的外資與技術逐年增加，亦由初期的勞動密集工業逐漸擴大到資本與技術密集工業。除外資或所謂三資企業外，國營企業與鄉鎮企業亦可採取與外資合作經營方式，國營企業更可以契約方式委由員工或他人經營。在經濟開放下，「個體戶」更如雨後春筍般的滋長，在城市經濟中逐漸躍居主導地位。值得一提的是，原爲鄉鎮居民集體經營的鄉鎮企業，在市場開放下，更增加其經營的活力，有些規模之大，不亞於甚至超過國營企業。總之，大陸工業經濟的發展，採取多元化的經營方式，不獨改變了許多城市的面目、帶來了五光十色的城市生活，也使國民經濟快速成長，進出口貿易快速增加。依世界貿易組織（WTO）公布的一九九四年全球貿易排行榜，大陸在進出口兩方面，均各居第六名，成爲世界貿易大國。而一九九三年的排行榜，大陸出口居第二十一名，進口居第二十二名，可見其躍進之快速。可是另一方面，也發生了下列幾項問題：（1）國營企業效率低落，（2）導致通貨膨脹，（3）加深財富分配不均，（4）城鄉及區域發展差距擴大，（5）城市犯罪增加，（6）官員貪瀆之風盛行。加之，由於市場經濟逐漸背離了中共控制的計劃經濟，已使共產主義所要打倒的資本主義正式登堂入室，甚至鵲巢鳩佔，不禁使人懷疑共產主義是否仍有存在的價值？以捍衛共產主義自居的中共政權，未來將何以自處？由於經濟的改革與開放，是否會導致其政治的改革與開放？由於中共迄未建立民主的法制

體系，是否會因權威或領導人物的死亡或更易而改變其現行的政治與經濟政策？在其經濟改革與開放的過程中，既已發生前述各項重大問題，而這些問題能否順利解決，實關係其所謂「中國式的社會主義」的前途，現行的政治體制有無解決這些問題的能力？由於大陸與臺灣在政經體制上迴然不同，在兩者交流所引申的互動關係下，能否真能實現中共所主張的一國兩制？未來統一的中國，究將採取何種政治與經濟制度？凡此問題，均待未來事實演變加以驗證，實無法亦不必於此加以推測了。

第三章　經濟政策的目標

　　政策既是達成一定目的之策略或途徑，試問經濟政策所要達成的目標為何？關於此一問題，實不易加以簡單的回答。各國有其不同的環境與需要，因亦有其不同的政策目標；即使同一國家，亦因環境與需要的變遷，其政策的目標也不是一成不變的。而且，在同一時間內所要達成的目標，也可能是多方面的，它們之間也有倚輕倚重的分別。在當前的世界中，人們每以「福利」(welfare) 一詞表達人生享受的快樂或滿足。經濟學家乃以「經濟福利」(economic welfare) 表達人生在經濟方面享受的滿足，以與其他的滿足相區別，因而我們不妨以經濟福利作為經濟政策的綜合目標。然而，為獲得更多的經濟福利，我們必須在多方面從事努力，因而又可分成若干不同的基礎目標，通常為人所提到的有：

(1) 經濟成長(economic growth)，(2) 經濟穩定 (economic stability)，(3) 經濟公平 (economic justice)，(4) 經濟自由(economic freedom)，(5) 充分就業 (full employment)。以下我們擬就每一項目加以分析。

第一節　經濟成長

一、經濟成長的意義

　　任何國家的經濟，不是一開始就定型了的，而是有如人的成長發育一樣，可以隨着時間的演進，而不斷地有所變化。人類從初民的茹毛飲血時代，進化到今日的文明，就是經濟不斷成長的結果。可是，由於各國經濟的或其他條件的不同，其經濟成長的速度並不一致。今日有些國家工業發達，生產力很高，國民的生活極爲富庶，我們常稱之爲已開發國家 (developed countries)；另一方面，也有許多國家其工業與農業均甚落後，國民只能過着一種很低的生活水準，我們常稱之爲開發不足或低度開發的國家 (underdeveloped countries)。這些低度開發國家有些正在自力更生或利用外力加速經濟開發，我國就是一個很好的例子，在有這種情況發生時，我們最好稱之爲開發中的國家(developing countries)。

　　一個國家的經濟成長，有兩個可用的衡量標準：第一，是以每一人時的產量 (output per man-hour) 爲標準，如果一個人在一小時的工作時間內生產財貨與勞務的價值較前增加了，則表示爲經濟成長。然而，由於機器的使用可以增加每一人時的產量，爲維護或替補機器所需的勞動時間，亦應計算在工作時間之內。例如一個農人因使用聯合收穫機而增加了四倍的收割量，我們不能說一個人時的生產效率就已增加了四倍，而應從農人的收穫量中扣減爲維護或替補聯合收穫機以及爲維護或替補製造聯合收穫機之機器等所花工作時間的應有產量。自然，這一計算的程序相當繁複，在實際應用上，我們可從生產的財貨與勞務價值中，扣除生產所用機器或其他資本財的折舊價值，以其淨生產除以生產所花的時間，亦可求出每一人時的生產價值。第二，是以每人平均的眞實所得

(real income per capita) 作爲衡量的標準，這是現時較爲常用的方法。有些國家其國民生產總額（或淨額）年有增加，但因人口增加的速度大於生產增加的速度，因之每人平均眞實所得反較前減少，如就此一標準而言，其經濟就成爲負成長了。

如就兩種方法比較而言，每一人時產量所統計的乃爲實際工作的時間，有時由於一個國家遭遇嚴重的失業情況，實際生產總量較前爲低，但每一人時的產量仍可能是上升的，如仍稱之爲經濟成長，似與實際情況不符，但却能表達一個國家的實際生產能力。而每人的平均眞實所得雖能表達一個國家的生活水準，但不能藉此表達一個國家的生產能力。例如兩個每人平均眞實所得相同的國家，一個國家每週工作四十八小時，另一個國家每週工作四十小時，則後者顯較前者具有較高的生產能力。再者，高度的經濟成長，不僅應有高度的每人平均所得，而其所得的實際分配，也必須是比較均勻的，卽是說，全部或大部分的勞動人口，對於這一高水準的產量與所得都有貢獻。可是有些國家由於擁有少數特殊而豐富的資源，甚至交與外人經營而坐收巨利，雖在其他生產方面極爲落後，但亦能獲致很高的平均眞實所得；目前盛產石油的一些阿拉伯國家就是如此，我們實不能稱之爲高度開發的國家。

二、經濟成長的必要

一個國家何以有經濟成長之必要，這有下列幾個重要原因：

1. 人口增加的壓力　據專家估計，目前世界人口增長率約爲每年百分之二，而糧食生產每年僅增加百分之一，平均每人每天所得熱量到紀元二千年時，將自現在的兩千一百卡路里降爲一千三百四十卡路里，比專家所認爲的一千三百五十卡路里的「絕對饑餓程度」還低。又聯合國糧農組織（FAO）在其一九八〇年糧食及農業現狀的報告中，亦謂世

界糧食產量現時每年平均只增加百分之〇‧三，將趕不上每年大約百分
之一‧八的人口成長。幸而，經濟愈開發的國家，其人口增長愈低。近
年來，有人提出「適度人口理論」(optimum population theory)，研究
一個國家在其生產技術、資源、習俗及社會制度等條件不變之下，可使
其每人平均眞實所得達於最大時之人口數量。然而，這種研究只是靜態
的，在實際應用上並無多大價值；因爲生產技術及其他生產要素之數量
與品質，在長期間都會發生變動。在經濟落後國家，只要生產技術與資
本數量有所增進，都能增加生產能量，即使人口增加，也能引起勞動生
產力的增加。事實上，自馬爾薩斯的人口論發表以後，世界人口又已增
加多少倍，但每一國家的生活水準，仍較前改進甚多，即爲經濟不斷成
長的結果。雖然如此，適當地節制人口的增加仍有必要，因爲人口過
速，將在三方面發生不利的影響：第一，人口增加，引起消費增加，
將使國民所得中用於儲蓄的部分減少，從而減低了資本累積的速度。第
二，人口增加過速，將改變人口結構，而使幼年人口所佔的比例增加，
如此食之者衆，而生之者寡，或將減少每人平均的眞實所得。第三，由
於第二項結果，將使國民健康情形逐漸惡化，加上第一項結果，必然地
將要減低國民的生產能力，從而形成惡性循環的現象。

　　2. 自然資源的稀少　　在古典學派的眼光中，自然資源的稀少性，
爲限制經濟發展的主要因素。他們認爲土地受報酬遞減律的支配，即使
增加更多的與其配合的其他生產要素，亦無法大爲增加土地的生產量。
這自然是不錯的。但要知道，正是由於自然資源的稀少，而更有經濟成
長的必要。這是因爲自然資源也是需要開發的，隨着人口的增加，原有
的土地固已逐漸加以利用，但就利用的程度而言，則仍有大爲改進的餘
地。此不僅在農業方面爲然，埋藏於地下的鑛物，仍有許多是我們尙未
發現或未能加以開發的。例如鈾鑛，直至第二次世界大戰期間，始被人們

開發利用，目前已成爲核能發電之重要原料。貧瘠土地亦因灌溉及施肥等方法的改進，而已大爲增加其生產的能量。山坡地與海埔新生地的開發，也增加了土地利用的面積。而溫室栽培與水栽法的應用，更是打破了農業生產所受時間與空間的限制，目前雖還不能大量推廣，但必隨着人類需要的增加而日趨普遍。事實上，今日科技的發達，大多是因補救自然資源的不足而爲人類所發明的。

　　3. 生活改進之熱望　欲望無窮，乃人之天性。人類追求物資的慾望，約可分爲三個階段：先是爲滿足生活的基本需要，如饑思食，渴思飲，衣以禦寒，住以蔽雨；等到基本慾望滿足了，則又追求生活的舒適與便利，如食則講求營養，飲則講求衛生，住則更求舒適，行則更求便利；以後隨着所得的增加，更使生活趨於奢侈浪費，一瓶巴黎香水的價格，可以足供窮人一個月的生活費用，一部豪華汽車的代價，更可抵上普通人家幾年的薪資收入。至於億萬富翁的豪華宅邸，連城珠寶，更是一般人所難以想像的了。在自由經濟之下，各人爲追求更高的生活享受，自不免各盡心力，各展才華，以求所得之增加，因亦促成經濟之不斷發展。卽使爲社會主義國家，自利心之引誘不如自由國家之強烈，但其政府爲滿足人民改善生活之願望，亦仍有不斷追求經濟成長的必要。

三、經濟成長與經濟效率

　　所謂經濟效率 (economic efficiency)，通常應指如何充分利用已有的生產資源，利用最有效的生產方法，以求生產最多而最切合需要的產品。而不僅是單純地「以一定的資源生產最多的財貨，或是生產一定的財貨而求使用最少的資源」。例如一個國家儘管已有很高的生產能量，但却有許多資源棄而未用，或有許多人力失業賦閒；或其生產的財貨在現有技術條件下，並未達於最大可能的數量；或其生產的財貨未能滿足大

多數人的需要，從而發生生產過剩的現象，凡此均顯示該一國家是缺乏經濟效率的。經濟效率與經濟成長雖有密切關係，但二者意義仍迥然有別。經濟效率高的國家，固有助於其經濟成長，但經濟成長高的國家，不一定表示其經濟效率也高。因為經濟成長係以每人所得增加的幅度來加以測定，至於資源已否充分利用，或其生產的財貨是否完全切合人們的需要，則均未顧及也。

第二節　經濟穩定

一、經濟穩定的意義

我國近多少年來，政府秉持在穩定中求發展，在發展中求穩定的政策，已將我國經濟樹立一個舉世矚目的楷模。一般經濟學家總認為穩定與發展多少是互相衝突的：過份的穩定自將有礙於經濟的發展；反之，高度的發展亦將導致經濟的不穩定。問題是在：我們寧有較多的穩定而犧牲較高的成長，或是寧有較高的成長而犧牲較多的穩定。有人認為經濟先進國家應以前者為尚，經濟落後國家則應以後者為先。我國則採中庸主義，希望二者兼而有之，事實上，也確實獲得了高度的成長與高度的穩定。

何謂經濟穩定？這是一個不易答覆的問題。穩定自非停滯 (stagnation) 之意。我們如以經濟成長列為經濟政策之重要目標，則此地所謂經濟穩定，應解釋為「穩定的成長」 (steady growth)。在一個靜態社會中，除了因氣候劇變或戰爭破壞而引起之不穩定外，並無其他經濟波動之可言。一個國家只在脫離靜態社會並經歷長期的經濟發展之後，才會呈現出成長時快時慢，物價時漲時跌的所謂「經濟波動」 (economic fluctuations) 或「商業循環」 (Business Cycles) 的現象。經濟波動通常

發生於許多經濟變數方面，事實上，為經濟學家關心的任何變數，幾乎都顯示出某種波動情況。這些波動多半都是很不規則的，應用「循環」一詞來形容它們，實在大有疑問。主要的經濟波動可區分為「產出」（或「投入」）的波動，物價的波動與所得的波動三大類。

投入與產出的波動密切相關，尤以短期為然，因為投入產出比率的變動總是很慢的。就業（或勞動投入）或失業的波動視生產情況而定，兩者在短期內實為一事的兩面。然而在長期內，經濟發展可以不斷提高每人的生產量，因而生產的增加可以快於就業的增加。生產與就業的波動，總是有其一定限度的。如「充分就業」或「生產能量」這些名詞，就是形容其波動的高限。反之，亦不可能有完全停工或完全失業的情形。

物價的波動，可能與生產的數量有關，也可能受到其他因素的影響，尤以貨幣數量的影響最大。物價的波動，最易受到人們的注意，但實際上，它不是經濟的病根，而只是經濟病症引起之一種表象，猶如水面激起之漣漪或波濤一樣。其所以受到人們重視，不僅因其擾亂了經濟生活的秩序，而且它的波動的幅度，如無其他因素加以控制，也是難有一定限制的。例如一九二三年的德國與二次世界大戰後的匈牙利，均曾發生所謂「超級通貨膨脹」(hyperinflation) 的現象。自然，我們還沒有經歷過所謂「超級通貨緊縮」，但若貨幣當局能像無限增加貨幣數量一樣的也能無限收縮貨幣數量，則理論上也並非沒有發生超級通貨緊縮的可能性。

所得的波動，常與生產與物價的波動有密切關係，因為所得數額乃是生產數量乘以產品價格的結果。二者有一發生變動，均會引起所得的變動。通常我們可用生產指數與物價指數的乘積，以測計多少年內國民所得的變動情況（實際上，我們係用支出法計算各年的國民所得數額，而不採用上述指數計算法）。支付波動與所得波動雖非同義，但有十分

密切的關係。由於一項貨物可以買賣多少次，因之支付金額可以遠大於所得數額，但支付的增加或減少，常對物價與生產發生衝擊，因而也引起所得發生同一方向的變動。

此外，尚有存貨變動、貨幣供給量的變動及證券數量的變動等，都為動態經濟中最重要的因素。倘如存貨的增加快於貨幣量的增加，勢將引起物價、生產與所得的降落，而貨幣量與與證券量的變動更是控制經濟波動的主要工具。然而，貨幣與證券數量，乃是經濟政策賴以運用的手段，而存貨數量僅是經濟活動的一項指標，均非經濟政策所要對付的標的，故均略而不論。

二、對於經濟穩定的不同看法

為分析方便，仍從三方面加以論列。

1. 物價的穩定　此有三種不同的看法：(1) 有人認為維持穩定的物價 (constant prices) 是極端重要的。倡導此說的人，主張首先確定一正常的物價水準，然後設法使物價波動限制在某一範圍之內。他們認為假定生產量相當穩定，而一般物價水準不穩定，必將導致所得與財富的重新分配，凡有固定所得或受契約約束的債權人，將因物價上漲而受到損失，而握有商品、股票及債務人，將因物價上漲而獲得利益。物價下跌則反是。在整個社會的生產量並未增加的情況下，此一部分人的所得增加，必來自另一部分人所得的減少。而此種財富與所得的重分配，並無一定的目的或理由可言，純為物價偶然波動所產生的意外結果。此外，物價不穩定，非僅為經濟病症的表象，亦每為引起經濟波動之根源，因之政府應運用一切手段，力謀物價之穩定。也許有人認為經濟活動原是帶有冒險成分的，物價波動既使人有受益與受損的同等機會，則人們盡可運用自己的智慧趨吉避凶，似無責怪他人的必要。殊不知此種物價

水準的變動，在無外力干擾的情況下，並非不可避免的經濟現象，如果政府能設法阻止物價波動的發生，則人們的經濟活動原是不必冒此風險的。(2) 也有人認爲維持穩定的貨幣流通量 (constant circulation) 才是重要的，只要政府對貨幣流通量保持相當的穩定，則因經濟內在因素而引起之物價波動並無不利的影響。此爲貨幣中立論者的看法❶。他們並不主張安定貨幣價值（即物價水準），而主張安定一定之通貨流通量。所謂通貨流通量，乃指ＭＶ而言，如因技術進步導致生產量增加，則在通貨流通量不變的情況下，必將促成物價的下落。此時由於單位成本降低，生產者並不致遭受物價下落的損失，但亦不能獲得超額利潤，故無累積的信用膨脹發生。生產技術進步的利益，乃爲社會全體所共享，經濟平衡仍可繼續維持。反之，如因任何原因導致產量減少，則須聽任物價上漲，藉以增加生產，恢復供求平衡。但如貨幣流通速率（Ｖ）降低，則須比例增加通貨數量，藉以維持一定的通貨流通量；而且，在人口增加或產銷過程延長時，亦須比例增加通貨數量，以免導致非因技術進步而發生之物價下落。(3) 又有人認爲物價的和緩上漲 (mild infl-ation)，有助於經濟的成長及勞資關係的改善。因爲物價的上漲總快於成本上漲，企業家在利潤的刺激下，必將不斷增加新的投資，從而加速了經濟的成長。而且，隨著物價的上漲，企業家易於滿足勞動者增加工資的要求；否則，必以增加生產力爲提高工資的條件，甚易引起勞資雙方的摩擦和衝突。上述三種關於應否穩定物價的意見，都能言之成理。唯就政策的立場而言，仍以穩定貨幣價值或物價水準爲當前各國致力追求的目標。其爲人所詈議的，是在此一政策下，易使技術進步的利益，僅爲少數資本家所獨享，故如何相對地提高其他生產要素尤其是勞動者

---

❶　關於貨幣中立理論，吾師周德偉先生曾撰「中立貨幣論研究」一文，闡述甚詳。見氏著「周德偉經濟論著」一～九〇頁。

的報酬，使其能以消費者的資格，享受技術進步的成果，亦爲穩定物價政策下所應致力的目標。

2. 產量的穩定　對於產量的穩定或眞實所得的穩定，較少不同的意見，因爲每個人都同意充分就業或充分能量的運作爲一理想的目標。然而，充分一詞仍有不同的看法。因爲所謂「能量」乃一具有伸縮性的觀念，倘如我們願意放棄假期而工作較長的時間，或以較多的人投入生產的行列，則必能產生更多的財貨。因之「能量」本身只是一個理想目標，而不是實質的限制。

對於產量波動也有兩種不同的看法❷：一是所謂「顚峯負荷」(peak load) 下之未能充分利用理論，即是若干工業產品由於需要帶有季節性，在不當季期間常使生產能量未能充分利用。又如戰爭期間擴充之顚峯負荷能量，一至和平時期，即呈現出利用不足的現象。此一問題，通常係由資源之特定用途所引起，但在一個龐大而複雜的成長經濟中，已因原料的替代性及其用途的日益擴大、現代機器的標準化及其用途的多樣性，以及由於交通便捷而增加的勞動流動性，而使產品構成的改變較爲容易。現代國家由平時經濟轉變爲戰時經濟，或由戰時經濟轉變爲平時經濟，均不致遭遇大的困難，即其明證。有人估計美國經濟於必要時能在一年內將產品構成改變百分之五十。然而，經濟蕭條並非眞正的顚峯負荷下所產生的問題，儘管其中含有此一原因所致經濟輕微波動的可能性。二是所謂後遺理論 (hangover theory)，認爲經濟衰退旣是由於前期的繁榮導致某種結構失調所產生的結果，那麼，驅除經濟蕭條的唯一方法就是驅除經濟繁榮。因爲在繁榮時期，發生過度的貨幣與信用膨脹，而使利潤超過長期維持的水準，在樂觀氣氛下長期投資過多，終至無以

---

❷　參看 Kenneth E. Boulding: *Principles of Economic Policy*, 1958, pp. 61–64.

爲繼或中途停止。可以說，經濟繁榮可視爲錯誤造成的時候，經濟蕭條則是發現錯誤的時候。我們所要對付的，就是這種經濟循環下發生的不穩定。

3. 所得的穩定　所得重分配之爲好爲壞，甚難確定，因爲所得增加者的利益或許大於所得減少者的損失。但整個所得的減少，則無疑地是件壞事，因爲所損失的利益必定大於所增加的利益。因此有人認爲只要工資與物價保持充分的彈性，則每人平均的貨幣所得維持不變，應爲經濟政策的理想目標。在此一政策下，如果生產力增加，將使物價下跌，而眞實所得可以增加。此與物價保持不變而貨幣所得增加、或是物價雖然增加而貨幣所得增加更快是一樣的。只是以固定貨幣所得爲其理想目標者，認爲新貨幣的創造必將引起相對價格與相對產量的歪曲，從而導致所得的重分配，而此重分配的利益則是無法事先確知的。此一論調雖亦不無理由，但並無證據說明此種歪曲有其數量上的重要性。

綜合言之，維持經濟穩定具有下列幾項重要的目的：一是保持相當穩定的物價水準，以免導致所得分配的不公平。二是免除經濟活動所冒不必要的風險，而使經濟秩序受到破壞性的擾亂。三是維持資源及勞動的充分就業，以免因經濟波動產生資源浪費的現象。

第三節　經濟公平

一、經濟公平的意義

自古以來，人類即視「公平」爲一重要的觀念，儘管它的含義是極爲游移不定的。因爲不公平的結果，會使人與人之間發生摩擦，甚至釀成社會的動亂，歷史上的許多革命，多是由於某些不公平而引起來的。所謂公平，乃是一件涉及多人利害的事情從社會觀點應有的一種理想情

況，如果現實情況與理想情況不相一致，那就會使當事的一方感到不滿，而認之為不公平。準此而言，經濟公平實為一切經濟生活所要追求的理想目標，但此地所討論的，僅限於「分配中的公平」，有時也稱之為「交換的公平」(Commutative justice)。在所得分配中，何者為一理想的分配方式，迄今並無一致的看法，有些意見甚至是互相衝突的，因之又出現一些折衷的意見。在前述經濟成長或經濟穩定的討論中，雖也有意見上的衝突，但無人會對成長與穩定表示異議，最多只是對成長與穩定的程度或其採用之方法表示不同的意見而已。生產與分配問題雖屬同等重要，但以後者最易激起人們的感情，甚至因對理想的分配方式發生歧見，才形成不同的政治與經濟制度。如謂分配問題支配着人類歷史發展的趨向，亦不為過。

二、分配的標準

有關分配的理論，可區分為下列幾類:

1. 以功績作標準 (merit standard)　此為最古老的分配方式。古代國王按臣屬的功績列土分封或晉爵賞賜，今日非由市場價格決定的分配方式，亦多少帶有功績分配的意味。成問題的，是依功績所應得的分配數額，並無一定客觀的標準。每個人總不免誇大自己的功績，按其自己認為應得的數額加以分配，也不是一種大家所能接受的解決方法。

2. 以貢獻作標準(Contributive standard)　此與前者並無實質上的不同，但今日之所謂「貢獻」，是以其客觀的市場價值來衡量的。在自由市場內，每一生產要素都易於建立其均衡價格，任何一項生產要素對於整個生產的貢獻，可以其提供的數量乘其勞務價格決定之。事實上，只是以其實際報酬衡量其貢獻的大小，這無異是說:「每人得到其所得到的」。為避免此一語法上的重複，我們可以假定生產要素的貢獻是以其

邊際產量來衡量的，因之報酬只是等於其在某種情況下之邊際產量。然而，在今日的世界中，生產鞋子的並未得到鞋子，生產帽子的亦非以帽子作為報酬，任何實物的價值都決定於整個價格制度，而每一套價格下都有其相對應的所得分配。如果不能假定有一種大家認為「合理的」價格制度，我們就無從以實物產量決定某一生產要素的貢獻或報酬，因為縱然一個鞋匠的生產力並無改變，而鞋價的變動也會改變他的貢獻或報酬的。而且，在現代高度機械化的工業生產中，資本與勞動常有其固定的配合比率，在一定的固定資本下，如只增加勞動的配合數量，其邊際生產量可能為零，這使邊際生產力學說的應用更受限制。再者，以邊際生產力決定一項生產要素的報酬，須以具有完全競爭的市場為條件，在現實社會中，顯然地這是一項難以滿足的條件。何況，以市場價格決定的所得分配，並不足以表示勞務的真正價值，例如一個歌星的所得，每多少倍於一個大學教授的所得，難道前者的貢獻較後者更具實質上的價值。

3. 以需要作標準 (need standard) 衡量一個人的需要，亦如衡量一個人的應得報酬，同樣是不可能的。即以戰時實施的定量配給 (rationing) 而論，最簡單的方法就是每人分配同樣的實物，例如糖與咖啡。然而，有些人喜歡糖，另一些人則否，反之亦然。等量的配給，也是不公平的，例如各人對咖啡的愛好程度並不相同，有些人認為配給量過多，另一些人則認為配給量太少。為解決此一問題，自可依照各人不同的需要給以適當的數量，但由此產生的不便與管理上的困難，就足以否定這一方法的價值。縱然為基本生活需要的食物配給，即使已考慮到年齡、性別及職業等方面的差異性，但對營養的需要量仍是隨人而不同的。為克服此一困難，有些國家曾經採用記點配給制 (point rationing)，這是一種接近價格制度的實物配給制，各人持有相同點數的配給券，但每種

物品的點數並不相同，可按自己的需要，選擇他所需要的物品。卽使如此，仍可發生一些物品供應不足，而另一些物品供應過多的現象，爲謀每種物品的供求平衡，仍須由政府定期地調整每種物品的配給點數，在調整以前，一些易於腐爛的物品，又不免因爲供應過多而遭廢棄。如將配給制度延伸及於一切其他的物品，則其遭遇的困難更多。又有人主張仍可保留價格制度，但依各人需要配發一定的「所得」，使其仍有某種程度的消費者選擇。然而，我們又以何種標準來分配所得呢？是否認爲一個教師的所得應較一個工程師的所得爲多？或是認爲一個工人應較農人有較多的所得？對此問題，除由政府依其判斷來作決定外，實無任何大家認爲滿意的解決辦法。

共產主義曾以「各盡所能，各取所需」(from each according to his abilities, to each according to his needs) 爲其追求的理想目標，事實上，這是決不可能實現的。因爲每個人所能生產的，並不就是他所需要的，例如多數人喜歡並有能力種植小麥，但他們却都需要衣服和汽車。這樣小麥的生產過多，而衣服和汽車的生產數量，則不足以滿足大多數人的需要。在此一情況下，政府必須設法抑制小麥的生產，而鼓勵衣服和汽車的生產，否則，卽無法按照各人的需要進行分配。而且，如果各人果能依其需要而獲得滿足，則又何必盡其所能以從事生產；反之，各人如不盡其所能以從事生產，則各人需要又如何能得到滿足？共產主義理想之不合邏輯，於此可見一斑。

4. 以均等爲標準 (equality standard) 由於按需要進行分配，旣有前述困難，乃有人主張所得應按人數均等分配。他們認爲今日的民主政治，除年齡外，已做到人人平等，並無財產、種族、職業及其他歧視。如將政治的民主原則應用於經濟方面，則爲經濟上的絕對平等，而所得的均等分配，卽爲此一理想的實現。然而，此一論調如從經濟福利

觀點加以分析，亦有問題。

我們假定每人的福利可以「總效用」來衡量，每人的所得都能獲得一定的總效用，各人的總效用相加，即得社會總效用。我們又知各人的所得增減一單位時所引起的總效用的變動數，謂之邊際效用。因之，當各人所得的邊際效用相等時，可使社會總效用變爲最大。例如某甲在一定所得時增減一元的邊際效用爲五，某乙在一定所得時增減一元的邊際效用爲三，那麼如將某乙之一元移轉與甲，則乙將損失效用三單位，而甲則增加效用五單位，如此可使社會總效用增加二單位，如繼續將某乙所得移轉與甲，則甲的邊際效用將隨所得的增加而下落，而乙的邊際效用將隨所得的減少而上昇，直至兩人所得的邊際效用相等爲止，而以此時兩人所得的總效用爲最大。由此可見兩人的所得相等，並非兩人所得的邊際效用也相等，這是由於各人對所得產生的效用或滿足感受不同，愛好享受者其邊際效用遞減較慢，不愛享受者其邊際享受遞減較速，爲增加社會總效用，必須使前者擁有較後者爲多的所得，所得分配的不均，反爲增進社會福利的必要手段。除非我們假定各人對所得具有完全相同的邊際效用曲線，則所得的均等分配，才是獲得社會最大福利的方法。主張所得均等的人認爲我們旣不知道各人的愛好爲何，則不妨假定他們都是相同的人，具有相同的邊際效用曲線。這種假定亦難令人折服，此猶之如不知道某事是否會要發生，就說其發生與不發生各有一半的機會，顯然是一種不合理的假定。

事實上，自古以來，衡量一個國家或社會的文化，不是以其平均成就，而是以其巔峯的造詣。例如古希臘文化的價值，是以少數傑出的哲學家及英雄人物爲代表，一個擁有許多泥造房屋但有一所宏偉教堂的民族，其文化程度勝過大家只住石砌房屋而無任何宏偉建築物的民族。沒有不平等的奴隸社會，就不可能有古代埃及、巴比倫、希臘與羅馬的成

就。完全平等的社會，適足阻礙人類文化的進展。我們自不可以囘到古代的不平等社會，那是與現代的文化價值不相容的。有人乃在兩個極端之間，希望找出一個折衷而又最適當的一點，卽是在這一點向任何一端移動，都會使損失的多於所得到的。這種理想的境界，顯然也不是現實社會所能做到的。今日的民主力量要求社會有更多的平等，而沒有節制的自由競爭又往往造成更多的不平等，如何在這兩個極端之間謀求適當的平衡，仍爲今後所應致力的目標。

　　5. 理想的分配標準　以功績或貢獻作標準的分配方式，否定了人類生存的「社會性」。我們均知在一個家庭內，有謀生能力的人應扶養沒有謀生能力的人，而不知在一個社會中，也有一些小孩、老人、病患、遭難及非自願失業者，均有賴於他人的幫助與供養。這是人類基於同情心與同胞愛所應盡的社會責任。事實上，在同一個社會中，一部分人的饑餓與掙扎，也會爲另一部分人帶來不安寧。另一方面，以需要作標準的分配，則又否定了生產資源的「稀少性」，我們沒有理由假定人們所需要的剛好是他們自己所生產的。人類的慾望無窮，而生產的資源有限，絕非馬克斯所想像的，只要人人各盡所能，卽能達於「取之不盡，用之不竭」的地步。至於均等分配的方式，也將阻礙生產力的發揮，那是「均貧」，而不是「均富」。因之，理想的分配方式，必須具備下列兩個條件：(1) 基本的生活資料，以按需要分配爲原則，如此可使人人獲得生存的保障，藉以促進社會的共同安全。今日世界各國實施之社會安全制度或國民保險制度，卽是此一目標的實現，我國禮運大同篇對此更有詳細之描述。(2) 基本生活以外的需要，則以按貢獻分配爲原則。但要注意，此與「各取所値」不同，因爲須在其所生產的財貨中，拿出一部分扶養其他缺乏謀生能力的人，剩下來的，才依各人貢獻的比例加以分配。如此當可激發各人的生產力，以求增加自己分配的數額，從

而有助於全體經濟福利的增加。成問題的，仍是如何衡量各人貢獻的大小。

第四節　經濟自由

一、自由的意義

自由是一個具有戰鬥性的名詞，然而它的意義却是十分模糊的。洛克曾謂生命、財產、自由三者，均爲人所不能放棄的權利，美國羅斯福總統在二次大戰期間，曾揭櫫「四大自由」(four freedom)，共產黨徒亦謂他們的社會是唯一自由的社會，可見這一名詞具有許多不同的意義，而爲混淆與衝突的源泉。如就個人而言，自由乃是一種「選擇的權力」，這一權力的大小，則以其選擇的範圍來加以衡量。換言之，是以其在「想做」的事物之中所「能做」的多寡來衡量的。例如一個人現在臺北，想在今後三天內出國旅行(包括來囘)，他要盤算三天之內究能旅行多遠? 這一問題，不僅與時間有關，亦受交通工具及其他方面的限制。在目前飛機旅行時代，除時間外，如其他條件均不受限制，自可計算他所能去的空間範圍，此可稱爲「可能性範圍」(possibility boundary)，在此一範圍內，他可自由選擇所要去的地點，過此範圍則否。範圍愈廣，則其選擇的權力愈大，故其享有的自由亦愈多。

二、自由的限制

自由的多寡，或是可能性範圍，常受若干方面所限制: (1) 實質的限制 (physical limitation)。例如三天的時間內，無法遠去歐洲旅行是。惟此一限制，常可隨技術進步而逐漸放寬，在飛機尚未發明之前，卽連最近的日本或菲律濱，亦無法在三天之內自由來去。(2) 法律的限制。

實質的限制乃是自由的最大界限，在此一界限內，也常受到其他的限制。例如出國旅行，必先有他國的入境簽證，否則，仍不能前往該國旅行。此為法律上的限制。(3) 心理的限制。例如一個害怕飛行的人，卽使出國旅行在實質與法律兩方面均屬可能，亦仍因心理上的原因而難以實現。(4) 道德的限制。在沒有法律的限制時，有些事情基於道德的觀點，也是人所不願為之的，例如囤積居奇，花言巧騙，都是一個有道德的商人所不願為。今日由於人羣的關係日趨複雜，過去許多道德所不容許的行為，都已由法律加以禁止，而使道德限制的範圍日趨縮小。(5) 經濟的限制。此為自由所受限制中最為常見亦最為嚴厲的限制。例如一個想要出國旅行的人，卽使在實質上、法律上、心理上均無限制，但因沒有錢支付旅行費用，也是不能達成心願的。其他的限制對何者可為，何者不能為，區分得較為明顯，但經濟的限制則是屬於一般性的。以旅行為例，在定額的金錢限制下，如只夠用於甲地旅行，則不能同時用於乙地旅行；如只能供應五天旅行費用，卽不能將旅行期限延長為五天以上。然而，亦如技術進步可以放寬實質的限制一樣，所得的增加亦可放寬經濟的限制。一個人由貧窮變為富有，則在經濟選擇上的範圍隨之擴大，亦卽其享有的經濟自由也愈多，因之經濟自由與經濟成長關係十分密切。

經濟自由具有兩項特性：一是排他性 (excludability)，卽是我在行使某種權利時，不容許他人也可行使同樣的權利。例如我可在自己的土地上自由搭建房屋，而不能容許他人侵佔我的土地；我可自由使用自己的車輛，而不能容許他人未得許可而任加使用。二是相對性 (relativity)，卽是在行使你的自由時，不能侵犯他人的自由。例如你可以在自己的土地上建造房屋，但不能以此影響鄰居的安全；你可在公共道路上行駛車輛，但不能以此妨礙他人的交通。為避免各人行使自由權的衝

突，政府乃在法律上加以種種的約束或規定，例如財產權、契約權、繼承權等。一方面對個人之擁有某種權利加以適當的保護，以排除他人的侵犯，另一方面也對擁有這些權利的人加以適當的限制，以免損害他人的利益。例如人們可有自由訂立借貸契約的權利，但不承認高利貸的契約爲有效（例如我國民法第二〇五條規定：約定利率超過週年百分之二十者，債權人對於超過部分之利息，無請求權）；人們可有經營商業的自由，但不得販賣違禁物品；人們可有出版或結社的自由，但不得藉此從事破壞性的活動等，均其顯例。有時候，採用法律以外的途徑，以保護經濟弱者的自由。例如加強勞動市場，以保護工人的就業自由；扶植中小企業，以促進市場的自由競爭等。近年來由於我國經濟力量日益強大，政府乃逐漸開放出國旅遊，放寬進口管制，實施外滙自由化等，而使國人經濟自由的範圍更見擴大。

三、經濟自由應用的困難

經濟自由雖是一個良好的目標，但在應用上却遭遇許多困難：第一，關係複雜。它包含一切經濟活動的自由在內，而這些活動之間又是互相關連的，甚至也與經濟以外的自由發生密切關係。有時候，一種自由受到限制，但他方面却有較多的自由。例如交通情況改善了，人們可有較多的行動自由，但複雜的交通規則，又使此一自由受到相當的限制；投資的機會增加了，人們可有較多的經營企業的自由，但爲顧全大衆的利益，須受一些防止公害的法令所約束。第二，難以衡量。自由只是一種個人可以「選擇的權力」或是可以「活動的範圍」，這一權力或範圍是很難用數量來加以計算的。我們旣難衡量各種政策影響經濟自由的程度，也難比較兩個社會各有多少的經濟自由，由於上述第一項困難，更使自由的衡量幾不可能。第三，不便比較。卽使某人的自由受限制，導致

另一人的自由擴張，我們仍無法對此二人享受的經濟福利加以比較。對個人而言，自由只是一種心理上的感受，有些人只求生活的安全保障，而不太重視經濟活動的自由，另一些人則為追求較多的經濟自由，而寧願冒較多的風險，我們怎能判定他們之間究竟誰得到了較多的經濟福利呢？

第五節　充分就業

一、充分就業的含義

充分就業 (full employment) 的廣義解釋，可用　國父孫中山先生講過的「人盡其才、地盡其利、物盡其用、貨暢其流」四語加以詮釋，其中自以人盡其才最為重要，因之一般所稱之充分就業，乃僅就人的一方而言。然而，在任何社會中，也不可能做到個個具有勞動能力與工作意願的人，都能找到自己所能勝任的工作。即使在共產國家，表面上都可由政府指派工作，但其中仍有部分工作是社會所不必要或多餘的，更不要說是「人盡其才」了。而在自由經濟社會中，則有許多原因，造成一部分勞工失業，通常將之歸納為三種類型：(1) 摩擦性失業 (frictional unemployment)，(2) 結構性失業 (structural unemployment)，(3) 循環性失業 (cyclical unemployment)。關於這些失業類型的意義，我們將在第十章第一節加以闡釋。其中摩擦性失業與結構性失業是自由經濟社會中所不可避免的，兩者之和，可稱為自然失業率 (natural rate of unemployment)，亦即為循環變動以外其他原因所致預期失業者所佔勞動力 (labor force) 的比率。當經濟運作僅有摩擦性失業與結構性失業發生時，就可視為達到經濟循環巔峰時期通常預期的潛在生產能

量。因之當實際失業率不多於自然失業率時，這一經濟社會就可說是達到了充分就業的境界❸。

至於自然失業率的大小，則隨各國經濟發展情況及社會結構而有差別。單就經濟情況而言，通常經濟愈發達之國家，愈有較高之自然失業率。過去認為自然失業率應在勞動力的百分之四以下；二次世界大戰後，由於技術進步快速，結構性失業較前增加，自然失業率亦由而提昇到百分之六。以美國為例，一九八五年，美國實際失業率為百分之七·一，減掉當年公認的自然失業率百分之六後，其餘百分之一·一應為其循環失業率。

二、古典學派對充分就業的看法

古典學派的經濟學家，對於總體經濟的看法與分析，是以下列三項基本觀念為基礎：(1) 薩依 (J. B. Say, 1767-1832) 的市場法則 (Law of Markets)，(2) 貨幣數量理論，(3) 自動調節的市場。三者互相關連，但對充分就業理論最具影響力的，仍為薩依的市場法則或簡稱薩依法則。薩依有句名言「供給創造其自身的需要」(Supply creates its own demand)。意思是說，當生產貨物與勞務時，就同時產生了與其產品價值相等的所得，而人們提供各種生產要素從事生產的目的，就是為了以其所得再去購買那些已生產的物品。就個人而言，其所生產的東西自非就是其所需要的；但就全社會而言，生產的種類與價值終必等於支用的種類與價值。既然如此，則各種生產要素都可投入生產行列而不致出現嚴重的或持續的生產過剩現象，終必達到充分就業下的總體均衡狀態 (macroeconomic equilibrium)。

上述簡單的薩依理論，並未忽略實際經濟活動中滋生的一些複雜問

---

❸ 參看 David N. Hyman: *Economics*, 1990, pp. 567-568.

題。第一，人們從事生產活動賺取的所得，並非全部用於消費，而是消費之外，尚有儲蓄。然而另一方面，爲了生產，必須投資，只要計劃儲蓄與計劃投資相等，則生產的價值仍可等於支用的價值。問題在於儲蓄與投資多是由不同之人所進行的，怎能保證兩者一定是相等的呢？關於此點，就須借助貨幣市場的調節機能。因爲現代銀行是儲蓄者與投資者間接交易的中介。當計劃儲蓄大於計劃投資時，必會引起利率的下落，從而儲蓄減少，投資增加，而於利率滑落到某一水準時，達成儲蓄與投資的相等，而不再有進一步的變動。反之亦然，毋待贅述。第二，人們生產的物品與其購買的物品，在種類與數量上也不全然是相等的，有些物品可能生產過多，勢必降價求售或是減少生產，從而引起部分勞工失業，使其所得與支出減少，又更加深了部分產品的生產過剩現象。古典學派對此亦有辯解。他們認爲當某些產品由於不合市場需要而生產過剩時，只要透過產品市場與要素市場的自動調節機能，就能避免由於生產過剩而引起的經濟失衡現象。因爲降低產品價格可以增加銷路，而工人降低工資亦可減低生產成本，終使廠商不必爲了減少產量而裁減工人了。事實上，當有部分產品生產過剩時，可能也有另一部分產品生產不足，透過物價與工資的變動，也可對生產與就業進行部門之間的調整，而使總體經濟仍能恢復其充分就業下的均衡狀態。

三、凱恩斯對古典學派充分就業理論的批判

由於一九三〇年代爆發了長期衰退與高度失業的經濟大蕭條，使古典學派的充分就業理論受到嚴重挑戰。此時，英國經濟學家凱恩斯(J. M. Keynes, 1883-1946)以其獨特的見解發表其曠世著作 *General Theory of Employment, Interest and Money* (1936)，簡稱爲一般理論，此地僅就其有關充分就業方面加以申述。首先，他不認爲透過利率的變動

可以達到儲蓄與投資的相等，因為個人儲蓄除賺取利息外，尚有下列各項動機：(1)為應付未來不可預知的需要，(2)為退休作準備，(3)為提昇未來生活水準，(4)為謀取經濟獨立，(5)為投機目的建立準備金，(6)為留給子孫遺產，(7)為滿足累積財富的慾望。另一方面，利率也不是影響投資的唯一因素。他認為投資者如預期某一投資計劃可以獲致較利率為多的利潤，即使利率較高，也會借款進行；否則，即使利率較低，仍將拒絕借款。因之，消費者的最後需要，現有資本財的數量與使用期間，以及新技術的有無等，均較利率更具有決定投資的作用。既然儲蓄與投資均更受利率以外其他因素的影響，故當計劃儲蓄大於計劃投資時，若無法透過貨幣市場的利率變動加以改正，就會因投資不足而產生長期性的經濟蕭條與失業了。

　　再就產品市場與勞動市場而言，工會與大型企業都有抗拒工資與物價下跌的力量。面對增加的失業，工會為保護其現仍工作的會員，每每抗拒工資降低，而使企業也不願削減其產品價格。而且，當有生產過剩發生時，大企業寧可減少產量而不願降低價格，因為降低價格可能招致同業的削價競爭而抵消了增加銷路的效果。依照凱恩斯的說法，物價與工資都具有「向下黏著性」(sticky downward)。由於物價與工資缺乏充分的伸縮性，而使產品與勞動市場不能透過自動調整過程而恢復充分就業的均衡了。最後，凱氏也認為縱使物價與工資都可同時降落，也不一定就能恢復生產到充分就業的水準。這是因為降低物價固使消費者能夠購買較多的產品；但減少工資也使工人只能購買較少的貨物，兩者的效果抵消，對增加市場需要或防阻生產過剩仍無助益。

四、充分就業的必要與立法

　　充分就業如不能如古典學派所言可以透過市場的調節作用來自動達

成，就須由政府運用其貨幣與財政政策去達成這一目標。凱氏對此曾有相當完善的建議，對世界各國對付經濟蕭條的政策深具影響，我們將在第十章中對此詳加探討。此地僅就維持充分就業有無必要，也可說是維持充分就業究有那些利益與弊害，以及能否以立法加以規範等問題加以探討。

維持充分就業，至少可以獲得下列各項利益：(1) 提高國民生產毛額的水準。至能否提高勞動平均所得，似無定論。如增加的就業來自人口的自然增加，則因平均年齡的降低及勞工可塑性的增加，而有助於提昇勞動生產力；但若只是失業勞工的重新就業，則因原失業工人多爲邊際生產力較低的一群，對提昇平均勞動所得或反有不利的影響。(2) 促成社會安定。大量失業最易引起社會不安，小則增加社會犯罪，大則導致社會動亂。在民主社會中，經濟繁榮與否，更爲影響政權交替之重要因素，因之任何國家無不以達成充分就業爲其施政的主要目標。可是另一方面，也有下列不同之意見：(1)如不控制人口數量與提昇人口素質，則追求充分就業政策，勢將導致國民總生產的增加趕不上總人口的增加，而使勞動報酬日趨下降，國民生活愈見艱困。因之充分就業政策必須配合適當的人口政策，才能眞正提高國民生產，改善國民生活。(2) 一意追求充分就業，每易造成政府財政惡化及通貨膨脹。政府對此所採取之政策，不外以減稅方式鼓勵消費，或是實施低利融資鼓勵投資，行之不愼，每易引起需求增加超過了供給增加，從而導致惡性通貨膨脹。換言之，追求充分就業每以通貨膨脹（或一般物價水準上昇）爲代價，二者孰輕孰重，將在第十章加以分析。(3) 前已言之，在任何社會中，均必有部分勞動人口無法就業，此一部分失業人口的大小，則隨一國經濟與社會等條件而異，但迄今並無一項可以測知的公認標準。經濟發達不亞於美國的日本，其失業率遠較美國爲低，我國亦有極低的失業率。 反

之，共產國家表面上幾無失業率之可言，但其實際失業率（指隱藏失業）可能遠大於非共產國家。追求充分就業政策首應確定前述自然失業率的大小，而以超過此一比率的失業爲其解救的目標，這在實際運作上也將遭遇困難。

由於上述缺點，應否由政府制訂充分就業的法律，乃一可以引起爭論的問題。美國首先於一九四六年制訂以充分就業爲目標的就業法，但只就其可以運用的手段作原則性的規範，對充分就業下之自然失業率亦無規定，因之政府將在何種失業情況下採取何種政策，仍有賴於決策當局的判斷。事實上，即使在未有嚴重失業情況下之正常時期，政府仍應視經濟變動情況，適時採取各種有效政策，以保持經濟的正常發展，而非等到發生經濟失衡情況時再圖補救。因之，維持充分就業政策，乃一經常性之作爲，即使沒有充分就業法之規範，政府亦應對此保持警覺，謹慎應付，此所以除美國外，其他國家似少爲充分就業而制定專用法章也。

第六節 綜合目標——經濟福利

一、經濟福利的意義

依據英國經濟學家皮古（A. C. Pigou, 1877-1952）的意見，經濟福利乃是一種能由貨幣所測計的福利，它與一般福利不同，因爲後者尚包含若干其他因素，如勞動的素質、個人的環境、人羣的關係、地位以及公共安全等，這些都是經濟福利所不加以考慮者。但皮古認爲在進步的國家中，經濟福利與一般福利大體上是相關的。就一個國家而言，能以貨幣測計的福利，莫如國民所得或國民生產，因之通常就以實質國民所得作爲測計一國經濟福利的指標。

然而，以平均每人實質所得衡量國民的經濟福利，必須考慮下列因素而作適當的修正：

1. 財貨的種類與品質　通常我們總以爲生產的價值愈大，則其代表的生活水準愈高，但仍有若干例外：第一，生產的財貨有一部分並不能用以直接滿足人們的消費慾望，軍用物資的生產即是如此。有人說，軍需生產爲維護國民生存所必需，但發展國防工業，必將減少民生工業的生產量，而致降低國民生活的水準。因之即使兩個國家的實質國民所得相同，但一爲高度軍事化的國家，而另一國則否，那麼，前一國家的經濟福利，必較後一國家爲低。第二，具有同一功能的不同財貨，其所代表的經濟福利亦不相同。例如以數十年前的馬車與今日所用的汽車比較，兩者縱有相同的貨幣價值，但後者給予人們的經濟福利，要遠較前者爲大。第三，即就同一種類的財貨而言，品質的改進，實即代表經濟福利的增加，因爲較好的財貨一如較多的財貨，可使我們的生活過得好些，較差的財貨亦如較少的財貨，可使我們的生活過得壞些。汽車的不斷改進，即其一例。這種品質改進所代表的經濟福利，是無法完全用貨幣價值去衡量的。

2. 沒有交易行爲的財貨與勞務　列算爲實質國民所得的，通常只以有交易行爲的財貨與勞務爲限。倘如你買一張新的書桌，那是國民所得的一部分，但如你以舊的木頭爲之，那就不列算爲國民所得了。家庭主婦的勞務，對我們至爲重要，但因沒有交易價值，故不列算在國民所得之內。一至戰時，由於婦女出外從事各種有報酬的工作，而使國民所得陡然增加很多，但實際上，婦女對於社會所提供的勞務，在數量上並無若何的變動。因之，以實質國民所得來衡量國民的經濟福利，平時失之於低估，戰時則又不免誇張了經濟福利的增長。

3. 國民所得的實際分配　設有兩個每人平均所得相同的國家，一

個國家的國民所得相當平均，而另一國家則否，因之前一國家的每一國民，都有相當均等的生活享受，其由財貨與勞務所獲得的總效用必較高。至於所得分配不均的國家，只有少數人享有較高的所得，他們所消費的財貨大都爲與基本生活無關的奢侈品，而大多數所得低的家庭，則多衣食不足，因之雖有相同的每人平均所得，其所獲得的總效用，自不及前一國家爲高。

4. 閒暇亦爲一種重要的福利　任何財貨與勞務的生產，都代表着人們閒暇的犧牲。有時候，人們寧可減少工作的報酬，而不願犧牲較多的閒暇，可見閒暇與工作報酬，是有相當替代性的。現代國家已從每週工作四十八小時減爲四十小時，就是因爲獲得較多的閒暇，亦與獲得較多的所得同樣重要。不幸的是，我們在計算實質國民所得時，並不包括閒暇在內，事實上，閒暇亦無客觀的價值可供計算。然而，只要人們能以較少的工作時間，獲得如前一樣數量的財貨與勞務，則無疑地，那是代表着一種經濟福利的增進。

5. 社會成本與利益的忽略　隨着經濟的發展，公害問題愈來愈嚴重，工廠冒出的黑煙，排出的廢水，飛機與汽車產生的噪音，以及各種職業病等，均使人類的生活環境日益污染，人們的健康日益受損。這些所謂社會成本，並未從實質國民所得加以減除。現時已有人懷疑人類不斷追求經濟的成長，而不顧及這些公害所予人類生存的威脅，是否值得。另一方面，也有若干產業產生了廣大的社會利益，因未計算在實質國民所得之內，而不足以眞正表達這些產業所予人們的經濟福利。

二、經濟福利的增減

關於經濟福利的研究，目前已成爲經濟學中重要之一環，且多用數學方式加以表達。此地僅從經濟政策觀點，略述經濟福利在何種情況之

下較大，在何種情況之下較小，並先就兩位著名學者的意見加以申述：

1. 皮古的國民紅利❹　前曾說過，皮古所謂經濟福利，乃是一種可用貨幣加以測計的福利。雖然他認爲福利一詞的意義涵蓋甚廣，而對福利發生影響的因素更是複雜，但爲了研究方便，僅就直接或間接與貨幣發生關係的這一部分福利加以探討，因稱之爲經濟福利。同時他也認爲這一部分「能」與貨幣建立關係的福利，在「能」的意義上也有難易之別，故甚難與非經濟的福利截然劃分。再者，經濟福利的影響亦可爲其他福利的相反影響所抵消，故不以經濟福利卽可作爲總福利的指標。雖然如此，但部分的變化，仍可以其自身影響全體的變化，基於此一觀點，單獨研究經濟福利，仍是可能和必要的。

皮氏曾創「國民紅利」（National dividend）一詞，認爲國民紅利或國民所得可以作爲經濟福利的客體。國民紅利愈多，則經濟福利愈大。所謂「國民紅利」，卽是在維持資本不變的情況下，「一國的勞動與資本，對其自然資源加以利用，每年生產的一定量的商品淨額，物資的或非物質的，包括各種勞務在內」。皮氏認爲國民紅利的分配，亦可影響經濟福利的大小，國民紅利由富人向貧民移轉，如果國民紅利並未因之減少，通常將會增加經濟福利的數額。因爲在邊際效用遞減的情況下，貧民增加的滿足將大於富人所減少的滿足，故必促成總福利的增加。氏又認爲爲增加國民紅利，尚須改進資源的分配。他曾創設個人邊際淨產品價值與社會邊際淨產品價值兩個名詞：後者是指在任何用途中資源的邊際增量所產生的淨產值，在計算時應包括個人及社會的利得及成本在內，而個人邊際淨產品價值則是總產品中歸之於投資的個人部分。當社會邊際淨產品價值在任何用途中均相等時，國民紅利達於最大。因

---

❹　參看 A. C. Pigou: *The Economics of Welfare*, 4th ed. 1932, 有陸民仁中譯本，臺灣銀行出版。

爲在某一用途增加資源的產值如較其他用途的產值爲少時，則將資源移向他一產值較多的用途，將可增加國民紅利的數額。理想的情況，是使個人邊際淨產品價值與社會邊際淨產品價值趨於一致，但純粹透過自利心的作用，並不能如此。因之政府應用某種租稅或其他管制措施，以抵消社會成本的增加，而使個人邊際淨產品與社會邊際淨產品的差異消失。總之，皮氏認爲爲增加經濟福利，政府應在下列三方面對社會經濟加以干涉：(1) 改進資源的調配，使由生產淨值較少的部門移向生產淨值較多的部門，藉以增加國民紅利的數額。(2) 改善國民紅利的分配，使一部分的國民紅利由富人移轉到貧民手中，藉以促成經濟福利的增加。(3) 此外，政府對獨佔事業的管制或收購，調解產業糾紛，減少勞工失業，合理提高工資，亦均有助於經濟福利的增加。

　　2. 柏瑞圖的最適境界　意大利人柏瑞圖 (V. F. D. Pareto, 1848-1923)，早在一九〇九年所著政治經濟學手册一書中，就曾認爲效用是不可以直接加以衡量的。他並利用英國學者 Edgeworth 的幾何設計——無差異曲線，說明消費者對於兩種物品不同組合的選擇，不是以其效用的數量爲標準，而是以其偏好的大小爲標準。而且各人有其不同的偏好，實無法去就各人的選擇比較他們所獲滿足的程度。他的理論後經若干學者加以闡發，並以之作爲討論經濟福利的基礎。他們認爲對於資源的使用，當其達於增加一人之幸福，而無法不以減少他人的幸福爲代價時，卽已發揮了它的最大效率，人們稱此爲「柏瑞圖的最適境界」 (Pareto Optimality)。此一理論顯示兩項重要原則：一是任何行爲如能至少可使一人獲益，而無損於任何其他之人，則必能增加社會福利，因之應是值得爲之的。二是任何行爲如有利於某些人，而有害於另一些人，則其對於社會福利的影響難以決定，因爲我們無法在他們之間比較其滿足與不滿足的大小。

　　然而，上述這一最適境界未免過於嚴格，因爲在實際社會中，任何一項經濟上的活動，每使一些人得到利益，而另一些人則可能受到損失。而依柏氏的觀念，他們所增加的滿足或減少的滿足，是不能以數量來計算的，因而也就不能知道這一活動的結果，究竟是增加了抑是減少了經濟福利。以後英國的經濟學家希克斯 (J. R. Hicks, 1904-) 提出「補償原則」(Compensation Principle)，認爲各人仍可就其增加的或減少的滿足，分別以貨幣價值表示之。例如增加滿足的人如認爲從其課稅五億元，即可使其增加的滿足完全消失，而減少滿足的人如認爲對其補貼三億元，即可使其減少的滿足得到補償，那麼，就全社會而言，仍可由於此一經濟活動而增加了社會的經濟福利。

三、經濟福利淨額的估算

　　近多少年來，隨着經濟的發展，人們對於「生活的品質」(The quality of life) 愈益重視。在經濟開發中的國家，國民所得的提高與生活品質的改善，或許是同一方向甚或同一比例變動的，但在一個經濟高度發展的國家，國民所得與生活品質，常有衝突的現象發生。因爲生活品質的提高，不僅有賴於所得的增加，更要求社會、文化以及人權各方面條件的改善。尤其是伴隨經濟發展而來之環境污染、交通事故及都市罪惡等問題相繼發生，而使生活品質反有愈趨低落之勢。目前從事社會經濟福利研究的人，乃創設一些指標並進行估算，以確定一個國家的福利程度，目前在經濟方面爲人所廣泛使用的，則爲經濟福利淨額 (Net Economic Welfare) 的估算，藉以衡量經濟生活品質(quality of economic life) 的程度。

　　經濟福利淨額 (NEW) 的估算，係以國民生產毛額 (GNP) 爲基礎加以修正。其所估算的項目，通常有下列各項：

一、應予加計者，有下列六項：

1. 政府的消費　指教育，保健、社會福利、司法和警察、及一般行政費用。

2. 私人的消費　指私人用於購買各種消費財貨與勞務的支出。

3. 政府資本所產生的效益　非指當年的投資金額，而應以其產生的經濟效益加以估算。

4. 私人資本所產生的效益　與前項說明同。

5. 閒暇的貨幣價值　工作所得與享受閒暇原是互相替換的，因之應將增加閒暇而犧牲的貨幣所得加算在經濟福利之內。

6. 沒有市場交易的財貨與勞務　GNP 所未列算的這些財貨與勞務的價值，例如家庭主婦的勞務價值等應加算在經濟福利之內。

二、應予扣減者，有下列三項：

1. 環境維持費用　為防止經濟活動帶來損害所花的費用，乃是經濟福利的一項負的項目。

2. 環境污染的代價　經濟活動帶來的損害，並非前項支出可以完全避免，因之環境污染的代價，也是一項社會的損失。

3. 都市化的損害　因都市化而帶來的損害，如道德墮落、犯罪、及交通意外事故等，應就其可以估算的價值，列為扣減的項目。

因此，經濟福利淨額的估算公式為：

$$NEW = 政府消費 + 私人消費 + 政府資本效益 + 私人資本效益$$
$$+ 閒暇的價值 + 沒有市場交易的財貨與勞務$$
$$- (環境維持費用 + 環境污染代價 + 都市化的損害)$$

美國耶魯大學的兩位經濟學家 William Nordhous 及 James Tobin 二人曾就上述觀點將美國的 GNP 加以改正，發覺美國的每人平均經濟福利淨額，自一九二九年以來雖年有增加，但不及每人平均 GNP 成長

之多；且除一九三〇年代初期每人 NEW 一度大於每人 GNP 外，其餘各年每人 GNP 均大於每人NEW，兩者差距且有愈趨擴大之勢。美國薩穆遜(Paul A. Samuelson)教授有鑒於此，認爲如要獲致較高的 NEW，必要時須降低 GNP 的成長速度❺，亦即以減少財貨去換取生活品質的提高，而不是如一般人所想像的,以爲經濟成長是與經濟福利相伴隨的。

於此尙應澄清一項問題，有人誤以爲倘如企業爲防止污染而增加支出，豈不增加了 GNP 的數額。殊不知在計算 NEW 時，此項防止污染的費用，原是一項負的項目，應予扣減，故不致因 GNP 增加而增加了 NEW。設若無污染情況發生，則生產同量的財貨，僅需較少的資源，由而可以較多的資源，用於其他財貨的生產。或者是，如污染不存在，則生產成本可以降低，同額的貨幣 GNP 以較低的物價指數平減後，當可獲致較高的實質 GNP 與 NEW。

（再以日本爲例，NEW 與 NDP（國內生產淨額）之比，一九五五年爲一‧一五，一九六〇年爲一‧〇七，一九六五年爲一‧〇二，一九七〇年爲〇‧九二，顯示兩者的比例，亦有隨着經濟發展而有逐年下降之趨勢。）

第七節　目標之間的互競性與互補性

經濟政策雖有上述這些不同的目標，但却不易根據這些目標判斷一項政策的好壞。這是因爲有些目標如經濟公平與經濟自由，是不能以數量來衡量的，因之我們無從知道一項政策對於這些目標的影響，卽使這些目標都可個別地加以衡量，亦知一項政策對於每一目標的影響，但這

---

❺　見 Paul A. Samuelson: *Economics*, 11th ed. 1980, p. 185.

些目標之間亦有其不同的關係。有些目標是互相競爭的 (competitive)，即是一項目標的達成，常以犧牲另一目標爲條件，它們之間也可說是互相衝突的。另一方面，有些目標也可能是互相補充的 (complementary)，即是一項目標的達成，亦有助於另一目標的改進。理想的政策，自應力求互補性的擴大，互競性的縮小。甚至在經濟性的目標與非經濟性的目標之間，也存在着這種互補性與互競性。茲分別舉例說明之。

一、經濟目標之間的互競性

1. 就經濟成長而言： (1) 它與經濟公平發生互競關係。古典經濟學家早就認爲富人的儲蓄有助於資本的形成， J. S. Mill 曾謂分配不均固爲人類社會令人討厭的罪惡，但却是經濟進步所必需的。誠然，如果所得平均分配了，則因消費傾向加大，而儲蓄傾向變小，沒有快速的資本累積，自將減緩經濟成長的速度。(2) 它與經濟穩定發生互競關係。高度的經濟發展，往往伴以劇烈的通貨膨脹，這是因爲在現代貨幣經濟之下，銀行信用的增加往往先於及快於生產的增加，尤以生產資源於接近充分就業時，更易促成劇烈的通貨膨脹。

2. 就經濟穩定而言： (1) 它與經濟成長的互競關係，已如上述，(2) 它與經濟自由發生互競關係。一個國家爲謀物價之穩定，往往在金融及貿易方面採取若干限制性的措施，戰時的物價管制或配給制度，更使經濟自由受到限制。爲謀生產之穩定，有時須由政府策劃資源的調配與使用，或以金融及財稅手段進行干預。(3) 爲達成充分就業，每易引起通貨膨脹，而不利於經濟的穩定。但因失業減少，亦有助於社會的安定。兩者之間的抵換關係如何取捨，要視何者重要而定。

3. 就經濟公平而言： (1) 它與經濟成長的互競關係，已如前述。(2) 它與經濟自由發生互競關係。爲謀所得的公平分配，政府除以租稅

或補貼方法以改善所得的分配情況外，並應設法防止企業的壟斷、消除種族或其他歧視、或對市場加以適當的干預等，均不免使經濟自由受到相當限制。

4. 就經濟自由而言，它與其他目標之間的互競關係，已如上述。但於此值得一提的，落後國家為促進經濟發展，有時亦須削減一部分的經濟自由。例如為謀資源的合理使用，而使企業自由受到限制；為促進國民儲蓄，而使消費自由受到限制；為保障勞工利益，而使勞動市場受到限制等。

5. 就充分就業而言，除與經濟穩定的關係已如前述外，與其他經濟目標之間，並無衝突。

二、經濟目標之間的互補性

1. 就經濟成長而言：(1) 它與經濟自由發生互補關係。經濟發展增加了國民所得，而使消費的範圍隨之擴大；加之，經濟發展也增加了就業機會，易於達成充分就業，並擴大了擇業的自由。(2) 它與經濟公平之間，亦有其互補的一面。根據經濟學家的研究，在經濟發展初期，或不免擴大所得分配不均的程度，但在發展到較高階段後，即可逐漸縮短貧富的距離。熊彼德 (J. A. Schumpeter, 1883-1950) 甚至認為要達成真實所得的平均，其最主要的方法還在於加速經濟的發展。(3) 它與經濟穩定之間，也有其互補關係。經濟發展雖不免引發經濟作循環的波動，但另一方面，隨著人口增加，亦須有生產的增加，否則，勢將促成物價水準之不斷上昇。

2. 就經濟穩定而言：(1) 它與經濟公平發生互補關係。因為物價的穩定，不致引起所得的不公平分配。而且，在生產的穩定中，不致造成大量的失業，亦有助於所得分配之改善。(2) 穩定與成長雖有互競的

一面，也有其互補的一面，因為在穩定的經濟中，企業家易於作可靠的
經濟計算，願意投入較多的資本，而造成所謂「穩定的成長」。(3) 穩
定與自由的關係，雖不十分明顯，但在一個不穩定的經濟環境中，不免
增加了企業經營的風險，而使企業選擇的自由，受到無形的限制。而
且，經濟蕭條造成的大量失業，也減少了一般人們的消費自由。(4) 經
濟穩定可以減少循環性的大量失業，自有助於充分就業目標的達成。

3. 就經濟公平而言：(1) 它與經濟成長亦有互補的一面，因為所
得分配的平均，足以改善勞動者的生活，不僅他們的健康與壽命有所增
進，且可獲得較多的教育機會，凡此均有助於勞動生產力的提高及加速
經濟的發展。(2) 經濟公平似與經濟穩定沒有密切關係，其實不然。我
們均知消費不足或投資過多，每為引起經濟波動的原因。在所得分配不
均的情況下，資本家獲得過多的利潤，常以之用於再投資，但大多數的
勞動者，則因所得過少，消費不足，致使生產與消費不能平衡。如果
所得分配較為平均，即可增加社會的有效需要，減少經濟波動的幅度。
(3) 公平分配的結果，可以增加大多數人的所得，而擴大了他們經濟活
動的範圍。不過，一些人的經濟自由增加，亦使另一些人的經濟自由減
少，只要前者增加的自由大於後者，仍代表著社會淨自由的增加。(4)
公平分配的結果，可使社會總消費增加及總儲蓄減少，似不利於企業投
資與充分就業。但投資資金並非全靠個人儲蓄，而增加消費必會導致生
產與就業增加。

4. 就經濟自由而言：(1) 它有助於經濟的發展，因為在自由經濟
中，各人為追求其最大的經濟利益，每能各盡心智，努力以赴。今日自
由國家之經濟成就遠比共產國家為高，即為明證。(2) 有助於經濟公平
的實現。經濟公平主要固指分配的公平，機會的均等亦甚重要。在經濟
自由之下，有時固易導致分配的不均，但在充分的自由競爭之下，各人

獲得其應得的成果，亦能減少分配不均的程度。今日財富分配的過分懸殊現象，每多由於特權或壟斷而來，只要澈底消除特權與壟斷，即有助於經濟公平的實現。

5. 就充分就業而言，除與物價穩定的關係較有爭議外，對其他經濟目標，均有良好影響。

三、經濟目標與非經濟目標之間的關係

國防的安全、政治的民主、種族的平等、人權的保障、生活的健康等，均為今日人們追求的非經濟目標，但與經濟目標之間，亦可發生互競與互補的關係，茲僅舉數例說明之：

1. 互競的關係 (1) 經濟發展帶來的社會公害，已嚴重威脅到人類生活的健康。發展經濟原是改善人類生活的手段，但今日情況適得其反。有些國家已禁止公害較多的工業繼續擴展，而寧願為了多有健康生活而減緩經濟成長的速度。(2) 若干經濟落後國家，為謀求經濟的快速發展，每對個人自由加以種種限制，甚至形成政治上的獨裁。尤其是共產國家，為實施其計劃經濟，更是採取極權政治，剝削人權。反之，過份的自由，亦有害於經濟的發展。例如自由國家之工會，因濫用其罷工的自由，常使生產停頓，交通癱瘓，造成經濟上的重大損失。

2. 互補的關係 (1) 國家有了獨立與安全，即可不受外國的經濟壓迫或武力侵害，自可促進本國經濟的發展。反之，由於經濟的發展，可以加強國防的力量，保障國家的安全。(2) 西洋國家的經濟發展，應歸功於其民主的政治。因為在民主政治之下，人民的財產與自由獲得了充分保障，從而激發了人們追求財富的進取心。今日共產國家及一些經濟落後國家，則反其道而行之，已於前述。如僅就經濟發展而言，前者自較後者為好，但後者對其他經濟目標如經濟公平或經濟穩定的達成，

則亦有其較好之功效。(3) 充分就業當有助於種族平等、人權保障等目標之達成，對其他非經濟目標而言，自有其間接助益。

四、選擇經濟目標的考慮因素

經濟政策雖有前述各種不同的目標，但由於各個目標之間甚至與非經濟目標之間具有互競性與互補性，故在制定一項經濟政策時，須考慮下列幾項因素：

1. 優先次序的考慮　在同一時間內,須考慮各項目標的優先次序。倘如經濟成長是當前所急需的，則在採取任何加速經濟發展的政策時，不必過於顧及其對其他目標的不利影響。只要加速經濟發展所得的利益，大於它在其他方面造成的損害，仍是值得為之的。

2. 時間因素的考慮　經濟政策常有短期與長期的目標，有時短期或現時的犧牲，為達成長期目標的代價，例如發展教育有助於將來的經濟發展與公平分配，但也犧牲了現時可用於經濟發展的部分資源；反之，為達成短期或現時的目標，有時亦不得不犧牲長期的利益。例如現時視為穩定經濟或促成公平分配的政策，都將減緩將來經濟成長的速度。

3. 目標程度的考慮　每種目標都有其達成的程度，例如經濟成長的速率，可定為每年百分之八或百分之五是。縮短貧富差距，亦可規定差距不宜超過十倍或六倍是。像經濟自由等不易以數量衡量的目標，仍可大體上估計其自由的程度。一般言之，各個目標的追求，如不超過某一限度，則其互補的可能性較大，但如過份的追求，則其互競的可能性較多。例如溫和的通貨膨脹，可有助於經濟的成長，並不致造成所得分配的過度不均，但如物價上漲過速，反將有害於經濟發展，並使所得的分配更為不均。又如在一個經濟落後的封建社會中，經濟自由的增加，

不僅有助於經濟的成長及所得的平均，也不致造成經濟的劇烈波動；但在經濟發展已達相當高的階段時，如仍過份強調經濟的自由，必將引起經濟的巨大波動，且將加深所得分配的不均。

總之，上述各項考慮的結果，形成了經濟政策賴以制定的所謂「價值判斷」。任何良好的政策，自應力求互補性的擴大，互競性的縮小，俾使全社會經濟福利的增加，達於最大可能的地步。

第四章　經濟發展概述

第一節　經濟發展的階段

一個國家的經濟發展，亦如人的成長一樣，是逐漸進行而臻於成熟的，依其發展的過程而可分為若干不同的階段。依據美國經濟學家羅斯托 (W. W. Rostow) 的意見，一個社會的經濟發展可分為五個階段：

(1) 傳統階段(The Traditional Society)

(2) 過渡階段(The Preconditions for Take-Off)

(3) 起飛階段(The Take-Off)

(4) 成熟階段(The Drive To Maturity)

(5) 大量消費階段(The Age of High Mass-Consumption)。

茲依羅氏說法分別加以敍述於次❶：

一、傳統階段

一個傳統的社會，是指應用科學家牛頓(Isaac Newton, 1642-1727)

---

❶　參看 W. W. Rostow: *The Stages of Economic Growth*, 1960.

以前的科學與技術，在有限的生產條件下發展的一種社會結構。羅氏所以拿牛頓作爲這一歷史潮流的標記，是因人類直到此時才普遍相信宇宙是受少數已知法則所支配的，人類實可有系統地對生產活動加以操縱。然而，傳統社會並不就是靜態社會。其耕地面積可能增加，在貿易、工業與農業方面，仍有若干特殊的技術革新，有時且爲具有高度生產力的改革。例如灌漑工程的改進，或者一項新作物的發現與推廣，均可能導致生產力的增加。但是傳統社會的中心問題，是其可以達到的每人平均生產水準，受到一定的限制，因爲來自現代科學與技術的潛在力量，無從獲得或不能有規則地與有系統地加以應用。過去及近代的傳統社會，都有一部循環變動的歷史。例如它們內部及它們之間的貿易範圍與數量，經常隨着政治及社會的擾攘程度、中央統治力量的效率、道路的維持情況等而波動不已。其人口數量及其壽命的水準，不僅隨着收成的結果，而且隨着戰爭及疫癘的發生而起伏不定。製造業雖亦有不同程度的發展，但生產力的水準，則因缺乏及不能應用現代科學，而受到嚴格的限制。一般言之，這種社會由於生產力的有限，而不得不以大部分的資源用於農業，從農業制度中產生出一種有階級的社會結構，上下流動的範圍至爲狹隘。家庭及宗族連繫在社會組織中佔有主要地位。這些社會的價值制度一般是與所謂長期宿命論相關連的，即是假定子孫所能爲的，亦正是其祖父母所能爲的。這種長期的宿命論自不排斥在短期內個人努力改善其命運的可能性。雖然中央的政治權力亦常存在於傳統社會內，但政治權力的重心則多操於地方據有土地的人之手，地主藉助其自有的臣僕和武力，對於中央政治權力發生或多或少的影響。

總之，在傳統社會內，不獨生產力受到限制，而且由於自然的、社會的及政治的因素所影響，這種有限的生產力亦常是不很穩定的，我國歷史上的治亂相尋，亦反映出經濟上的盛衰靡定，幾千年來始終跳不出

原始的農業社會，而發生出一種推動經濟發展的力量。羅氏之言，實不
啻我國過去歷史的寫照。

二、過渡階段

　　羅氏稱此為經濟起飛前的準備階段，這是西歐各國在十七世紀末期
及十八世紀初期的情況。當時已將現代科學的知識開始應用於農業及工
業方面新的生產活動，並因世界市場的面的擴張及對這些市場的國際競
爭，而產生某種動態主義。然而，就近代史一般的情況而言，這一階
段不是起自內部的自然成長，而是由於較進步的社會從外部入侵所引起
的。這種入侵使傳統社會受到震撼，並開始或加速它的解體。但也由此
推進一些新的觀念，使從舊文化中開始建造一種新的社會。在觀念上不
僅認為經濟進步是可能的，而且是達成國家尊嚴、私人利益、一般福利
或改善兒女生活等良好目的之必需條件。教育放寬和改變了，藉以適合
現代經濟活動的需要。新型的企業人才產生了（在私經濟方面、政府方
面、或兩者都有），他們願意動員儲蓄和擔負風險，以追求利潤或現代
化。投資增加了，特別是在運輸交通及其他國家需要的原料方面。對內
與對外的貿易範圍擴大了。利用新方法的現代製造業也到處出現了。可
是在一個主要仍以傳統的生產方法、舊的社會結構與價值、及以地方權
力為基礎的政治制度為其特色的經濟社會裏，所有上述活動仍是進行得
非常緩慢的。雖然這一轉變時期已可看到經濟本身及社會價值方面的主
要變動，但其決定因素則仍是政治性的。一個有效而權力集中的中央政
府，乃是過渡時期的決定力量，一般言之，也是經濟起飛的必要條件。

三、起飛階段

　　當阻礙持續成長的原有因素終於克服之後，即可進入起飛階段。通

常經濟起飛不僅須待建立社會的共同資本（Social Overhead Capital）
及掀起農工業方面的技術發展，而且也有待於出現一羣政治上的領導階
層，將經濟現代化視爲重要而優先的政治活動。在起飛時期，有效的投
資與儲蓄率，譬如說，從國民所得的百分之五升高到百分之十以上。新
的工業迅速擴張，其所產生的利潤，又大部份投資於新的設備。這些新
的工業，由於迅速增加了對於工廠工人、供養這些工人的服務、以及其
他製造品的需要，而又刺激城市區域及其他現代工業作進一步的擴張。
現代產業部門的全面擴張過程，增加了人們的所得，他們不僅提高了儲
蓄率，並以他們的儲蓄交與那些從事現代產業的人去支配。新階層的企
業家增多了，他們將大量投資導向私營企業部門，並從而使未經利用的
自然資源及生產方法得到利用。由於農業商業化，新技術不僅在工業方
面也在農業方面傳播開來，更多的農民準備接受新的技術及生活方式的
改變。農業生產力的革命性改變乃是經濟起飛成功的必要條件，因爲一
個社會的現代化大大提高了對於農產品的需要。在十年或二十年之內，
經濟的基本結構以及這一社會和政治結構，乃由之發生轉變，而使此後
的經濟成長，有規則地維持其穩定的速率。

四、成熟階段

在經濟起飛之後，由於有規則性成長的經濟部門將其現代技術擴展
到全面的經濟活動，乃產生一種長期持續而波動的進步。國民所得經常
有百分之十到二十用於投資，而使生產的增加超過人口的增加。因爲技
術改進，經濟的結構不斷地有所改變，新的工業加速發展，而較舊的工
業則漸歸淘汰。在國際經濟中，以前進口的貨物改由本國生產，並另進
口新的必需物資，而以新的出口抵補新的進口。在起飛開始後約六十年
（或起飛結束後四十年），一般就可達到所謂成熟階段。在起飛時期，

係集中於少數工業與技術的發展，至此乃擴展及於比較精細的及在技術上比較複雜的生產過程，例如從煤、鐵及重工程業的鐵路等部門，移轉到機具、化學品及電器設備。我們可以說，所謂成熟階段，是指一個經濟社會有能力超越原來使其起飛的那些工業，而將當時最進步的現代技術吸收並有效應用於縱非全部亦屬非常廣泛的各種資源上面。在這一階段，顯示它有技術的和企業的能力，雖不說可以生產每樣東西，但可產生它選擇生產的任何東西。它可能缺乏經濟地生產某種物品所必需的原料或其他供應品，但這是由於經濟的選擇或政治上的優先所致，而不是由於技術與制度上的必要所造成的。

五、大量消費階段

在進入這一階段時，經濟的領導部門乃轉而致力於耐用消費品及勞務的生產。一個社會在二十世紀達於成熟時，就有兩件事情隨之發生：一是每人平均眞實所得上升的程度，使得大部份人有能力增加消費到基本的衣食住等需要之外；二是隨着勞動力結構的改變，不僅增加了城市人口對總人口的比例，而且也增加了辦理事務或工廠技術人員的比例，他們知道也渴望獲得成熟經濟內的消費品果實。除了這些經濟變動以外，這一社會不再以繼續擴張現代技術作為優先目標。例如西方社會在其經濟成熟之後，經由政治的過程，可以其增加的資源用於社會福利與安全。福利國家的出現，就是一個社會超越技術成熟後的明證。但是在這一階段內，經濟資源也傾向於導致耐用消費品的生產，以及大衆享受的勞動的普及。縫衣機、腳踏車以及各種家庭電氣用品，逐漸廣泛使用。然而在歷史上，仍以大量廉價汽車爲其決定性因素，其對社會生活所發生的革命性作用，不只是經濟方面的，也是社會方面的。

依據羅氏意見，美國在一九一三——一四年福特汽車採用其移動裝

配線 (Moving Assembly Line) 的方法時，卽達於此一階段的轉捩點，但直到一九二〇年代以及在戰後一九四六——五六年十年內，才勉强地完成這一階段。一九五〇年代，西歐與日本似乎也已充分進入這一階段，這是由於它們的經濟在戰後若干年發生意外的衝力所致。蘇俄在技術上快要進入這一階段，它的人民也渴望如此，但若此一階段開始的話，蘇俄的頭子們必將遭遇到政治上與社會上的調整問題。至於超越大量消費階段以後的情況，羅氏也無法加以預測了。

第二節　經濟發展的策略

古典學派自亞當斯密起，卽曾討論到經濟成長問題，斯密氏並以分工爲人類經濟發展的主要動力，但他們的結論多半是悲觀的。這有兩個原因：一是自然資源的稀少，二是人口不斷的增加。在報酬遞减法則支配之下，勞動者的眞實工資，終將落到僅夠生存的水準。以後馬歇爾 (Alfred Marshell, 1842-1924) 爲首的新古典學派一反古典學派的悲觀論調，認爲透過資本累積與技術進步，仍可使經濟保持繼續的成長。由於十九世紀以來西歐經濟的不斷發展，已使新古典學派的理論得到事實上的證驗，一般經濟學家乃不再對經濟成長問題多所討論。直到本世紀三十年代以後，因發生了空前未有的經濟蕭條，幾使各國經濟陷入長時間的停滯狀態，乃再度引起人們注意經濟成長問題。尤其自二次大戰以後，新興國家爲追求較好的經濟生活，無不致力於經濟開發，爲適應這一新的時代要求，經濟學家乃再度轉而研究經濟發展問題，並各自提出促進經濟發展的策略。較重要者，有下述各項：

一、平衡成長的策略

先有羅森斯坦因──羅丹(Paul Rosenstein-Rotan) 提出其所謂「大推進理論」(The Theory of the Big Push)。他認為外部經濟的缺乏，為落後國家經濟不易發展之主要原因，為獲致外部經濟，必須致力於各項公共基本建設，但這些基本建設有其最低限度的規模，亦即羅氏所稱之不可分割性 (indivisibility)，故宜由政府擬訂計劃，大力推行。同時，他也認為各個產業是互為需要的，如只發展一個或少數產業，則其產品除非能輸出國外，必將由於缺乏銷路而歸於失敗了，因之應同時建立各個產業，使能互相支援。為獲得此種大推進所需之資金，又非先有大量的儲蓄不可，而落後國家由於所得太低，人們甚難自動儲蓄，故而羅氏主張透過租稅途徑以提高所得的邊際儲蓄率。可見他的大推進理論，政府實居於關鍵性的地位，沒有政府的大力介入，落後國家的經濟發展幾乎是不可能的。

大推進理論，實際上也是一種平衡成長 (balanced growth) 的理論，但正式提出平衡成長策略的，則為勒克斯 (Ragnar Nurkse) 及魯易斯 (W. A. Lewis) 等人。他們認為經濟的四大部門，即農業、製造業、商業、服務業，均應以同一步調擴張，藉以避免由於成長速度不一而引起的牽制或瓶頸。運輸、電力、水的供給等基本設施──所謂社會共同資本──必須有充分數量的供給，以支持和刺激工業的成長。魯易斯認為落後國家如要打破貧窮的惡性循環，唯一的辦法就是要將資本同時投入許多不同的產業部門，以同時提高各個產業的生產力，並使各個產業互為其產品的顧客。他認為今天的落後國家已不可能再以輸出初級產業產品來謀求經濟的發展，而須從發展國內市場着手，以本國的需要支援本國的產業。所謂「孤立的進步」(isolated progress)雖不是不可能的，但發展少數產業引起的誘導作用，並不足以刺激其他產業的迅速擴張，從而又限制了前一類產業的繼續發展。而且，以全部資本投資於少

數產業，亦易發生報酬遞減的現象，故平衡發展的策略也爲提高資本效率加速經濟成長的方法。

然而，批評平衡成長策略的人認爲：（1）在經濟發展的過程中，須有經濟結構的變動。以美國爲例，一八二〇年幾有勞動力的百分之七〇用於採集活動（即農林漁鑛等第一級產業），今日則有同一比例的勞動力用於第三級產業（即商業與服務業，並包括政府的服務在內）。而平衡成長理論則忽視了此種經濟結構從生產力較低的產業轉移到生產力較高的產業的發展過程。（2）經濟落後國家的資源是有限的，不可能同時用於各項產業的平衡發展。誠如辛格（Hans Singer）所說，假如一個國家擁有的資源能夠完全支持平衡成長的政策，那麼這一國家也就不再是低度開發的國家了。一個經濟已達高度發展的國家，在其就業不足的景氣恢復時期，固可利用平衡成長政策，以圖充分利用其閒置的設備與人力，但不是落後國家在其經濟發展初期所能爲力的。（3）平衡成長理論假定一個經濟落後國家係從毫無憑藉的基礎之上開始發展。事實上，它們多半已在農業或礦業方面有了相當成就，並已形成重要的出口部門，它們的需要，只是如何將投資轉向其他部門，以改正過去所造成的經濟不平衡。新的投資計劃的本身，應該是不平衡的，如此才能改正過去的不平衡，而最後達成了經濟的平衡。（4）有人認爲平衡成長學說係爲集權政府指導與協調開發程序提供一項辯護。因爲此一方式的經濟成長，須有強力的中央設計機構負責領導，尤以缺乏適當經濟指標的落後國家爲然。然而，私人企業或市場力量無法處理的工作，事實上也非公共當局所能優爲之的。即使爲若干專家組成的委員會，也會爲某一部門內那些產業應予優先發展問題產生歧見。

二、不平衡成長的策略

德國經濟學家赫契曼（Albert Hirschman）可爲此一成長理論的代表，他在所著「經濟發展策略」（The Strategy of Economic Development）一書中，認爲一個國家的經濟發展，常是由若干領導部門傳遞到其他跟進部門，從這一產業傳遞到另一產業，從這一廠商傳遞到他一廠商。在兩個不同時點所攝靜像顯示出來的平衡成長，只是一個部門爲其他部門追趕所引起的一連串不平衡進展的結果。如果追趕部門超越了它的目標，則將在他處引發更進一步的發展。經濟成長的過程，卽是這種領先與追趕交相刺激的過程。赫契曼特別強調「誘發機能」（inducement mechanism）與「補助效果」（complementarity effect）的重要。他認爲投資的活動，多從若干具有較高比較利益的產業開始，然後經由投資的補助效果，誘致其他產業的發展。他說：

「甲商品生產的增加，可能須要乙商品的增產，或者是，由於技術的補助性，也可能降低丙商品生產的邊際成本，因之生產甲商品的投資，對乙商品的增產產生了強大壓力，也對丙商品的開始生產，提供了強烈誘因」❷。

關於不平衡發展的策略，赫氏也曾說過下列一段話：「因之，從我們的觀點而言，「導離均衡」（leads away from equilibrium）確是一種理想的發展形態。因爲連續過程中的每一移動，都是由以前的不均衡所誘發的，而又依次創造一個新的不均衡，而需更進一步的移動。它的過程是這樣的：甲產業的擴張導致甲產業的外部經濟，但爲乙產業所利用，因之擴張的乙產業又隨而帶來外部經濟，並從而形成甲產業（甚或丙產業）的內部經濟，如此繼續下去。在每一階段，一個產業利用以前擴張所創造的外部經濟，而又同時創造了新的外部經濟，以供其他經營者所

---

❷　Albert O. Hirschman: *The Strategy of Economic Development*, 1958, p. 42.

利用」❸。

　　赫氏爲進一步闡釋其不平衡成長的策略，特假定有二個投資部門，一是直接生產活動 (directly productive activities) 部門；二是社會公共資本(social overhead capital) 部門。前者係指一般私人投資，後者係指各級產業進行生產活動所不可缺少的基本勞務，主要爲運輸與電力。一個國家如因資源缺乏不能同時從事兩個部門的擴展時，則應先從那一部門開始發展呢？他認爲無論首先發展那一部門，都能對他一部門產生誘力和壓力，但其各別「效率」之評價，一方面決定於企業家動機之強弱，另一方面則視社會公共資本負責當局對公共壓力的反應而定。他個人認爲如先從直接生產活動開始，較易激發企業家的才能，並能產生一股壓力，促使政府非從事各種社會公共資本的建設不可。

　　關於如何「誘發投資」，他認爲有二條途徑：一是通過「向後關聯效果」(backward linkage effect)，二是通過「向前關聯效果」(forward linkage effect) 。例如一種產業建立以後，它需要別的產業供應其所需要的原料、半製品或生產設備，因而誘發企業家去建立與發展生產這些產品的產業，此即爲向後關聯效果。另一方面，一個產業的產品，也是其他產業所需要的原料、半製品或生產設備，由而也使利用這些產品的產業易於建立與發展，此即爲向前關聯效果。就全部關聯效果而言，製造業要比農業及礦業爲大，而製造業中，又以鋼鐵工業爲最高。然而，向後關聯的效果要大於向前關聯的效果。這是因爲一項新產業的建立，如能使其他產業的產品有了可靠的市場，自較僅使其他產業能從本國市場購買所需之產品，具有更大的誘發力。因之他主張落後國家應先從建立所謂「最後的」工業着手，以便進而誘使自己生產製造此種物品所需之中間財，再進而誘使自己生產所需基本的工業原料，就此而言，工業

_____

❸　同註❷引書第六六～六七頁。

甚至可爲發展農業的有力刺激。此外，赫氏也認爲進口可以透過向後關聯效果，爲一個國家帶來強烈的發展刺激，因爲發展國內產業的一項眞正困難，是在缺乏市場知識以及市場的不定性，尤其是當本國的資本家及企業家對國內市場的潛力不予信賴時，乃更增加了此種不定性的程度。有了進口後，可以測知國內消費者的眞正需要，消除不定性及減低銷售成本，而使國內生產可以經濟地開始進行了。

就平衡成長理論與不平衡成長理論比較而言，平衡成長理論着重外部經濟以及產品市場的相互支援，而不平衡成長理論，則着重內部經濟或規模經濟以及它所產生的關聯性。表面上，倡導不平衡成長的人，似乎反對經濟計劃，其實不然。但是他們覺得經濟計劃如不完全脫離市場結構，則其成功的機會當較大，因之兩種主張對於經濟計劃的態度，也只是程度的不同而已。在落後國家誘致平衡成長，固需一種完全新的均衡的設計；而不平衡成長亦需先作有限的設計，但其後的經濟調整，則應基於市場產生的指標來進行。再者，不平衡成長理論，只是以不平衡爲手段，並不反對平衡成長爲經濟發展的最終目標，而平衡成長論者亦不反對在若干情況下，可以採取不平衡成長的策略。例如勒克斯後來也主張中間生產物的市場是應該採取不平衡策略的。因之，兩者的差別，也只是程度上的不同而已。

三、進化式與改革式的爭辯

有人也將經濟發展分成兩種型態：一是進化式(Evolutionary way)，二是改革式 (Revolutionary way)❹ 。

1. 進化式，是指與經濟發展有關的因素與制度，無論其爲政治的、

---

❹ 臺灣經濟發展初期負責經建計劃的已故尹仲容先生，曾爲文敍述此種策略。

文化的、社會的或經濟的，逐漸向促進經濟發展的方向演變。換言之，主要是從經濟社會的內部產生各種力量，引起經濟的變動與成長，雖然也可能有外來力量的刺激，但那不是主要的。在這樣的一個社會內，政府與人民所需要做的，只是安排一個有利的環境，讓這些力量能夠充分的發揮，或者說，不要妨礙這些力量的發展。英國在十八、十九世紀的經濟發展，就是屬於這一類型的。採取這一方式的優點：(1) 順應成長的自然原則，不致引起各方面的劇烈變動，因之不會由於新舊力量脫節而產生失調的問題。(2) 能夠適應已有的生產資源，而作適當的配合與利用，不致由於經濟的過速發展而引起通貨膨脹的現象。(3) 進化式的發展方式，能夠充分利用市場的價格機能，不致從事一些缺乏經濟效益的所謂「炫耀性的生產」(conspicuous production)，而形成資源的不必要的浪費。(4) 進化式的發展方式，不需政府對民間經濟活動作太多的干預，有之亦只採取誘導的方法，或安排一些有利的環境，如此可使政府的權力不致擴張過甚，且可避免由於政府決策錯誤而引起之損害。(5) 此一方式可使經濟發展具有較為堅實的基礎，從而可以產生持續發展的力量。而且，由於各項產業是在自然調適之下逐漸發展起來的，即使遭遇到意外的變故，也不易動搖它們的基礎，並有較為迅速的恢復能力。

　　然而，此一發展方式亦有其重大缺點：第一，發展的速度較為緩慢，不易滿足落後國家改善其經濟生活的強烈願望，更難「迎頭趕上」經濟先進國家所已有的生活水準。第二，經濟發展的成效，每易為增加的人口所抵消。因為隨着經濟的逐漸好轉，常使人口的增加率快於經濟的成長率，除非每人能有更大的儲蓄率，則經濟發展所需的資本將愈感缺乏，勢將阻礙經濟作更進一步的發展。關於此點，正是政府所要致力改善的情況，也是非經濟因素必須配合經濟因素的一例。此一發展方式下的政府任務，不是消極的，而要積極地安排經濟發展所需的良好環境，

或是消除阻礙經濟發展的不利因素，只是政府不宜對經濟活動的本身加以太多的干預罷了。第三，進化式的發展方式，雖能產生一種自動調節的力量，促使各個產業作均衡的發展，但也不可否認的，由於自動調節過程的較為緩慢，不能迅速消除部分資源的浪費或誤用。而且，由於外界因素的牽制，更使此自動調節的作用不易充分發揮。第四，任何方式的經濟發展，都代表着一種現時犧牲與將來享受的抵換 (trade-off)，現時的犧牲愈多，則可供將來享受的成果愈大。進化式的發展方式，固可減少人們目前的犧牲，但也減少了未來享受的成果，孰得孰失，殊難論斷；而在兩者之間求取適當的平衡，也是經濟決策者不易解決的問題。

2. 改革式，是指利用外在力量來促進或加速經濟的開發。所謂外在的力量，即是政府或人民採取劇烈的措施，將與經濟發展有關的因素與制度加以改造，使其適合經濟發展的需要。自然，政府與人民也應同時安排一種有利於經濟發展的環境，但因那些促成經濟發展的因素，根本並不存在，或雖存在而力量太小，故須利用政府或人民的力量來改造或培植這些因素，以促成經濟的加速發展。至於改造的程度如何，則要看原來的因素或制度適合於經濟發展的程度，其適合的程度大，則要改造的程度便小，其適合的程度小，則要改造的程度便大。這種改造措施的發動與執行，則有賴於政府與少數開明人士或企業家來擔負。而且，這種改革並不以經濟本身為限，而須及於一切與經濟發展有關的其他因素，甚至政府本身也需要若干改革，才能擔負推動經濟發展的責任。日本在一八六八年開始的明治維新，就是此一方式的最好例證。採取這一方式的理由，主要是要突破落後國家的惡性循環，因為落後國家多半是以農業為主，同時由於技術落後，農業生產的所得十分微薄，不易有較多的儲蓄，故其資本的累積非常有限；加以農民的消費力也低，對於工業品的需要十分有限，故亦不易刺激工業生產的發展。而且，在一個以農業

為主的社會中，人們富於保守的觀念，缺乏進取和冒險的精神；傳統的
階級制度，也形成經濟發展的絆腳石。卽使經濟也有相當程度的發展，
但多半又為人口的增加所消蝕，無法產生一股持續發展的力量，每使經
濟陷入長期的停滯中。為一舉突破此一長期停滯的困境或惡性循環，唯
有在各方面從事大力的改革，政府在此一改革中居於關鍵地位。它不僅
要在經濟方面策劃資源的合理運用，以租稅或其他方法籌集經濟開發所
需的龐大資金；而且還要進行政治的、文化的及社會的各種改革，以配
合經濟發展的需要。因此改革式的發展方式，乃是以政府為中心所進行
的一種全面性的現代化運動，成問題的，乃是政府本身的改革。因為任
何的改革運動，都會遭遇到旣得利益或特權階級的反抗，而政府的領導
階層，有時也是這一特權階級的代表，或與他們發生密切的依存關係。
在無法以民主方式進行政府本身的改造時，政治上的革命也就隨之而發
生了。

第三節 促進經濟開發與成長的因素

我們已知經濟開發的意義，是要增加國民真實所得，尤其是每人平
均所得，以提高一般國民的生活水準。可是如何可以增加國民的真實所
得呢？申言之，如何可以增加這種真實所得所代表的貨物與勞務的生產
數量呢？美國經濟學家金德柏 (Charles P. Kindleberger)，認為有六個
重要因素，卽是：土地、資本、勞力、組織、技術、規模等❺。歸納言
之，我們可分成下列三大項目，並分別加以闡釋如次：

一、增進生產要素的數量與品質

---

❺ Charles P. Kindleberger: *Economic Development*, 1965, pp. 61-167.

生產要素即指土地、勞力和資本而言。這三個生產要素的關係是非常
密切的，在談到它們對於生產的貢獻時，我們無法將其作嚴格的劃分。
例如一塊土地之所以具有生產價值，必是這塊土地經過了人力的開發；
而今日勞動者的生產效率，則是由於使用某些生產工具的結果。但爲了
敍述方便起見。我們仍將個別地加以分析。

　　就土地而言，一個國家的土地(包括地下與地上的一切自然資源)，
在數量與品質方面自是受到嚴格的限制，在擁有較多和較好土地的國
家，其經濟開發自較不具這種良好條件的國家爲容易。但在相當的範圍
內，仍可增加可用土地的面積及改進土地的品質；而且，還可改變土地
的用途，以增進土地的使用效率。同時，有些國家還有若干未經發現或
未經開採的地下礦藏，如能加以開發和利用，亦可促進其經濟發展。以
臺灣爲例，我們的農地利用似已達到飽和的狀態，但海埔新生地及山坡
地的開發，仍可增加若干耕地的面積；各地大型水庫的完成，已使若干
農田得到充分的灌漑，而增加其生產數量；橫貫公路的開闢，則使若干
原無經濟價值的土地，亦能參加生產的行列；石油公司發現若干新的油
礦及天然氣，對我國今後的經濟發展亦有良好的影響。然而成問題的
是，增加土地的數量與品質，涉及許多其他問題。那不僅需有相當的資
本與技術，還要考慮到它的經濟價值。對於一個已開發的國家而言，土
地是較不重要的，因爲它有豐富的資本，以改善其現有土地的品質，它
有人力與創造力，以替代大自然的吝嗇，但如其他條件相同，則各種
土地愈多愈好。然而無疑的，對缺乏資本與技術創新的低度開發國家而
言，土地仍是一項特別重要的因素。

　　次就勞力而言，一國勞動力的大小，自受其人口數量所限制，但一
國所需人口的數量，並無絕對標準，此點我們不擬具論。在一定的人口
數量下，人口的組成、社會的結構、宗教的觀念、財產制度及醫藥設施

等，對於勞動力的大小均有關係。如果一國的人口，以兒童或老年人所佔比率較大；或者盛行大家族制度或階級制度，而增加一部人口的依賴性；或者宗教信仰，使其重視精神生活甚於物質生活；或者財產的分配過於懸殊，使一部分富有的人可以不事生產；或者醫藥設施缺乏，促致人們過早死亡；那麼，改善這些不利的因素，就可增加一國的勞動力。現代國家由於國民所得增加，人們多願有更多的閒暇和享樂時間，自亦因而減少了勞動的生產數量。至於提高勞動的品質，則以教育為最重要。提高國民的教育水準，不獨可以改變人們的傳統觀念，培植有利於經濟發展的心理因素及社會環境，而且易使人們學習新的生產技術，或促成新的發明及生產技術的改進。

再就資本而言，許多經濟學家認為在經濟開發的過程中，資本佔着中心地位。因為經濟開發常常帶來人口與勞動力的增加，除非發現或開拓疆土，則因土地面積固定，土地與勞動的比率，必隨人口增加而下落，要使工人平均產量增加，必須增加資本與勞動的比率。此地所謂資本，自指實物資本而言，其中包括社會共同資本、工廠與設備、存貨、以及用於土地改良的農業資本。這些資本從何而來呢？基本上，只當人們減少其目前的消費，而以原來用於生產消費財的資源，用於生產資本財，才可能增加資本。換言之，必須儲蓄一部分的消費財，以供生產資本財時的需要。在貨幣經濟內，減少消費的支出，其所節餘的貨幣即是儲蓄。然而，除非將儲蓄用於投資，資本還是無法形成的。儲蓄與投資，有時是由同一主體完成的，但在通常情況下，儲蓄者並不就是投資者。要增加資本，自須鼓勵儲蓄，更須造成投資的機會，然後儲蓄的貨幣，才能透過金融的中介，轉入投資者之手。而且，在今日的銀行制度下，投資的資金，並非完全來自人們的儲蓄，因之創造投資的機會，有時較之儲蓄更為重要。雖然如此，在一定可用的資源下，增加一分投

資，必得減少一分消費，以創造貨幣的方式來增加投資，亦不過以強迫儲蓄代替自願儲蓄罷了。因為增加貨幣的結果，必然導致物價的上漲（假定可用的資源是一定的），在較高的物價水準下，人們以相同的貨幣所得，只能購買較前為少的物品，這一部分減少的消費，就形成了強迫的儲蓄，因之節約消費仍是形成資本的先決條件。

二、改善資源配置與擴大生產規模

各項生產資源的配合，對於生產的數量有密切關係。我們已知土地的報酬遞減法則，實則任何生產要素在與其它生產要素配合生產時，如其使用的數量過多，都會減少這一要素的邊際生產力。如何使各項生產要素的配合，達到現有技術所要求的適當比率，乃為增加生產的必要條件。生產要素的配合比率，是受一定的技術水準所限制的，在不同的技術水準下，可有不同的配合比率，技術水準變動了，適當的配合比例亦隨之有所改變。今日落後國家生產力的低落，多是由於資本缺乏，勞力過多，如果增加資本對勞動的比率，自然就可增加它們的生產量。不過就個別國家而言，各項生產要素不是可以予取予求的，尤以土地與人口的數量，受着嚴格的限制，我們只能適應個別的資源情況，找出較為適當的配合比率。譬如說，兩個土地面積相同的國家，一國人口過多而資本不足，勢須採用一種勞動集約的生產方式，他國人口不足而資本有餘，則須採用一種資本集約的生產方式。有些國家能以有限的土地，供養較多的人口，以其從事多用資本的工業生產所致；而另一些國家雖有較多的土地，而其人民仍感衣食不足，則為缺乏資本與之配合的緣故。由於資本可在相當範圍內替代土地與勞力，故增加資本以改善生產要素的配合比率，乃是大多數國家致力經濟發展的有效途徑。

再者，擴大生產規模，亦有助於生產效率的提高，此即經濟學上所

謂「大規模生產的經濟」。美國頓森 (Edward F. Dension)教授在其對於美國當代經濟成長的研究中，估計美國每年增加的生產力中，約有十分之一是由大規模生產的經濟所得來的。

三、提高科技與管理的水準

單只上述兩項因素，仍不足以完全解釋現代經濟的飛躍進步。以美國為例，在過去五十年中，其國民生產毛額的增加，總是快於勞動力與資本的增加，其多出部分應歸功於技術的進步（美國在一九二九到一九四七年間，每一工人使用的資本數量幾無變動，但每一工人每年的平均生產毛額仍按百分之一‧五的速率增加）。一項科技與管理的革新，能使同量的資源生產更多的財貨；或者產生同量的財貨，只需較少的資源。於此應注意的，乃是發明(Invention) 與創新(Innovation) 的區別。經濟學家熊彼德 (J. A. Schumpeter) 認為前者是指新技術的發現，後者則為新技術的應用。發明是科學家的任務，創新則為企業家的工作。就一個經濟落後的國家而言，雖不一定能夠發明一種新技術，但如採用先進國家已有的技術，仍可促成它們的經濟發展。成問題的是，利用新的技術，仍有賴於資本的累積，因為新的技術與新的設備常是不可分離的。不需要新的設備的技術改進，只在農業方面庶幾有之，輪耕法的採用就是一個很好的例子。但就大多數的農業技術改進而言，仍是需有相當設備為之配合的。基於這一原因，常使資本缺乏的國家，無法採用一種進步的生產技術。同時，觀念的改變，也是非常重要的。落後的國家每每也是非常保守的國家，它們世代相沿，墨守成法，而不願接受他人行之有效的技術。我國幾千年來農業的不能進步，即與我國民族的保守性格大有關係。因之要提高生產技術，除須配合教育的改進及科學的研究，以促進新的發明外，更重要的，還要培植一批具有現代思想的企業家，以使

新的發明應用於生產。有時候，一批人採用了新的技術，而不能很快而普遍地引起他人的仿傚；或者一度採用了新的技術之後，又發生了長期的停滯；如何克服這些困難，也是在經濟開發過程中所應致力的目標。

　　美國 Robert L. Heilbroner 及 Lester C. Thurow 二人曾將一國經濟成長的原因，歸納為下列五類：(1) 勞動力的增加。(2) 教育與訓練的增進。(3) 資本存量的增加。(4) 技術的進步。(5) 其他，主要為生產規模的經濟性。並就各類原因對於美國經濟成長的貢獻，作了如下的估計[6]

	對美國經濟成長貢獻的百分比	
	1909~29	1929~57
勞動力的增加	39	27
教育與訓練的增進	13	27
資本存量的增加	26	15
技術的進步	12	20
其他（主要為規模的經濟性）	10	11

第四節　已開發國家與開發中國家的比較

　　歐洲各國（特別是西歐國家）自產業革命以後，經濟迅速發展，美加兩國在十九及二十世紀，亦已完成經濟開發的過程，因之所謂已開發國家，通常即指此等國家而言。其他區域，除少數例外（例如日本），均為低度開發國家或開發中國家。茲將兩者在經濟發展期間的條件略加比較，藉以窺知兩者所以發生歧異的原因。

---

[6]　Robert L. Heilbroner and Lester C. Thurow: *The Economic Problem*, 4th edition, 1975, pp. 311~312.

一、儲蓄與投資

就已開發國家而言，它們在開發期間的儲蓄與淨投資，每年約佔國民所得的百分之十到二十；而且，迅速的資本累積並非集中於少數產業，而是公私企業普遍發生的現象。至於目前大多數的低度開發國家，其儲蓄與淨投資每年平均只有百分之二到六，這是由於它們的國民所得太低，絕大部分的所得用於消費，故其儲蓄與投資的數額，乃遠較已開發國家爲少。

二、人口的增長

就已開發國家而言，它們在開發期間的人口增長，非但無礙而且有助於其經濟發展。換言之，它們是從低於適度人口的水準開始發展，工作機會多，每人出產高。而且，人口的擴張帶來對於新增產品的額外需要，而又並未超出所能供給這些產品的生產能量。而就今日多數低度開發國家而言，由於它們現有的資本存量過少，以致勞動的邊際生產力很低，總生產的增加有時趕不上人口的增加，因之隨着人口的繼續增加，而使每人平均生產與所得反趨減少。

三、資源與市場

美國西部的開發，促成人口的大量遷徙，並增加了新的投資機會，不僅開發了西部的生產資源，且更促進了全國的經濟發展。西歐各國在經濟開發時期，亦多在國外擁有殖民地，不僅獲得了許多新的資源，並爲本國產業提供了廣大市場，因而更加速了它們的經濟發展。至於今日的低度開發國家，大多缺乏蘊藏豐富資源的疆土可供開發，更無殖民地提供資源與消納產品。即使爲現在開採的礦業資源，亦正逐漸減少其蘊

藏量，而又難以發現新的鑛產可供開採，故其經濟開發的速度，自遠不及那些已開發國家。

四、技術的創新

已開發國家在其開發時期，技術創新極為快速，新技術可以鼓勵尋求更多的新資源和刺激更快的資本累積，因亦更為促進了它們的經濟發展。而就低度開發國家而言，它們雖能從先進國家輸入新的技術，但仍會遭遇嚴重問題。因為快速的技術進步，需有發明與創新二方面，前者固可仰賴外國，後者則是企業家的任務，而企業精神正是一般低度開發國家所缺乏的。雖然政府可以自己經營企業，但它們往往缺乏有訓練的技術人才，加以政府的行政效率，亦難有效地處理複雜的經濟事務。

五、貿易與投資政策

已開發國家在其開發時期，由於較少遭遇到其他國家的競爭，故多實施自由貿易政策，並藉政治與軍事力量，擴張其自由貿易的地區。而像美國及日本等國家，在其經濟發展初期，更大量吸收外資，以幫助國內的經濟發展；由於這些國家政治穩定，先進國家亦樂於投資。而就今日的低度開發國家而言，它們強烈的國家主義，使其採取一種保護性的貿易政策，且不歡迎足以控制其本國產業的國外投資。加以這些國家在政治上並不十分穩定，亦使國外投資者裹足不前。另一方面，今日若干已開發國家也實施保護關稅，而使開發中國家的產品缺乏市場，凡此均可阻礙落後國家的經濟發展。

六、社會與家庭制度

歐洲自宗教改革之後，人們視節約儲蓄為美德，由此而融通了投資

所需的資金，使其能夠採用新發明的技術。而且，它們採取小家庭制度，大有助於培養人們爭取貨幣利得的企業精神。反之，今日的低度開發國家多採大家庭制度，不獨使家庭儲蓄的可能性減少，且使人們不易養成進取的企業精神，加以保守的家庭觀念使人安土重遷，不易發揮工業發展所需要的勞動流動性。

第五節　經濟成長的理論

一、古典學派的成長理論

發展經濟成長理論的古典學派經濟學家，多以馬爾薩斯的人口論為依據，認為無限制的人口成長，將驅使工資落到僅夠生存的水準，反之，較高的工資，則將導致出生率的增加，從而增加勞動的供給量，而使工資跌落。因此，生存工資 (Subsistence Wage) 乃一長期的趨向，在這一水準的工資下，勞動力可以維持不變，但不會有進一步的成長。

基本上，古典學派的成長理論，是在敘述一個經濟社會如何由發展狀態進到靜止狀態的過程。他們假定土地的數量是固定的，並有一定的技術狀態，可變的生產要素只有勞動一項。只要土地是可以擴張的，只要還有有利的投資機會，則經濟必然成長，由而工資增加，進而促使人口增加，一旦所有可用的土地都已使用了，工資又將落到生存水準，而使經濟達於靜止狀態。這一過程可以 4-1 圖表示之：

下圖橫軸代表一國的人口數量，縱軸表示以每人平均真實所得測計的物質生活標準，*L* 曲線表示在其他資源固定不變下，每一人口的實際生活水準，即是在一定土地及生產技術不變情況下，隨着人口增加的每人平均生產曲線。此一曲線在上升到最大限度後逐漸下降，代表着固定資源下，隨着人口增加所產生的報酬遞減現象。理想的或最適的人口數

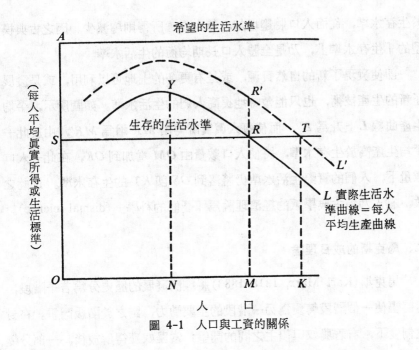

圖 4-1　人口與工資的關係

量爲 *ON*, 因爲它所產生的生活水準 *NY* 爲此一曲線上之最高點。

　　古典經濟學家認爲, 人們特別是工人階級有一難以增減的生活水準, 他們稱之爲「生存水準」(Subsistence Level)。此一水準是由社會的及習俗的需要所決定的, 當工資落到生存水準以下時, 人們將停止生育小孩, 而人口爲之減少, 從而促成每人眞實所得的上升。反之, 如工資漲到生存水準以上, 則人們將養育較多小孩, 而增加人口數量, 因而促成每人眞實所得的下降。十九世紀初期的古典理論稱此爲生存工資說 (Subsistence Theory of Wages)或稱爲工資鐵律(Iron Law of Wages)。早期古典經濟學家雖不用圖解說明, 我們如以上圖表示, 則 *OS* 代表生存的生活水準, *OM* 或 *SR* 則爲人口的均衡數量。如人口數量大於 *OM*, 則實際生活水準將落到生存水準以下, 從而人口將趨減少, 每人眞實所得則趨增加;反之, 如人口數量少於 *OM*, 則實際生活水準將高

於生存水準，從而人口將趨增加，每人眞實所得則趨減少。因之古典模型的「生存水準」，乃是全體人口長期均衡的生活水準。

即使發現了新的自然資源，或是有更多的土地可以利用，或是發展了新的生產技術，也只能暫時地提高人們的生活水準。如圖所示，平均生產曲線 *L* 上升爲 *L'*，而使每人眞實所得由 *MR* 增爲 *MR'*，由於此一平均生產高於生存水準，將使人口數量由 *OM* 增加到 *OK*，在此一人口數量下，人們的實際生活水準仍將落到 *OS* 即 *KT* 的生存水準。以此之故，有人乃稱古典學派的經濟理論爲「憂鬱的科學」(dismal science)。

二、馬克斯的成長理論

馬克斯(Karl Marx, 1818-1883)將經濟發展的歷史分爲若干階段，而將驅使一個階段轉變爲另一階段的主要動力，歸之於階級鬥爭。在封建制度下，有着農奴與領主之間的鬥爭；當農奴獲得解放後，一部分變爲商人，又導致一個介於封建制度與資本主義之間的商業階段。其後的產業革命(Industrial Revolution)，提供了巨大的投資機會，而使資本主義得到充分的發展。馬克斯認爲資本主義的成長，有賴於無止境的追求利潤，資本家以其獲得的利潤，不斷增加資本的存量，終必促成投資報酬率的降低。另一方面，不斷增加的工人競求爲數有限的工作，而使工資落到僅夠生存的水準，也將產生一批「失業者的後備軍」。最後，馬克斯認爲資本主義下的經濟成長，是以繁榮與蕭條交替發生爲其特色，而且隨着資本存量的增長，愈益加深了此種繁榮與蕭條的循環幅度。工人在日益增加的痛苦下，必會展開他們的階級鬥爭，馬克斯預測在某一嚴重關頭，被壓迫的工人必將起而推翻他們的資本家，從而導致他所謂的「無產階級專政」，認爲這是建立社會主義的先決條件。

與前述古典派的成長理論比較，馬克斯同樣地認爲資本主義下的工

人命運是悲慘的，他們也同樣認為經濟的成長必有止境。但其主要不同之點是，古典學派的成長止境，乃是工資達於生存水準時的靜止狀態，沒有大的發明出現，故無進一步的經濟成長，但資本主義的經濟制度，仍可維持不變。然而，馬克斯的成長止境，則為資本主義制度崩潰後所出現的另一社會，在這一社會內，私有財產消滅，國家不復存在，亦無階級可言，因之在經濟制度方面，自不需有更進一步的轉變。

三、熊彼德的成長理論

在熊彼德(Joseph A. Schumpeter, 1883–1950)的成長理論中，企業家居於關鍵地位，他不以為每個生意人都是企業家，企業家必須是一個創新者(Innovator)，即是能夠生產新的商品，利用新的技術，開拓新的市場，採用新的原料，或以新的方法組織生產活動。當有上述任一獲利的機會發生時，他都能善加利用，以使生產增加或成本降低。然而，企業家的利潤只是過渡的，當其他生意人看到企業家的成功時，也將起而模仿並與之競爭，而使企業家的利潤終歸消失。然後，其他企業家又將帶來其他的創新活動，繼續為經濟成長提供主要的刺激。關於金融方面，熊彼德認為經濟的成長，並非依賴自願的儲蓄和資本形成，而是由於金融機構的信用創造所帶來的。熊彼德認為：經濟成長的途徑不是平穩的，每一次的創新，都將觸發一種擴張的波濤，但在某一時候，增加的競爭與降低的利潤，終將導致經濟的逆轉，且將一直持續到另一創新觸發另一新的好景為止。因此，熊彼德不只關心經濟的長期成長，也很關心成長過程中的經濟波動，這使他在以後的一段時期，對於商業循環的分析，就其技術性質方面，作了很多有價值的貢獻。

四、哈樂德—多馬的成長理論

一九四八年，英國經濟學家哈樂德 (Ray F. Harrod) 發表其「動態經濟學」(Toward Dynamic Economics) 一書，多少採用數學理論來申述他的成長理論。他從充分就業的所得出發，認爲在 t 時期由投資等於儲蓄所達成的均衡所得，並不能保證在 $t+1$ 時期仍能保持充分就業的所得水準，因爲在 t 時期的投資增加了在 $t+1$ 時期的生產能量，爲吸收這一增加的生產能量，必須有更多的支出。至於在 $t+1$ 時期應增加多少支出，則決定於投資與產出的關係，亦卽決定於資本產出率 (capital/output) 的大小。再者，在 t 時期達到均衡所得時的投資是由邊際儲蓄傾向所決定的，因之經濟成長率變爲邊際儲蓄傾向與資本產出率的函數。如以 Y 表示國民所得，K 表示資本，I 表示投資，S 表示儲蓄，d 表示變量，G 或 $\dfrac{dY}{Yt}$ 表示經濟成長率，則可寫成下列各式：

假定　$S_t = I_t$

則　　儲蓄率 $s = \dfrac{S_t}{Y_t} = \dfrac{I_t}{Y_t}$

$dK_{t+1} = I_t$

資本產出率 $k = \dfrac{dK_{t+1}}{dY} = \dfrac{I_t}{dY}$

因　　$\dfrac{dY}{Y_t} = \dfrac{I_t/Y_t}{I_t/dY}$　故　$G = \dfrac{s}{k}$

由上可知經濟成長率等於儲蓄率除以資本產出率，因之低的儲蓄率與高的資本產出率，只能產生低的經濟成長率；反之，高的儲蓄率與低的資本產出率，則將產生高的經濟成長率。玆以下列二例說明之：

低 成 長 率	高 成 長 率
假定　$S = 0.04$　　$C = 4$	假定　$S = 0.10$　　$C = 2$
則　　$G = 0.04/4 = 0.01$	則　　$G = 0.10/2 = 0.05$
卽　　每年成長率爲百分之一	卽　　每年成長率爲百分之五

此外，哈樂德並就適當成長率（Warrented Rate of Growth）與自然成長率（Natural Rate of Growth）加以區別。

適當成長率有賴於意願投資（Desired Investment）與實際投資（Realized Investment）的相等。在一定的所得水準下，生意人必有一意願投資的數額，所得越高，則其意願投資的數額越大，倘如儲蓄的數額，等於這一意願投資的數額，而且，實際投資的數額又與意願投資的數額相等，那麼，所得即將按照適當的或必要的（required）速率成長。所得水準越高，則其適當成長率越大。假定所得增加的速度，不足以刺激意願投資的增加，那麼，財貨與勞務的供給必將大於財貨與勞務的需要，亦即發生生產過剩（overproduction）的現象。反之，如果所得增加的速度太快，以致意願投資不能來自可用的儲蓄時，則將發生生產不足（underprouction）的現象，亦即對於財貨與勞務的需要，超過了它們所能供給的數量。

而且，實際成長率一旦脫離了適當成長率，無論為生產過剩或生產不足，都將產生自動持續的趨勢。生產過剩導致生意看壞和生產削減，而生產減少又將促使就業降低和消費下落，從而導致更進一步的生產削減與消費下落，而愈益向下離開了適當成長率，終必導致持續的經濟衰退。相反地，生產不足導致投資增加，而投資增加又將促使消費增加，從而導致更進一步的生產不足，而愈益向上離開了適當成長率，終必產生嚴重的通貨膨脹。總之，哈樂德着重的一點是，脫離了適當或均衡成長率，即難於自動改正過來，其結果是：沿着長期適當的成長路線，所得可能發生廣濶的波動。而且，一旦離開了適當的成長路線，不是導致持續的蕭條，就是導致不能控制的通貨膨脹。

哈樂德的自然成長率，是指維持勞動力充分就業時可能有的成長率。由於人口不斷增加，則在勞動生產力不變的情況下，必須同時增加

資本財的數量。換言之，資本財的增加必須與勞動力的增加保持同一速率，才能使適當成長率等於自然成長率。如果自然成長率大於適當成長率，則表示資本存量不足，除非設法降低資本產出率，卽多採用勞動密集的生產方式，就會產生結構性的失業現象。反之，如果自然成長率低於適當成長率，則表示資本存量過多，除非設法增加資本產出率，卽多採用資本密集的生產方式，也會產生循環性的經濟蕭條，同樣出現非自願的失業現象。因之，只在自然成長率等於適當成長率時，旣能維持資本財的充分利用，又能獲致勞動力的充分就業，而爲一種最理想的成長方式。

在哈樂德的著作發表時，美國經濟學家多馬 (Ersey Domar) 也曾發表他的有關經濟成長的理論。其所用的成長模式，與哈樂德的極爲相似。簡述之，卽爲：

$$\frac{\triangle Y}{Y} = \alpha\delta$$

式中 $\frac{\triangle Y}{Y}$ 代表生產或所得的成長率，α 代表儲蓄傾向，δ 代表平均的投資生產力 （卽一元投資所能產出的數額）。 在儲蓄等於投資的情況下，儲蓄傾向與投資生產力的乘積，卽爲生產或所得的成長率。所謂儲蓄傾向，卽爲哈樂德式中之儲蓄所得率，所謂投資生產力，卽爲哈樂德式中資本產出率的倒數，因之，有些經濟學家稱此爲哈樂德——多馬的成長模式。然而，二氏對於成長問題的探討仍有其不同之點。卽是哈樂德的成長理論，是爲說明成長的過程，在他的心目中，只有一個適當的成長率，倘若經濟脫離此一狹徑，其結果不是引起生產與就業的盤旋下降，就是引起一般物價的盤旋上升。而多馬所探討的，則爲避免超額能量所需的成長率，因爲閒置資本不能獲取報酬，且要負擔利息，生意人自要設法避免超額的生產能量。多馬認爲：一個國家的均衡成長率，

乃是一個既能允許現有資本得以充分利用而又不致引起資本短缺的成長率。

五、新古典學派的成長理論

哈洛德—多馬的成長理論，一般認為有下列三項缺點：第一、它是建立在資本價值論的基礎上，即使將勞動導入，也僅是假定資本／勞動是不變的。這一固定比率，只當勞動的成長率與資本的成長率保持一致時才會如此。倘如勞動與資本以不同的速率成長，則在此一成長模式中，勞動或資本必有一方得不到充分的利用。第二、此一成長模式完全忽視了技術變動的可能性。第三、此一成長模式與經驗不符。在實際情況中的經濟成長，要比在固定資本產出率之下依資本投入率所計算的成長率來得快速。此一缺點雖可容許資本產出率加以改變來補救，但那又不成其為一種理論了。

因之經濟學家又探求較為複雜的理論，以容許勞動與資本的變動及其相互間的替代性。梭羅（Robert Solow）是首先依此設想從事成長理論研究者之一人。在要素配合比例可以變動以及要素價值時有漲跌的情況下，他發現成長路線本來就不是穩定的。倘如勞動力的增加超過了資本的增加，則勞動價格就會跌落（與利率相對而言）；反之，資本增加如果超過了勞動的增加，勞動價格就會上漲。要素價格的變動與要素之間的替代性，可以減輕一旦離開了哈洛德—多馬成長路線時所帶來的恐懼。

梭羅利用下列柯布—道格拉斯（Cobb-Douglas）的生產函數，容許資本與勞動可以不同的速率成長。

$$Y = rK^{\alpha}L^{\beta}$$

其中 Y、K 與 L 分別代表產量、資本與勞動。r 為一常數，隨不同的經

濟體系而異。α 與 β 分別表示資本與勞動的邊際效率。在此一函數中，α 與 β 之和爲一，表示所得的增加，完全是由要素的邊際實物產量各別乘以要素增加量所產生的。亦即假定規模報酬不變。（此與古典學派的報酬遞減不同）

米德（J. E. Meade）將新古典學派的研究再加發揮與一般化。其生產函數是

$$Y = F(K, L, R, t)$$

其中 K、L 與 R 分別代表資本、勞動與土地，t 代表時間，表示技術不斷改進的一種趨勢因素。如將土地看作是不變的，則可寫成

$$dY = V \cdot dK + W \cdot dL + dY'$$

其中 V 代表資本的邊際效率，W 代表勞動的邊際效率，Y' 代表因技術改進而增加的所得。資本的邊際效率不同於資本產出率，因爲它是增加資本而不變更勞動數量時每一資本增量所增加的產量，通常要比資本產出率爲小。此一說明亦可適用於勞動的邊際效率與勞動生產力的區別。

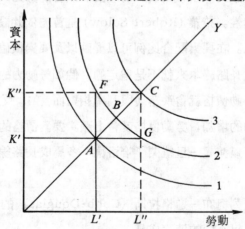

圖 **4-2** 資本或勞動的邊際效率與資本產出率或勞動生產力的比較

例如 4-2 圖中之資本由 OK' 增爲 OK'' 而勞動量保持不變，則資

本的邊際效率爲 $\dfrac{AB}{K'K''}$ ，其資本產出率爲 $\dfrac{AC}{K'K''}$ 。同樣地，勞動量如

由 OL' 增爲 OL'' 而資本量保持不變，則勞動的邊際效率爲 $\dfrac{AB}{L'L''}$ ，

但勞動的生產力則爲 $\dfrac{AC}{L'L''}$ 。

　　前述米德的生產函數可變更爲下列經濟成長率的方程式：

$$\frac{dY}{Y} = \frac{VK}{Y} \cdot \frac{dK}{K} + \frac{WL}{Y} \cdot \frac{dL}{L} + \frac{dY'}{Y}$$

其中 $\dfrac{dY}{Y}$ 、 $\dfrac{dK}{K}$ 、 $\dfrac{dL}{L}$ 及 $\dfrac{dY'}{Y}$ 分別代表每年所得、資本、勞動與

技術進步等成長的比率，因之經濟成長乃是資本的邊際效率乘以資本成
長率、加上勞動的邊際效率乘以勞動成長率、再加技術進步所增加的
產出率。倘如技術沒有變動，而勞動與土地的邊際生產力共同造成所得
的增加，則可回復到柯布─道格拉斯的生產函數。然而，如有規模經
濟，則生產係數可大於一；如某一要素發生報酬遞減，則生產係數可小
於一。在上圖中，如爲報酬遞減，則各等產量曲線的距離應愈來愈遠；
如爲報酬遞增，則其相互間的距離應愈來愈近。技術的進步，無法在上
圖中表明，因爲技術進步將使等產量曲線推向原點。

六、現代成長理論的總探討

　　依照凱恩斯的乘數理論，我們已知：倘如消費函數（即消費傾向）
是不變的，則所得與就業的水準係由淨投資的數額所決定。然而，淨投
資的增加，也會促成生產能量的增加，因之，任一時期的淨投資越多，
則下一時期的生產能量越大，從而爲吸收全部產量及維持充分就業（假
定從充分就業的均衡開始），必須有更多的儲蓄與淨投資。茲以 4-3 圖
（甲）說明之。

(甲)

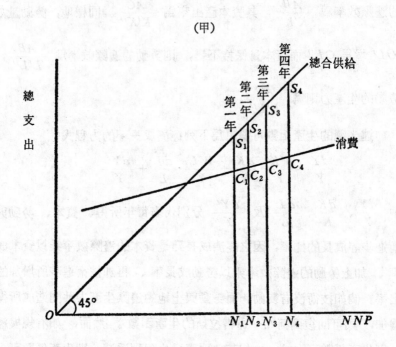

為簡化起見，假定只有私經濟部門，藉此排除公經濟部門（政府）的影響。圖中 ON_1 代表第一年充分就業時的國民淨生產（NNP），此時的消費水準為 N_1C_1，儲蓄水準為 C_1S_1。因為我們假定全部儲蓄用於新投資，即是計劃儲蓄等於計劃投資，故 ON_1 所代表的淨生產可以維持不變。然而，由於新投資的結果，下一年的生產能量將擴大而為ON_2，為生產此一產量，須有 C_2S_2 代表的計劃儲蓄用於新投資，若果如此，則第三年之生產能量將更進一步擴大為 ON_3。此一過程繼續下去，一個國家的生產能量必將逐年增加，為維持充分就業，必須不斷增加投資的水準。下圖（乙）表示儲蓄與投資水準，隨着生產能量增加而逐年遞增的情況。

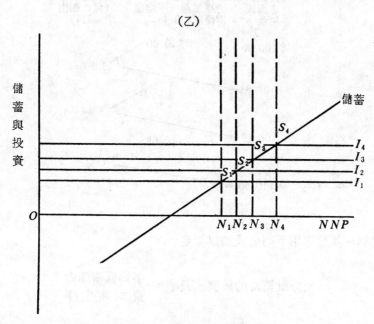

圖 4-3　經濟成長的過程

　　每年新投資的增加，究將增加多少生產能量呢？這就要看資本產出率爲如何了。假如資本產出率爲 3，即是生產一單位金額的產量，須有三單位金額的資本，那麼，爲維持充分就業的經濟成長率，將如下表所示：

　　表中頭二欄代表各年在充分就業下的國民淨生產（NNP），爲計算便利起見，第一年的 NNP 假定爲一○○。第三欄表示在平均儲蓄傾向爲百分之十（即是平均消費傾向爲百分之九○）的情況下，每年儲蓄與投資（或資本增加）的數額。第四欄表示資本產出率爲三比一時每年增加之生產能量，並按此一能量增加下一年的國民淨生產。由表可知在充分就業的情況下，每年的國民淨生產或淨投資，必按百分之三・三的速

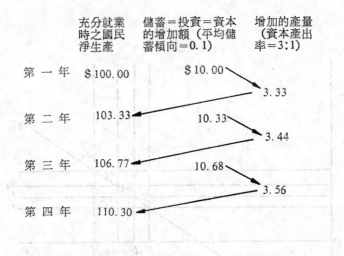

	充分就業 時之國民 淨生產	儲蓄＝投資＝資本 的增加額（平均儲 蓄傾向＝0.1）	增加的產量 （資本產出 率＝3:1）
第 一 年	$ 100.00	$ 10.00	
			3.33
第 二 年	103.33	10.33	
			3.44
第 三 年	106.77	10.68	
			3.56
第 四 年	110.30		

率增加，並可應用下列公式加以測定：

$$充分就業時的經濟成長率 = \frac{平均儲蓄傾向}{資本產出率}$$

上例因平均儲蓄爲〇‧一，而資本產出率爲三，故充分就業時的每年成長率必爲〇‧〇三三，或爲百分之三‧三。如平均儲蓄傾向及資本產出率有任何一項發生變動，則每年成長率亦將發生變動。但要記住的是，此一有用的成長模式，至少是以下列三項假定作基礎：(1) 固定的資本產出率，(2) 固定的平均儲蓄傾向，(3) 忽略眞實世界內許多因素如企業稅、政府的貨幣與財政政策、技術變動、以及其他因素的影響。因之，研究經濟成長理論的經濟學家，雖已普遍接受這一成長模式，但對影響這一模式的許多因素，仍有不同的估計與爭論。

「附錄」　經濟成長率與投資成長率的一致性

在充分就業情況下，經濟成長率或投資成長率何以必爲平均儲蓄傾向除以資本產出率的商數，可用下列方法求得之：

依據凱恩斯的乘數理論，已知

$$\triangle Y = \frac{\triangle I}{S} \quad\text{………………………………(1)}$$

設資本產出率爲 C，投資額爲 I，產出額的變動數爲 $\triangle O$，則

$$C = \frac{I}{\triangle O}, \text{ 移項得 } \triangle O = \frac{I}{C} \quad\text{…………………(2)}$$

在均衡的情況下，增加的所得額必等於增加的產出額，即 $\triangle Y = \triangle O$，故

$$\frac{\triangle I}{S} = \frac{I}{C}, \text{ 移項得 } \frac{\triangle I}{I} = \frac{S}{C} \quad\text{…………………(3)}$$

又在投資等於儲蓄（Z）的情況下，即 $I = Z = SY$，將之代入(2)式，得

$$\triangle O = \frac{SY}{C}, \text{ 即是 } \triangle Y = \frac{SY}{C}, \text{ 移項得 } \frac{\triangle Y}{Y} = \frac{S}{C} \text{ …(4)}$$

第五章　農業發展政策

第一節　農業發展的重要性

　　經濟發展，通常意味着由農業走向工業的歷程。然而這不是說，一個經濟高度發展的國家，就可只有工業而不要農業。事實上，農業為人類經濟生活的根本，也是整個經濟賴以發展的基源。只是有些國家不具備農業所需的基本條件，寧可着重工業的發展，而仰賴他國提供所需的農產品，這在十九世紀以前殖民主義盛行的時代，尤其如此。例如過去日本之對於臺灣，英國之對於印度，卽是殖民國家以發展工業為主，被殖民國家則以農業為主。雖然如此，但工業國家一旦對外發生戰爭，往往因對外交通發生阻礙，以致影響於其本國工業的發展，甚至由於糧食供應斷絕，而遭致戰爭的挫敗，第一次世界大戰之德國，卽其一例。今日則因前為殖民地的國家紛紛獨立，更使工業國家不得不自謀本國農業的發展，以建立農工平衡發展的經濟體系。有些國家。更因得天獨厚，不獨擁有豐富的農業資源，更具備工業發展的優良條件，由而形成強大的國力，不因世界局勢的變動而影響其經濟的自主性，美國就是如此。

分析言之，農業發展對於一個國家的重要性，殆有下列幾方面：

一、供應生活的基本資料

人類生活所需的食物，只有農業才能生產，植物性的食物，固無論矣，卽動物性的食物，也是由植物性的食物轉化而成的，甚至能以不適於人類食用的植物，轉化而成可供人類食用的動物。人們需用的食物，雖有其一定的限度，但仍由於下列兩個原因，而有不斷增產糧食的必要：一是人口數量的不斷增加。一六五〇年，世界人口只有五億左右，一八五〇年，增至十億左右，今則已超過五十億。臺灣光復之初，人口只有六百餘萬人，一九九三年，已超過二千萬人。為養活更多的人口，必須增產更多的食物。二是隨著工業的發展，農業人口所佔的比例日漸減少，移居城市從事其他職業的人口則逐漸增多。以美國為例，一九一〇年，農業人口約有三千二百一十萬人，佔總人口的百分之三十五，一九九二年，農業人口已減至六百一十餘萬人，只佔總人口的百分之二‧四。此一趨勢意味著必須以較過去為少的農業人口，生產較過去為多的農產品，否則，卽不免使非農業部門的經濟發展受到阻礙。事實上，由於生產技術的進步，勞動的生產力已不斷增加，例如美國在二次大戰以來，平均每人時的生產力每年約以百分之三‧五的速率增加，其中尤以農業生產力的增加更為快速。在一九七五年以前的二十年中，製造業只增加百分之八十，而農業則增加三倍左右❶。如無農業的快速發展，美國的經濟卽不可能有今日之強大。

二、有助於工業經濟的發展

---

❶ R. L. Heilbroner and L. C. Thurow: *The Economic Problem*, 1975, p. 307.

　　人類生活水準的提高，固有賴於工業經濟的發展，但如無農業發展作基礎，工業亦無發展之可能。這是因爲在下列幾方面，工業有賴於農業的幫助：

　　1. 提供原料　工業所需的原料，一部分是由農業提供的，例如紡織工業所需的棉花與羊毛，建築與家具業所需的木材，食品加工業所需的牛乳與果菜。有人認爲隨着科技的發達，若干農業提供的原料，已可由其他方法加以生產，例如人造纖維代替了天然纖維，合成奶油代替了天然奶油是。然而，就現有技術而言，這種替代性仍是極爲有限的，何況天然纖維與天然奶油仍有其獨特的風味與性能，不是人造產品所能完全取代的。又有人認爲一國所需的工業原料，可由外國輸入，而不一定仰賴本國的農業來供應。此雖爲某些國家的實際情況，但仍有其值得考慮之點：(1) 由國外輸入工業原料，必以先有輸出爲條件，除非一國的工業產品可以在國際市場具有銷售能力，或是擁有可供輸出的其他資源，否則，由於外滙缺乏，雖欲輸入，亦無可能。何況以外國原料作基礎的工業發展，易受國際局勢的變化所影響，且因生產成本增加，其產品亦難作有利的輸出。(2) 由本國農業提供工業所需的原料，可帶動本國農業的發展，增加國人的就業機會，並使農工兩業得到密切的配合，而有助於整體經濟的安全與發展。我國由於臺灣一省的天然資源較爲貧乏，發展工業所需的原料，幾大半來自國外的進口，爲獲得購買原料或設備所需的外滙，又不得不以大部分的工業產品輸出國外，致使我國進出口貿易總額幾與國民生產毛額相等，前幾年由於國際經濟普遍蕭條，幾使我國經濟遭受嚴重打擊。反觀美國，由於得天獨厚，其工業原料大多取自國內的初級產業，且有大量農產品可供輸出，其在世界經濟蕭條中所受的打擊，卽不若其他國家之嚴重。

　　2. 提供人力　儘管由於工業的高度機械化而減低了勞動的使用

量，但那是就某一產業而言的。事實上，由於產業部門的加多，製造機
器也需要不少人力，故工業發展所需之人力，仍是有增無減的。此一增
加的人力需要，一部分來自人口的增加，一部分則是由農業部門移轉而
來的。一般農業國家多半都有隱藏性失業的現象，這一部分多餘的勞
動，正可移用於工業部門，以幫助工業的發展。而且，隨着農業的機械
化，其能移出的勞動力尚可大量增加。這些農業的剩餘勞動，可以幫助
壓低一般的工資水準，而使工業的人工成本大為降低。另一方面，隨着
工業的發展與農業人口的減少，而使農業逐漸有機械化的必要，因而又
提高了農業勞動的平均生產力，而使每一農業人口的平均所得大為增
加。從這點看，農業與工業的發展乃是互相幫助的。於此值得一提的
是，有些人認為農業的機械化，必以工業發展為前提，因為工業發展吸
收了較多的農業人口，而使農業勞動者的工資日益上漲，且不易適時地
找到所需的勞力，因而必將自動地增加農業機械的使用。此說固有相當
理由，但從另一角度來看，只有不斷地擴大農業的現代化與機械化，才
能繼續增加工業發展所需的低廉勞動，而使工業產品不致因工資上漲而
失掉其市場的競爭力。

　　3. 提供市場　農業方面對於工業產品的需要可分二類：一是對於
消費品的需要，二是對於農用品的需要。隨着農業的發展，農民所得日
漸增加，因而亦增加了對於消費品的需要。這些增加的消費品，幾全部
來自於工業生產。例如我國初期紡織工業的發展，就是以農村為其主要
的市場。以後由於農村電氣化日漸普遍，農民所得更為提高，因而又增
加了對於家庭電化設備的需要。至於為改善居住環境而需要建築材料，
為便利交通而需要腳踏車與摩托車，都刺激了此類工業的發展。有人認
為臺灣初期工業的發展，應歸功於光復以後實施的土地改革，因為土地
改革增加了農民的所得與購買力，為民生工業提供了廣大市場。至於農

用品的需要，也隨着農業發展而逐漸增加。以臺灣爲例，製造肥料、農業機具、農藥、飼料等工業的發展，都與農業的發展密切相關，其中尤以肥料工業的發展最爲迅速。民國三十五年臺灣生產的化學肥料只有四八四三公噸，到民國八十二年增至一百八十二萬四千公噸，增產了三百七十七倍。今後由於畜牧業的日益發展及農業機械化的加速推行，自必更將促進飼料工業與農機工業的快速發展。

4. 提供資金　一國工業發展所需的資金，自不能完全來自於農業，但農業仍可在兩方面對此有所幫助：一是農民的儲蓄，可轉化爲工業所需之資本；二是農產品的出口，可增加工業發展所需的外滙。茲以我國爲例說明之。

關於農民的儲蓄，可以是自願的，亦可以是強制的。我國農民由於所得不高，自願儲蓄不佔重要地位，但在政府的各項措施下，農民負擔的所謂「隱藏稅」，却頗爲可觀。農民的額外負擔，係因政府以低價隨賦收購稻穀、肥料換穀比率過高、田賦帶徵各種捐款、以及田賦增加所引起。例如自民國三十六年開始隨賦收購稻穀，按田賦每賦元徵購稻穀十二公斤，收購價格平均約等於市價二成左右，此一巨大差額卽爲農民負擔之隱藏稅。又如肥料換穀之比率係由政府規定，通常因肥料定價過高，農民付出了較多的稻穀；至於田賦帶徵防衞捐與教育捐、以及增加田賦徵實之數量等，在在均爲農民之額外負擔。政府雖不一定直接用之於工業發展，但農業的負擔增加，卽相對地減輕了工業的負擔。據羅啓源先生的估計，在一九五二～七一年期間，政府透過各項稻穀徵收所得之「額外收入」，平均每年高達八億八千七百萬元（以一九六四年新臺幣固定幣值計算）❷。此卽爲農業部門之隱藏性賦稅負擔，對我國初期

---

❷　參看臺北市銀行月刊第四卷第十二期（民國六十二年十二月）所載「臺灣農業對工業起飛初期的支持」（摘要）一文。

之工業發展，自有相當幫助，此亦爲我國工業發展初期「以農業培養工業」的具體例證。今日則因政府降低田賦標準、廢止肥料換穀辦法、停止田賦帶徵教育捐、改變糧食徵購辦法等，已使農民負擔大爲減少，上述隱藏稅之現象已不復見。

至於輸出農產品換取工業發展所需之外滙，亦爲我國工業發展初期之顯著現象。例如民國四十一年至四十九年，我國農產品及農產加工品出口價值平均佔總出口值約在百分之八十五左右，五十年到六十年之間，農產及農產加工品出口數量雖有增加，但佔總出口值之比例，於民國五十五年起卽降至百分之五十以下，八十二年更降至百分之四‧一。其對我國工業發展之影響，自已不若以前之重要。雖然如此，但因農業生產所需之資源，絕大部分可由國內供應，其由出口所獲之外滙，代表輸出淨額的增加，不像工業品的出口，一面增加了外滙的供給，但也同時消耗了一部分因進口原料及設備而支出的外滙，故其對於工業發展的幫助，仍不可忽視。

三、可爲人類生存的最後保障

我國四書有云：「有人此有土，有土此有財，有財此有用」，卽至今日，土地仍爲人類賴以生存與生活的最後保障。農業係以土地爲主要憑藉之生產事業，雖因自然因素之變動而呈現生產不太穩定之現象，但一則由於土地永不毀滅，二則由於地力自然恢復，而使農業具有永恒的經濟價值。一個國家可因一次戰爭而使全部工業摧毀殆盡，但只要擁有可以生產的土地，卽不難從廢墟中重建家邦。我國在對日抗戰時期，沿海工業地區均已淪陷敵手，但因有廣大後方之土地可以利用，軍餉民食，不虞匱乏，故卒能轉敗爲勝，收復失土。德日兩國工業雖稱發達，戰時均因本國糧食生產不足，吃盡苦頭，而在戰後重視農業發展，於今

糧食已可自給，經濟基礎更爲鞏固。總之，爲提高人們的生活水準，固須致力發展工業，但爲養活更多的人口及保障人類的基本生存，仍須大力發展農業，如謂「農業爲立國之本」，亦不爲過。

第二節　農業經濟的基本弱點

在整個國民經濟中，農業雖有其極端的重要性，但也有下列各項基本弱點：

一、土地的固定性與報酬遞減

農業所需的土地，乃受一國的疆域所限制，在數量上難以隨意增加。而且，土地的品質參差不齊，在適當條件下雖可加以改進，但每須付出很大的代價，有時且是得不償失的。而在一定的土地上增加其他生產要素的使用量，又極易發生報酬遞減的現象。就此而言，農業生產的增加是相當困難的。古典學派的悲觀論調，主要卽由此一觀點而來。以我國農業生產指數爲例，民國四十二年到五十一年，平均每年成長率爲百分之四・八，五十二年到六十一年，平均每年成長率爲百分之四，六十二年到八十二年，平均每年成長率爲百分之二・八，其間且有六年爲負成長。事實上，此一小幅度的成長率，還付出了相當高昂的代價，例如用於修建水庫、防洪堤防、產業道路、病蟲害防治、品種改良、增施肥料等的支出，均爲數可觀。單就六十三年至七十二年爲止之十年而言，政府投資於農業及基層建設的經費共約九百二十餘億元，其中基層建設爲四百六十九億元，農建計劃四百五十一億元，其中農村共同投資佔百分之七十，從生產效益而論，農業投資自不及工業投資之有利。

二、農產種類的固定性

農業生產與工業生產最大不同之點，是其產品種類受到嚴格限制。無論爲植物或動物，自有人類以來，在種類上迄無改變，此爲上帝的安排，非人的意志所能左右。而工業產品則不然，隨着科技的發達，新的產品可以層出不窮，人的慾望亦可隨而無限制的擴大。就整個工業而言，幾可無限制地增加投資，亦不易發生報酬遞減現象。工業發展之所以成爲人類經濟發展之主力，其原因亦在於此。農業則因產品的種類有限，每種產品的需要，都有其最大的限度，過多的生產，徒然導致經濟資源的浪費。就此而言，農業對於資源的容受力是極爲有限的。而且，食物一類的農產品，都幾可直接滿足人的慾望，其附加價值甚小，此亦爲農業國家難以供養較多人口及生活水準較低之理由。

三、自然因素的干擾

農業是一種人力與自然相結合的生產事業，而自然力量則是時常變動的，不利的氣候，可以導致農作物的重大歉收，間接亦將影響畜牧事業的發展。美國的舒爾玆 (Theodore Schultz) 曾對美國農業收成的不穩定作過詳細分析，在他談到中西部地區時說道：「在這一大區域內，大自然的手每能提高或降低農業的收成，而不論農民如何盡力抵消它的影響」 ❸。此外，病蟲害亦常使動植物遭致重大損失。例如一百年以前，愛爾蘭的馬鈴薯收成，受到晚期枯萎病的重大摧殘，致該島發生普遍的

---

❸　P. K. Ray: *Agricultural Insurance*, 1967, p. 2.

饑饉，甚至許多人因之死亡。美國與加拿大亦曾於一九〇四、一九一六、一九三五、一九三七及一八三八各年，穀物生產發生銹菌傳染病，受災地區相當廣泛而嚴重。同樣地，蟲災的損失估計每年約佔全世界收成的百分之十，熱帶地區可能高達百分之二十。卽使在美國，不論其農業經營如何現代化與科學化，單只蟲害一項，其對自然資源與生產能力的損耗，每年幾達三十億元，有時且爲決定農企業成功或失敗的重要因素。在非洲與亞洲，蝗蟲也曾對生產中之作物造成廣泛的損害。由於科技的進步，在病蟲害一方面的防治，已較前大有進步，但目前人類對自然災變，如洪水、乾旱、雨水過多、以及風、雪、雹、霰、霜、凍等所致的損失，仍是無法事先加以防範的。卽使爲有利的自然因素，造成農產品的豐收，但因農產品的需要通常是缺乏彈性的，過多的供給反將引起農產價格的劇落，致有「穀賤傷農」或「豐收成災」之語。反觀工業，它們或是根本不受自然因素的影響，卽或有所影響，也多是間接的與輕微的，因之工業生產遠較農業生產來得穩定，亦卽經營者所冒的風險遠較農業爲小。

四、農業報酬的低落

　　一般總認爲農業生產力要比工業生產力爲低。「生產力」一詞，實卽投入與產出的關係，亦卽農業的投入產出率要比工業的投入產出率爲大，故只有較低的報酬率。此有下列幾項主要的原因：

　　1. 難以作大規模的經營　農業生產，具有戶外的與分散的特性，所受自然因素的影響較多，分工與機械化的程度較淺，凡此均使農企業的經營規模受到限制，不能如工業一樣獲得大規模經營的經濟利益。目前世界各國，仍以家庭式的大農場效率最高。因爲家庭農場的勞動，主要由家庭中的成員所提供，在管理上不致遭遇困難；而共產國家的集體

農場及自由國家的公司農場，都因規模過大，管理不易，其每公頃土地的平均產量，多不及家庭式的農場高。然而，即使爲美國式的家庭農場，每一農場的平均面積高達四百英畝左右，但其農業所得仍較非農業所得爲低。自一九三四年至一九七五年間，除一九七三年因農產品價格特好，以致每一農業人口平均所得略高於非農業人口外，其餘各年前者均較後者爲低，一九六五年及一九七○年，各只佔百分之六八及七四，一九七五年，則爲百分之九○左右❹。我國亦有類似情況，民國六十五年，農民每人平均所得爲一七、○七六元，非農民每人平均所得爲二五、二○五元，前者約佔後者百分之六七‧七。而且，農民的平均所得中，非農業所得佔百分之五十八‧六，尚較農業所得爲多。民國七十四年，農民每人所得佔非農民每人所得的比例已增爲百分之六十九，其中農業所得佔百分之三十六‧七，非農業所得佔百分六十三‧三。揆其原因，應爲我國農場面積過小，平均只有一公頃稍多，故其報酬更顯得特別低落。

2. 農產品的附加價值較低　農產品係以食物爲主，由生產以至消費，不獨運銷過程較短，且多不需作繁複的加工或包裝，故其附加價值遠較工業品爲少。如爲工業所需之原料，其加工或製造，乃屬輕工業的範圍，附加的價值亦屬有限。反觀機械工業及電子工業，其所含原料的價值所佔比例極少，大部分的價值來自勞動與技術（資本分享的價值，最後仍從勞動與技術而來），故工業國家尤其是資本密集或技術密集的工業國家，由於生產的附加價值較大，故能分享較多的生產收益，而能養活較多的人口，而農業國家則否。

3. 農產品的供需彈性均較小　就其供給彈性而言，農業因受土地

---

❹　參看 Campbell R. McConnell: *Economics,* 1978, pp. 714–715.

面積的限制，生產具有季節性，而且生產期較長，故不易適應市場需要的變動而隨時調整產量。在市場需要增加時，農產品價格雖已上漲，但無法卽時增加產量而獲得更多的利益，而在需要減少時，則必因價格下跌而遭受重大的損失。事實上，供給彈性較小，並非生產數量沒有變動，只是不因價格而受自然因素左右罷了。豐收年歲，由於需要沒有變動，導致價格下落，農民的總收益未見增加，有時反受其苦。而在歉收年歲，價格縱已大漲，怎奈農民已無產品可售，漲價對其並不能帶來任何利益。

再就需要彈性而言，人們對於食物的需要，都是有其一定的限度，並不因價格跌落或所得增加而比例增加其消費的數量，亦卽其需要的價格彈性與所得彈性均較小。故當農產品的數量隨着農業技術改進或氣候良好而增加時，必將促使農產品價格的跌落。所幸世界人口數量每年亦有增加，在長期內，農產品的供給與需要尚能保持適當的平衡，但短期內，則每因供需失調而引起價格的劇烈波動，而使農業的經營成為一項風險較大的事業。

五、貿易條件的不利

所謂「貿易條件」（terms of trade），是指一國進口物品的數量與其出口物品的數量之間的比率，亦卽每出口一單位的物品所能換回的進口物品的數量。這一比率愈高，表示能以較少的本國物品換回較多的外國物品，反之則否。通常農業國家與工業國家進行交易，其貿易條件總是不利於農業國家。這是因為農業的經營規模都較小，而經營的單位則較多，其相互間的競爭較為劇烈，不易做到有計劃的產銷與價格控制。加以農產品的供需彈性均較小，更使農業居於不利的地位。反觀工業，其經營規模都較大，而經營的單位則較少，其相互間的競爭不若農業之

劇烈，甚至流於生產與市場的壟斷，以維持其較高的價格水準。加以工業產品的供需彈性均較大，價格上漲時，供給增加而需要減少，從而抑制價格進一步的上漲；價格下跌時，供給減少而需要增加，從而阻止價格進一步的下跌。兩相對照，自可看出農業與工業之間的貿易條件，必有利於工業而不利於農業。國際貿易如此，國內貿易亦如此。此一結論，曾獲若干經濟學家之分析研究加以證實。

第三節　土地問題及其對策

一、地權分配問題

自財產私有制度建立以後，土地形成人們追逐的一種重要財富，尤其在工業未能發達之前，土地不僅為人們賴以安身立命之所，且為累積財富的唯一手段，擁有大量土地的地主階級，往往亦為領導社會的知識分子與政治人物。我國自古以來，由於土地兼併之風甚熾，「富者田連阡陌，貧者地無立錐」之語，每為當時社會的寫照。在土地分配極端不平均的情況下，農民受盡地主的剝削，生活至為痛苦，承平時期，尚能相安無事，一至天候失常，農民無以為食，流離失所，陳勝吳廣之流，因而揭竿而起，天下大亂，民不聊生。及至天下一統，經濟基礎早已為之破壞殆盡，開國帝王，為撫輯流亡，恢復生產，必須重新分配土地，故歷代土地政策，無不以計口授田為中心。無奈承平日久，故態復萌，我國幾千年歷史，就在此治亂相尋的循環圈中反覆不已，而始終無法使其經濟作持續不斷的發展。反觀西洋國家，其封建社會之破壞較我國為遲，莊園領主之擁有土地，係從國王封賜及世襲而來，並不能成為富有者之兼併對象。以後由於東西交通開闢，國外市場擴大，由國際貿易帶動了本國工業的發展，因而產生了英國的產業革命。莊園制度亦隨國內工商

業的興盛而日趨破壞，土地雖可自由買賣，但農業投資的利益不及工商業，故未引起土地之兼併問題。它們的土地政策，並不以改善土地分配問題爲重點，而在如何維持農業的有效經營及保障農家的基本生活。其所實施的政策，約有下列幾種❺：

1. 限制農地私有的面積　此又可分爲最小面積的限制與最大面積的限制兩種。前者係規定農地面積的最低額，在此面積以下的農地禁止再分割，其目的在求農地的經濟使用，以免自耕農流於沒落。實行此制者，有丹麥、德國、瑞士等國家。但因此每使小農或農業勞動者無法獲得小額土地，且此制並不禁止農場抵押和買賣，故農民仍有喪失全部土地的危險。後者規定私有農地的最大限度，超過此一限度時，由政府予以沒收或徵收，其目的在防止土地壟斷，並藉以創設自耕農。第一次大戰後東歐諸國實施之土地改革，即是如此。我國古代亦有限田之議，如漢之董仲舒、唐之陸贄、元之趙天麟等，北宋仁宗且曾下詔限田：「公卿以下，毋過三十頃，牙前將吏，應復役者，毋過十五頃。止一州之內，過是者論如違制律，以田賞告者」。

2. 實施家產制　所謂家產制度 (Homestead system)，是就家庭生活必需範圍內的土地和房屋，禁止買賣、讓與、抵押及扣押。尤以禁止債權人的扣押，爲此一制度的主要特徵，其他限制，並非此一制度的要件，或有其他法律加以規定。美國德克薩斯州於一八三九年首先頒行家產扣押禁止法 (Homestead Exemption Law)，以後各州相繼仿行，聯邦政府亦於一八六二年頒行聯邦家產法。家產法於一八八〇年傳入歐洲，先由巴爾幹半島的農業國家首先採行，繼及於法、德、奧、葡、瑞士及瑞典等國，因與自由主義思想牴觸，且使小農告貸無門，故又相率廢棄。直至本世紀以後，由於社會主義抬頭，重獲採用。但因家產的設定與撤

---

❺　參看陳琮所著「農業政策學」第二章第二節。

銷, 除少數例外, 仍依所有人的願意爲之, 對於農地的分割與喪失, 仍難防止; 但如強制設立, 且不許撤銷, 則又形同世襲財產, 流弊亦不可免。

3. 一子繼承制　卽當農民死亡或退休時, 由其共同繼承人中之一人, 單獨繼承全部農地, 但須對其他繼承人給予相當的補償。此制有德奧等國採行, 但多以被繼承人死亡而無遺囑時適用之, 其繼承人依法定順序加以決定, 通常係以親等近者爲先, 男子爲先, 年長者爲先, 此卽所謂長子繼承制; 亦有法律不爲順序的規定, 而依共同繼承人的協議定之, 如協議不成, 則由親屬會議選定一人爲繼承人。適用的財產, 包括農地及其建築物與經營資本等, 但一般規定僅以中小自耕農場爲限, 而將過大或過小的農場予以除外, 藉以發揮此一政策的眞實意義。

4. 限制農地買賣　近代國家爲防止土地兼倂與維護自耕農的存在, 每對農地之買賣加以適當的限制。由於目的不同, 各國規定殊不一致, 但大致不出下列範圍: (1) 對出賣人的限制: 不得妨害土地的良好經營及阻礙糧食的生產, 不得將土地作不經濟的細分, 不得因出賣農地而失去其經濟的獨立性。(2) 對買受人的限制: 如買受人及其家屬應自任耕作, 買受人必須有經營能力, 買受人所有及買入土地合計不得超過一定的面積, 不得以買入土地移作農業以外之用途, 不得以不合理之價格收買土地等。此種限制之目的, 在防止土地的投機, 防止土地的兼倂, 維持農業的生產及促進自耕農的發展等, 對改善土地的分配實具有積極的作用。

5. 土地國有制　人類在初民時代, 逐水草而居, 以遊牧爲其生業, 本無土地私有之觀念。迨進入農耕時代, 始聚族而居, 並逐漸形成部落社會, 土地爲部落所共有, 除森林、牧場、湖沼及河川外, 其餘土地則分配各家族個別經營。起初由於粗放經營, 必須定期更易土地, 故尚無

土地私有之必要。以後由於人口日漸增多，農業經營亦日趨於集約，乃逐漸形成土地私有制度。惟在封建時代，仍有「普天之下，莫非王土，率土之濱，莫非王臣」的觀念，對私有土地之移轉買賣多加限制，所謂私有，亦僅指土地之使用權而言。一直到封建社會澈底破壞之後，土地方可自由買賣，而形成近代的土地私有制度。但在農業社會中，土地為最具代表性的財富，成為富有者兼併與壟斷之對象。而大多數沒有土地的農民，則受到地主的嚴重剝削，終年辛勤而不得一飽，此種不合理的生產關係，每為社會動亂之源泉。我國漢代王莽篡位時期，原曾實行所謂「名田制」，即名天下之田為王田，令民男口不滿八，而田過一井者，分與親戚鄰里。清代太平天國稱亂時期，則有土地國有之議。在西洋社會中，亦有土地國有的主張，其中約可分為二派：一可稱為地制改革派的土地國有論，認為土地私有的弊害，只在地主的不勞而獲，如將地租收歸國有，即可消除弊端，故只主張以重稅課徵地租，而不主張完全將土地收歸國有，故又稱為地租國有論，美國亨利喬治(Henry George, 1839-1897) 於其一八七九年發表的「進步與貧窮」(Progress and Poverty) 一書中，即有此主張，並認為隨着社會進步，地租愈益增加，政府只須對土地徵稅，即可供應國家全部需要，故又稱為「單一土地稅」學說。二是社會主義的土地國有論。主張將全部土地收歸國有，由國家依照土地的性質加以分配使用，獲得土地之農民，只有使用權而無所有權，並須對政府支付適當之地租，農民之收益以補償其勞動與資本之報酬為限。土地於收歸國有時，仍由國家給予地主適當之補償。持此議者，有英國之斯賓士 (Thomas Spence, 1750-1814) 及德國之福魯謝姆(Michael Flurscheim, 1844-1912) 等人。至於共產主義國家，則主張廢除一切私有財產制度，將地主土地無代價收歸國有，於分配農民耕作後，不許買賣、租賃、典質、或以其他方法私相授受，並強制農民組織

集體農場爲大規模之經營。

　　我國　國父孫中山先生雖亦有土地國有之主張，但並不主張將一切土地收歸國家，而是當國家有需要時，得給價予以收買。對仍由私有之土地，則用照價徵稅及漲價歸公辦法，以抑制土地之兼併與投機，並實施耕者有其田政策，以達地盡其利之目的。

二、租佃制度問題

　　在土地私有制度之下，地主每將土地租與他人經營，此種租佃土地之現象，以在農業方面最爲顯著。由於土地面積有限，而人口不斷增加，故地主對租佃條件之要求雖甚苛刻，農民亦無反抗或討價之餘地。臺灣在實施三七五減租之前，農地之租佃計有下列各項缺點❻。

　　1. 地租過高　通常租率，以「五五對分」制較爲普遍，但在土地較肥或人口稠密地區，亦有高至「業六佃四」或「業七佃三」之比率者。只有少數地區，由於土地瘠薄，且多災害，或因開墾未久，收成較不穩定，其租率始落在百分之五十以下。農民付出了勞力與生產費用，而所得每不夠一家溫飽。

　　2. 租期短暫或不定　通常租約有定期及不定期兩種，定期租約多以一年爲期，少數以二或三年爲期；而以不定期租約最爲普遍，增租撤佃，地主可任意爲之。佃農因感佃權毫無保障，多不願從事土地之改良，而更減少了耕地所得之收益。

　　3. 口頭契約居多　口頭契約爲本省過去租佃關係中之普遍習慣，部份縣市雖有採用書面契約者，但爲數極少，約佔十分之一。一旦業佃關係惡化，難免引起糾紛。

　　4. 押租金　本省習稱押租金爲「磧地金」，卽佃農於承租土地時，

---

❻　參看臺灣省政府新聞處主編之「土地改革」第三～五頁。

須一次繳付之保證金，其金額等於全年租額，且有高於一倍以上者。地主收取此項押租金，不予計算利息，實不啻變相預收地租。

5. 鐵租　即不論土地收成如何，佃農均須按約定租額全數繳付，鐵定不變之意。如遇災害歉收或顆粒無收，每須告貸付租，否則，即成為地主撤銷租約之藉口。

6. 副產物租　對佃農自己生產之副產物，地主亦有與佃農對半均分者，或加重正產物之分租比率以分取者，此於單季田尤為普遍。此外，亦有地主指定佃農代為栽植果樹竹木或飼養鷄鴨之類，其產物收穫全歸地主所得，不給佃農分文代價。

7. 預收地租　即於耕地未收穫前，地主向佃農預收地租，其方式如下：(1) 於訂立租約時，一次預收全部地租。(2) 一年地租者，於收穫前之冬季或春季，一次收繳地租。(3) 分期地租者，在繳付第一期地租時，同時收取尚未收穫之第二期地租。

8. 田寮租　初時地主為招徠佃戶，每在耕地附近另劃基地，以供佃農居屋建築之用，或由地主為佃農代建田寮，亦不收租金及其他費用。以後部分地主為收回此項投資及利息，竟以轉嫁方式提高租額，實為變相之「田寮租」。

土地租佃制度原為私有財產制度下之產物，只要私有財產制度有其存在的必要，則租佃制度本身原亦無可厚非。問題在於 (1) 租金是否合理，(2) 租期有無保障，(3) 地租與其他收益之比較，(4) 租賃制度對於生產之影響。茲再就此四方面略加分析：

第一，租金合理與否，又與 (1) 租金種類，(2) 計算方式，(3) 租金數額，(4) 繳納時期等問題有關。關於租金種類，通常有錢租與物租之別，二者各有利弊。外國多採錢租方式，在固定租額下，物價上漲，對農民有利，物價下跌，對地主有利。而物租則反是。自給式之農業社

會，多以物租爲主，而商業化之社會，則以錢租爲主。關於計租方式，有按收益之一定比例徵收者，有按固定數額徵收者，前者於收成不利或物價下跌時期，對佃農較有利益，後者於收成較好或物價上漲時期，對佃農較有利益。關於租金數額，應顧及主佃雙方之利益：地主方面，以不超過其正常投資利益爲限度，且應分擔此項投資之風險，所謂「正常投資收益」，並無絕對標準，視與其他投資收益比較而定；佃農方面，應顧及其付出之勞動數量與生產費用，以不損害其生產意願與投資能力爲原則。此一租金標準有時難以得兼，爲保障農民的利益，每致削減了地主的利益。關於繳納時期，自以收穫後收取地租較爲合理，任何事前收租的方式（包括押租金），均應絕對禁止。

第二，租期有無保障，又與 (1) 租約型式，(2) 租期長短，(3) 解約條件等有關。關於租約型式，書面契約自較口頭契約爲好。租期長短，應顧及農地改良與投資的性質。農業投資有些是長期的，如水利工程方面的投資卽是，故由農民開墾的土地，應有較長期的契約。其他方面的投資，通常亦須三、五年才能收回，故租約期限至少應在此一年限以上。至於解約條件，通常以佃農欠租爲最主要，次爲地主收回自耕，其他條件均宜嚴加限制，藉以保障佃農之利益。

第三，地租與其他收益之比較　地租與其他收益比較，具有三項有利之點：(1) 土地永不毀滅，故地租收益亦具有永久性。雖因天候失常，生產暫時受損，但仍有自然恢復之特性，其因地變而喪失地力者，究屬少見。(2) 土地有稀少性，地租可隨人口增加與社會進步而不斷上漲。他如利息與利潤，都可因資本之累積與市場之競爭，而有其一定之收益限度；工資雖因生產力之提高而可不斷上漲，但亦因人口不斷增加而抑制其增長的速度。(3) 地租與地價具有密切關係，地租上漲，則地價增高，地主於出賣土地時，尚可獲得一筆土地增值的利益。其他生產

要素，則每因使用而貶損其價值，終至完全消耗而後已。由於上述特性，故地主增收之地租與地價，每爲人指爲「不勞而獲」，土地制度之所以需要改革者，即以此故。

第四，租賃制度對於生產之影響　租賃制度之爲害，不外兩方面：一是租額過高（包括有形的與無形的），減少了農民的收益，使其無法累積投資所需之資金。而地主地租所得，除一部分用於增購更多土地外，其餘悉供消費，非僅不再繼續投資於農地改良，且每使農村資金流入都市，形成農業資金不足的現象。二是租期太短，農民即使有充足資金，亦不願用於他人土地之改良，相反地，必將在租期內竭澤而漁，形成地力的過度消耗。然而，只要租佃關係合理，上述流弊不僅不會發生，有時反爲農民帶來更多的利益。這是因爲農民初期多半缺乏充足資金，如以有限的資金用於購買土地，則必使農場面積過小，難以作有效的經營，反不如以較少的資金租賃較大的土地，並有餘力以充經營農場的流動資本，此種現象，以在美加等國最爲常見。

三、土地利用問題

此一問題，至爲廣泛複雜，其中涉及 (1) 土地之充分利用，如荒地開墾及海埔新生地與山坡地之利用等。(2) 土地之合理利用，即依土地性質與市場需要，對土地用途作合理之支配。(3) 土地的有效利用，凡提高土地生產力的各項措施均屬之，如土地改良、水土保持，農地重劃與農場經營等。本節僅就有效利用中之不屬於技術方面之問題略加申述。

在土地私有制度下，由於農地買賣、租賃、均分、繼承等原因，而使農戶耕地分散而零碎。戰前我國大陸每一農戶的平均土地原甚狹小，而此狹小農場的土地，又多分成零星小塊。據金陵大學農經系於民國十

八年至二十三年就二十二省、一五四縣、一六八地區、一六七八六戶農場調查的結果，發覺每一農場平均有田塊五・六塊，田坵一一・六五坵，田塊的平均大小為〇・三八公頃，田坵的平均大小為〇・二公頃。田塊與農舍的平均距離為〇・六公里，最遠田塊與農舍的平均距離為一・一公里。臺灣亦有類似情形，以嘉義鹿草重劃區為例，在土地重劃前農戶耕地分散在三處以上者約佔百分之五十。又如彰化嘉寶潭重劃區在土地重劃前，平均每一坵塊面積約為五厘，較之大陸情況尤為狹小。由於各農戶的田坵犬牙交錯，又發生排水與灌溉不便的問題，且常因此引起農民間的糾紛。至於田塊分散而零碎，不僅由於田埂增加而減少了直接生產的土地，且反使田間的道路感到缺乏，而不便於材料供輸與產品搬運。為促進土地的有效利用，必須從兩方面着手：一是實施土地重劃，將每一農家的土地化零為整，藉以擴大每一坵塊的面積，使其便於農事操作與機械化，尤應在灌溉排水與農路方面加以規劃，以提高農地的利用價值。二是擴大農業經營規模，因土地重劃後之家庭農場，面積仍甚有限，難以作企業化的大規模經營，必須更進一步實施共同或合作經營，此點容於下節詳述之。

四、在臺灣實施土地改革政策之內容與成果

自國民政府撤遷臺灣後，為使臺灣成為三民主義之模範省，曾先後實施一連串之土地改革，並由而導致了經濟更進一步的發展，茲分別縷述於次。

1. 耕地三七五減租　臺灣省政府原於民國三十八年四月十四日公布施行「臺灣省私有耕地租用辦法」及其施行細則。其後中央政府為加強減租政策之推行，又於四十年六月頒行「耕地三七五減租條例」，在臺全面實施，其主要內容為：(1) 減輕租額負擔。耕地租額，一律以不超

過主要作物正產品全年收穫總量千分之三百七十五爲準，原約定地租超過此一標準者，減爲千分之三百七十五，不及此一標準者，不得增加，同時免除預收地租及押租金等一切額外負擔。關於耕地主要作物全年收穫總量之標準，由各鄉鎮區公所耕地租佃委員會按耕地等則評議之。(2) 辦理災害減免。規定耕地因災害或其他不可抗力致農作物歉收時，承租人得請求鄉鎮區公所耕地租佃委員會查勘歉收成數，議定減租辦法。耕地因災歉致收穫量不及三成時，應予免租。(3) 保障佃農權利。耕地租約一律以書面爲之，租佃期間不得少於六年，在租期存續中，非因法定事故，地主不得主張終止租約（所謂法定事故，係指承租人死亡而無繼承人時，承租人放棄耕作權時，地租積欠達兩年之租額時，非因不可抗力繼續一年不爲耕地使用時， 經依法編定或變更爲非耕地使用時）。同時規定出租人縱將其所有權讓典與第三人，其租佃契約對於受讓受典人仍繼續有效；耕地出賣或出典時，承租人並有優先承受之權。租期屆滿時， 除出租人依法定要件收回耕地自耕外，如承租人願繼續承租者，仍應續訂租約。並規定租約滿期時，如有下列情形之一者，出租人不得收回自耕：甲、出租人不能自任耕作者。乙、出租人所有收益足以維持一家生活者。但出租人爲擴大家庭農場經營規模，得收回與其自耕地同一或鄰近地段內之耕地自耕，不受此項規定的限制。丙、出租人因收回耕地致承租人失其家庭生活依據者。(4) 兼顧地主利益。關於出租耕地之合理地租，在條例中予以明白規定，其積欠地租達兩年之總額時，可爲租約之終止，藉以保障地主之合法利益。至調解及調處業佃間糾紛案件之各級租佃委員會，亦均有地主代表參加，對於糾紛案件之處理，自不致有失公平。

　　2. 舉辦公地放領　臺灣光復後，由各級政府收歸公有之耕地共有一七六、○三一公頃，除各公營事業機構供應原料之自營農場，以及政

府機關、學校爲農業示範或實驗所必需留用者外，其餘耕地原於民國三十五年起依「臺灣省公有耕地放租辦法」，放租與自爲耕作之農戶個別或組設合作農場經營，租額定爲正產物收穫總量的四分之一。旋爲貫徹實施耕者有其田的政策，復進一步辦理公地放領，於民國四十年起開始實施，其主要內容於下：

甲、放領範圍　凡本省內公有出租耕地均列入放領範圍，包括大部分之水田、旱地與少數之漁池牧地，其與放領公地在使用上不可分離之農舍基地與水池、水道等，得一併附帶放領。

乙、放領對象　以原承租該公地之承租人爲第一優先，如現耕承租人不願承領或有非法轉租不自任耕作情事者，則另行審擇放領。其放領之順序爲：（1）承租耕地之現耕農，（2）雇農，（3）耕地不足之佃農，（4）耕地不足之半自耕農，（5）無土地耕作之原土地關係人而需要土地耕作者，（6）轉業爲農者。

丙、放領面積　依耕地類別及等則高低、農戶耕作能力及維持一家六口生活之需要等條件，定爲每戶放領面積標準：水田爲上等五分、中等一甲、下等二甲；旱地爲上等一甲、中等二甲、下等四甲。

丁、放領地價　規定爲放領耕地全年正產物收穫總量之兩倍半，全部地價分十年平均攤還，不須負擔利息，每年攤還數額僅佔全年正產物收穫總量四分之一，與承領前每年繳付之佃租相等。並依農作物收穫季節分兩次繳付，大部分水田地價，均以稻谷計算繳付，政府收入之放領地價，則全數撥充爲扶植自耕農基金，以供進一步推行農地改革之用。

戊、放領限制　承領農戶因無能力耕作需要出賣放領耕地時，得由政府照原放領地價予以收回，另行放領與其他農戶；承領人死亡而無合法繼承人耕作者，亦得由政府收回耕地另行放領；承領人如不自任耕作或擅自移轉者，即予撤銷其承領權利。

3. 實施耕者有其田　臺省於推行耕地三七五減租及公地放領之後，一般農民生活雖已大獲改善，農業生產亦已顯著提高，但在民國四十一年全省尚有二十四萬九千餘公頃耕地仍爲地主所有，三十萬二千餘戶佃農仍生活於租佃關係之中，爲期徹底改善農民生活，乃於民國四十二年一月訂頒「實施耕者有其田條例」及其他有關法規，對土地制度作進一步之改革，其主要內容如下：

甲、地主保留之耕地面積　每戶得保留七至十二等則之水田三甲，其他等則之水田或旱地，依照規定標準折算保留。其計算標準爲水田一至六等則五分折算一甲，十三至十八等則一‧五甲折算一甲，十九至二十六等則二甲折算一甲，旱地按水田加倍計算保留。自耕兼出租之地主，其保留出租耕地連同自耕地合併計算，不得超過保留標準；自耕地已達保留標準者，其出租耕地不得保留。

乙、得免予征收之特殊耕地　(1) 業經公布都市計劃實施範圍內之出租耕地，(2) 新開墾地及收穫顯不可靠之耕地，(3) 供試驗研究或農業指導使用之耕地，(4) 教育及慈善團體所需之耕地，(5) 公私企業爲供應原料所必需之耕地。

丙、附帶徵收之地物及基地　凡在被徵收耕地範圍內現供佃農使用收益之房舍、晒場、池沼、菓樹、竹木等定着物及其基地，均應附帶徵收，其應補償之價額併入地價內補償之，但原有習慣在土地買賣時，定着物不另計價者，從其習慣。

丁、徵收耕地之地價標準　依各等則耕地主要作物正產品全年收穫總量之二倍半計算。

戊、徵收耕地地價之補償　以實物土地債券七成及公營事業股票三成搭發之，實物土地債券並付年利百分之四，本利合計分十年均等償清。

己、耕地之放領與計價　徵收後之耕地，由現耕農民承領，耕地地價依徵收耕地之同一標準計算，連同定着物及基地價額，按周年利率百分之四加收利息，由承領人自承租之季起，分十年以實物或同年期之實物土地債券均等繳清，其每年平均負擔以不超過同等則耕地三七五減租後佃農現有之負擔爲準。

庚、耕地放領後之限制　(1) 承領人於地價繳清前不得移轉，地價繳清後如有移轉，其承受人以能自耕或供工業或供建築用者爲限。(2) 在地價繳清前，承領人不能自耕時，得申請政府收回另行放領，並依其所付之地價一次發還。(3) 承領人如有下列情事之一者，除由政府收回其承領耕地外，其所繳地價不予發還：（甲）冒名頂替矇請承領者，（乙）承領後將承領耕地出租者，（丙）承領後欠繳地價逾期四月者。

耕者有其田工作，於實施一年後即告完成，計共創設自耕農戶一九四、八二三戶，放領耕地一三九、二四九公頃及其他地目二、三二〇公頃。因補償地主之地價，由搭配公營事業股票約六億元而轉移民營之企業，計有工礦、農林、紙業及水泥四大公司。對增加農業生產，改善農民生活及促進工業發展，均有莫大之貢獻。

4. 實施農地重劃　爲改善農地之利用，政府復自民國四十八年起試辦農地重劃 (land consolidation)，深受農民歡迎，旋即擬定本省農地重劃十年計劃，以重劃農地三十萬公頃爲目標，自民國五十一年起全面推行。其主要內容爲：

甲、田坵之規劃整理　即依土地之型態與位次，將田坵合併擴大，藉以減少田埂面積，增加生產用地，及便利農機操作。

乙、土地之交換分合　即將各農戶分散交錯之農地予以交換分合，使同一農戶之土地儘量集中使用，以便利耕作與管理。

丙、排水系統之調整　使每一田坵均能直接灌溉、直接排水。

丁、農路系統之改善　使每一田坵均能直接臨路，並使農路與公路
啣接，以便利田間交通及農用品與農產品的運輸。

土地重劃涉及問題甚多，其中尤以土地之交換分合以及工程費用之
分攤徵收，極易引起農民之反感。上述十年計劃於完成後，曾停止進行
一段時期。政府於六十五年起實施之六年經建計劃，又已恢復繼續舉辦
土地重劃。重劃經費規定為規劃費用、區域性排水工程以及各項行政費
用，全部由政府負擔，農劃區之農水路工程費用，則由政府與農民分
擔，由於農民負擔大為減輕，樂於配合，全部農地均已完成重劃工作。

依據政府報告，此一工作曾獲致下列各項成果：（1）改善農場結構
方面，計坵塊面積增加三倍以上，土地集中率達百分之八六，且因管理
經營便利，而大量節省勞力。以臺中縣龍井重劃區為例，節省勞力達百
分之二〇‧七四。農戶以節省之勞力用於副業生產，又促成家畜與家禽
等生產的增加。（2）改善水利設施方面，建立完整灌溉與排水系統，採
用輪流灌溉制度，直接灌溉之田坵，由重劃前之百分之二十一，增加到
百分之百。直接排水之耕地，由重劃前之百分之十九，增加到百分之
百。（3）改善交通建設方面，田坵直接臨路，由重劃前之百分之二十，
增加到百分之百，且因幹線農道寬直，適於農業機械操作，農道與公路
啣接，便利了田間與外界的交通。（4）便利共同經營方面，由於一般水
田重劃標準規格為每一坵塊為〇‧二五公頃，合四坵塊為一公頃，配置
六公頃為一耕作區，合兩耕作區十二公頃為一經營單元，而使農場結構
有顯著之改善，不僅有利於農機具之操作，農技之改良，且符合現代農
業之共同栽培與共同經營之要求。

第四節　農業經營問題及其對策

一、農業經營的特性

農業經營與工業經營比較，有幾項顯著不同之點：

1. 易受自然力所左右　農業生產係以土地爲主的一種生物過程 (biological process)，而土地生產力又受氣候的變化所影響。在風調雨順的年歲，即使其他配合的生產要素稍有欠缺，仍可導致作物豐收；反之，在氣候乖變時，即使投下豐富的人力與資本，仍可能顆粒無收或收成不好。今日雖因科技進步，在若干方面已可改善農業生產的條件，但仍不能完全免除自然因素的影響。此理自明，毋待深論。

2. 與人的關係極爲密切　縱在今日商業化的農業時代，農業亦非單純的營利企業 (business enterprise)，也是一種生活的方式 (mode of living)。經營農業的人，每對自己的土地有一股親和力，看到作物開花結實以至收成，終覺一年辛勤沒有白費。所謂「一分耕耘、一分收穫」，即強調人與地的密切關係。事實上，人力固不能完全改變自然力的影響，但在一定的自然條件下，人的照顧仍爲決定收成的重要因素。此種照顧，必須出自農民的主動與愛心，而非受自他人的強制與命令。因爲農業生產總是分散的和戶外的，不能如工業生產一樣，可以受到他人的監視，加以農業機械化有其一定的限度，凡事須由經營者見機行事與悉心照顧，始能眞正提高生產的效率。

3. 資本的重要性不如工業　即使爲現代化的農業經營，但資本的地位仍不如土地與人力來得重要。工業已進入自動化的時代，可以電子儀表集中控制全部機器的操作，而農業則否。工業方面，自原料投入以至成品產出，可利用機器作一貫化的生產；而農業機械則是個別的，只

能在各個生產階段替代一部分的人力，而其所需機器的複雜性與精密度，亦遠不如工業。農業沒有資本配合，人類仍可生產各種作物；但工業如無資本配合，則除少數簡單的手工藝品外，幾不能從事任何複雜而繁重的生產工作。

4. 經營的規模受到極大的限制　工業生產，在相當大的範圍內，可獲得大規模生產的經濟性。而農業生產，除在一定的土地上易於發生報酬遞減的作用外，即使土地面積不受限制，亦難作大規模的經營。其原因與上述三項特性有關，即是：(1) 規模愈大，則人的管理愈益困難，尤其在僱傭制度下，不易獲得勞動者的悉心照顧，必將減少土地的生產力。(2) 農業生產有其季節性與機動性，大規模生產，亦難充分發揮分工合作的效能。(3) 農業生產不需高度的技術與大量的資本，故不能如工業一樣可以在大規模生產下獲得資本與技術密集所產生的利益。

二、農業經營制度的類型

農業經營制度也可說是農場制度，通常有下列幾種形態：

1. 家庭農場　此為今日自由國家普遍採取之經營方式。由於農場所有主兼為經營者，且多數勞力出自家庭的成員，故能充分發揮勞動的生產力，而使單位面積的產量也較他種農場為高。惟家庭農場亦有大小之別。依西方標準，正常的家庭農場應有土地二五英畝到七四英畝。過小的農場(五英畝以下)，僅可視為補助家庭收入的額外來源，而較小的(五到二十五英畝之間)農場，則不足以維持農家的現代生活標準。超過七十四英畝以上的大農場，則體力勞動主要係由僱用的工人所完成，已難稱之為家庭農場。成問題的是五到二十五英畝的較小農場，它們多半缺乏較多的資本，不易做到充分的機械化（事實上，亦不必如此），經營的效率較差，農場的收益較少，而成為所謂「問題農場」。

2. 公司農場　此為以公司方式經營之大型農場，農場勞動完全來自受僱的員工，利用機械及現代技術，而為大規模的企業經營。由於前述農業的第二項特性，此種農場並不適於一般作物的生產，通常多用於特種作物如香蕉、咖啡、可可、甘蔗等的栽培及畜牧生產。

3. 國營農場　即由政府直接經營之大型農場，與公司農場具有相同之缺點，通常用於農業的改良和示範。對荒地或瘠地之墾殖，亦可採用國營農場方式，因其需要較多的初期資本，而生產收益不足以收回成本，故由政府以其雄厚財力經營之。

4. 集體農場　此為共產國家全面實施之經營方式。因為農業既不適於國家經營，而個人經營又與社會化的原則不合，故強迫農民以集體方式經營之。由於土地為國家所有，在分配土地時，即以參加集體農場為其放領的條件。此種農場之生產計劃必須配合國家之需要，生產成果除繳納租稅外，多由國家定價徵購，形式上農場為全體場員所共營，實際權力操於政府指派的高級管理人員之手。為培養農民的社會主義意識及加強對於農民的控制力量，每儘量擴大農場面積，加強共同設施，以使農民過一種集體化的生活。由於農民的保守習性，每對此種經營方式抱有反感，甚至採取消極的怠工方式，故其經營效率至為低落。

5. 合作農場　此為農民基於自己的利益與需要，自由組織及共同經營之農場，土地或由農民個別所提供，或來自共同租賃或共同購買，管理權力完全操於場員之手，生產計劃亦由場員共同決定，生產收益則由場員按其提供之土地、資本與勞力比例分配。盛行個人主義的國家，固不提倡亦甚缺少此種農場，而共產國家亦視此種農場缺乏社會主義意識（因其仍以私有財產作基礎，並重視個人參加生產的利益分配），而以前述集體農場取代之。目前僅有意大利、墨西哥及以色列等少數國家，有一部分土地採取此一經營方式。臺灣在光復初期於公地放租時，對此

連在三百市畝以上之農地，也曾規定組設合作農場經營之，但因採取分耕合營方式，仍非眞正之合作農場。合作農場具有下列優點：(1) 具有大農經營之利益，(2) 能作企業化的經營，(3) 一如其他合作組織一樣，具有自有自營與自享的特性。惟其缺點亦有：(1) 農民的保守習性太重，每不願以其自有土地合併經營，在組織工作上較多困難。(2) 衆多小農組織合作農場後，每發生勞力過剩現象，除非能在其他方面利用或吸收過剩勞力，仍不易眞正提高勞動的平均生產力。(3) 一般農民缺乏農企業之經營能力，除非利用長於農場管理之專業人才，不易作有效的經營。

三、我國現行政策之檢討

自民國四十年前後實施土地改革以後，農業生產與農民所得均有顯著之增加，但因工業發展更爲迅速，非農民所得較之農民所得增加更多，其根本原因，則爲每一農家的平均耕地過於狹小所致。依民國八十二年底之情況，臺灣可耕地爲八十七萬四千五百三十五公頃，農家爲八十一萬二千二百八十八戶，平均每一農家只有耕地一‧〇八公頃，形成所謂「過小農」的經營。近年由於工商業發達，農業人口在比例上雖已大爲減少，但農戶數目並未隨而減少。年老農民旣因傳統觀念而不願出賣祖產，又因法令約束而難以出租土地，以致無法對土地作有效經營，甚或任其處於半荒廢狀態。政府爲改善此一情勢，曾採取下列各項途徑：

1. 設置農業生產專業區　即依自然條件與經濟需要，將全省劃分爲若干生產專業區，在同一區域內，輔導農民栽培相同之作物，或飼養相同之牲畜，或爲農牧之綜合經營；並由政府加強區內之公共設施，建立產製儲銷體系，藉以提高農業經營效率與增加農民收益。此一構想至

爲良好，成問題的，是在能否改善小農經營制度，故須再對共同作業或共同經營作一檢討。

2. 共同經營　共同作業(joint operation)也可說是共同經營(joint management)的初步形態。在產銷過程中如僅有單項或部分工作，由農民共同實施的，謂之共同作業，如共同秧田，共同噴藥或共同收穫是。如全部生產工作或由生產以至運銷的全部工作，均由農民共同爲之，則可稱爲共同經營。共同作業與共同經營，也可說是「農業共同化」的不同階段，目的在於便利機械作業，擴大經營規模，減低生產成本，增加農民收益。惟目前實施共同經營，仍多停留於共同作業階段，即使爲共同經營，亦仍具有下列缺點：(1) 共同經營的組織（稱爲共同經營班）不具法人資格，而爲一臨時性的結合，可因意見不合而隨時解體。(2) 參加的農戶太少（通常在十戶左右），集合的土地有限，不能形成適當的規模，以作企業化的經營。(3) 在法律上，共同經營班並非權利義務的主體，不能以集體信用獲得外界的資金融通。(4) 由於業務量太小，不能吸收專業人才；而參加的農民亦因時間與知識不足，難以發揮分工合作的效果。

3. 委託經營　近年由於農村勞力不足，若干缺乏勞動或勞動老化的農戶，每以耕地委託他人代耕，起初以受法令約束，不敢公然以放領得來之耕地放租他人，後因政府顧及實際上的需要，對此亦未嚴加取締。迨六十九年農業發展條例修訂後，正式允許自耕地面積過小或勞力不足之家庭農場，得將其農場之部分或全部作業，委託另一家庭農場或農業服務業者經營，並明定「委託經營，不以租佃論」（現改爲「依本條例規定之委託經營不適用耕地三七五減租條例之規定」，意同）。此雖可以暫時解決農村勞力不足問題及獲致大農經營之利益，但必由此吞噬三十餘年來實施土地改革政策的成果，恢復幾已廢棄的租佃制度，實爲

一種開倒車的作法。

四、我國農業經營制度的正當途徑

　　我國現有農場面積平均只有一公頃稍多，已於前述，而農場面積在半公頃以下的約佔農家的百分之四十四，在一‧五公頃以上的，僅佔百分之十五。近年政府為擴大家庭農場面積，曾採取下列措施：(1)農業用地在依法作農業使用期間，移轉與自行耕作之農民繼續耕作時，免徵土地增值稅。(2)家庭農場在同一地段或毗連地段購買或交換耕地，於取得後連同原有耕地之總面積在五公頃以下者，其新增部分免徵田賦五年，所需購地或需以現金補償所需之資金，由政府協助辦理十五年貸款。(3)規定現有之每宗耕地不得分割及移轉為共有。但因出售與毗連耕地自耕農而與其土地合併者得為分割，因繼承而移轉者，得為共有。共有耕地每人持分達五公頃以上且有分割之必要者，得報准分割為單獨所有。部分變更為非耕地使用者，其變更部分得為分割。(4)家庭農場之農業用地，其由能自耕之繼承人一人繼承或承受而繼續經營農業生產者，免徵遺產稅或贈與稅，並自繼承或承受之年起，免徵田賦十年。但如繼續經營不滿五年者，應追繳應納稅賦。其需以現金補償其他繼承人者，可由政府協助辦理十五年貸款。民國八十四年初遺產與贈與稅法修訂後，更放寬為農業用地於繼承後五年內繼續做農地使用者，免徵遺產稅，已不受一人繼承並須自耕的限制，殊有失立法原意。

　　就目前農民的耕作技術與能力而言，以將農場面積擴大為三公頃較為理想，但將農場面積增加兩倍，必須將現有家庭農場減少三分之二。而在七十二年至八十二年之間，臺灣地區耕地面積並未大量減少，而農家戶數反由八○八、一○九戶增為八一二、二八八戶，其間雖有幾年減至八十萬戶以下，但後又迅速上升，顯示前述各項擴大農場面積之措施，

並未發生效果。前述共同經營與委託經營的構想，雖爲解決此一問題的
應急辦法，但其缺點至多，亦非治本之道。

　　我認爲要進一步擴大經營規模，應即考慮建立合作農場制度。凡能
自爲耕作的農戶，由政府輔導設立眞正共同經營的合作農場，面積至少
應在二十公頃以上，以期充分發揮「農事機械化」與「經營企業化」的
功效。目前臺灣受過中高級農業教育的人才頗多，平日苦無出路，大多
改行轉業，如能全面推行合作農場制度，即可大量吸收此項人才，爲臺
灣農業注入新血輪，眞正帶動農業走上現代化的途徑。有人或以共產國
家的集體農場爲例，懷疑合作農場的生產效率與社會價值，而認英、美
等國的家庭農場制度應爲我國今後農業經營的正確模式。殊不知我國家
庭農場的面積旣難達到英、美等國的標準，難以單獨實施大農經營；而
共產國家的集體農場則又失去民主自由的性能，難以提高農民的生產情
緒。我們所要推行的合作農場具有私有財產與大農經營的雙重特性，深
合民生主義耕者有其田的目標，而又具備現代農業應有之經營效率。唯
其成敗關鍵，要視能否爲其解決人才與資金兩項重要問題而定。人才問
題已於前述，必要時政府尚須另設輔導機構集中各項人才，予以技術與
管理方面的支援。資金問題則因農民原本短於財力，個別經營時，尚可
自行設法解決，一旦合作經營，非但需資較多，且將籌措責任完全委諸
管理部門，除非政府大力支援，其經營效率必難充分發揮，甚至不如個
別經營之良好。因之爲建立農民信心及顧及政府財力，可採重點發展與
逐步推進的方式，只要合作經營能爲農民帶來較大的利益，必能克服一
切困難，爲我國農業經營制度寫下嶄新的一頁，眞正做到「耕者有其
田」的大農經營。

第五節　農業金融問題及其對策

一、農業金融的種類與特性

農業金融的範圍，包括最爲廣泛。從其信用的期限而言，可包括十年以上的長期信用、一至十年的中期信用、以及一年以下的短期信用（也有將一至五年列爲中期信用者）；從其信用的用途而言，可包括農地購置信用、改良和設備信用、以及生產和運銷信用；從其保證的方式而言，可包括不動產抵押信用、動產擔保信用、以及對人信用（其中又可分爲純粹個人信用及第三者保證信用）。上述各種不同標準的分類，自有連帶關係：例如長期信用，通常亦爲農地購買信用及不動產抵押信用，因爲信用過長，爲求信用的安全，每以購置之土地作爲貸款的抵押品。又如中期信用，通常卽爲改良和設備信用，亦爲動產擔保信用，因爲購買之設備或改良設施，其資金囘收期限多在三、五年之內，故亦可以所購或改良之物作爲此項信用的擔保品。至於生產和運銷活動，其資金週轉期限多在一年以內，販賣產品所得收入，卽可用以償還借款，故無需實物作抵押，而爲一種對人信用的貸款，惟在金融實務上，亦不乏以生長中之作物或運銷前之產品，充爲貸款抵押品者。農業金融與工商金融比較，通常具有下列幾項特點：

　　1. 農業信用的期限較長　農業所需資金，以用於土地建物及其他固定設備的佔大多數。這些資金必須經過數年或數十年始能完全收回。卽使爲生產與運銷資金，亦因生產週期關係，通常亦須一年左右。而工業所需資金，其用於設備方面的，雖亦爲時甚長，但在整個事業資金中所佔的比例不及農業爲大；且因工業生產多採股份公司組織，此項固定資本多從集股得來，其對長期信用的需要亦不及農業爲多。至於工業所

需的流動資金，由於生產週期較短，通常以有三個月或至多六個月的信用即夠需要，故亦不如農業短期信用之為期較長。

2.　農業信用帶有季節性　農業生產因受天時氣候所支配，由播種以至收穫均帶有高度的季節性，故所需資金多寡亦與此季節性有密切關係。即在生產期間需要資金較多，收穫以後所需資金較少，甚或完全不需資金。但就整個農業信用而言，在生產季節，農民普遍需要資金，故農業信用常有供應不足現象，而在生產季節過後，則又形成農業信用的過剩，因而更加重了農業信用在調度上的困難。至於工商業信用，則不受季節性所限制，而是川流不息的，故所需資金的分配遠較均勻，不致發生過剩與不足的現象。

3.　農業信用不能負擔較高的利息　農業收益較工商業為薄，這有幾個原因：一是資金週轉較慢。因為農業生產週期多為一年，故生產資金一年只能週轉一次，而工商業的資金則一年可以週轉數次，例如一萬元周轉一次可獲利一千元，則一年週轉一次與一年週轉四次，其利潤率為一與四之比。二是競爭性較大。因為農業生產規模較小而單位較多，故農民彼此間的競爭亦較工商業為劇烈，依據經濟學的常識，競爭性愈大者，其利潤亦愈低。三是收益不穩定。各年收成每因天時變化，豐嗇不一，豐年的較高收益，每難補償荒年的損失，故其平均收益常較收益穩定的工商業為低。因為收益較低，農業信用才不能負擔較高的利息。

4.　農業信用所需花費的成本較多　農業信用不能負擔較高的利息，係從需要者方面而言，如就供給者方面言之，則又需要花費較高的成本，其原因：一是危險較大。因為農業收益既不穩定，則放款者容易遭受倒帳或呆帳的損失；加以農民散處農村，難以明瞭其品格能力與經濟狀況，亦無從對其運用資金之情況加以監督，故貸款危險性更大。為補償可能遭遇的損失，自須在利息中包括一部份保險費。二是手續較繁。

農業信用多是小額和零星的，如以一百萬元貸款一百戶，與以一百萬元貸與一戶比較，則前者所費手續即一百倍於後者，其貸出與收回的費用自亦較後者爲多。他如信用調查，貸款催收，管理與處分抵押品等，均需有較多的手續與費用，因使貸款成本大爲增加。

由於農業信用具有上述特性，致使農業信用的供給一向成爲農村中的嚴重問題。在現代農業金融制度建立之前，一般商業性的金融機關多不願直接對農民放款，因爲它們經營業務通常遵守三項原則，就是安全性 (safety)，營利性 (profitability) 與流動性 (liquidity)，上述農業信用的特性顯然與這些原則相牴觸，即使它們擁有剩餘資金，願意直接貸放農民，亦必索取較高的利息與較好的保證，在時間與數量方面亦難完全適合農民的需要。另一方面，由於農村缺乏適當的金融機構，農村中的原有資金且常流向城市，更使農業信用感到匱乏。在如此情況下，農村乃出現一種所謂高利貸者，他們或是有錢的地主，藉此獲得高額的利息；或是做買賣的商人，以低價買收借款人的產品爲條件，其所索取的利息，自亦較銀行利率爲高，農民受了他們的盤剝，常使負債愈陷愈深。因此，有許多國家嘗以各種方法打擊高利貸者或保護債務人，其較重要的如：

(1) 在英國及其他若干國家，政府規定高利貸者必須辦理登記並取得執照，但他們總是設法逃避，實際上並未收到效果。

(2) 有些國家將高利貸者加以囚禁，但反使利率更高，因爲他們要在利息之內加上一筆保險費。

(3) 對高利貸者不予法律上的保障，例如我國民法規定：約定利率超過週年百分之二十者，債權人對於超過部份之利息，無請求權。此種規定亦難有實際效果，因爲債務人爲圖下次借款，絕不敢對債權人抵賴利息，且亦可用其他取巧方法，使實際利率高於名義利率。

(4) 有些國家實施家產減免法 (Homestead Exemption Law)，規定債務人用以維持家庭生活的最低財產，不能加以扣押或抵償債務，但却因此減低了債務人的信用，也不能阻止借款人自願出賣其受法律保障的最低財產。

(5) 限制土地的過度負債，卽在設定土地抵押權時，其由土地擔保的債務不能超過土地價值的一定比例，但亦同樣減低了債務人的信用程度。

總之，以法律打擊高利貸者或保護債務人，都不能在根本上解決農業信用問題，狡黠者可用各種方法逃避法律上的責任，而誠實者則乾脆不貸款給貧窮的農民，反使農民陷入告貸無門的絕境，事實上，有時借款農民反視高利貸者爲其救命恩人。何以會產生高利貸呢？這有兩方面的原因：一是資金的需要超過了資金的供給；二是農民的窮困增加了放款不能收回的危險。因此要解決農業信用問題，必須克服以上兩大困難，此則有賴於建立良好的農業信用制度。

二、農業金融制度的類型

各國的農業金融制度，就其金融體系而言，不外一元化的與多元化的兩種：前者是將各種期限與各種性質之農業金融納入一個系統之內，農民可從一個系統內之金融機構獲得各種資金的融通；後者則按農業信用的期限或性質，分設幾個不同的金融系統，分別融通農民所需的各種資金。再就其經營主體而言，則有國家經營與合作經營的分別：通常上層機構，可爲國家專設之金融機構，亦可爲合作社團以合作方式設立之金融機構，但不論爲那一形式，其基層組織，則仍爲農民組織之信用合作社。此因農業信用過於零星和分散，管理不便，風險較多，必須借重農民的合作組織，才能提高農業金融的效果。玆再舉例分別說明之：

1. 一元化的農業金融制度　採用此一制度的，可以法國和日本爲代表。法國曾於一九二〇年設立中央農業信用管理局，一九二六年改稱國立農業信用銀行，完全由國家出資，受農業部管轄，對各地相互信用銀行融通各種期限之農業資金。相互信用銀行分地方與區域兩級：前者係由各農業社團及農民個人所組成，幾全爲有限責任制，可對農民融通各種期限的資金。後者則由地方相互銀行及區域性之農業社團組織之，可接受地方相互銀行的存款，並供貸社員以各種期限的資金，若干區銀行亦常設立分支機構，直接與農民個人來往。短期放款，多採票據貼現或重貼現方式，如自身資金不足，亦可轉向國立農業信用銀行辦理重貼現。中長期貸款所需之資金，則完全來自國立農業信用銀行，後者對受其貸款之區銀行，依法具有監督的權力。例如主席與副主席的選舉及經理之任命，均須經其批准，如區銀行經營不善，亦可由其任命一個委員會加以接管，直至區銀行選出新的理事會爲止。國立農業信用銀行的資金來自四方面：(1) 國家指撥之基金；(2) 區相互銀行存款及農村儲蓄；(3) 發行債券，爲中長期放款的主要來源；(4) 向法蘭西銀行辦理之重貼現。

日本係以農林中央金庫爲其農業金融的最高機關，專對農業、林業及漁業合作社融通各種期限之資金，原由政府及上述各種合作社及其聯合社共同出資所組成，一九五九年政府資本全部退出，而完全成爲合作社自有之金融機構。合作社分鄉鎮及區域二級，鄉鎮級之農業及漁業合作社，多可辦理信用業務（以出資的漁業社及綜合性的出資農業社爲限），區級則有專營信用業務之聯合社，由辦理信用業務之鄉鎮級合作社所組成，亦有全國性聯合社，但不實際辦理金融業務。農林中央金庫之資金，主要來自兩方面：一是合作社及不以營利爲目的之法人存款；二是發行債券，發行總額，可達實收資本及準備金之二十倍，爲中長期

貸款之主要來源。惟日本除上述合作系統之農業金融外，尚有政府出資設立之農林漁業金融公庫；直接或透過其他金融機關對農漁民貸放長期性質的土地資金，但不佔重要地位。

　　2. 多元化的農業金融制度　採用此一制度的，可以美國及德國為代表。美國於一九三三年頒行農業信用法 (Farm Credit Act)，將全國劃分為十二個農業信用區，每區設立聯邦土地銀行、聯邦中期信用銀行及合作銀行各一所。為求這三個銀行的分工合作，各區設農業信用理事會，中央設農業信用管理局，以為統一管理之機構。聯邦土地銀行透過土地銀行合作社（原稱國民農地貸款合作社）對農民貸放獲取田地及改良土地或農場建築所需之資金，期限至少五年以上。借款農民須按借款數額以其百分之五認購合作社的股份，合作社則轉以認購土地銀行的股份，借款歸還後，農民可申請退社並退還股金。該行原由政府於一九一六年出資所組成，後政府撤回全部資本，改為合作社完全出資，並以發行債券為其資金的主要來源，發行數額，不得超過銀行資本及盈餘總和的二十倍。聯邦中期信用銀行則主要以農民組設之生產信用合作社為貸款對象，農民先向合作社借款，惟亦須以借款百分之五認購合作社之股份，合作社再以放款所得票據，持向聯邦中期信用銀行貼現，或以所得股款購買公債或其他可靠有價證券，再轉向中期信用銀行抵押借款。此種貸款，以用於生產活動為主，期限可以長達三年，但實際多為三個月到一年期的放款。該行原由政府於一九二三年單獨出資所設立，一九五七年開放准由生產信用合作社購買該行股票，並逐漸退回政府資本。資金來源，除資本及盈餘金外，亦來自債券發行，期間可以長達五年，未付債券總額，不得超過實收資本及盈餘總和的十倍。合作銀行除於十二個農業信用區各有一所外，並於首都華盛頓另設中央合作銀行，但並非區行之上層機構，均由政府於一九三三年出資所組成。合作銀行專對運

銷、購買及利用合作社貸款，期限視貸款用途而異，例如設備貸款可長達二十年，營運資金貸款不得超過三年，商品貸款通常爲三到九個月。合作社於借款時，亦須依借款用途比例認講合作銀行的股份，並視合作社股份增加之情況，逐漸退回政府的出資金。資金來源，除資本及盈餘金外，可以放款所得票據轉向聯邦中期信用銀行辦理重貼現。中央合作銀行則可發行債券，數額可達實收資本及盈餘總和的五倍；一九五九年起，十二個區銀行亦可聯合發行債券，數額可達各行自有資本的八倍，期間多在六個月以內。

　　德國的農業金融制度，極爲複雜，但仍可歸納爲三大系統，即一爲公營金融系統，二爲合作金融系統，三爲私營金融系統。公營金融系統，以聯邦政府設立的中央農業銀行爲主，其他爲土地改良銀行、土地信用銀行、地租銀行等，均以發行債券爲其資金的主要來源。中央農業銀行爲一切農業金融機構的最後支持者，辦理長、中、短期的農業貸款，其力量最爲雄厚。合作金融系統，則以農村信用合作社及其聯合社爲主，爲農民自有自營的金融機構，其資金主要來自社員的儲蓄存款，並爲農民融通中短期資金，而以德意志合作銀行爲其全國性的中央機構。但德意志合作銀行亦爲其他非農業性合作社的中央金融機構，並有政府的出資在內。此外，尙有融通長期資金的土地抵押信用合作社，爲最早創設的農業金融機構，區域廣大，爲數不多，旣不徵收股金，亦不吸收存款，而以發行債券方式取得資金，放款抵押之土地即爲發行債券的擔保品。私營金融系統，以不動產抵押銀行及儲蓄銀行爲最重要，前者資金來自發行債券，後者則以儲蓄存款爲其主要的資金來源。

三、我國農業金融制度的檢討

我國在大陸撤守以前，政府原設有中國農民銀行及中央合作金庫兩大金融系統，前者以供給農民資金、復興農村經濟、促進農業生產之改良進步爲目的，融資對象，可爲農民個人或農企業，亦可爲農業性之合作社團。後者則專以調劑合作事業之資金爲目的，原則上應以一切合作社團爲其融資的對象，農業性的貸款僅爲其中的一部分。就目前臺灣而論，則有中國農民銀行、臺灣土地銀行及臺灣省合作金庫三個有關農業的金融系統：土地銀行旨在調劑臺省土地金融、發展臺省農林事業及協助政府推行土地政策；合作金庫則以調劑合作事業團體、農會及漁會資金爲宗旨；農民銀行係在臺復業，宗旨依舊。三者均以政府資本佔絕大部分，同係公營的金融機關。早在中國農民銀行復業之前，由於土地銀行與合作金庫的業務常相衝突，乃於民國五十年六月由臺灣省政府農林廳與財政廳聯合公布「臺灣省鄉鎮農會統一農貸計劃實施辦法」，其第七條規定，原則上以貸款一年爲界線，一年或未滿一年者，歸合庫承辦，超過一年者，歸土行承辦。自農行在臺復業後，情況更趨複雜，三者間對於農業資金的融通，旣未劃分特定的對象，亦未就用途與期限加以嚴格的區分，以致對有利之業務則互相競爭，對不利之業務則互相推諉，未能使有限的資金，作合理的分配，從而減低了農業金融的效果。加以若干政府及公營事業機構，亦各基於本身業務的需要，辦理一部分的農貸，如臺糖公司、菸酒公賣局、臺灣省物資局、糧食局及前農復會等，均各單獨直接或透過農會對農民貸放特定用途的資金，並各有其不同的貸款利率。民國五十九年乃於中央銀行設立農業金融策劃委員會，負責統籌規劃農業金融政策、擬訂農貸計劃、核定農貸利率、分配農貸資金、審定農貸方案、考核農貸成果、改進農貸技術。雖對過去混亂的農

業金融稍有改進，但以該會缺乏法令依據，決策不易強制執行，尤以前述三個有關農業的金融系統，未能眞正建立其分工合作的關係，無法形成具有高度效率的農貸制度。

關於基層組織方面，自民國三十八年將鄉鎮合作社併入鄉鎮農會後，農會信用部乃成為農業金融的基石，不僅可為前述上層農貸機構承辦農業貸款，其本身亦為吸收農民儲蓄與借貸資金的重要機關，但在體制上仍有下列缺點：(1) 農會信用部僅為農會的一部門，其本身不具法人資格，不能就其經營之業務，對外形成權利義務之主體。(2) 農會業務龐雜，除政府委辦之業務外，尚有購買、運銷、利用及指導推廣等業務，不能集中力量以使金融業務作專業化的經營。(3) 信用部雖有其獨立之會計，但難與其他業務截然劃分，信用部的存款，可移用於其他業務，而其他部門的虧損，亦可損及信用部的力量。(4) 農會經營信用部的利益要較經營其他業務為多，以致許多農會忽略其主要的任務，形成捨本逐末的不良現象。

四、臺灣農業金融制度應有的改革

近年來政府鑒於農貸機關過多，彼此缺乏聯繫與協調，形成競爭或重複的現象，因而提出所謂「統一農貸」的口號。此一名詞，意義含混，易滋誤會。如解釋為建立前述一元化的農業金融制度，即由一個金融系統統一辦理各種性質的農業貸款，固甚理想，但難為現實情況所允許。如謂上層金融機構仍採分立制度，但任何農業貸款均須透過農會信用部為之，此雖可行，但若上層機構仍如目前情況，則對農民需要的各種資金，仍難發生合理分配的效果。如僅設立統一之規劃或決策機構，則有關農貸機關基於各自的利害關係，恐仍不易做到眞正的意見協調及步調一致。而且，目前中農、土銀與合庫三大系統，並不全以本身

的任務爲其放款的範圍，大部分資金來自農業以外的存款，並多願辦理商業性的短期放款。農會信用部亦有類似情況。爲改善此一情勢，似須從下列各方面加以改進：

1. 明確劃分三行庫的業務範圍　三行庫的業務劃分可有三條途徑：一是按業務對象劃分，二是按信用期限劃分，三是按貸款用途劃分，此地限於篇幅，無法深論❼。在目前情況下，我認爲以按貸款用途劃分較爲理想。合作金庫除對非農業性之合作社團融通中短期資金外，對農業性合作社團之貸款，應以供銷業務所需之設備及週轉資金爲限；農民銀行除對非合作社之農業團體或個別農場融通各種中短期資金外，其對農業性合作社團之貸款，應限於農業生產及農產加工用之資金（此項貸款可透過合作社團轉貸農民個人，如美國聯邦中期信用銀行對生產信用合作社之貸款然）；土地銀行除對政府融通實施土地政策所需之各種資金外，並對農民及非農民或其合作組織貸放獲取或改良土地以及建築所需之各項資金。

事實上，依用途劃分的信用，仍與按期限劃分的信用具有密切關係，惟嚴格實施此一劃分辦法，仍有若干困難有待克服：第一，不同用途的信用，可能只有同一財產可供擔保，例如生產信用與土地改良信用，可能均以同一土地爲其投資對象。在實施農業動產金融的國家，農民可以農產物、牲畜或其他動產作擔保，甚至及於正在生長中之作物，因

---

❼　作者著「合作經濟論著」（文笙書局出版）第四三三～四四三頁「略論我國農業、土地、合作金融的劃分問題」一文，對此已有詳盡之論述，可供參考。

之除以此法獲得所需生產資金外，尚可以生產用之土地作擔保，獲得購買或改良土地之資金。我國雖已實施動產擔保交易法，但不爲農業金融機關所歡迎。而同一土地雖可建立第一抵押與第二抵押，似亦未爲農業金融機關普遍所採用，如何克服此一困難，要爲業務劃分能否成功之先決條件。第二，土地銀行專辦長期性之放款，必須解決資金來源問題。目前該行已用發行債券方式籌措部分資金，但因債券利率接近放款利率，如無政府補貼，勢須遭受虧損，難以持久。最好是由政府倣效德國地租銀行之例，向農地徵收特別稅，撥充土行資本（西德政府於一九四九年五月十一日立法，政府得按農業不動產的價值，每年課徵百分之〇‧一五之特別稅，爲期十年，除以一半劃歸德意志合作銀行外，其餘撥充地租銀行資本）。此外，政府有關政策性的長期貸款，均應交由土行轉貸，藉以充實該行資金。

　　2. 澈底改組農會信用部　　農會原爲職業團體，猶如工會，商會或教育會一樣，應以維護農民利益，從事農業推廣爲其主要任務，但不宜自己辦理帶有盈虧性之經濟事業。歐美及日本等國家，農會與農業合作社各別發展，農會只鼓勵與協助農民組設各種合作社，而從不自己直接經營合作業務。二次大戰末期，日本政府一度將其本土與臺灣的農會與合作社合併改組爲農業會，以實施其戰時的經濟統制，但戰後於一九四七年起仍將兩者分離。迄今日本農業合作社共有地方性單位社四四七三社，區域性聯合社二一六社及全國性聯合社六社，正社員達 5,594,878 人，準社員有 2,363,577 人（爲一九八三年之情況），形成農村最具力量的經濟組織。我國於臺灣光復後亦將兩者分開，但因誤以爲光復前臺灣的農會與合作社原係一家，後因分離而起紛爭，不如恢復原狀爲好，致有三十八年再度合併之措施。由於合併後之農會係由農政機關主管，爲維護農會的生存，不准農民新設任何性質之農業合作社，以致形成今

日農村經濟之萎縮及由中間商人操縱的現象，其兼辦之信用業務，亦有前述不良之弊端。關於農會與合作社之關係，近已引起人們的注意，並有學者從事此一問題之研究，且有建議發表。例如臺灣大學前農經系主任張德粹教授認爲：「各縣、鄉、鎮農會應集中力量專辦農業教育推廣及農業金融流通兩項業務，放棄有關農業生產和農產加工運銷與農業購買等各項經濟性事業，而讓各專業之農民另組各種專營合作社去辦理」。但仍主張「農業信用業務可暫保留在農會中，但亦可斟酌當地情況與農民的意願，自由結社，組織農村信用合作社，而與農會的信用部競爭業績，以鼓勵二者努力求進步」❽。

惟作者個人認爲農會與合作社仍爲兩個不同性質之團體，如認爲農會可以經營經濟事業，則商會可以經營商店，工會可以辦理工廠，教育會可以辦理學校，其爲不合理，實無待辯白。而今日農會主管機關不准農民新設農業合作社，而無法禁止商人在農村辦理經濟事業，致商業資本逐漸侵入農村，蠶食農民利益。何況今日之農會由於力量不足，亦無法事事舉辦，以滿足農民多方面的需要，實有包而不辦之嫌，更予中間商以插足農村的機會。今日臺灣農家所得之偏低，固有多方面的原因，而過去三十餘年來錯誤之農會政策，實爲其中一項重要之原因。爲澈底糾正此一缺失，應卽恢復綜合性之鄉鎮合作社，接辦農會辦理之經濟業務，此種綜合性鄉鎮合作社以經營信用業務爲主，附帶經營若干有共同需要之其他業務，如保險、供給、利用及消費等，至各種農產品之加工運銷業務，應儘可能鼓勵專業農民另組專業性合作社經營之。改組後之農會，應以辦理農業改良與推廣爲主要工作，並辦理政府委託之若干業務，如田賦徵實、餘糧收購及肥料配售等。爲加強農會與合作社之關

---

❽　張德粹著「臺灣農業合作對農業發展之重要性研究」（中國合作事業協會民國六十六年九月出版）第五十六頁。

係，可規定農會應協助農民組設各種合作社，合作社之盈餘應以一部分
撥充農會作爲事業基金。兩者分工合作，同爲建設農村而努力。

第六節　農產價格問題及其對策

一、農產價格的特性

農業生產，由於經營單位衆多，而每一農家的產量有限，加以生
產具有季節性，且不易於儲藏，故在收成之後，形成生產者的競賣現
象。經濟學教科書每以初級產品 (primary product) 具有較爲完全競爭
的市場，實則購買者一方，並非衆多的消費者，而爲少數的運銷商，他
們每趁農民於收成後急需資金週轉，而故意壓低農產品的價格，形成所
謂買方寡佔 (oligopsony)。就一般產品而言，只要買賣雙方人數衆多，
任何一方亦無彼此勾結的現象，則由市場決定的價格，應爲一種較爲合
理的價格，政府殊無加以干涉的必要。然而，在現實的社會中，市場的
競爭並不完全，就工業產品而言，多爲買方處於弱勢的地位，就農業
產品而言，多爲賣方處於弱勢的地位，而使農產品的價格形成下列的特
性：

1. 價格波動的劇烈　此因生產具有季節性而起，卽在收成之後，
由於供給過多，引起價格劇跌，如因收成良好，下跌更多。反之，隨着
存量的減少，價格又逐漸回昇，如因歉收減產，必致價格暴漲。有時
候，預測下一年度收成的好壞，亦可引起本年期存貨價格劇烈的波動。
由於農民缺乏儲藏的設施或能力，價格上漲的利益，每爲中間商人所攫
取，或者其由價格上漲所獲的利益，並不足以抵補產量減少所造成的損
失。

2. 長期價格的偏低　此因農產品的需求彈性較小，賣方的競爭較

大，缺乏變異性，（對工業品）貿易條件較差，故長期內價格上漲的幅
度，多較一般物價水準的上升為小。

二、穩定農產價格的方法

就農民個人而言，由於市場的賣方競爭過大，而又難以自己控制其
供給的數量，故不能單獨地設想有何穩定農產品價格的有效方法。有時
候，由於市場價格過低，為彌補價格跌落的損失，反不得不盡力增加其
生產數量，如果每人都有此想法，必將導致市場供給的愈益增加，促使
產品的價格愈益跌落。因之，任何穩定價格的有效方法，均必出之於團
體的行動，或由政府為之，或由農民的合作組織為之。較常用的，約有
下列幾種方法：

1. 設立平準基金　我國古代亦稱常平倉制度。卽由政府指撥一筆
平準基金，並設定價格之高限與低限，當產品價格跌至低限以下時，由
政府透過市場收購，以促使價格回昇到此一低限之上；反之，當市場價
格漲至高限以上時，則由政府透過市場拋售，以促使價格回跌到此一高
限之下。此一方法，不僅在保障農民的利益，也在保障消費者的利益。
由於此一方法須有適當的倉儲設施加以配合，故我國古代乃稱之為常平
倉制度。

2. 辦理農倉儲押貸款　此一方法每與合作制度併用，卽由農民成
立農業合作倉庫，或為綜合性合作社的一部門。農民於收成後，可將產
品寄存倉庫保管，並以倉單為抵押，向倉庫申貸短期資金，或持向其他
銀行辦理貸款。亦可於價格上漲時，委託倉庫代為出售，卽以出售所得
抵償貸款。惟欲辦理有效，倉庫必須另有可靠之資金來源。由於一般倉
庫不能吸收存款，政府必須另設金融機構予以支援；如由綜合性合作社
辦理倉儲業務，則可由其信用部辦理此項貸款，當較農民單獨設立農業

合作倉庫者更爲便利。此一方法以在日本行之最有成效。

　　3. 改善農產運銷制度　農產品自生產者移向消費者之全部活動，均屬農產品的運銷範圍，其中包括集貨、檢驗、加工、包裝、運輸、倉儲、金融、保險、買賣及商情活動等，每一環節均可影響運銷的效率。此地僅就狹義的市場活動（以買賣爲主）加以分析。現時世界各國最常用之方法，就是輔導農民組織運銷合作社，以集中運銷他們自己的產品。合作社不僅可以在整個運銷過程中較有效地辦理每項工作，以減低運銷成本，更可實施有秩序的運銷 (orderly marketing)，以加強其議價的力量 (bargaining power)，從而易於獲得較好的價格。有人或許擔心合作社的集體運銷，易於形成賣方的獨佔及價格的偏高，以致損害消費者的利益。其實不致如此，此地限於篇幅，無法詳論❾。此外，我國政府規定農漁產品的產地或初級市場，應由生產者團體經營，消費地的批發市場，應由生產者團體參與經營，藉以改善市場結構，消除商人壟斷，自亦爲保障生產者利益的一法，但如無農民的共同或合作運銷加以配合，仍不能發揮其穩定價格的作用。此有目前情況可爲佐證，勿待申述。

　　4. 實施產品保價收購　卽由政府事先訂定某一農產品的保證價格，當市場價格低於此一規定價格時，生產者可要求政府按保證價格無限制或限量收購；倘如市場價格高於保證價格，農民仍可在市場自由出售，不受限制。此一政策的目的，原在鼓勵農民生產有保證價格之產品，以免「穀賤傷農」。但若保證價格高於生產成本，每易造成生產過剩現象，益使市場價格無法提高，終使農民均以產品賣與政府，不獨加重政府財政負擔，且導致資源浪費及倉儲設備不足等問題。因之在土地資源

---

　　❾　註❼引書第三三一～三四一頁「農產運銷合作的經濟利益及其實際上的限制」一文，對此曾有詳盡之分析，可供參考。

豐富的國家，每須同時實施下述減少耕地面積之政策，以圖補救。

　　5. 補貼農民減少耕地面積　　農產品之價格跌落，多由供求失調所造成，如為季節性之價格變動或為農業循環性之價格變動，則上述各項措施自有相當功效。但若土地資源過多，形成生產過剩現象，則須先行設法限制生產面積，始能使農產價格獲得長期性的穩定。尤以農地通常具有生產多種作物的特性，可因相對價格的變動而改變其生產的種類，益使限制生產面積顯得重要。但在今日農業技術不斷的改進下，減少生產面積不一定卽能比例地減少生產數量，更使此一問題趨於複雜。而以何種方法促使農民減少某一作物之生產面積，也為值得探討的問題。

三、美國為穩定農產品價格所曾採取之措施

　　美國以農產價格支持策略來保護農民利益，可追溯自一九三○年代經濟蕭條時期。當時由於農產品價格跌落，農民收入難以維持正常生產，政府乃就六種主要農產品實施所謂「等值價格」(parity price)。其計算公式為

$$等值價格 = \frac{過去十年農民出售該一產品所得的平均價格}{過去十年農民出售該一產品的平均價格指數}$$

$$\times 農民從非農業部門購買物資的價格指數$$

以上兩項指數均以一九一○～一九一四年為基期，亦卽以兩項指數的比率乘以過去十年農民出售該一產品所得的平均價格。此一公式計算出來的等值價格，意謂著農民此時出售此一產品的價格可保持其與基期同樣的購買力。為達成此一目的，政府並非卽按等值價格予以收購，而是透過國營的商品信用公司 (Commodity Credit Corporation)，先以該一產品存放指定倉庫的倉單按其等值價格的若干成予以抵押貸款，此一貸款的成數，視產品種類及生產情況而定，並可逐年調整。經過一定時間

後，如市價仍落在此一貸款本息之下，農民卽可放棄抵押之產品，免予歸還本息。事實上，卽是政府以此貸款本息收購。在貸款期內，如市價漲至等值價格之上，農民仍可隨時在市場出售產品，歸還貸款本息，而獲得兩者差額的利益❿。在第二次世界大戰期間，美國爲充分支援友邦作戰，曾將等值價格擴及到三十餘種產品，對鼓勵生產極具功效。但自大戰結束後，形成生產過剩現象，政府乃轉而同時採取減少生產面積的方法，以減少政府收購及倉儲方面之困擾。在一九五〇年代艾森豪威爾總統主政時期，政府曾採行 Soil Bank Program（土地休耕計劃），農民如以土地停止生產，由政府給予補償金。後又改用土地配額制（acreage allotment），就每一農戶生產某一特定作物之土地面積加以配額限制，對其減少之土地按其面積給予補償金。通常依預定減產比例按農戶過去生產水準設定配額，並與等值價格聯合運用。卽事先設定幾項不同的標準，如土地配額較高，其按等值價格貸款之比例則較低；反之，如土地配額較低，其按等值價格貸款之比例則較高，任由農民投票選擇決定。後又採取長期性之減產計劃，名爲 Conservation Reserve Program（CRP），對停產十年或十年以上之土地，每年給付農民休耕補償金。一九九〇年，在此一方案下休耕之農地約有二千五百萬英畝，給付補償金額共達一十五億美元以上。

　　對其他未經政府給予補助之許多農產品而言，則另以所謂「運銷秩序」（Marketing orders）控制其供給數量。此一制度開始實施於一九三七年，藉以維持農家所得及穩定運銷情況。未受政府支持價格的農民，可由政府許可成立加鐵耳（cartel），強制該一作物之生產者都須參加，加鐵耳以契約方式爲會員產品作有計劃之運銷，必要時，可銷燬部分產品以維護某一水準之價格，此一方法以在水果產業最爲常見。例如一九

❿　David N. Hyman: *Economics*, 1990, pp. 372-374.

八三年，　約有二千萬箱檸檬曾遭銷燬，　尚較當年賣與消費者的數量爲多。如與減少生產面積之方法比較：在土地休耕計劃下，農民總是選擇生產力最低的土地休耕，對減少產量較少功效；而在土地配額下，農民則每在配額土地上利用現代技術作集約化經營，以期在較少的土地上不致減少太多的產量。惟有運銷秩序在減少市場供給方面最具功效，因其不具間接鼓勵生產的副作用，而又可以減輕政府的財政負擔，更不致以一般納稅人之收入去補貼受益之少數農民也。

　　一九七三年尼克森總統主政時期，由於農產品價格高漲，價格保證制度已無實質效果，政府乃又代以所謂「目標價格」（Target prices）。政府依其平均生產成本加上合理利潤訂定目標價格，農民於出售其全部產品後，如所得收入較依目標價格所計算的爲少，則由政府依其差額補貼之，起初每一農戶每年補貼以二萬元爲限。其優點在於：（1）由於各項農產品的相對價格，可於市場交易時自由變動，不致有如價格支持計劃產生扭曲價格效果。（2）政府不須購買及儲藏剩餘產品。（3）較之價格支持計劃更易彰顯其補貼作用。一九八二年雷根政府又實施所謂「實物支付計劃」（Payment in kind program），藉以消除價格支持計劃下所導致的生產過剩及累積的剩餘農產品。例如農民如願減少生產一萬蒲須耳（bushels）的玉米，則由政府給以倉儲玉米八千蒲須耳作爲補償。惟農民只將生產力低的土地廢耕，而更有效地利用較好的土地，因之其產量減少的比例遠低於廢耕地所佔的比例。一九八五年，國會通過食物安全法案（Food Security Act），以使農產品在國際市場更具有競爭力。農民在接受目標價格時，須承諾以部分土地廢耕。農民出售產品時，依當時國際市場價格計算，如其低於目標價格，則由政府按其差額補貼之。依國會預算局在一九八九年十一月發表的報告，首三年爲此方案而支付的補償金即高達七百億美元。

　　總之，在第三世界很多國家糧食生產不足自給時，美國卻因農產品生產過多所苦，爲穩定產品價格及農家收入，曾試用各種方法求達目的，但均未產生顯著之效果，而政府由此而承擔的財政負擔卻是十分沈重的。而且以一般納稅人的支出補貼少數農民，亦不符合公平原則，可見農業問題不是輕易可以解決的。我國近年來也遭遇類似美國的問題，並採用類似美國所用的方法以圖解救，容後述之。

四、我國現行農產品保證價格制度的檢討與改進

　　民國六十二年由於稻作歉收，糧價上漲，而政府亦於是年廢止行之多年的肥料換谷制度，不能掌握充分的糧食加以平抑，一度引起市面糧食缺乏，糧價暴漲。政府乃於六十三年設置糧食平準基金，實施保證價格，「無限收購」農民自願出售之稻穀。由於保證價格較高，確已收到鼓勵增產的預期效果。以後多年，由於稻穀增產過多，市價跌落，農民紛紛按保證價格將剩餘稻穀賣與政府，甚至出售全部生產的稻穀，再以較低市價從市場購回一部分自己所需的糧食，以獲取兩種價格差額的利益，並形成政府倉容不足及資金負擔過重的不良現象。以後政府乃改爲「餘糧收購」，由於作業困難，餘糧過多，又再改爲「計劃收購」（實爲限量收購），規定每公頃耕地按保證價格收購一定數量之稻穀。此外，尚有所謂「隨賦徵購」及「輔導收購」。雖已和緩了倉儲問題，但因收購數量較少，引起市價大幅跌落至保證價格以下，致爲一般農民所不滿，並形成穀賤傷農的現象。爲改善此一情勢，政府已從六十八年起逐年減少稻穀產量，鼓勵農民改種大豆與玉米，並對改種之作物，實施保證價格。

　　爲確保糧食供應無缺及維護農民的合理所得，今後似仍有實施稻穀保證價格之必要，但應注意下列數點，以資改進[⑪]：

1. 保證價格的目的，在使農民所得與農家支出保持合理的平衡，因之應選擇一適當之年期，作爲計算保證價格的基準，而按物價指數予以伸算。前述美國所用計算等值價格的方法，可供參考。

2. 保證價格應有相當之彈性，非獨各年期收購價格可有不同，卽一年內之收購價格，亦可依其季節性之變動而有適當之調整，以免農民於收成後卽按規定價格大量出售，形成政府收購與倉儲之困難。

3. 爲求資源的合理配置，政府應視國內外需求情況，確定每年生產目標，並依此計算每一農家享受保證收購之數量。

4. 保證價格只求保障農民的合理收益，不宜偏高。爲充分發揮市場機能，仍應大力改進農產運銷制度，以使農民獲得較保證價格更爲良好的市場價格。

第七節　農業生產結構問題及其對策

一、農業結構的基本弱點

我國南方向以米爲主食，因之水稻栽培乃爲臺灣農業生產之主要形態。但隨著經濟的發展，人們對於主食的需要逐漸減少，以致稻米需要不僅未隨人口增加而增加，反有逐年下降的趨勢。例如民國四十一年臺灣人口只有八百一十餘萬人，稻米生產量卻有一百五十七萬公噸；民國六十五年，人口增至一千六百五十萬人，稻米產量亦增至二百七十餘萬

---

❶　參考作者所撰「糧食保證價格之檢討」一文，載中國經濟評論第五七、五八期社論(二)。

公噸。以後人口仍逐年有所增加，至民國八十二年增至二千零九十四萬四千人，但稻米產量卻逐年遞減至一百八十二萬餘公噸。事實上，此一減少了的產量，仍超過了實際需要，除由政府收購一部分外，市場價格一直無法提高，加以農民多爲小規模的經營，致使農家所得發生過度偏低的現象。近年來，農民已逐漸轉向其他生產發展，例如果樹栽培與家畜飼養的生產價值，已逐漸躍居重要地位。但飼養家畜的飼料原料如玉米等，卻仍由外國大量輸入，其他用途所需的大豆、小麥與高粱等農產品，每年亦有大量進口。而在經濟日趨自由化與國際化的政策下，外國水果的開放進口，也使本國水果在市場上遭受劇烈的競爭甚或嚴重的打擊。凡此問題，均顯示出我國農業生產結構有再加調整的必要，且須由政府有計劃的輔導實施，始易收效。

二、農業結構調整政策

政府爲改善農業結構，自民國七十三年起實施稻田轉作計劃，並以實物補貼及保價收購兩項辦法，鼓勵稻農轉作其他雜糧或蔬菜花卉。依修訂後之現行規定，關於補貼年限，已由過去連續三年調整爲最長六年，但一律到七十八年截止。即自七十三年起轉作的可連續補貼至七十八年爲止共計六年，七十四年起轉作的可連續補貼五年，餘類推，而七十八年轉作的，僅補貼一年。

關於實物補貼的標準：(1) 蔬菜與花卉，每期作每公頃補貼稻谷，原爲一‧五公噸，現改爲一公噸，以防蔬菜與花卉生產過度而使市場供過於求，影響農民轉作收益。(2) 玉米、高粱、大豆，每期作每公頃補貼稻穀仍爲一公噸。(3) 多年生果樹、牧草、雜項作物及休耕，每期作每公頃補貼稻穀仍爲一‧五公噸。（自民國七十七年一月起改以當時政府輔導收購價格折發現金補貼之）。

關於雜糧保價收購價格，仍維持：（1）玉米每公斤十五元，（2）高粱每公斤十四元，（3）大豆每公斤二十五元。

關於雜糧最高收購數量，則分轉作田及非轉作田兩部分：（1）轉作田部分，玉米及高粱各爲五公噸，大豆二公噸。（2）非轉作田部分，玉米及高粱各爲三・五公噸，大豆一・五公噸。以上均按保證價格加以收購。超過規定之最高數量時，其超過部分，則按農民繳交產品時的進口價格收購，但實際收獲量未達規定之最高標準時，仍依實際收獲量加以收購。

關於稻田轉作面積之分配，政府亦按照實際需要，規定每年各項轉作種類之轉作面積，實施以來，成效頗爲良好。不僅稻米產量大量減少，且因雜糧產量增加，可以滿足國內一部分的需要。在保量保價的優惠措施下，更增加了農民的生產收益，於改善農民生活至多幫助。

三、改善農業結構遭遇的問題

在推行稻田轉作之初，由於農民習慣於種植稻穀，並缺乏轉作經驗，致多少產生抗拒心理。經政府多方輔導，並協助解決有關轉作之技術問題，目前已能按照計劃順利推行，但仍有下列問題有待突破與解決：

1. 自然條件之限制　各項作物之生產均有其適當之自然條件。大豆與高粱原爲我國北方各省之產物，此次政府選定臺灣中北部地區作爲高粱轉作地區，亦不見得完全有利於它之生長。本省氣候雖較適宜於栽培玉米，但以往所有品種均屬早熟品種，產量偏低，每公頃平均產量多年來均停留在三公噸以下，致農民缺乏轉作意願。所幸已由臺灣省農業試驗所育成新的優良品種，產量每公頃可達六公噸，如此自可大爲降低其生產成本，現已廣爲推廣種植，深受農民所歡迎。

2. 生產成本的偏高　臺灣農業由於小規模的經營，任何農產品的

生產，均有成本偏高的現象。加以農村勞力日益缺乏，導致工資上漲，更增加其生產成本。目前政府收購農產品的保證價格，是以其平均生產成本加百分之二十利潤爲標準，但都高於同類進口產品的價格。例如依七十六年的情況，從美國進口玉米，平均一公斤新臺幣二‧七九元，而政府保證收購價格卻爲十五元；進口高粱一公斤二‧五四元，而保證收購價格爲十四元；進口大豆一公斤六‧二五元，而保證收購價格爲二十五元。卽以稻米而言，政府以十八‧八元保證價格及輔導價格收購稻穀碾製白米後，一公斤成本高達二六‧二元，但食米外銷每公斤僅能賣得七元 ⓬ 。可見我國農作物的生產已完全不合經濟原則，但因基於非經濟的考慮，不得不繼續維持生產。

　　3. 經濟國際化的衝擊　我國近年來的經濟發展，已使對外貿易躍居首要地位，而對外貿易必定是雙向交通的，如要外國實施自由化的貿易政策，則我亦須以自由貿易相回報。尤以我國對外貿易出現大量出超，自更須降低進口關稅及解除不必要的進口管制，以免引起有入超國家之報復。此對我國農業而言，極爲不利。因爲我國生產成本過高，在自由貿易下，卽使調整農業生產結構，亦不足以抵抗外國低廉農產品之入侵，如不加以適當的保護，我國任何農作物的生產，恐均無生存餘地，其所引發之政治與社會問題，更非政府所能肆應，今後何去何從，至難選擇，保價收購政策，並非長久之計。採用所得補貼政策，或不失爲另一可行之道，容後論之。

　　4. 加重政府財政負擔　政府爲鼓勵稻田轉作，其以實物補貼之方式，雖不免加重財政負擔，但係有期限的實施，且爲過去保價收購之餘存稻穀，姑置不論。至另一鼓勵方法之保價收購，則並無時間上的限

⓬　見民國七十七年四月九日中央日報所載臺灣省政府主席邱創煥先生之談話。

制，且轉作部分之產量，係全部保價收購，加上稻作本身之部分保價收購，而其收購價格均遠較市價爲高，於加重政府財政負擔，自不待言。事實上，稻穀部分之保價收購數量，多爲超過實際需要之剩餘，以之外銷，所得收入只有成本的六分之一，已於前述。近年政府且以極低價格賣與飼料工廠充當原料，而因倉儲過多過久所導致的損失更屬驚人。從經濟觀點而言，已至濫用資源暴殄天物之地步。政府雖知其極不合理，基於其他考慮，亦無法加以改革。政治野心份子，且以部分收購爲藉口，挑撥農民對政府的不滿，使由經濟問題轉變爲政治問題，更增加了政府處理此一問題的顧慮。過去美國亦深以實施保證價格爲苦，一九七三年尼克森總統趁農產品漲價之時，毅然改行所得支持政策（見上節所述），終使政府卸卻多年沈重的包袱，頗值我國參考。此一方法，讓農民自己依照市場需要決定其土地用途（爲免將農地改爲建地，政府仍可加以適當之區域規劃），外國農產品的進口，仍可以適當關稅加以保護。至取消保證價格後，如農民全年農作收益低於某一規定之最低標準，則由政府補貼差額，以維持每一農家之合理收入，但不自行經營農業者，不得享受政府的補貼。如此將可加速農村土地的移轉，使眞正務農者易於擴大其經營規模，藉以逐漸降低生產成本，提高農民生產收益，終使政府之所得補貼政策亦無必要。其在經濟上的效果，則是提高土地的使用效率，減少資源與產品的浪費，而使整個國民經濟導向健全的發展。

第六章　工業發展政策

第一節　工業發展的意義與重要

一、工業與工業化

我們在有關經濟發展的文獻中，常可發覺一個農業國家每以工業化 (industrialization) 爲其經濟發展的象徵，沒有工業似乎就沒有經濟發展。也許它們認爲凡是工業化的國家，必然也是已開發的國家，要躋身開發國家之林，就只有工業化。這種看法不能說它是錯誤的，但我們爲什麼不能倒過來說：由於一國的經濟開發了，所以它才變成一個工業化的國家。事實上，這兩種說法都是正確的，問題在於工業與工業化的區別。一個國家有了工業，並不就一定是工業化了。通常每以工業產品的產值與農業產品的產值加以比較，如果前者超過後者，則可說是一個工業國家。然而，我國自民國五十二年起工業產值即已超過農業產值，我們也從未誇稱自己就是工業化的國家。反之，我們也常聽到「農業工業化」一類語句，表示農業也可加以工業化。這並不是說要將農業改變成爲工業，而是說要以經營工業的方式經營農業。有些國家如丹麥和紐西蘭

等，它們迄今仍以農業生產爲主，但其國民所得之高並不亞於許多工業國家，這是因爲它們的農業經營具有工業經營一樣的特性，也可說是工業化了的國家。

何謂工業化？我們實在也難給以確當的定義。不過，由於近代工業的經營，具有下列幾項特質，即 (1) 高度的分工，(2) 高度的機械化，(3) 重視技術的創新，(4) 講求生產的效率，(5) 爲市場而生產。因之具備這些特質的生產方式，就可說是工業化的生產方式。

二、工業生產的優點

工業生產何以受到人們的重視，這有下列幾項原因，也可說工業生產的優點：

1. 附加價值較高　工業生產是以原料製成產品，在其製造的過程中，可以利用較多的人工與資本，其所增加的勞動與資本的價值，往往大於原料價值的許多倍。尤以一項較爲複雜和精緻的產品，其製造過程愈長，增加的價值愈大。例如鐘錶，係以金屬爲主要原料，所耗原料的價值，幾乎微不足道，絕大部分的價值，歸於製造鐘錶的人工與資本。事實上，這些資本(指生產設備)也是工業的產品，在其形成的過程中，又不知包含了多少的人工價值。我們常說工業國家可以養活較多的人口並有較高的生活水準，就是因爲工業產品有較多的附加價值，它們即使自己不生產原料和糧食，也只須以一部分工業產品與他國進行交換，並能自己享受其餘的工業產品的緣故。

2. 需要彈性較大　工業產品的種類，可隨技術進步而不斷增加，品質亦可不斷地加以改進。就單一產品而言，人們的需要自是有限的，但對各種用途不同的產品而言，則其需要可以是無限的。此一特性遠非農業所能比。以食物而論，即使人們需要各種不同的食物，但以一人的

納胃有限，吃多了此一食物，必須少吃其他食物，因之各種食物之間有着高度的替代性，就食物總量而言，除非人口增加，人們的需要實是非常有限的。工業產品則不然，隨着產品的推陳出新與日新月異，人們的慾望與需要亦不斷增加，我們常說工業產品需要的所得彈性大，事實上，工業部門的生產、所得與需要，只是一事的不同層面，彼此是相隨而發生的。農業產品則因種類有限與需要有限，過多的生產並不能產生過多的需要，故其發展乃是非常有限的。

3. 產業關聯性較大　工業生產乃是一種迂廻性的生產(roundabout production)，由原料投入以至成品產出，通常須經過一段較長的過程，在製造過程中的每一階段，都可形成一種不同的產業；或者是，一項製成品須有許多不同的配件，這些配件可由許多不同的企業單位來生產。因之，甲產業的產品，可以成為乙產業的原料，而乙產業的產品，又可成為丙產業的原料，各個產業之間形成向前及向後的關聯 (forward and backward linkage)，其中任一產業的擴張，都可帶動其他有關產業的發展。而且，每一產業的發展，還可產生有利於其他產業的外部經濟 (external economies)，例如甲產業於擴張後，除可獲得其自身的規模經濟外，由於向後關聯作用，可使供給原料的產業擴大生產規模而降低生產成本（此為原料供給工業獲得的內部經濟），由於向前關聯作用，可使利用產品的產業獲得低廉原料而減低生產成本（此為產品利用工業獲得的外部經濟）。此外，任一產業部門的技術改進與人才培養，都可發生刺激與示範作用，而可帶動全部產業的革新與進步。

4. 勞動邊際生產力較高　在農業部門，由於土地面積的限制，勞動力的增加，極易發生報酬遞減的作用，而使勞動的邊際生產力迅速降低，甚至導致邊際生產力為零的現象。工業生產則不然。儘管工業部門有較農業為多的機械化，那是就某一特定產業而言的，由於工業的產品

遠較農業產品爲多，全部工業所能吸收的勞動仍遠較農業部門爲大，因之工業部門的勞動邊際生產力亦每較農業部門爲高，甚至由於勞動與資本的增加，導致生產組織的改進，從而產生勞動報酬遞增的現象❶。

三、工業發展的利益

由於上述工業生產的優點，一國的工業發展，常可獲得下列各項利益：

1. 提高國民的生活水準　由於工業產品具有較高的附加價值及較多的產品種類，故工業國家之國民所得一般均較農業國家爲高。加以工業國家具有較好的貿易條件，更足以提高其一般國民的生活水準。以一九九二年爲例，全世界平均國民生產毛額最高的前十名國家爲：瑞士三六、三五〇美元，盧森堡三〇、三七八美元，日本二九、七二六美元，瑞典二七、五二三美元，丹麥二六、二九三美元，挪威二五、四八四美元，美國二三、七〇七美元，法國二三、六二八美元，奧地利二三、二五九美元，德國二二、二四三美元。其中盧森堡雖非工業國家，但因特別原因而有較高的平均所得外，其餘各國均爲工業化的國家。而亞洲地區平均國民所得最高的日本、新加坡、香港與我國，亦均因工業發達之故，而有較亞洲其餘國家爲高的生活水準。

2. 有助於一國農業的改進　農業國家爲改進其農業生產，常在三方面遭遇困難，　即是剩餘勞動的出路 、 農產品的市場與農用品的來源

---

❶　馬歇爾 (Alfred Marshall) 在其所著經濟學原理一書中，曾謂「自然在生產中所表現的作用，爲使報酬有遞減的趨勢，人工在生產中所表現的作用，爲使報酬有遞增的趨勢」。他並認爲報酬遞增的產生，係因勞動與資本增加後，導致生產組織改進所致。

等。發展工業可幫助解決這些問題：(1) 農業國家每因勞力過多，形成勞動邊際生產力低落，甚至發生嚴重的隱藏失業現象。不獨農民無力儲蓄，難以形成改進農業所需之資本，亦且由於農村工資低廉，使用勞力反較使用資本爲合算。發展工業，卽可吸收一部分農村的剩餘勞動，從而提高農業勞動的邊際生產力，使其漸有剩餘資金形成生產資本，且亦有使用資本替代人力的必要。(2) 發展工業，須由農業供給糧食與原料，因而擴大了農產品的市場，形成改進農業的主要誘力。雖然工業所需的原料不一定來自本國農業的生產，而農業生產的原料亦不一定供應本國工業的需要，但兩者的密切配合，仍有利於一國經濟的平衡成長。加以工業發達後，可以改善國內的交通情形，而使農產品的國內市場更爲擴大。(3) 改進農業，必須利用現代化的農用物資，例如爲增加土地的生產力，須使用化學肥料，爲提高勞動的生產力，須利用農業機械等，他如農藥飼料與油料等，均有賴於工業方面的供應，只有發展本國工業，才能廉價地供應這些物資，以獲得增加生產與降低成本的雙重利益。

　　3. 達成國內經濟的穩定發展　　農業國家固可輸出其農業產品，以換取工業國家的工業產品，但一則由於農業產品的貿易條件較差，已於前述，二則由於過份仰賴國際貿易，易受工業國家的經濟波動所影響。爲謀求本國經濟的穩定發展，仍須在可能範圍內，儘量發展本國工業，以達成農工兩業的均衡與相互支援。我國在臺灣實施的經濟計劃，卽本「以農業培養工業，以工業發展農業」的原則，促進農業與工業的平衡發展，故能於近年舉世陷於經濟蕭條的大漩渦中，仍能保持穩定的成長，卽其例證。卽以美國而言，由於其天然資源極爲豐富，設非工業發展開拓了農礦產品的廣大國內市場，其國內經濟卽不可能有今日之穩定發展。

第二節　工業發展的路線

一個經濟落後的國家，在選擇其工業發展的路線時，或是選擇其工業發展的型態時，亦常在三方面發生歧見：一是究應以勞動密集的工業為主? 抑應以資本密集的工業為主? 二是究應以大型的工業為主? 抑應以中小型的工業為主? 三是究應以進口替代工業為主? 抑應以出口工業為主? 茲分別略加敍述。

一、勞動密集與資本密集的爭辯

1. 贊成勞動密集的論據　有人認為經濟落後國家通常都有豐富的人力，但却缺乏充足的資本，尤其缺乏現代的生產技術，故在工業發展初期，自應選擇勞動密集的工業。這是因為以農業維生的落後國家，其農業勞動的數量往往超過農業的正常需要（即在一定的土地與資本情況下，可使勞動邊際生產力達於最大時之需要量），形成勞動邊際生產力極度低落甚或為零的不良現象，如能將這些勞力移用於需要勞動較多的工業方面，即可大為增加全部勞動的邊際生產力。從全社會觀察，這些邊際生產力為零的勞動移用於工業生產後，並未使他方面遭致任何犧牲，亦即其機會成本為零，故這一部分勞動力的生產，代表着社會淨生產的增加。海萊克教授認為落後國家應採用一種適合於其現有要素配合比例的生產技術，他說：

「我深深相信：如果我們成功地傳播了初級經濟學的知識，而不勉強採用那些矯飾的經濟成長理論，我們當對低度開發國家更多助益。譬如說，我們了解的一項簡單而明白的事實是，一個國家如在可預見的期間內，無法將其每人平均資本供給量達到美國那樣的程度，則模仿美國

的生產技術，並不能將其有限的資源作最好的運用，而應發展那些適於將可用資本作較均勻而廣泛分佈的技術」❷。

金德柏格 (charles P. Kindleberger) 也認爲一個勞動較之資本遠爲豐富的國家，「採用現代技術大多只是生產方面的一種示範作用，猶如人在能走之前試着跑步。這樣的技術浪費了資本，因爲它將資本過於密集地用於少數部門，而忽略了其他有利的投資機會。倘如一部推土機值美金五千元，鐵鏟每把值美金二元五角，倘如每天一千五百人剷土的數量能如一人使用一部推土機的剷土量，又如人力也是豐富的，那麼，購買三七五〇美元的鐵鏟，必可節省若干資本，且可避免隱藏的或明顯的失業」❸。

2. 贊成資本密集的論據 另一些人認爲經濟落後國家仍應先行發展資本密集的工業，他們的理由可歸納爲下列幾項：

甲、資本密集工業具有較大的外部經濟，易於帶動其他工業部門的發展。例如布魯頓 (H. J. Bruton) 認爲：產生外部經濟的產業，往往都是資本密集的，一個國家在其能夠利用勞動密集工業的投資機會之前，就須從事這些資本密集的投資。由於工業之間的關聯作用，以這些資本密集工業爲中心所產生的外部經濟，能爲其他的工業所利用，從而促成它們也能順利地建立起來，這些隨之而起的工業，可能也是勞動密集的工業，如此非但不會造成勞動力的過剩，反能增加更多的就業機會。

乙、資本密集工業能爲社會增加更多的儲蓄，以轉化爲其他工業發展所需的資本。因爲資本密集工業所產生的利益，大多由少數資本家所獲得，這些資本家並不會將其增加的所得全部用之於消費，而有更多的

❷ 參看 Charles P. Kindleberger: *Economic Development*, 1965, pp. 249-250.

❸ 同註❷引書第二五〇頁。

儲蓄用於其他方面的投資。反之，勞動密集的工業雖能增加人工的就業機會，但其生產獲致的利益，係由多數的勞動者所分享，他們用以改善自己的生活，社會的儲蓄自不會因而增加，因亦不能使工業生產得到進一步的發展。

　　葛倫遜 (Walter Galenson) 及雷賓斯坦 (Harvey Leibenstein) 二人在其「投資標準、生產力與經濟發展」一文中，也曾認為為增加資本的邊際生產力，自不能將資本集中使用於少數部門，但也不一定要使資本在各部門的邊際生產力相等，而是要使資本在各部門都能產生相等的「每人平均再投資邊際商數」(marginal per capita reinvestment quotient)。此一商數，即是每人平均增加的原投資額所能引起的再投資額的比率，以公式表示之，應為

$$每人平均再投資邊際商數 = \frac{每人平均增加的再投資額}{每人平均增加的原投資額}$$

此一商數愈大愈好，如果各部門的投資都能產生相等的每人平均再投資邊際商數，則全部投資即可產生最大的再投資額，而使全部經濟獲得最大可能的發展。

　　此一商數的大小，決定於下列七項因素：(1) 每一工人的總生產力，(2) 每一工人所消費的實物工資，(3) 資本的重置與修護，(4) 由於非資本方面的改良（諸如勞動人口在技術上、健康上、精力上、紀律上，以及靱性上的改善）所導致的增產，(5) 死亡率的降低，(6) 生育率的降低，(7) 再投資的方向。其中每一工人的總生產力減去每一工人的消費，決定了每一工人可用於再投資的總量；再除去每一工人之資本重置與修護費後，即為任一時期每一工人可用於再投資的淨額。經過一段時間後，一些非資本因素可能導致工人生產力的增加，但如勞動人口的增加率大過資本的累積率，則每一工人使用的資本量仍將下降。而勞

動人口的增加率則又多半取決於總人口的死亡率與生育率。最後一項因素涉及再投資的分配，因其對於其他六項因素有不同的影響，故亦爲影響每人平均再投資邊際商數的一項重要因素。

丙、資本密集工業可以吸收最進步的技術，以誘發其他工業提高其技術水準，並能對抗其他進步國家的競爭。因爲生產技術常有其示範性與誘發性，當某一工業有了現代化的技術之後，即可透過企業家的培養與工人的訓練，而傳播與其他產業部門，從而也提高了它們的技術水準。而且，落後國家在其工業化的初期，每易遭受工業先進國家的劇烈競爭，亦只有首先發展具有高度技術水準的資本密集工業，才能鞏固工業發展的基礎，而不致在其發展的初期，即爲先進國家的工業所摧毀。

二、大型工業與小型工業的爭辯

有些經濟學家認爲落後國家要想經濟發展成功，不僅有賴於現代技術的應用，而所應用的規模還須儘量地加以擴大，美國經濟史家詹遜克隆（A. Gerschenkron）即持此一看法。這種論調，自是基於規模的經濟性而來，因爲大規模的生產，可以導致內部經濟與外部經濟，而兩者又有金錢上的經濟（pecuniary economies）與技術上的經濟（technological economies）之別。所謂內部金錢上的經濟性，是指一個廠商當其擴大生產規模時，能以較低的價格購買所需之生產要素及原料；而內部技術上的經濟性，則是來自內部的分工、使用專門化的機器及其他巨大能量的資本設備、大量財產所獲致的危險分散、以及一次設計在費用上的節省等。此種內部經濟導致的成本減輕與價格跌落，又可成爲刺激其他有關產業發展的外部經濟。就是大規模工業的本身，亦可由於帶動了其他產業發展，而享受其所發生的外部經濟的利益，如市場與交通的改進，以及供給原料產業由於大量生產而降低其供給價格等。

　　然而，也有人認爲經濟落後國家缺乏大規模生產所需的大宗資本與高度技術，也缺乏經營大規模工業的人才。加之，大規模生產在資本回收上所需的時間較長，所冒市場變動的風險較大，因而主張先從小型工業開始發展，等到這些條件改善之後，再來發展大型的工業。甚至有人認爲只有以小型經濟單位所組成的社會，才能充分發揮自由經濟內的競爭功能。而且，根據美國麻省理工學院在一九七九年發表的一項研究報告，中小企業目前是美國最大的僱主，在新創造的工作中，百分之六十六係由中小企業所提供。 又據 Time 週刊一九八二年二月一五一期的記載，在過去十年中，美國小企業曾創造了三百萬個工作，而最大的一千家企業，則未在就業方面有何淨的增加。再據美國國家科學基金會的一項研究報告，中小企業每一元研究經費所產生的創新，約爲大型企業的二十四倍。由此可見發展小型工業的效益，決不遜於大型工業。

　　上述爭辯，如純就經濟的觀點而言，也並不是彼此對立的：第一，主張大型工業的人，必須假定落後國家具有發展大型工業的條件，否則，仍不得不選擇小型工業來發展。反之，主張小型工業的人，也並不以此爲其終極的目標，當其有了較好的條件時，仍是主張發展大型工業的。第二，在一個經濟已高度發展的國家，也並非是沒有小型工業的。事實上，一個大型工業必須有許多小型工業爲其生產各種零件或配件，如果由一個大型工業生產其全部產品，反不及前者之具有效率。第三，近代工業規模之日趨擴大，自爲其具有較高的效率所致，只要能設法消除其壟斷的弊害，我們卽無反對大型工業的堅強理由。何況在已開發國家大型工業的競爭下，我們沒有理由阻止經濟落後國家去發展大型工業，除非後者採取閉關自守政策，而那幾乎是難以做到的。 第四， 落後國家雖只有較少的資本，但也並非完全沒有發展大型工業的能力，問題是在：究應將有限資本集中發展少數的大型工業？抑是將資本分散用於發

展多數的小型工業？此則須從經濟的觀點來加以選擇，前述葛倫遜與雷賓斯坦二人提出的「每人平均再投資邊際商數」的意見，即是針對此一問題的一種解決方式。事實上，有些工業在本質上並不適於大規模的經營，落後國家選擇這種工業來首先發展，也不失為一條有效的途徑。

三、進口替代與出口促進的爭辯

有人認為落後國家通常總是輸出初級產品，而以所賺外滙購買工業產品，由於貿易條件對初級產品不利，加以初級產品的附加價值較低，故宜先行建立進口替代 (import substitution) 工業，並以進口關稅加以保護，其主要利益為：(1) 可節省外滙，尤以在外滙不足情況之下為然。這是因為落後國家所進口者多為消費性物資，如能改由國內生產，即可節省外滙的需要，而不必輸出過多的初級產品，以使貿易條件更為不利。或者可以消費品減少進口所節省的外滙，移用於進口外國生產的資本財，藉以加速本國工業的發展。(2) 增加本國經濟的獨立性，以擺脫國外經濟的不利影響。因為過分仰賴進出口貿易，最易在外國經濟不景氣時，國內經濟亦將轉趨蕭條，而當外國發生通貨膨脹時，亦將導致國內發生所謂「輸入性膨脹」。如能發展進口替代工業，即可使本國經濟在穩定中發展，並逐漸加強經濟的自主能力。

另一方面，也有人認為落後國家應先致力於發展具有比較利益的出口工業，始能加速其國內經濟的成長。例如美國全國經濟研究局 (National Bureau of Economic Research) 曾就十個半工業化的開發中國家加以研究，發覺採取出口促進 (export promotion) 政策的國家，要比主要採取進口替代政策的國家做得更好。我國、南韓、新加坡及香港固無論矣，巴西、墨西哥、南斯拉夫及波多黎各，也因發展具有比較利益之出口工業而有較好之成就。揆其理由，似為：(1) 能爭取更多的外滙，

以進口發展國內經濟所需之資本財及工業原料。(2) 發展出口工業，常易帶動國內其他產業的發展，這是由於出口工業的向後關聯效果，要比初級產業的向前關聯效果，更易帶動其他產業發展的緣故。(3) 出口工業可不受國內市場的限制，而可建立其最適當之經濟規模，且因國際競爭的刺激，而有較高的技術水準，由此而產生的經濟利益，不僅為外國消費者所享受，亦使本國消費者同享利益。

然而，上述爭論亦非截然有別。以我國經濟發展的過程而論，係先以初級產業出口產品所獲的有限外滙，用以建立進口替代工業，然後逐漸擴大這些工業的經營規模，由而轉變為出口工業。甚至進行第二階段的進口替代，卽建立自行生產中間原料的工業，以減輕生產成本，但其最後目的，仍在加強出口工業在國際市場的競爭力。

第三節　工業計劃評估的標準

在進行一項工業生產計劃時，必須先對此一投資計劃的報酬率加以估算，以決定其應否舉辦，或在多項投資計劃中作為取捨或決定優先次序的根據。通常有兩個評估標準：一是基於私人觀點，估算其私人報酬率 (private rate of return)，可稱之為私人牟利力標準 (private profitability criterion)。二是基於社會觀點，估算其社會報酬率 (social rate of return)，可稱之為社會牟利力標準 (social profitability criterion)。茲分述於次：

一、私人牟利力標準

私人投資的目的，在於獲得最大的投資報酬率。惟任何工業投資計劃都是長期性的，在其固定設備可以使用的年限內，每年都有成本支出

與生產收益，因之須將每年收益減掉非資本成本後之純收益，折算爲現在價值。如果此一純收益的現在價值總和大於其原始投資金額，自屬有利可圖。但在有數項投資計劃可供選擇的情況下，仍須分別計算各項投資計劃純收益的現在價值加以比較，以作取捨的依據。在應用上，通常有下列兩種方法❹：

1. 淨現值法 (Net Present Value Method)　即是以每年預期的純收益（R）、按市場利率（i）加以折扣後的現在價值總和，減掉其原始投資金額（C）後，如有剩餘，即屬有利。倘有兩項以上計劃可資選擇，則以淨現值最大者爲最有利。其算式如左：

$$NPV = \left[\frac{R_1}{(1+i)^1} + \frac{R_2}{(1+i)^2} + \cdots\cdots + \frac{R_n}{(1+i)^n} \right] - C$$

$$\text{or} \quad NPV = \sum_{i=1}^{N} \frac{R_t}{(1+i)^i} - C$$

2. 內部報酬率法 (Internal Rate of Return Method)　即是使每年預期純收益的現在價值之總和等於原始投資金額時所應有的折扣率（r）。其算式如左：

$$\frac{R_1}{(1+r)^1} + \frac{R_2}{(1+r)^2} + \cdots\cdots + \frac{R_n}{(1+r)^n} - C = 0$$

$$\text{or} \quad \sum_{i=1}^{N} \frac{R_t}{(1+r)^i} - C = 0$$

其中之 r 亦可說是預期的投資報酬率，此與前一方法中之 i 完全不同。i 是事先已知的和確定的，用以求算 R 的現在價值；r 則是事先未知的，須由其他已知數加以求算，如 r 大於市場利率，則投資是有利的。在有兩項以上投資計劃可供選擇時，自以 r 愈大爲愈有利。

❹　參看 J. Fred Weston and Eugene F. Brigham: Essentials of Managerial Finance, 1974, pp. 252–254.

以上兩種方法，均係假定投資的金額不變。事實上，不同的投資計劃每需有不同金額的投資，縱使投資報酬率不同，但亦可能受到投資金額的限制，無法選擇報酬率較大但投資金額過大的計劃。而且，任一生產事業，隨其規模大小不同而有不同的投資報酬率，如投資金額不受限制，自以選擇具爲最大投資報酬率之規模爲佳。另一方面，如不願以過多資本集中投放於一個企業，則在各個投資計劃的邊際報酬率相等時，當可使全部投資的利益達於最大。卽使如此，但仍有下列因素影響其正確性：

1. 產量的變動 在一定的固定設備下，雖有其一定的生產能量，但每年實際生產量的多寡，仍視市場的需要與同業的競爭情況而定，而產量的變動，則與成本支出有密切關係。在成本項目中，變動成本總額大體上可隨產量的變動而比例增減，亦卽變動成本與銷貨收入是向同一方向變動的，收入減少，變動成本亦隨之減少，兩者的變動比例，雖非完全相等，但不致過於影響投資報酬率的估計。但固定成本則不然，它是不隨產量的增減而變動的，因之，產量減少時，收入減少，而固定成本總額不減少，故必減少純收益的數額；反之，產量增加時，收入增加，而固定成本總額不增加，故必增加純收益的數額。無論爲那一情況，都必導致投資報酬率的變動。

2. 價格的變動 包括生產要素價格的變動及產品價格的變動，這些變動每因很多原因而發生，不是投資者事先所能完全預測的。如果要素價格的變動與產品價格的變動，方向一致，而幅度大致相同，對於純收益的估計，尚不致發生嚴重影響，然而，兩者變動的方向與幅度，是難得完全一致的，尤以後者爲然。要素價格上漲，導致成本增加，如果成本的增加大於產品價格上漲所增加的收入，則必導致純收益的減少。反之，要素價格下跌，導致成本減少，如果成本的減少大於產品價格下跌

所減少的收入，則必導致純收益的增加。而且，預期成本與收入折算爲現在價值的大小，須視所用利率的高低而定，利率高，則現在價值小，利率低，則現在價值大。但未來市場利率亦有變動，完全以現時利率折算，也不是完全恰當的。不過，由於利率變動不及物價變動之劇烈，此一問題，當可略而不論。

3. 技術的變動　工業投資的風險，主要仍由技術的變動所引起。尤其在自由競爭的情況下，新的廠商可以利用新的設備與新的技術，從而可有較大的生產效率與較低的生產成本，致使原有的廠商無法按照預定的價格出賣產品，而減少其預定的銷貨收入。或者是，爲對抗新廠商的競爭，必須提前更換其原有的設備，由加速折舊導致成本增加，無論爲那一情況，均必使投資的利益爲之減少，甚至遭受虧本的損失。故在任何工業計劃實施之前，必須預測未來技術變動的可能性，並儘可能縮短資本財的折舊年限，以使預期的投資利益能與實際的投資利益較爲接近，而使投資的風險減至最少。

二、社會牟利力標準

採用此一標準時，仍以前述私人牟利力的計算爲基礎，但須從社會觀點加以調整。有些收入，從私人觀點應予列計，而從社會觀點則否，反之亦然。有些成本，從私人觀點應予列計，而從社會觀點則否，反之亦然。即使兩種觀點都應列計的收入與成本，亦可有着數額上的差別。茲分別舉例說明之。

1. 直接收益與成本的調整　此爲工業計劃本身的收益與成本，應依社會觀點加以調整。就收入方面而言，工業投資之主要收入，來自銷貨，而銷貨又有內銷與外銷之別。在實施外滙管制的國家，一般多有高估本國貨幣價值的傾向，在此一情況下，外銷所得收入較其應得收入爲

低，應將兩者的差額加算進去。反之，有些內銷產品受到國家進口關稅的保護，其實際銷貨收入較其應得的收入為高，則應將兩者的差額予以扣減。

再就成本方面而言，任何租稅負擔雖為私企業成本的增加，但以社會觀點衡量，租稅並非成本，應予扣減。又如支付任何生產要素的代價，均為私企業計算之生產成本，但若這些生產要素原為社會的剩餘資源，則使用它們的機會成本必低於實際成本，此一差額應予扣減。另一方面，必須從國外輸入原料的工業，亦可由於本國貨幣價值的高估，使其實際付出的成本，低於其所應付的成本，此一差額，應加算在實際成本之上。又如政府以現金方式支付的補貼，如為受益工業用以抵消一部分的成本，亦應以同等數額加算在實際成本之上；如為受益工業用為營業外收入之增加，則應從前述收入金額中予以減掉。

2. 間接收益與成本的估算　一項工業或投資計劃，亦常透過其外部效果 (externality)，對其他產業或整個社會發生好的或壞的影響，此即所謂外部效益與外部成本。一項工業的建立，如使其他產業獲得成本低的利益，或有助於其他產業的發展，則其他產業所減輕的成本或增加的利益，即為建立該一工業間接獲致的效益，應加算在其收入之中。反之，一項工業也可產生外部成本，例如化學工業的建立，常因排出廢水而使附近的河流受到污染，或者一項新工業的興起，而使有關的舊工業遭受淘汰是。由此而發生的損失，則應加算在其成本之內。

在現代的自由經濟中，私人選擇一項工業投資計劃，自以私人牟利力為標準，但政府仍可從社會立場加以衡量，如認為某一工業計劃的私人牟利力雖低，但卻有很高的社會牟利力，則可以補貼、減稅或其他獎勵辦法，以鼓勵私人的投資。反之，如認為某一工業計劃的私人牟利力雖高，但其社會牟利力很低，則應以各種手段加以適當的限制，以使社會

資源能有更好的配置，以增進整個國民的經濟福利。至於政府自己舉辦的經濟事業，則更應考慮其外部效果。有些事業，在短期內並不能獲得有利的投資報酬，但因產生了可觀的外部效益，而仍有其經營的價值。

第四節　國內儲蓄與投資的獎勵

一、儲蓄與投資的關係

我們常在街頭看到兩句動人的標語，就是「經濟發展靠投資，資本形成靠儲蓄」。此地之所謂「資本」，自然應指生產所需之一切工具與設備而言，我們稱之為「實質資本」或「資本財」。但生產任何財貨，都須消耗相當的生產資源，在一定的生產資源下，如要增加資本財的生產，就得減少消費財的生產，從短期看，兩者確是有些矛盾與牴觸的。但從長期來看，節省現時的消費，為的是要將來獲得更多的消費。如果減少的現時消費僅是等於增加的將來消費，則節約消費只是單純地延緩消費的時間，猶如今日少吃一個蘋果留到明日去吃一樣，那是沒有多大意義的。節約消費的真正目的，是要藉此創造更多與更好的資本財，以便將來生產更多與更好的消費財。

從節約消費到形成資本，通常有兩條可能的途徑：一是以節約消費所省下來的生產資源，用於資本財的生產；二是以節約消費所省下來的消費財，拿去交換他人生產的資本財。就前一途徑言之，人們願以一部分生產資源用於資本財的生產，那是因為使用資本財去從事生產，可以提高生產的效率，例如用手捕魚即不及用網捕魚來得有效。時至今日，由於科技發達，已使資本財的品質大為提高，有些產品，如不使用某種資本財去製造，就根本無法生產出來。然而，人們在其生產資本財的過程中，仍是必需消費財以維持生活的。以捕魚為例，漁夫可以暫不出去

以手捕魚，而寧願留在家中織一魚網，但在編織魚網的時日中，他賴以維生的消費財從何而來？設如他以手捕魚每日可得十條，若每日將此十條魚全部吃掉，他是無法留在家中編織魚網的。茲再假定編織魚網需時五日，因之他將每日捕得之魚留下兩條不吃，迨已「儲蓄」五十條魚後，再留在家中編織魚網，而以過去省下的五十條魚，留供五日在家織網時的消費，等到魚網織成，再去以網捕魚，每日可得魚五十條，從而大為提高了他的消費水準。此一例證，雖極簡單，但仍可說明儲蓄轉化為資本的過程。就今日社會言之，一部分人的節約消費，即可幫助另一部分人轉而從事資本財的生產，而仍能供養資本財生產者的生活。如無儲蓄，則今日之生產，全供今日之消費，而無法抽調部分生產資源用於資本財的製造，人們生活勢將停留於一低水準而永遠無法提高與改善了。就後一途徑言之，乃為交換經濟下的特有現象。人們如不自己生產資本財，亦可以自己節餘的消費財，拿去交換他人生產的資本財。一個國家可以完全不事資本財的製造，但必先有消費財的節餘以供輸出，才能從他國輸入所需的資本財。推而廣之，我們也可以自己生產而有多餘的資本財輸出國外，再以所獲外滙從國外輸入我們所無之資本財；亦可以我們自己生產而有剩餘之消費財輸出國外，再從國外輸入他國生產而為我們所需的消費財。此一資本形成的方式，有時較之前一方式更為重要。因為資本財的製造較為複雜，一個沒有高度技術的國家，往往不能自己生產優良的資本財，即或勉強自己製造，不是成本太高，就是品質較劣，反不如專門從事消費財的生產，透過國際貿易獲得更多與更好的資本財，落後國家的經濟開發，即往往採取此一途徑。

關於儲蓄的重要性，民間工商界常有一種不當的誤解。他們認為鼓勵投資的方法，莫如鼓勵消費，因為只有消費增加，才能刺激生產增加，為增加生產，自須增加投資。如果鼓勵儲蓄，則將造成生產過剩或

消費不足，工商業者自不會再去增加投資了。此一論調，似是而非，尤以落後國家爲甚。因爲在落後國家內，資本最感缺乏，如果以全部資源用於消費財的生產，則生產所需的資本財從何而來？自然，一國可以舉債的方法，從國外借款購買資本財回來，但借款終究是要償還的，將來仍須節約消費，才能有產品輸出國外，以償付借款的本息。然而，過分的節約消費，對經濟發展亦確有害處，我們稱此爲「節儉的矛盾」(paradox of thrift)。關於此點，我們可從三方面加以分析：

第一，短期與長期的考慮。從短期言，在一定的所得下，儲蓄過多，即爲消費過少。如果已生產的消費財，不能在市場（國內的或國外的）銷售，自會減少未來消費財的生產，由而也會減少對於資本財的需要，消費財與資本財的需要實是朝着同一方向變動的。但就長期觀察，節省現時的消費，才能有更多資源用於製造更多與更好的資本財，資本累積乃爲經濟發展不可或缺的重要因素。

第二，經濟發展階段的考慮。就已開發的國家而言，它們已有豐富的資本財，也就是具有生產大量消費財的能力，其所擔心的，乃是生產設備不能得到充分的使用，從而導致嚴重的失業問題，因之鼓勵消費較之節約消費更爲重要。然而，就在這些高度開發的國家內，爲更新資本，亦仍有適當儲蓄的必要。而在經濟落後的國家，由於資本財的極度缺乏，非有高度的儲蓄，實不足以促成經濟的快速發展。

第三，個人與社會的考慮。從個人言，節儉是美德，這是假定外界的其他因素未有變動，則個人儲蓄代表自己財富的增加。但若人人都增加儲蓄，即會造成社會生產的萎縮，國民所得的減少，有些人甚至因而遭受失業的痛苦。隨着國民所得的減少，即使每人增加了儲蓄的比例，但實際儲蓄的數額可能並未增加或反趨減少。

上述的分析，是就兩個極端加以比較分析而言，事實上，任何經濟

現象都不會偏向一端發展，而是可以自動調節而趨於平衡的。因之，過
分儲蓄而忽略消費，或過分消費而忽略儲蓄，均將同樣有害於經濟的發
展。自由經濟雖有自動調節的作用，但爲縮短自動調節的時間，並儘量
減少在調節過程中引起的資源浪費，政府仍應斟酌國家經濟的發展趨勢
與當前需要，對各項重大經濟問題採取適當對策，我國在現階段之鼓勵
儲蓄，其目的亦在於此。

二、自願儲蓄與強制儲蓄

在今日貨幣經濟時代，人們於獲取一定的貨幣所得後，如不全部以
之用於消費，則剩餘部分即爲儲蓄。但從社會立場言之，儲蓄又可分爲
自願儲蓄與強制儲蓄兩種。

所謂自願儲蓄，是指在一定的國民所得下，人們自願而實際留下未
供消費的部分。自願儲蓄的目的，或在支應未來的消費需要，或以之用
於直接的投資。而在前一目的中，雖有採取窖藏方式者，究不多見，通
常仍多透過金融機關，轉爲他人的投資。此一部分儲蓄的大小，常受下
列幾項因素所影響：

1. 國民所得　通常儲蓄乃爲國民所得的函數，國民所得愈高，則
其儲蓄所佔的比例愈大。經濟落後國家，由於國民所得太低，故其自願
的儲蓄亦少，較少的儲蓄，只能形成較少的資本，而使國民所得難以大
幅增加，此種惡性循環的現象，每爲落後國家難以快速成長的原因。反
之，國民所得較高的國家，因有較多的自願儲蓄與資本累積，而能更
快速地增加其國民所得，經濟發展之所以有其加速作用，其原因即在於
此。

2. 利率水準　以貨幣方式形成的儲蓄，亦常受市場利率的高低所
影響。這是因爲人們的儲蓄，每以銀行存款或購買證劵的方式保存，如

其獲取的利息較多，自易加強人們的儲蓄意願。然而，一般人的儲蓄動機，並不專在博取一定的利息，而多另有其主要的原因，例如應急、養老，結婚或子女教育費等。一般言之，儲蓄的利率彈性是很小的，即使沒有利息，也仍有人願意儲蓄；反之，利率愈高，也不一定愈能增加儲蓄。雖然如此，利率的大小，仍對自願儲蓄的數額有相當影響，尤以在物價變動的情況下為然，此於下項說明之。

3. 物價變動　人們儲蓄的目的，主要雖非博取一定的利息，但必以能夠保持儲蓄的購買力為條件。如因物價不斷上漲而使貨幣購買力貶低，則其儲蓄的目的難以達到，必將完全斲喪其儲蓄的意願。因之，在物價上漲時期，人們為保持其儲蓄的真實價值，必向利用其儲蓄的人索取較高的利率，亦即貸款所得的利息，至少應能抵補貨幣貶值的損失。反之，在物價平穩或下跌時期，縱使利率不斷降低，也不致減少人們的儲蓄。我國近年來的情況即是如此，且因出超金額逐年擴大，民間儲蓄反有不斷上昇的趨勢。

4. 社會習俗　一個崇尚儉樸的民族，其國民的儲蓄率必高。但若干落後國家在其經濟發展初期，每因外國貨物的輸入，而發生所謂「示範效果」(demonstration effect)，導致消費傾向的提高，故其國民儲蓄率反趨減少。惟國民所得繼續增加後，國民儲蓄傾向(或稱國民儲蓄率)仍必轉趨增加，社會習俗僅對增加率有所影響。我國民族素以儉樸是尚，故國民儲蓄率亦較其他開發中的國家為高。依我國官方統計資料，我國自民國四十一年至八十二年之四十二年中，國民淨儲蓄佔國民所得的比率，從百分之十一・九遞增至百分之二三・九，其間且有十三年均在百分之三〇以上，更有兩年高達百分之三六強，幾居世界之冠。惟臺灣民間「拜拜」之風頗盛，如能再加節約，國民儲蓄率可能更高。

所謂強制儲蓄，乃是政府利用租稅及發行貨幣的方式，強制人民節

約消費，以獲得經濟開發所需之資金。此爲開發中國家常用之手段，因爲這些國家的國民所得較低，自願儲蓄的數額極爲有限，而發展經濟又需鉅額資金，因而乃以強制手段將一部分國民所得轉移於政府手中，或由政府自己投資於各項公共建設，或仍貸與私企業作爲投資資金。由於政府採取之方法不同，在效果上大有差別，玆分別略加論述。

先就租稅方法言之，政府爲供應公共支出，通常均以租稅爲其收入之主要來源，但並非一切租稅收入，均爲國民之儲蓄。政府如以租稅收入用於當年之各項政務支出，則係生產公共財貨以供國民之消費，自非儲蓄與投資的增加。但如政府以其一部分的租稅收入，用於各項經濟建設，如興建港灣、公路、鐵道、發電廠及其他工礦事業等，則其投入之資金，可謂來自國民的強制儲蓄。有時候，政府在其當年的經常收支預算中，並未列計公共投資支出，但因收入預算超收或支出預算節減，以致發生財政剩餘 (financial surplus)，此一剩餘亦可稱爲國民的強制儲蓄，而可用之於各項公共投資。任何租稅，均有減少民間消費的作用，但民間消費的減少，並非卽爲國民儲蓄的增加，因爲民間消費之外，尙有政府消費。故在國民生產淨額中，減掉民間消費與政府消費，其剩餘的始爲全體國民的儲蓄，而國民儲蓄中，又有自願儲蓄與強制儲蓄罷了。以租稅方式實施的強制儲蓄，能否達成增加國民儲蓄的目的，端視強制儲蓄與自願儲蓄的消長而定。倘如強制儲蓄增加而使自願儲蓄減少，則國民儲蓄淨額可以不增或增加很少。一般言之，任何租稅對自願儲蓄的意願與能力總有相當影響，但因租稅種類及稅率大小之不同，其影響程度可能大有差別。良好的租稅，應使其對自願儲蓄的傷害減至最少，而政府的投資，則應使其不致減少私人的投資，甚而要能積極地促進私人的投資。就個別租稅言之，所得稅與財產稅較易減少人民自願儲蓄的意願與能力，尤以稅率高時爲然。而消費稅則可抑制民間的消費，

反有促進國民自願儲蓄的作用。這不僅因為消費稅的本質使然，更因消費稅具有累退性質，對所得較高的人影響較小，使他們更具有儲蓄的能力。近年英國學者卡道爾（Nicholes Kaldor, 1908- ）提倡個人支出稅（personal expenditure tax），即就一年內個人消費的總額累進課稅，消費支出愈多的人，納稅愈多，故又稱為綜合消費稅。此種課稅方式，一方面具有抑制過度消費鼓勵自願儲蓄的作用，另一方面亦使個人的享受成為一項納稅的主要標準，可以兼顧能力與公平兩項原則。徵收綜合消費稅，須有兩項基本資料：一是所得資料，一是儲蓄或投資資料。因為所得－儲蓄＝消費，只要捕捉這兩項資料，就可找出全年的消費支出了。現在實施所得稅的國家，納稅人常有匿報或短報所得現象，必須由政府切實勾稽。至個人儲蓄資料，納稅人則又可能多報或虛報，但須檢據證明，只要兩者資料正確，實施綜合消費稅並不困難。過去曾由印度及錫蘭等國一度採行，但如何防止隱匿與逃漏，仍待進一步的設計與改進。

　　再就增發貨幣言之，由於貨幣供給量的增加，每先於或大於生產量的增加，致易引起物價上漲，人們在一定的貨幣所得下，無形中減少了一部分的購買力，而形成一種強制儲蓄的現象。貨幣供給量的增加，有兩種方式：一是有發鈔權的中央銀行，在政府的要求下增加鈔券的發行數量；二是其他的商業銀行，利用部分準備制而擴張的銀行信用。無論採取那一方式，只要導致通貨膨脹或物價上漲，都足以形成強制儲蓄。但因後一方式增加的信用數量，一方面受制於中央銀行發行的貨幣數量，另一方面也受制於存款準備率的高低，尤以中央銀行的貨幣政策，足以影響一般銀行的信用數量，且亦非經濟發展所需資金的主要來源，本文不擬加以具論。

　　單就中央銀行而言，它之發行鈔券，也是採取部分準備制的，通常

係以黃金與外滙爲現金準備，公債及其他可靠之有價證券爲保證準備。
無論基於那種準備而增加發行，都將增加貨幣的流通數量，卽使貨幣增
加後足以相對地增加財貨的生產量，但因貨幣的增加先於財貨的增加，
故必導致一般物價的上漲。例如中央銀行因收購黃金或外滙而增加貨幣
發行額之後，表面上雖代表黃金與貨物的生產增加，但若黃金與外滙不
再流回民間或流回民間的數量較收購的爲少，則國內貨幣增加的數額必
將大於民間可以利用的財貨價值，其必促成國內物價的上漲，殆無疑
義。政府如能利用此一部分的外滙或黃金，從國外輸入生產的設備或原
料，卽無異爲政府以強制儲蓄方式從事投資。至於政府以公債賣與中央
銀行，於獲取貨幣後以之從事各項經濟建設，自更爲減少民間消費的一
種強制儲蓄。卽使這些公債最後仍是須要償還的，但政府可以新債還舊
債，成爲變相的永不償還，或是償債資金來自政府的稅收，最後仍爲人
民負擔的一種儲蓄。而且，中央銀行以發鈔方式購買政府公債，必將促
成國內貨幣供給量的增加，導致國內一般物價的上漲，而使人民的實質
購買力降低，其由而減少的民間消費，卽爲一種強制性的儲蓄。有人認
爲爲從事生產投資而增加貨幣的發行數量，因其最後可以導致消費財貨
與勞務的增加，當不致造成一般物價上漲的壓力。實則此一問題須視下
列各種情況而定：(1) 在資源尚未充分就業時，貨幣數量的增加，可以
促成生產的增加，但因生產的增加落在貨幣數量增加之後，仍將引起物
價的輕微上漲，倘如貨幣數量不再繼續增加，則在消費的財貨與勞務增
加之後，當能促成一般物價的穩定或回跌。有人稱此爲「生產性的通貨
膨脹」或「良性的通貨膨脹」，實爲經濟發展過程中不可避免的現象。
(2) 在資源接近充分就業時，如再繼續增加貨幣數量，則生產的增加往
往趕不上貨幣的增加，故必引起一般物價的快速上漲，尤以當其中若干
資源供給不足，以致造成所謂「瓶頸」(bottleneck) 現象時，更是如此。

(3) 在資源已達充分就業時，任何貨幣數量的增加，都不能進一步促成生產的增加，因之一般物價必隨貨幣增加而比例上漲，甚至由於物價的急劇上漲，為供應市場交易的需要，而更有增加貨幣數量的必要，從而形成物價與貨幣互相追逐的現象，此即經濟學上所稱之「惡性通貨膨脹」(vicious inflation)。

以強制儲蓄方式籌措經濟開發所需的資金，雖為經濟落後國家常用之手段，但就租稅與貨幣兩種方式比較而言，各有利弊，如何配合運用，要視各國情況而定。

第一，就行政的利便而言，租稅方式較多困難。因為落後國家的稅制較不健全，高額的稅率，容易引起租稅的逃漏。加以國民所得較低，人民缺乏負擔高額租稅的能力，課稅過重，易於激起人民的反感，甚至引起政治的不穩定。而貨幣方式，簡便易行，且係在不知不覺中，將民間一部分的購買力轉移於政府手中，不易遭致政治上的壓力與人民的反感。但亦因其阻力較小，易為政府所濫用，而形成惡性通貨膨脹。

第二，就其對於自願儲蓄的影響而言，兩者均有其不利的影響。但租稅方式的影響，仍視租稅的結構而定，加重所得稅與財產稅，較易減低民間儲蓄的意願與能力，而加重消費稅的效果則反是。至於貨幣方式的強制儲蓄，不僅由於通貨膨脹削弱了人民的購買力，而使他們自願儲蓄的能力降低；更重要的是，當物價不斷上漲時，利息所得往往抵不上物價上漲所帶來的本金損失，而使民間儲蓄的意願受到嚴重的打擊，如果自願儲蓄減少的數額大於強制儲蓄所增加的數額，則社會的儲蓄淨額，也要為之減少了。

第三，就其對於資源分配的影響而言，租稅方式，可以按照政府的設想，導致社會資源作合理的分配。例如減低資本財工業的租稅負擔，可以鼓勵資本財的生產；而加重消費財工業的租稅負擔，則可抑制消費

財的生產。各項資本財工業之間或各項消費財工業之間的不同課稅,亦能導致生產資源在各項產業之間的不同分配。至於貨幣方式的通貨膨脹,必將導致資源的不當分配。因為在通貨膨脹時期,利率的上昇總是趕不上物價的上昇,以貸款從事任何投資,都是有利可圖的,因之若干原為邊際以下的產業,亦將由於有人經營而佔用了一部分可在他方面更能有效使用的生產資源。甚至不必從事實際生產而以資金用於囤積居奇,反能獲得更為優厚的利益。尤其在通貨膨脹劇烈時期,由於自願儲蓄的減少,每每促成利率的更為上昇,以貸款從事長期投資反將加重成本的負擔,從而促成短期投資或商業投機的盛行,其為害於國民經濟的發展,更是不言而喻了。

第四,就其對於財富分配的影響而言,租稅方式,自對財富的分配有所影響,但其影響之好壞,須視租稅的結構而定。累進的所得稅與財產稅,可以平均財富的分配,而高額的消費稅,則將促成財富的分配更不平均。政府可就其經濟政策的目標,對此加以適當的選擇,當不致發生不利的影響。而貨幣方式之通貨膨脹,則無疑地必將加重財富分配不均的程度。因為在通貨膨脹下,大多數的固定收入者(一般國家薪資所得約佔國民所得百分之七十左右),均將減少其實質所得,而少數獲取利潤或財產交易所得的人,則將大為增加實質所得數額,造成富者愈富而貧者愈貧的不良現象。而在財富不均的社會中,由於富有階級的奢靡生活,又將促成生產資源的不當分配。

三、獎勵投資的方法

如何獎勵國內投資,乃一頗為複雜的問題,實無法在此一一列述。我國於民國四十九年九月十日頒行「獎勵投資條例」,主要係以稅捐減免作為獎勵投資的方法,並以工業用地之取得及公營事業之配合發展等

措施予以輔助，其後爲適應經濟發展之需要，曾數度加以補充修正，對促進我國農工企業的發展極多幫助。政府爲建立長期資本市場，復於民國五十七年四月頒行證券交易法，並開放設立投資信託公司，以便利證券之承銷與買賣。茲即就上述範圍，分別略加論述。

1. 減輕企業的租稅負擔　爲獎勵投資而減免租稅，通常有三種主要的途徑，可供選擇：

甲、定期免稅　卽對受獎勵之新投資創立或增資擴展之生產事業，得在一定年數內免徵營利事業所得稅。依我國獎勵投資條例第六條之規定，合於獎勵項目及標準之新創生產事業，自其產品開始銷售之日或開始提供勞務之日起連續五年內之所得，其增資擴展供生產或提供勞務之設備者，自新增設備開始作業或開始提供勞務之日起連續四年內之新增所得，免徵營利事業所得稅。爲顧及若干生產事業在投資初期無甚利潤而不能享受免稅之利益，又於第七條同時規定資本密集或技術密集之生產事業得在業務開始後二年內自行選定延遲開始免稅之期間，但延遲期間最長不得超過四年。

乙、加速折舊　卽對受獎勵之生產事業所使用之固定資產，縮短其折舊之期間，以減少其營業初期之納稅所得。因爲折舊乃生產成本的一部分，在縮短之折舊期間內，由於每年折舊數額增加，故必使其納稅所得減少，因而可以減輕其實際納稅之數額。依我國獎勵投資條例第六條之規定：合於獎勵類目及標準之新創或增資擴展之生產事業，如不選擇前項定期免稅之優待時，其使用之機械及設備，可依所得稅法規定之耐用年數，在十年以上者，得縮短爲五年，不足十年者，得縮短二分之一，如爲房屋建築及設備、交通及運輸設備，則可縮短三分之一的折舊年限。有人誤以爲此一辦法將使公司初期的眞實盈利虛減，將不利於公司股票的市價，或使公司初期的生產成本虛增，將減低其產品的競爭能

力，甚或有教人作假帳之嫌。實則此一辦法只在減少企業的納稅所得，企業本身仍可繼續依其自定的折舊率以計算其資本消耗，並不致引起成本會計上的困難。有些國家更有所謂「自由折舊」(free depreciation) 辦法，允許受獎勵的生產事業自由地在任何一年或數年內，將其資產成本扣除完畢。惟在加速折舊完畢後，將使企業增加其課稅所得，亦即前期的稅負減輕，導致後期的稅負增加，二者孰為有利，要視風險及利率等因素而定，此地限於篇幅，無法詳予論列。一般言之，風險及利率折扣愈大，則前者超過後者的差額愈多，故「加速折舊」在風險愈大及利率愈高的情況下，對受獎勵的事業愈有獎勵作用。

丙、投資減免　亦稱投資稅額扣抵(investment tax credit)，一九六四年為美國總統甘乃迪在其減稅方案中首度採用。它是允許企業以其投資折舊性資產的某一比率，自其當年應納稅額中加以扣除，以減輕其實際的租稅負擔，故亦有稱為投資津貼(investment allowance) 者。減免的計算方法，通常是以原投資額乘以投資減免率為其投資減免額。例如某公司購買機器一部價值二百萬元，設如投資減免率為百分之十，即可抵扣所得稅款二十萬元。依我國獎勵投資條例第十條之規定，政府基於政策需要，得准生產事業在不超過當年度投資生產設備金額百分之五至百分之二十限度內，抵減當年度應納營利事業所得稅額，每一年度抵減金額以不超過該事業當年度應納營利事業所得稅百分之五十為限，如當年度不足抵減者，得在以後五年度抵減之，最後一年抵減金額不受限制。

此外，我國獎勵投資條例對生產事業或營利事業之租稅減免，尚有下列各項重要之規定：

(1) 生產事業之營利事業所得稅及附加捐總額，不得超過其全年課稅所得額百分之二十五。如為創業投資事業、大貿易商，及基本金屬製造工業、重機械工業、石油化學工業或其他合於經濟及國防工業發展需

要之資本密集或技術密集之重要生產事業及政府指定之重要科技事業，其營利事業所得稅及附加捐總額，並不得超過全年課稅所得額百分之二十（第十五條）。

（2）合於規定標準之工礦業或事業，於創立或擴充時，經核准輸入供生產或提供勞務用之機器及設備，或核准進口專供製造該機器及設備所需之零組件及材料，在國內尚未製造供應者，免徵進口稅捐。生產事業為開發新產品、改良品質、節約能源、防治污染、促進廢物利用或改進製造方法，經核准進口專供研究發展實驗或品質檢驗用之儀器設備，在國內尚未製造者，免徵進口稅捐（第二十一條）。

（3）生產事業為改進生產技術、發展新產品而支付之研究發展實驗費用，准在當年度課稅所得內減除。供研究發展或品質檢驗用之儀器設備，其耐用年數在二年以上者，可適用加速折舊之規定（第三十四條）。

（4）營利事業為促進合理經營，經核准合併成為生產事業者，因合併而發生之所得稅、印花稅及契稅，一律免徵（第三十八條）。

（5）營利事業經核准購置之節約能源及防治污染用之機器設備，得按二年加速折舊，但在二年內未能折舊足額者，得於以後年度陸續折舊，至折足為止（第四十六、四十七條）。

2. 提供設廠之工業用地　政府曾有計劃地開闢工業用地，以供生產事業設廠需要。此項工業用地均由政府先行完成公共設施，以公平價格租售與興辦工業人設廠經營。其中以加工出口區最具特色，它具有工業區與自由貿易區兩者功能，對吸引僑外人前來我國投資及拓展對外貿易，均發揮了很大的效益。其予廠商之最大利益，在於機械設備、半成品與原料輸入加工出口區時，均免徵進口關稅，於加工後出口之貨物，亦不課徵貨物稅。區內並設有銀行、海關、稅捐稽徵處、郵政局、電信局及其他各種服務機構，對廠商提供各項服務，使其在業務經營上獲得

極大之便利，並得以減輕其經營之成本，及有助於增加附近地區之就業機會。加工出口區內生產之貨物，原則上應全部外銷，但經政府許可內銷之部分，仍依一般進口貨物之規定辦理。

3. 公營事業之配合發展　政府爲加速經濟成長，並採取下列各項措施，以公營事業配合促進民營事業之發展：

甲、公私合營　對於新事業之創辦，舊事業之改進，政府得以公營事業之土地、廠房、機器、設備、勞務及其進口物資之關稅，配合投資或參加民營事業，共同經營。

乙、移轉民營　可轉移民營之公營事業得以股票上市出售之方式，移轉民營。

丙、設置開發基金　政府以公營事業移轉民營之收入及國庫撥款，設置開發基金，爲下列各項之運用：(1) 單獨投資於經濟建設計劃中之重要生產事業，而爲民間無力或不願興辦者。(2) 參加投資於技術密集工業及經濟建設計劃中之重要生產事業，其爲民間興辦而資力不足者。(3) 融通資金於技術密集工業及經濟建設計劃中之重要生產事業，其需購置自用機器設備而資金不足者。(4) 爲提高生產事業技術之改進，基金管理機構運用基金引進特殊技術、專利或新穎設計者。

4. 建立長期資本市場　發展經濟事業，首須長期資本，爲便利長期資本之募集，必須建立長期資本市場。我國早於民國十八年卽已公布交易所法，並於民國五十一年成立臺灣證券交易所，以爲各項證券集中買賣與清算之場所。五十七年頒行證券交易法，對有價證券之募集、發行及買賣加以詳細之規定，並爲政府管理證券商及證券交易所之依據。關於證券商之種類，規定分爲證券承銷商、證券自營商及證券經紀商三種。證券商應爲專營，並不得經營其本身以外之其他業務，但經主管機關核准者，得兼營他種證券業務或與其有關之業務。又同時規定證券商

不得由他業經營，但金融機構得經主管機關之許可，經營證券業務。

政府為鼓勵公司股票上市與鼓勵投資證券，並在獎勵投資條例內規定予以下列各項之獎勵：

(1) 股份有限公司組織之營利事業，其股票公開上市並全部為記名，或將其公開上市之股票改為全部記名者，自實際公開上市年度起，或自其完成全部改為記名股票之年度起，就其應納營利事業所得稅額減徵百分之十五（第二十四條）。

(2) 生產事業以其未分配盈餘增資為法定用途，或生產事業之員工以其紅利轉作服務事業之增資者，其股東或員工因而取得之新發行記名股票，暫免計入當年度所得額內課稅，而於將來移轉、贈與或作為遺產分配時報繳（第十三條）。

(3) 公司組織之營利事業，投資於創業投資事業者，其投資收益之百分之八十，免於計入所得額課稅（第十六條之三）。

(4) 個人原始認股或應募合於政府規定標準之工礦業或事業因創立或擴充而發行之記名股票，得於取得後繼續持有之第三年度，以其取得該股票之價款百分之十五限度內，抵減當年度應納綜合所得稅額（第二十條）。

(5) 個人或創業投資事業以外之營利事業原始認股或應募政府指定之重要科技事業因創立或擴充而發行之記名股票，得以其取得該股票之價款百分之三十限度內，抵減當年度應納綜合所得稅額或營利事業所得稅額，但每年抵減金額，仍受第十條規定之限制（第二十條之一）。

(6) 個人或營利事業，原始認股或應募創業投資事業因創立或擴充而發行之記名股票，得以其取得該股票之價款百分之二十限度內，抵減當年度應納綜合所得稅額或營利事業所得稅額。但每年抵減數額，仍受第十條規定之限制（第二十條之二）。

　　(7) 個人持有公司公開發行並上市之記名股票之股利，除郵政存簿儲金及短期票券以外之金融機構存款或工商企業向員工借入款之利息，公債、公司債、金融債券之利息，屬於儲蓄性質信託資金之收益，均能自當年度綜合所得額中扣除免納所得稅，但全年扣除總額以不超過新臺幣三十六萬元爲限（第二十三條）。

　　(8) 購買或取得股份有限公司之記名股票或記名公司債、各級政府發行之債券、或銀行經政府核准發行之金融債券，持有滿一年以上者，其出售所得之利益，減半課徵所得稅（第二十六條）。政府亦得於必要時，暫停徵全部或部分有價證券之證券交易稅及暫停徵全部或部分非以有價證券買賣爲專業者之證券交易所得稅（第二十七條）。

四、爲促進產業升級而實施的租稅減免

　　前述獎勵投資條例，原以十年爲期，經一再修訂並展延兩次後，已使原有租稅獎勵辦法，難以適應我國產業轉型與升級之需要。政府乃於民國七十九年十二月頒行「促進產業升級條例」，以取代獎勵投資條例，並已於民國八十四年一月首次修訂。其中重要部分自仍爲租稅減免，但其適應之範圍則有大幅度的變動。茲分述於次:

　　甲、加速折舊　公司之固定資產，得依下列規定縮短其耐用年數:
(1) 專供研究發展、實驗或品質檢驗用之儀器設備及節省或替代能源之機器設備，得按二年加速折舊。(2) 基於調整產業結構、改善經營規模及生產方法之需要，對特定產業得准其機器設備按所得稅法固定資產耐用年數表所載年數，縮短二分之一計算折舊。

　　乙、稅捐抵減　計分下列各項:

　　1. 投資於自動化設備或技術等之稅捐抵減　爲促進產業升級需要，公司得在下列用途項下支出金額百分之五至百分之二十限度內，抵

減當年度應納營利事業所得稅額。當年度不足抵減時，得在以後四年度內抵減之。(1) 投資於自動化設備或技術。(2) 投資於資源回收、防治污染設備或技術。(3) 投資於研究與發展、人才培訓及建立國際品牌形象之支出。(4) 投資於節約能源及工業用水再利用之設備或技術。

　　2. 投資於資源貧瘠或發展遲延地區之稅捐抵減　爲促進產業區域均衡發展，公司投資於資源貧瘠或發展遲延地區之一定產業，達一定資本額或增僱一定人數員工者，得按其投資總額百分之二十範圍內，抵減當年度應納營利事業所得稅額，當年度不足抵減時，得在以後四年度內抵減之。前項地區、產業別、資本額與僱用員工人數，由行政院定之。

　　3. 認股或應募政府指定之重要科技事業等之稅捐抵減　爲鼓勵重要科技事業、重要投資事業及創業投資事業之創立或擴充，依下列規定認股或應募記名股票持有時間達二年以上者，得以其取得該股票之價款百分之二十限度內，抵減當年度應納營利事業所得稅額或綜合所得稅額，當年度不足抵減時，得在以後四年度內抵減之。(1) 個人或創業投資事業以外之營利事業，原始認股或應募政府指定之重要科技事業及重要投資計劃，其因創立或擴充而發行之記名股票。(2) 個人或營利事業原始認股或應募創業投資事業因創立或擴充而發行之記名股票。

　　丙、定期免稅　合於上述乙項之3.規定之重要科技事業及重要投資事業，亦可於其股東開始繳納股票價款之當日起二年內，依下列規定，選擇適用免徵營利事業所得稅：(1) 屬新投資創立之事業，自其產品開始銷售之日或開始提供勞務之日起，連續五年內免徵營利事業所得稅。(2) 屬增資擴展之事業，自新增設備開始作業或開始提供勞務之日起，連續五年內就其新增所得，免徵營利事業所得稅，但以增資擴建獨立生產或服務單位或擴充主要生產或服務設備爲限。

　　丁、稅捐減免　各種稅捐之減免，亦有下列各項規定：

1. 爲合理經營經政府專案核准合併之事業，可獲下列各項稅捐之優待：(1) 因合併而發生之印花稅及契稅一律免徵。(2) 因合併而隨同移轉之直接用地，經確定其現值後，其應繳納之土地增值稅准予記存，由合併後之事業於其再移轉時一併繳納之。(3) 依合併計劃出售原供事業直接使用之機器、設備及土地、廠房，其出售所得價款全部用於或抵付合併計劃新購或新置機器、設備及土地、廠房者，免徵印花稅，如爲土地與廠房，並免徵其應課之契稅。(4) 因合併出售原供直接使用之工廠用地，而另於工業區或工業用地內購地建廠，而其新購土地地價超過原出售土地地價扣除已繳土地增值稅後之餘額時，得申請就其已納土地增值稅額內，退還其不足支付新購土地地價之數額。

2. 因下列防治污染等原因遷建於工業區或工業用地，其原有工廠用地出售或移轉時應繳之土地增值稅，按其最低級距稅率徵收：(1) 因都市計劃或區域計劃之實施，而不合其分區使用規定者。(2) 因防治污染、公共安全或維護自然景觀需要，主動申請遷廠者。(3) 經政府主動輔導遷廠者。

3. 營利事業辦理資產重估之增值，不作收益課稅。

4. 公司溢價發行股票，以其超過票面金額之部分作爲公積時，免予計入當年度營利事業所得額課稅。

5. 公司投資於創業投資事業者，其投資收益百分之八十，免予計予當年度營利事業所得額課稅。

戊、延緩課稅　此有下列兩種情況：

1. 公司以其未分配盈餘增資供下列各項用途者，其股東因而取得之新發行記名股票，准予延緩至實際轉讓、贈與或作爲遺產分配時，以其面額作爲所得，申報課徵所得稅。至實際轉讓價格或贈與及遺產分配時之時價，如低於面額時，以實際轉讓價格或其時價申報課稅：(1) 增

置或更新從事生產、提供勞務、研究發展、品質檢驗、防治污染、節省能源或提高工業安全衞生標準等用途之機器、設備或運輸設備者。(2)償還因增置或更新前項之機器、設備或運輸設備之貸款或未付款者。(3)轉投資於重要科技事業及重要投資事業者。

　　2. 公司員工以其紅利轉作所服務產業之增資者，其因而取得之新發行記名股票，準用前項之規定。創業投資事業以未分配盈餘增資，其股東或出資人因而取得之發行記名股票或出資額，亦同。

第五節　國外資本與技術的吸收

一、外人投資的重要與方式

　　經濟落後國家在其經濟發展初期，每因國民所得太低，國內儲蓄不足，如不吸收外國的資本，實不易使其經濟快速發展。有時候，由於人口增加較快，小幅度的經濟成長，每爲增加的人口所抵消，國民平均眞實所得反比以前減少。而且，現代化的經濟尚需高度的科學與技術，落後國家在此一方面亦須借重先進國家的知識與經驗，並進一步發展自己的科學與技術，才能奠定其經濟發展的眞實基礎。以美日兩國而論，它們在其經濟發展初期，也多得助於外國資本與技術的吸收。尤以日本自一八六八年明治維新以後，曾以優厚條件吸收外國的資本與技術，故在短短四十年中，即已躍居世界強國之林，挾其強大的經濟與軍事優勢，對我國形成嚴重的威脅。　國父孫中山先生有見及此，故在其所擬訂的實業計劃中，即曾強調吸收外國投資以開發我國富源的必要。　另一方面，經濟先進國家，亦每因資本過多，在其國內找不到有利的投資機會，亦樂於轉向國外投資，落後國家如能善爲利用，實爲利人又利己之舉。

外國資本，就其來源而言，可分爲國外私人資本與國外公共資本兩類，而國外公共資本中，又可分爲外國政府資本與國際機構資本。就其吸收的方式而言，國外私人資本多採直接投資或購買債券方式，而國外公共資本則多採貸款或贈予方式。就我國而言，在中央政府遷來臺灣後至退出聯合國之二十餘年中，外國私人投資於我國的，以美日兩國爲最多，並多數採取直接投資方式，並有以技術合作方式投資者，也有若干外國銀行對我國公民營企業辦理貸款。外國政府貸款與我國的，則有美國、日本與沙烏地阿拉伯三國，其中美國係透過其進出口銀行辦理貸款，也有少部分採取美援贈予及剩餘農產品贈予方式。國際機構貸款與我國者，則有世界銀行、國際開發協會及亞洲開發銀行等，但均不佔重要地位。自我國退出聯合國後，已不再有外國政府及國際機構之貸款，但吸收之僑外資金反有增加。且隨我國經濟的發展，國人對外投資金額，近年亦有巨幅成長。依官方統計，在一九八七至一九九三年間，我國對外直接投資累計金額，已達二三二億美元，在亞洲次於日本，而爲世界第十二大投資國。

二、吸收外人資本與技術的利益

不論爲那一方式之外人投資，均具有下列各項共同的利益：

1. 縮短經濟發展的過程　落後國家單以自力發展經濟，則與先進國家比較，猶如龜兔競走，永將落在他人之後，即使有相同的經濟成長率，亦將隨着時間延長而愈益落後。因爲先進國家已有較高的國民所得，相同的經濟成長率，其每年增加的國民所得亦必較落後國家爲多，而使兩國國民所得的差距愈來愈大。如須迎頭趕上，則落後國家必須有遠較先進國家爲高的經濟成長率，並須經歷相當長的時間始可。吸收先

進國家的資本與技術，殆爲迎頭趕上的必要條件。

2. 提高勞動的邊際生產力　落後國家通常都因勞動過剩，勞動的邊際生產力非常之低，尤其在農業部門，更易出現勞動邊際生產力爲零的現象。如能吸收外資以轉移一部分勞動於其他部門，卽可增加人工的就業機會，且能普遍提高勞動的邊際生產力，亦卽可以增加工人的眞實所得。有人認爲此種外國資本的流向落後國家，無異爲後者向外移民的一種替代途徑。因爲落後國家向外移民，雖亦可減輕其人口過多的壓力，但人口的移動每因國內或國外的原因而受到阻礙，而資本的流動則是非常容易的，且對流出與流入的國家均有利益。對資本流出的國家而言，增加了資本的邊際生產力，而對資本流入的國家而言，則增加了勞動的邊際生產力，眞可說一舉而兩得了。

3. 帶動其他產業的發展　在沒有吸收外資以前，落後國家在其一定的儲蓄與資本之下，用之於甲產業的資本較多，則用之於其他產業的資本必小，整個經濟的發展，每因國內資本不足而受到嚴格的限制。如能吸收外國資本，則代表着資本額的增加，在不影響國內原有產業所需的資本下，而能增加一部分外資經營的產業，由於產業關聯作用，足以帶動國內其他產業的發展。而且，這些外資產業尤其是外人直接投資的產業，多半具有較高的技術水準與較大的生產規模，不僅形成了本國產業的外部經濟，且可透過「示範效果」而將新的技術傳播與國內其他產業，由而更加速了國內經濟的全面發展。

4. 提高本國人民的生活水準　由於上述各項原因，利用外資的國家必能在短時間內提高其人民的生活水準，否則，在其經濟發展之前，尚須忍受生活水準之降低。這是因爲發展經濟所需的國內資本，必須依靠自己的儲蓄，在有限的國民所得下，增加一分儲蓄，必須減少一分消費；而且此種儲蓄的增加，多半來自租稅或通貨膨脹，其所加之於國民

的痛苦，有時不是他們忍受得了的。而吸收外資的結果，則不僅不會降低他們的生活水準，且能隨着經濟的發展而增加了國民所得，在較高的國民所得下，可使消費與儲蓄同時增加，而使全體國民在毫無痛苦的情況下，享受經濟發展所帶來的利益。

三、吸收外人資本的疑慮與辯解

　　國際投資亦常在被投資國與投資國引起若干誤解，於此亦有加以澄清的必要。

　　就被投資國而言，以為允許外人投資，不免使其操縱本國經濟，並因紅利或利息的支付，終必造成本國資金的外流。然而，外人能否因投資而操縱本國經濟，要視外人享受的權利而定。如果外人投資的事業，仍由國人掌握或受本國法律所支配，則實無恐其操縱的理由。　國父在其實業計劃中，曾謂「發展之權，操之在我則存，操之在人則亡」，此實不移之論。至於因外人投資而引起之本國資金外流，自不可免，惟如外人投資果有助於本國經濟開發，其予本國人之利益，實遠甚於外人所得之利益。再就投資國家而言，亦嘗以為國外投資的結果，常使被投資國得以生產若干原須進口的貨物，從而減少其對此類外貨的需要；或者以其生產的貨物輸出國外，而與投資國家競爭國外市場（甚至為投資國之國內市場），此種論調亦屬過慮。被投資國家誠然可因外國投資而發生上述情況，但隨其經濟發展，亦可增加其國民的對外購買力。其能自己生產的貨物，固不必繼續仰賴進口，但必同時增加其對另一些貨物的需要，且必隨其輸出能力的增加，而相對地增加其輸入的能力。然而無可否認的是，被投資國經濟發展的結果，可能使投資國家的經濟結構發生變動，即是說，必須在新的比較利益 (Comparative advantage) 的基礎上，來調整它們之間的生產與貿易。在調整的過程中，或不免使投資

國家遭受暫時的損失，但因投資與被投資國已能更有效地利用其生產資源，透過國際貿易，可使所有國家分享更多的經濟利益。

如就國際投資的短期效果而言，它可使被投資國發生大量的入超，而不致影響其貨幣的對外價值，因爲外國投資所得的外滙，正可用以彌補入超的差額。而投資國家除可獲得利息與紅利的收入外，並可藉以促進貨物與勞務的出口，因爲被投資國由於外國投資而獲得的外滙，常用以從投資國家購買生產器材，從這一意義言，自可增加投資國的就業水準與國民所得。事實上，有些生產過剩的國家，卽常利用國外投資以維持其已有的生產及物價水準。以美國爲例，由於第二次大戰期間生產能量的擴展，戰後國內的消費需要，已不足以維持其龐大的生產水準，故其政府曾以各種方法鼓勵國外投資，藉以穩定其國內經濟，故在一九七〇年以前，其國際貿易的輸出金額每多於輸入金額，兩者的差數，有一部分卽賴國外投資予以消納。否則，美國的經濟不待一九七〇年代的石油危機，恐早已發生嚴重的經濟蕭條了。

四、鼓勵外人投資的方法

外國公司或個人願意投資他國，目的自在獲取較其本國投資爲多的利益，此項利益之能否獲得及其多寡，自須視其經營的效率而定，但被投資國家仍須在各方面加以配合，始能增進外人投資本國的信心。我國爲吸收外人投資，曾於民國四十三年七月公布外國人投資條例，後經多次修訂，並陸續採取多項鼓勵外人投資的措施，揆諸歷年外人投資之踴躍，顯已收到良好的效果。茲卽以我國經驗爲例，說明下列各項措施，殆爲鼓勵外人投資之必備條件:

1. 提供投資機會　由於外國人對我國經濟發展之情況與需要不甚了解，政府曾於外國人投資條例中，列舉外人投資以合於下列規定之一

為限: (1) 國內所需之生產或製造事業, (2) 國內所需之服務事業, (3) 有外銷市場之事業, (4) 有助於重要工礦交通之事業, (5) 從事科學技術研究發展之事業, (6) 其他有助於國內經濟或社會發展之事業。惟上述規定仍嫌抽象, 故投資主管機關復針對我國經濟發展之需要, 出版多種投資機會書刊, 列舉鋼鐵、機械、運輸工具、電子、化學、人造纖維等九種製造工業一百二十三個項目, 供有意投資者設廠參考。近年政府為改善我國經濟結構, 將加強發展電子與機械工業列為重點之一。具有發展前途的電子成品, 如積體電路、彩色電視機、電子錶、科學用電算機、按鈕式電話機、軍用通訊機、小型電腦、影像顯示器、電子測量儀器、汽車用電子、醫藥用電子; 機械成品方面, 如整廠設備 (包括石油化學、化學纖維、塑膠、造紙、食品及水泥等工業機械)、機動農業機械、精密工具母機等, 均值得投資設廠。惟大部分項目的生產技術為國內所無, 故均鼓勵外人以其技術與資本加以開發。

鑒於列舉投資項目, 易有掛一漏萬之弊, 政府復於民國七十八年加以修訂, 對外國人可以投資之項目, 改採負面列舉方式。規定下列事業禁止外國人申請投資: (1) 違反公共安全之事業, (2) 違反善良風俗之事業, (3) 高度污染性之事業, (4) 法律賦予獨佔或禁止投資人投資之事業。而投資下列各項事業, 則應符合目的事業主管機關之規定並經其審查同意: (1) 公用事業, (2) 金融保險事業, (3) 新聞出版事業, (4) 法令對投資人投資加以限制之事業。

2. 改善投資環境　有利的投資環境係由許多因素所形成。就我國情況而言, 約有下列幾項:

甲、較輕的租稅負擔　外國人投資條例第二十條規定:「投資人所投資之事業, 除本條例所規定者外, 與中華民國國民所經營之同類事業, 受同等待遇」。換言之, 前述獎勵投資條例所規定之各項稅捐減

免，外人經營之事業均可享受，藉以增加外人投資的獲利機會。

乙、安定的政治與社會環境　我國目前雖仍遭受大陸中共的威脅，但國內政治穩定、治安良好、且由於軍事及經濟力量強大，足以保障臺海地區之安全，實較亞洲其他各國具有更好的投資環境。

丙、完善的公用設施　臺灣的公路與鐵路交通，均稱便利，工業用水及用電之供應，亦屬充足且價格低廉，工業區之開闢，更爲外人設廠解決了用地問題。

丁、良好的工作紀律與教育水準　我國勞工勤勉而守紀律，從無西洋社會的罷工風潮；加以一般教育水準較高，易於接受職業的訓練，而使一般職工及專業技術人員，均能供應無缺。

戊、安適的生活環境　由於多年的經濟建設，已使我國成爲現代化的國家，加以物價低廉，外人能以較低的費用，享受較高的生活水準。

己、其他輔助性的服務　例如我國金融制度完善，且多外國銀行設立之分支機構，對投資外人均可提供財務上的服務；且有很多合乎國際水準的律師、會計師事務所及技術顧問公司等，以適應外商的需要。同時我國中小企業發達，足可擔任外資企業的衞星工廠，此點每易爲人所忽略，但實爲吸引外人投資的一項重要因素。

3. 保障投資安全　外人投資固以獲取利潤爲目的，但因投資外國，不受其本國法律所保障，故特別重視投資的安全性。我國在外國人投資條例中對此曾作下列各項規定：

甲、投資人依核准投資之計劃實行後，在開始營業前，如因發生困難無法進行時，其已實行之出資，可申請移轉投資於其他非屬禁止投資之事業，或依原來之種類輸出國外（第十條）。

乙、投資人得以其投資每年所得之淨利或孳息，申請給匯。又其投資本金及因投資所得之資本利得，亦得於投資事業開始營業屆滿一年後

申請結匯（第十三條）。

丙、投資人對所投資之事業，投資未達該事業資本總額百分之四十五者，如政府基於國防需要，對該事業徵用或收購時，應給予合理之補償，此項補償所得價款，准予申請結匯（第十五條）。

丁、投資人對所投資事業之投資，佔該事業資本總額百分之四十五以上者，在開業二十年內，繼續保持其投資額在百分之四十五以上時，不予徵用或收購（第十六條）。

4. 加強投資服務 由於外人對本國法規與習俗不易了解，如不加以輔導與協助，將使外人投資遭遇困難，視為畏途。我國政府有鑒於此，除儘量簡化各項投資手續外，特於經濟部設立投資業務處，為投資人提供下列各項免費服務：

甲、投資前服務——提供參考資料，協助研究投資機會及徵信調查，協調各有關單位安排參觀訪問。

乙、投資中服務——協助投資申請，協助洽購建廠用地，協辦其他有關申請事項。

丙、投資後服務——協助投資人排除企業遭遇的困難，並協助其事業的發展。

此外，並輔導臺灣省十九個縣市成立工業發展投資策進會，協助國內外投資人解決有關投資設廠等業務。並在美國的紐約、芝加哥及洛杉磯，義大利的米蘭，西德的法蘭克福，以及香港日本等地，均設有服務處或代表人，主動爭取華僑及外國人前來投資及引進新的工業技術。我國企業界人士如有各項詢問，亦可直接與之聯絡。惟以經費及人員限制，此項服務工作仍有進一步加強之必要。

第六節　我國工業發展的經過與成就

　　臺灣在光復以前的日據時代，由於日本人經營臺灣，係以「工業日本、農業臺灣」爲其政策，在工業方面可說毫無基礎，少數與農業有關之工業，如肥料及糖業等，多在戰時遭受破壞，產量銳減。光復初期，始致力從事復舊工作，尤以三十八年中央政府播遷來臺，帶來大陸一部分技術人員，加以是年實施幣制改革，已使通貨膨脹稍加戢止，故決定優先發展電力、肥料及紡織三種工業，以應付當時的迫切需要。三十九年六月韓戰爆發後，美援隨之流入，亦使復舊工作得以加速進行，至民國四十一年，已大體上完成了重建與復舊的工作。政府旋於民國四十二年起連續實施經濟建設計劃，並每四年爲一經建階段。惟進行至第六期經建計劃時，適以阿戰爭爆發、石油禁運與油價暴漲，導致世界經濟轉入蕭條漩渦，政府乃重新擬訂六年經建計劃，於民國六十五年付諸實施；後又訂定十年經建計劃及六年國建計劃等，繼續推動各項國家建設，已使我國成爲世界新興工業國家。在過去四十餘年中，我國工業發展可概分爲四個階段，茲分別就其特色與成就略加敍述於次：

一、工業奠基時期

　　此一階段自民國四十二年起至四十九年，在此一時期內，國內勞力充沛而資本不足，國際收支形成鉅額逆差。爲平衡國際收支及增加就業機會，乃優先致力發展非耐久性的消費工業，亦卽民生必需工業，以代替同類產品之國外進口。此時由於農業方面之土地改革已告完成，農民所得大幅增加，而爲民生消費工業提供了廣大的國內市場，故工業生產每年平均增加百分之十一・八。惟另一方面，由於國內資源缺乏，工業發展所需之原料與機器設備，多賴國外輸入，而出口則以農產品及農產加工品爲主，外滙收入不足以抵補外滙支出，故國際收支且有愈趨惡化之勢。例如四十一年進出口貿易差額爲入超七千餘萬美元，到四十九年

增至一億三千餘萬美元，幸有美援撥補，未致影響經濟發展。經建資金，以美援及國外資本與貸款爲主要來源，次爲民間儲蓄，公營事業最少。國內儲蓄淨額佔國民所得之百分比，由四十一年之四‧六增至四十九年之六‧六，此因國內物價漸趨穩定，國民所得逐漸提高所致。在工業產值方面，民國四十一年工業生產在國內生產淨額中僅佔百分之十七‧九（農業生產佔百分之三五‧七），至四十九年已提高至百分之二四‧七（農業生產佔百分之三二‧五）。在出口價值方面，民國四十一年工業產品出口在出口總值中僅佔百分之四‧八，至四十九年已提高至百分之三三‧九。工業生產指數，以民國四十一年爲基期，民國四十九年已增至百分之二四二‧一一，平均每年成長率爲百分之十一‧八。

二、工業發展時期

此一階段自民國五十年至六十一年。此一時期內，因民生必需品的國內市場已漸趨飽和，爲平衡國際收支及解決失業問題，乃改採出口擴張政策，並因民國四十九年政府頒行獎勵投資條例，而使此一時期內之工業迅速發展，並促成出口之大量增加。雖然原料與機器設備仍繼續大量進口，但因工業產品的出口迅速增加，而使國際收支逆差問題逐漸獲得改善。自民國六十年起，進出口貿易差額，已轉爲出超，是年出超達二億一千餘萬美元。經建資金，自美援於五十四年完全停止後，即大部分來自國內儲蓄，其中以民間儲蓄最多，政府亦自民國五十三年起發生財政剩餘。民國六十一年，國內儲蓄淨額增至國民所得的百分之二六‧八。工業產值於民國五十二年起超過農業產值，並增至國內生產淨額百分之三九（農業生產佔百分之十五），工業產品出口增至出口總值的百分之八二‧九，工業生產指數增至百分之一六五四‧六六，平均每年成長率爲百分之十七‧四。在工業結構方面，亦有顯著變化。民國四十一

年，重化工業生產在製造業生產淨額中所佔的比重爲百分之三十二，至六十一年已提高至百分之五十六。不過化學工業中尚包括加工簡單的塑膠加工業及重工業中亦包括電子裝配工業，如將此等工業剔除，則眞正重化工業所佔比重，六十一年約在百分之四十左右。惟在此一時期內，由於出口金額佔國民生產毛額的比率逐年增加，民國六十一年前者佔後者的比率高達百分之四十二，已使我國經濟對外依存度逐漸升高，極易遭受國際經濟變動的衝擊；　加以工業快速發展，　又產生了勞力不足問題，引起國內工資上漲，廉價勞力出口的優勢漸形消失。

三、工業轉型時期

自民國六十二年起，先則由於國際經濟高度繁榮，使我國出口及工業生產繼續大幅增加，六十二年較前年各增百分之二三‧八及十九‧二。六十三年國際經濟轉爲衰退，　出口對象國家所得下降，　對我國產品需要大幅減少，形成出口衰退及工業生產呈現負成長現象（爲負百分之一‧五），創光復以來工業首次減產的紀錄。惟六十四年以後，又已恢復增產。六十五年政府實施六年經建計劃，除加強各項公共投資外，並致力改變我國工業結構，工業發展策略着重下列三方面：

1.　適度發展重化工業，進口天然資源，引進最新技術，在國內製造基本原料（如各類金屬及化工原料及中間產品），以供應機械工業及輕工業的需要。

2.　積極引進研究與發展技術密集工業，加強吸收生根及轉化的能力，以產製最新產品。

3.　提高現有勞動密集的輕工業技術水準，改善生產設備，實施生產自動化，改良產品品質，提高品級，使成爲現代化輕工業。

在此一階段內，由於先後完成十大建設、十二項建設及正在進行中

之十四項建設，在公共設施方面已能適應工業快速發展之需要。其間雖經歷兩次國際石油危機，但在短暫的經濟衰退後，我國經濟又已繼續向前發展，更因原料工業次第建立，已使下游工業擺脫了原料取給之困難。加以科技水準提升，得以迅速發展電子工業及資訊工業。自民國七十二年以後，工業生產指數每年均有大幅度的增加，到民國七十五年，已增至百分之六〇〇〇，由民國六十二年至七十五年之平均工業成長率為百分之九‧六。惟因國內市場太小，增加的生產更有賴於外銷，以致出口金額逐年增加，已招致入超國家尤其是美國的不滿，並由而導致臺幣的不斷升值，使以外銷為主的中小企業備感經營困難。加以政府實施經濟國際化與自由化的政策，在進口貨的競爭下，以國內市場為主的企業，亦須調整其經營策略以求自保。今後我國經濟結構必將朝向資本密集與技術密集的方向發展，除使原有產業更能增加效率及降低成本外，並能提高科技水準，增進產品品質，生產新型產品及強化產業體系，始能在競爭劇烈的國際市場中，繼續維持國內經濟的穩定成長。

四、工業升級時期

自民國七十九年將獎勵投資條例改訂為促進產業升級條例後，我國工業發展似又進入另一新的階級。在工業轉型時期，著重於工業結構的調整，即由已達飽和的輕工業轉向重化工業發展，或由下游工業轉向上游原料工業發展。在轉型過程中，雖亦有資本深化及技術提昇之需要，但此地所謂升級，似有更深一層的意義。由於官方並未對此加以明確之詮釋，僅能就促進產業升級條例之內容及政府核定之適用範圍，推知所謂升級，應指工業具有下列一項或多項條件者：(1) 大資本，(2) 大規模，(3) 高科技，(4) 高效率，(5) 高品質，(6) 新產品，(7) 低污染，(8) 低能源，(9) 高附加價值。

　　政府於民國八十年以大手筆大投資的雄心，首先制定六年國家建設計劃，後以所需資金過於龐大，政府財力難以負荷，兩年後復又縮減爲十二項建設計劃。並訂定「獎勵民間參與交通重要工程條例」，積極發動民間雄厚財力，參與國家重大建設。數年以來，在國際經濟仍未完全復甦的情況下，我國經濟仍能維持每年百分之五以上的成長率，而此一經濟成長率，大多由工業生產之成長所得來。例如以民國八十年爲基期，工業總生產指數，七十五年只有七七‧九三，八十二年增爲一〇八‧四四；其中製造業指數，七十五年只有七八‧五六，八十二年增爲一〇六‧四九。而製造業中，復以電機及設備（包括電子產品）、基本金屬、石化產品、橡膠製品等成長較爲快速。尤爲難得的，乃是電腦的普遍使用，非獨爲工業自動化所不可缺少，且爲各行業在管理上普遍使用的設備，益使我國工業邁向更高的境界。

五、促進我國工業發展的重要因素

　　我國經濟穩定而快速的發展，已爲開發中國家樹立楷模。揆其原因，應以下列幾項最爲重要：

　　1. 政府領導的正確　在經濟發展之初，政府確定「以農業培養工業，以工業發展農業」的政策，第一期經建計劃實施之前，即已進行土地改革工作，使農民所得大爲增加，爲工業產品開闢了國內市場。民國四十七年實施外匯貿易改革，四十八年實施十九點財經改革方案，四十九年頒行獎勵投資條例，以及以後設置工業區及加工出口區等，均對過去的經濟發展具有重大幫助。六十年以後次第推行十大建設，十二項建設及十四項建設，由政府對交通與電力作巨額投資，以打破經濟發展的瓶頸，並致力重化工業的發展。更配合經濟發展需要，數度修正獎勵投資條例及改訂促進產業升級條例，對資本密集與技術密集的生產事業，

更予以特別獎助，以使我國經濟結構發生改變，加強今後國際競爭的能力。每次政府實施重大經濟政策時，均能切合當時的需要，故能帶動經濟作更進一步的發展。

2．國際經濟的繁榮　自第二次世界大戰後，國際經濟一直在平穩中發展。歐洲各國在美國馬歇爾計劃的援助下迅速復興，一九五八年歐洲共同市場成立，更使參加各國的經濟快迅發展。日本亦因韓戰爆發，加上美國的支援，使其從戰後廢墟中迅速重建起來。美國自身更已躍為舉世無匹之經濟大國，不獨有雄厚財力援助世界其他國家，亦為其他各國提供了廣大市場。其國內經濟雖亦呈現自由經濟下的循環波動，但在一九七〇年之前，從未發生嚴重的經濟失調現象，當時經濟學家都認為由於人類知識的進步，已能控制其經濟發展，不致再度發生一九三〇年代之經濟蕭條。我國即在此一戰後長期的經濟繁榮中實施經濟建設計劃，故能一帆風順，未受任何打擊與挫折。等到一九七三年後國際石油危機發生時，我國已奠定了堅實的經濟基礎，而能安然渡過難關。

3．美援及僑外資本的幫助　我國於撤守臺灣後，自民國四十年起接受美國援助，民國五十四年起，除依其四八〇號法案，仍有部分剩餘農產品援助我國外，其餘各項美援完全停止，在十五年中，總計與經濟有關之美援共達十五億美元。此一時期內，正值我國致力經濟建設，亟需大量資本，而國內儲蓄不足，資本形成困難，設無美援支助，經建必將受阻。除美援外，亦有一部分國際金融機構之貸款及外人投資，三項合計，更為我國經建初期資本形成的主要來源，例如民國四十一年，佔我國資本形成毛額的百分之四〇，到民國五十一年止，每年美援及外資合計，均佔國內資本形成毛額三分之一以上，有時更高達二分之一以上（民國四十三年佔百分之五十二·二），可見其對我國初期經建之重要性。

4. 高額的儲蓄率　我國人民受傳統觀念影響，一般均視儲蓄爲美德。隨著經濟發展與國民所得提高，國內儲蓄比率逐漸增加，形成我國經建後期資本形成的主要來源。例如民國七十五年，國內儲蓄淨額佔國民所得的比率，曾高達百分之三十六・六，近年雖已下降，但仍在百分之二十五左右。此種高度的國民儲蓄率，實爲我國經濟賴以發展之重要因素。

5. 旺盛的企業精神　此一因素雖無數字可以衡量，但觀於各項企業的蓬勃發展，即可證實國人企業精神的旺盛。所謂企業精神，通常係指企業家所具有的一種冒險而創造的力量。經濟學家熊彼德曾以創新（innovation）爲企業家的基本條件，在他的心目中，企業家就是創新者。「創新」並非「發明」，而是以發明應用於實際生產的經營者，經由他們的努力，才使經濟不斷地向前推展。我們雖不能說我國的企業家都能如此，但他們確能不斷引用新的技術，開創新的事業，卒使我國工業產品，進軍國外市場。在經建初期，政府也承當了企業家的任務，經營了一部分關鍵性的企業，以後則民營企業逐漸躍居重要地位。例如民國四十一年，公營企業與民營企業的產值比例，各爲百分之五六・六與四三・四，以後前者的比重逐漸降低，而後者的比重則逐漸增加，至民國八十二年，兩者比率各爲百分之十六・九一及八十三・〇九，如非民間具有旺盛的企業精神，曷克臻此。

6. 優秀而低廉的人力　臺灣天然資源缺乏，原無經濟發展之良好條件，但因人口密度高居世界之冠（民國八十二年每平方公里爲五八一・七八人），非發展經濟實不足以維持生存。在人口過多的情況下，形成勞力充沛與工資低廉的現象，而爲發展工業的有利條件。以實質工資計算，我國勞工遠較美日及歐洲等國爲低廉，故能減低工業品的生產成本，有利於國外競爭。加以國內教育發達，人民刻苦耐勞，人工的品質

與生產效率，並不遜於工業先進國家。此外，高等教育的發展，也造就了甚多的高級技術人才與企業人才，前述企業精神的旺盛，與此亦有密切關係。惟人工低廉的有利條件，已隨經濟發展而日漸減低其重要性，並已出現工資上漲人工難求的現象。

第七章 國際貿易政策

第一節　比較利益法則及其所受的限制

國際貿易原以比較利益法則(Law of Comparative Advantage) 為其立論之根據。意思是說，各國由於經濟資源的秉賦不同，即使兩國各自生產兩種物品時，一國較之他國均有絕對利益 (absolute advantage) ，祇要兩國生產兩種物品的成本比例不同，則仍可各自生產其利益較大或成本較低的物品，然後進行交易，對雙方均有利益。此一理論，乃是假定兩國有其一定的生產資源與生產技術，並在充分就業與完全競爭之下，而且生產要素不能在兩國之間進行移動等條件而成立的一種靜態理論，許多經濟學家對之抱有贊同或反對的意見，我們無法在此加以詳細的探討。就一般意見言之，即使影響兩國比較利益的條件發生變動，亦不足以推翻此一理論的真實性，但必隨之在比較利益的新基礎上，重新調整它們之間的貿易關係。然而要注意的是，比較利益法則並不能使兩國之間作澈底的分工，譬如說，甲乙兩國都能生產糖與米，儘管甲國以生產糖為有利，但祇減少而非完全放棄米的生產，乙國雖以生產米為有

利，亦只減少而非完全放棄糖的生產。揆其理由，乃因比較利益法則仍受到下列限制：

1. 任何國家享受的生產利益（勿論其為絕對的或相對的），僅適用於某一產量範圍之內。例如甲國生產糖的成本，固然要比其他各國為有利，但若甲國供應所有其他國家糖的需要，卽使為自然條件所許可，但因須在原有土地上作更集約的經營，或者須以較差的土地用於糖的生產（指製糖原料，下同），或者須抽用在其他用途上更具價值的土地，均將使糖的生產成本為之上昇，換言之，甲國將在成本遞增情形下增加糖的生產。卽使他國沒有關稅等因素阻礙糖的進口，在其生產成本遞增隨之價格上漲到某一程度時，其他國家產糖成本較低的部分農場，亦將發覺它們能在較高的價格下足與甲國競爭了。由此可知，任何一國對於某項生產縱居絕對優勢，亦不能無限制地擴張生產，以完全取代其他國家的同一產業。

2. 我們說到甲國某項產品的生產成本較乙國為低，只是就此產品的平均成本比較而言，除非甲國每一生產者都較乙國任何生產者為優，則當甲國產品以較低價格輸入乙國時，僅能迫使乙國那些成本較高的生產者退出生產，至於那些效率較高而成本較低的生產者，仍是可以存在而與之競爭的。因之自由貿易的結果，是將生產限於兩個國家內最有效率的企業，從而增加了該一產業的平均效率，並使所有買者獲得較廉的產品。

3. 另一限制的因素，是該項產品達到使用地點的運輸成本。運輸的距離愈長，則運費所佔價格的比例愈大，因之他國同一產業的生產成本縱屬較高，有時亦能抵抗外國生產成本較低貨物的進口。如果一項產品值小而笨重，其所受運輸限制更大。不過，隨着交通的改進和運費的降低，國際貿易仍有逐漸擴張的趨勢。

第二節　對外貿易在經濟發展中的地位

一個國家在其經濟發展的過程中,對外貿易究居何種地位,每隨各國實際情況而異。金德柏格(C. P. Kindleberger)將其分爲三種不同的模式,即以對外貿易作爲領先部門(as a leading sector),以對外貿易作爲落後部門(as a lagging sector),以對外貿易作爲平衡部門(as a balancing sector)。惟金氏之所謂對外貿易,實指出口產業而言。玆分別敍述於次❶。

一、以對外貿易作爲領先部門

採取此一模式的國家,多半由於其若干產業在國際市場中較居優勢,這些產業的高度發展, 常可帶動國內經濟的快速成長, 因之也可稱爲出口導向的 (export oriented) 發展模式。金氏認爲英國是這一模式的典型例子。 英國自一八一九到一八四〇年, 其紡織業每年平均以百分之六‧七五的速率擴張,其後二十年降低爲每年百分之四‧三, 一八七〇年至一九一三年更降低至每年百分之一‧五。 由於紡織品與煤均爲英國的主要輸出品,因之有人認爲一八七〇年以後英國經濟發展轉趨緩慢的原因, 多半由於輸出的增加率由每年百分之六降至百分之二所致。他如一八八〇年以後瑞典與丹麥的經濟發展, 一九〇〇年至一九一三年期間以及第二次大戰後瑞士、荷蘭、比利時與加拿大的經濟發展,都是輸出引導成長的顯著例證。一九五〇年後由於韓戰爆發導致亞洲若干國家原料輸出的增加與價格的劇漲, 亦使它們獲得了內部與外部的財源,以推進其開發計劃。一九七四年以來石油價格暴漲, 亦使阿拉伯產油國家得以全面地從事其國內的經濟建設。

---

❶ 參看 C. P. Kindleberger: *Economic Development*, 2th ed. 1965, pp. 304-313.

　　一個國民所得大部分來自輸出的國家，固易受國際市場的成長速度及經濟景氣情況所影響，但其輸出產品的所得彈性、未來技術的改進、對於市場需要的研究與發展等，亦與其輸出產業的穩定性具有密切關係。如其輸出產品的所得彈性較大，並能不斷改進其產品的品質或發展一些新的產品，或者力求開拓新的市場與促進市場需要，則必能保持其對外貿易的穩定與成長，而不致因其過份依賴對外貿易而使國內經濟失其穩定性。

二、以對外貿易作爲落後部門

　　有人認爲今日經濟落後國家進行其經濟開發時，甚難以對外貿易作爲領先部門。這是因爲落後國家主要係以食物或原料爲其輸出物品，而食物需要的所得彈性較小，當其增加生產與輸出的數量時，必將導致輸出價格的跌落，或者由於其貿易條件較差，難於保持出口所得的眞實購買力。至於原料的出口，也可能由於代替品的出現，例如人造橡膠之代替天然橡膠，人造纖維之代替天然纖維，以及人造奶油之代替天然奶油等，均將逐漸減少這些初級產品的市場；加以工業國家使用原料的效率不斷改進，而使原料的需要不能隨其製造品的需要增加而比例增加。另一方面，落後國家在其經濟開發的初期，由於國民所得的增加，也受示範作用(demonstration effect)的影響，必將增加一部分工業消費品的輸入，從而國民儲蓄率不會增加很多，且會消耗一部分的外滙收入，因之單靠對外貿易並不能促進其國內的經濟發展，它們多半需有國外的借款或投資以爲幫助。或者是，設法限制或減少對於外國消費品的需要，以使出口所得的外滙首先用於建立輸入代替工業，以逐漸達成國內經濟的自給自足。根據一些國家的經驗，當其經濟日漸發展時，國際貿易的比重卽趨下降，或者是，國際貿易比重雖呈下降，但其經濟仍有顯著的成

長，荷蘭卽是一個很好的例子。這是因爲在經濟成長期間，逐漸建立了
輸入替代工業，而使輸入與輸出的貿易均趨減少所致。近年澳大利亞與
南非聯邦的經濟成長頗爲迅速，亦因主要着重於國內市場的投資，而非
輸出部門的投資。然而，此一以輸出爲落後部門的成長模式，似乎不適
用於資源偏在性較高的國家，因爲它們如不充分利用其少數豐富資源的
出口，卽將減緩其經濟成長的速度。同時，就國內市場太小的國家而
言，爲使其國內產業獲得大規模生產的經濟利益，亦不宜於採取此一限
制對外貿易的成長模式。

三、以對外貿易作爲國內經濟的平衡部門

　　一個國家如因農業資源的限制，不能生產足夠的糧食以供國內需
要，卽須致力於工業發展，而以輸出製造品來獲得國內糧食供給的平
衡；或者是，由於糧食或原料的生產過多，已超出了國內對於這些產品
的需要，卽須致力於糧食與原料的出口，以之作爲這些產品需要平衡的
手段。日本曾是一個藉輸出製造品以求國內經濟平衡的國家，然而，也
有證據顯示，至少在其早期以蠶絲爲主要出口品時，它也與英國一樣是
以對外貿易爲其領先部門的。澳大利亞、紐西蘭與緬甸等國，則以糧食
出口爲其國內經濟的平衡部門，印尼與巴基斯坦等國，亦藉原料出口爲
獲取國內所需糧食的手段。

　　另一較爲突出的例子，則是一個國內市場較小的國家，當其工業發
展達於某一階段時，其生產規模已超出了國內市場的需要，而須藉發展
對外貿易以保持其大規模生產的經濟利益，我國近年來的經濟發展，就
是如此。臺灣的糧食生產已可自給，並無藉出口工業品以謀輸入糧食的
必要。過去雖亦藉農產品或農產加工品的出口，以導致國內工業的發
展，但在工業發展以後，農產品出口所佔的比例卽日趨下降；另一方

面，爲獲得大規模生產利益所建立起來的工業規模，其生產能量已超出了國內市場的需要，故須發展對外貿易以求工業產品需要的平衡。

在以對外貿易爲領先部門的模式中，自變數爲國外需要，可稱之爲需要領導的經濟擴張政策；在以對外貿易爲落後部門的模式中，刺激來自國內投資，由於輸入替代減少了對外貿易的需要，而爲一種緊縮貿易的經濟擴張政策；在以對外貿易爲平衡手段的模式中，則着重於以供給推動輸出，使其自動增加，也可說是一種供給領導的經濟擴張政策。

四、對外貿易對於經濟發展的一般影響

上述對外貿易的各種模式，係就不同國家的適應性而言，但任何方式的對外貿易，均有助於一國經濟的發展，舉其要者，約有下列數項：

1. 增加國內資源的就業機會　一個開發中的國家，雖有豐富的生產資源，每因國內缺乏適當的投資機會（市場太小），不易同時加以充分的利用。採用平衡成長(balanced growth)的策略，固有幫助，但那不是落後國家所能爲力的。發展出口產業，可以突破國內市場的限制，增加剩餘資源的就業機會。從這一意義而言，也可說是這些剩餘資源的出口，從而增加了它們的勞務所得。這一利益，自不適用於資源並非豐富的國家，因爲在這些國家內，增加出口產業所使用的資源，就得同時減少其他產業所使用的資源，就整個資源而言，並未增加了它們的就業機會。卽使如此，只要這些資源能有多種用途或使用方法，則改變它們的配置或用途，有時仍能增加它們的使用效率，獲得較多的勞務所得。因之，以一部分生產資源移用於出口產業，有時要比完全用於國內需要的產業，可以獲得更多的利益。

2. 達成國際收支的平衡　開發中國家爲謀國內經濟的迅速發展，每須從經濟先進國家輸入資本財或工業原料，如無外滙收入可以抵補，

必將發生國際收支的不平衡。雖可向外借款或吸收外資，但仍將增加將來外滙的支出，甚至導致通貨貶值，而引起國內物價上漲。如能在經濟發展初期，卽能建立少數出口產業，當可增加本國的外滙收入，以支應一部分的外滙需要。而且，隨着國外資本財的輸入，亦可提高國內資源的使用效率，減低出口產業的生產成本，更有助於提高其在國外市場的競爭力，甚至不需國外借款或外人投資，亦能獲得國際收支的平衡。

　　3. 帶動國內其他產業的發展　建立出口產業，可以透過關聯作用（linkage effects），帶動國內其他產業的發展。落後國家在經濟發展初期，也許只有農產品或農產加工品可以出口，卽使如此，仍能有其產業關聯作用。例如糧食的出口，可以刺激肥料工業的發展，而農民的所得增加，又可增加他們對於工業消費品的需要。如能更進一步發展工業品的出口產業，則其發生的向前與向後關聯作用更大。此外，出口產業多半需有較高的生產技術，不論其從國外輸入或由國內創造，都能逐漸由國內其他產業吸收、模仿、或予以進一步的發展，由而提高了國內一般產業的技術水準，更可增進國內資源的使用效率。

　　4. 獲致大規模生產的經濟利益　開發中的國家每因國民所得較低或國內市場太小，無法有利地建立具有適當規模的產業，在其較高的成本與價格之下，又減少了國內對其產品的需要，形成一種難以打破的惡性循環。如能以部分產品出口，則可不受國內市場的限制，而可在其國內資源的許可下，大規模地從事生產或製造，有時候，卽使國內對某種資源供應不足，亦可由國外進口補充，如此當可減低生產成本，使國內消費者也能獲得廉價消費的利益。而且，這些出口產業的規模擴大，又為其他相關產業帶來外部經濟（external economies），或使它們也能隨之擴大生產規模，有一於此，都可減低這些相關產業的生產成本，而使國內消費者獲得更多的利益。

5. 提高國民的所得與生活水準　發展對外貿易，具有兩方面的意義：一是出口的增加，可以增加國民所得，使其具有購買更多消費品的能力；二是進口的增加，可以增加消費品的種類與數量，使其擴大了消費範圍或提高了生活水準。各國由於資源秉賦與技術條件不同，無法生產每一種自己所需的物品，即使都能生產，也不見得是有利的。如無國際貿易，人類所能消費的範圍實屬有限，且必隨之降低了他們的生活水準。發展對外貿易後，不僅基於比較利益法則，而使貿易雙方各自從分工中獲得更多的經濟利益，更重要的，是其擴大了消費的範圍。臺灣不產鐵鑛，而能獲得鐵鑛爲原料的鋼鐵製品，缺乏棉花與羊毛，而能獲得棉織品與毛織品的消費。他國亦然。對外貿易只是提高國民生活水準的手段，其他各項利益只在最後有助於這一目標之下，才有其眞實的意義。

第三節　輸出貿易政策

一個國家對於本國貨物的輸出，原有鼓勵輸出與限制輸出兩方面，先就限制方面言之。現時一般國家多採自由出口政策，並免除出口關稅，但仍有下列兩種例外情形：(1) 爲維持出口貨物的較高價格，而有徵收出口稅之必要。採取此一政策的國家，多半由於擁有某些獨佔性之產品，不虞他國從事價格競爭，爲維持較高的國際價格，乃對此一產品之出口課征出口關稅，例如若干非洲國家對其出口之可可、巴西對其出口之咖啡，即曾如此。事實上，這些國家也以這些出口產業爲其主要的經濟資源，政府亦可藉此增加財政收入，兼有財政與經濟上的雙重目的。如不因此而減少出口數量，則無異由國外消費者負擔了全部租稅。設若出口數量因價格上漲而減少，則國內資源將有一部分從出口產業移

轉於其他產業；如仍維持課稅前之產量，則將促成國內同一產品價格的跌落，因之出口價格的增加，將不及課稅數額之多，而由國內生產者負擔了出口稅的一部分。(2) 爲充實出口貨物在國內的供應數量，對出口數量加以適當的調節。這是因爲出口貨物也是國內所需要的，由於國際市場價格較高，引起出口數量過多，從而導致國內價格上漲。政府對之徵收出口稅，雖亦有減少出口與降低價格的作用，但關稅徵收有其一定的程序，不能適應情況的變動而隨時調整，如能對其出口數量加以管制，當可收到同樣的效果。我國即常採取此一方式，例如當水泥出口過多而引起國內供應不足時，即限制水泥出口數量，甚或暫停出口，一至國內生產充裕，再又恢復自由出口。但此一方法每使出口商不敢對外報價，坐失商機；或不能如期出口，增加糾紛；如無特殊必要，仍以少用爲宜。以上兩種情況，雖亦屬輸出政策的一部分，但係限制輸出，而非鼓勵輸出。以下各項則爲鼓勵輸出之政策：

一、出口補貼

政府對出口貨物直接以現金補貼，在今日已難復見，因爲各國對進口貨物已在輸出國家接受補貼者，多須課徵適當之平衡稅 (Counter-vailing duties)。但過去有些國家，由於某些農產品生產過剩，而國際市場價格亦不足以作有利之出口，乃由政府規定，如出口價格低於出口成本時，其差額可由政府予以補貼。在理論上，如因補貼而增加出口，當可逐漸提高此一產品在國內之價格，而使出口商之出口成本增加，加大出口價格與出口成本的差額，除非增加補貼數額，勢將難以繼續出口。然而，出口補貼之目的，原在消除國內生產過剩之情況，只要國內供應恢復正常狀態，即無再行鼓勵輸出之必要。工業品由於供給與需要彈性均較大，並不致因生產過剩而有賴政府補貼出口。但爲鼓勵出口，

常用其他間接補貼方式，此即下述各項措施。

二、輸出退稅

即是輸入原料所課徵之進口稅，於加工出口時全數退還。此一政策源自法國與德國。我國關稅法第三十六條亦規定：「外銷品進口原料關稅得於成品出口後退還之。但進口原料係以供加工外銷為主要用途，經依財政部規定按內銷所佔比率課徵關稅者，不予退稅」。為減化退稅手續，並規定「外銷品沖退關稅，應以定額、定率或其他簡明便利之方法為之」。對外銷品進口原料應課之關稅，廠商亦得提供保證，申請緩繳或記帳，於出口時再行沖銷，以節省徵退之手續。此外，我國七十四年新訂之營業稅法明定外銷貨物之稅率為零。貨物稅條例規定應納貨物稅之貨物，運銷國外者，免徵貨物稅，已納或保稅記帳貨物稅之貨物，於運銷國外時或用作製造外銷貨物之原料時，退還原納或沖銷記帳之貨物稅。

進口原料於加工出口時退還進口稅，乃現時開發中國家普遍採行之獎勵出口辦法。否則，將使外銷物品負擔雙重之進口稅（一為輸出國之原料進口，二為輸入國之成品進口），顯非合理，且將喪失其在國外公平競爭之能力。而貨物稅原具內地消費稅性質，貨物輸出國外時，每由進口國家課徵之，則出口國家予以免徵或沖退，亦屬合理。美國亦有退稅規定，但出口時間不得超過原料進口後五年，退稅金額可達原繳關稅百分之九十九。

三、外滙保留

有些開發中國家，由於官定滙率偏低，以致高估了本國貨幣的對外價值，出口所得外滙如須全部結售政府銀行，將使出口商利益減少，而

不利於本國產品的出口，我國於經濟發展初期即有此情況。爲改善此一情勢，可允許出口商保留一部分出口所得外滙，用於自己直接進口，或以較高滙率出售他人。我國過去曾一度採用結滙證辦法，規定出口商所得外滙，仍須一律結售中央銀行或其指定銀行，其中一部分發給結滙證，可由出口商在市場出售給進口商，憑以向中央銀行或其指定銀行結購進口所需外滙。因爲黑市滙率通常較官定滙率爲高，結滙證按照此一差價出售，即無異爲對出口商之補貼。當時由於外滙短絀，進口外滙採取配額制度，進口商不易按官價獲得充足外滙，故多在市場購買結滙證，以後由於外滙充裕，改採自由進口辦法（以准許進口之貨物爲限），結滙證制度即行廢止。

四、出口融資

各國對國際貿易之資金融通，多設有專門性之銀行辦理。在一般情況下，有信用狀之出口貿易，由於融資期間較短，且有進口國之銀行保證，對出口商並無任何融資上的困難，但如要減低融資利率，則須由國家專設金融機構辦理之。此外，對並無信用狀之 D/A 或 D/P 方式之出口，一般銀行只能以託收方式辦理，尤以長期性分期償付之出口貿易，更難獲得有利之資金融通。國家專設金融機構，即可爲出口廠商解決與此有關的資金問題，但多以先有輸出保險爲條件，此點容後述之。我國對出口貿易一向採取低利融資政策，對獲有信用狀之出口廠商，可憑信用狀向指定辦理外滙銀行申請信用貸款，貸款利率較一般貸款利率爲低，中央銀行亦以較低利率對貸款銀行予以再融通，故實爲政府對出口商給予利息補貼。但對其他方式之出口，則並無任何融資上的優待，亦即通常須有貸款抵押品，且難獲得較長時間的資金融通。我國現已成立國營輸出入銀行，開業資本定爲一百億元，先收四分之一。其業務內容

為:(1)辦理輸出機器設備及其他資本財所需價款或技術服務費用的保證及中長期融資。(2)辦理出口廠商對外投資,工程機構承包國外工程所需資金保證與中長期融資。(3)辦理出口廠商輸入與其外銷有關原料等價款保證及融資。(4)辦理出口廠商短期融資的保證。(5)辦理輸出保險。(6)辦理國內外市場調查、徵信、諮詢及服務。對今後促進我國產品及勞務之輸出,當有進一步的幫助。

五、輸出保險

對外貿易常遭遇下列四種風險:(1)信用風險(Credit risks),指因輸出契約之買方破產或延不履約,致不能支付貨款,而使輸出廠商遭受損失之風險。(2)政治風險(Political risks),指因輸入國家發生戰爭,致中止貨物進口;或因輸入國家實施進口或外滙管制,對輸入貨物加以限制或禁止;或因本國變更外貿法令,對輸出貿易有所限制或禁止;或因輸入國以外國家發生各種政治性事故,致不克將貨物運送輸入國。其因上述原因而使契約無法履行所致損失之風險。(3)災害風險(Catastrophic risks),指因各種災害,如海難、火災、地震、洪水等,致輸出貨物遭受實質損失之風險。(4)商業風險(Commercial risks),指輸出廠商因經營不善或估計錯誤,致投資費用無法收回或不能獲致預期利益之風險。輸出保險通常係指上述(1)(2)兩項風險之保險而言。由於輸出保險之特殊性質,一般國家多由政府專設保險機構經營之,此一專設機構,或為政府主管對外貿易機構之一部門,如日本(由通商產業省貿易振興局輸出保險課承辦);或由政府另設國營之輸出保險機構,如澳大利亞與英國(英國並另有民營之貿易保險公司);或採公私合營方

式，如美國（原由民營保險公司聯合組成對外信用保險協會承保，另由美國進出口銀行分擔政治風險，後因前者遭受重大虧損，已由後者單獨承當信用風險與政治風險兩方面的承保責任）；或由輸出入銀行兼辦輸出保險業務，如韓國與我國。我國輸出入銀行辦理之輸出保險現有下列數種，並均採自由投保方式：

1. 託收方式（D/A、D/P）輸出綜合保險單　爲出口廠商承保其以一年期以下付款交單（D/P）或承兌交單（D/A）方式輸出之貨款，因國外信用或政治危險而發生之損失。

2. 中長期延付輸出保險單　爲出口廠商承保其以一年期以上分期償付貨款方式輸出整廠設備、機器、產品或其他資本財，或提供技術與勞務，而於貨物裝船或技術勞務提供前，收取總價款百分之二十以上預付款，並持有買方銀行之付款保證，或輸出契約當事人爲國外政府機構之輸出交易，因國外信用或政治危險而遭受之損失。

3. 輸出融資綜合保險單　爲外滙銀行承保其憑不可撤銷跟單信用狀對出口商辦理之融資，因國外信用或政治危險而使融資不能收回的損失。

4. 海外投資保險單　爲本國公司承保其報經政府核准，並取得被投資國許可之對外投資案件，因國外政治危險而不能收回其投資本息或紅利之損失。

5. 中長期輸出滙率變動保險單　爲輸出廠商承保其以「輸出契約」方式輸出設備及其零組件、附屬品等，或簽訂「技術及勞務提供契約」讓與工業財產權、提供技術勞務或承包營建工程，因滙率變動所致之損失。

第四節　輸入貿易政策

古典學派倡導之自由貿易政策，雖有堅強之理論根據，但它是以各國現有之經濟狀況作基礎，而忽略了各國在經濟上的發展潛力。有些國家具有相當豐富的資源，但因歷史的原因而未加以充分的開發；而另一些國家的資源並非十分充裕，但因加以充分利用而具有較高的效率；如果僅以此種現狀作基礎而進行自由貿易，則顯然不利於尚未完全開發的國家。至於開發較早的國家，在短期內雖居於有利地位，但若經濟落後國家完全開發，則可改變各國相對利益的情況，而使國際貿易在一新的基礎上進行，所有參與貿易的國家均能獲得更多的經濟利益。因之，即在自由貿易盛行的時代，保護貿易政策亦仍爲若干國家所採行。惟目前所謂保護政策，已爲一般性之輸入政策的一部分，而採取輸入政策的原因，不外下列數項：(1) 保護本國某些產業的發展，使其不致遭受外國同類產業的侵害。爲此目的而實施的保護，應以國內受保護產業具有良好的發展潛力爲條件，並隨着這些產業的發展，逐步放寬保護措施，一至發展完成，即行取消保護。(2) 增加國家的收入。此因關稅收入爲一種極易徵收而又可靠之稅源，只要關稅不至高到完全禁止外貨進口，即能隨着外貨之進口而自動有所收入，以供國家經費之需要。目前對經濟已開發國家而言，此一目的已逐漸失其重要性，但仍爲經濟落後國家收入之主要來源。(3) 節省外滙支出。經濟開發中國家爲進行經濟開發，每需鉅額之外滙以供採購外國之資本財，在未能充分發展出口之前，只有限制若干消費性財貨之進口，以節省不必要外滙之消耗。(4) 調整國內資源的分配。任何限制輸入措施，均對國內資源的調配有所影響。即使課徵關稅之貨物，在國內並無生產，或是對國內生產之貨物，亦課徵

同一進口物品之稅率，仍將因爲課稅後對其國內需要數量有所影響，足以改變各產業間的資源分配。例如國內不產咖啡，但對進口咖啡課徵進口關稅或限制其輸入數量後，因將變動人們對於咖啡的需要數量，則在一定的所得下，必將影響人們對於其他物品的需要，而使其他物品之生產及其所需生產資源發生變動。爲達成資源的理想調配，自須對限制進口的物品加以選擇，而限制方法的不同及其限制的程度，對此亦有影響。玆就各種進口貿易政策分別加以分析於次：

一、輸入關稅

一個國家對國外進口貨物課徵進口稅，雖有財政目的與經濟目的之分，但都將提高國內此一貨物的銷售價格，形成輸入的一種障礙。由於課徵方式與稅率高低之不同，其所產生之效果自亦有異，玆分項說明於次：

1. 輸入關稅之課稅標準，通常有下列三種：

(1) 從價稅 (ad valorem duty)，即就貨物的價值課徵一定百分比的進口稅。此一方法，能使進口貨物依其價值大小比例地負擔租稅，符合公平原則；尤其在物價上漲時期，能使國內同一產業獲得一定水準的保護。而且，可依國內各項產業所需保護的程度，分別規定不同的從價稅率。但在徵收技術上，須先對進口貨物進行估價，不免增加了徵稅的手續與費用。估價的標準，通常有 F.O.B. 與 C.I.F. 兩項基礎，前者係指貨物在出口地之船上交貨價格，如不包括裝船費用，則爲船邊交貨價格 (F.A.S.)；後者係指入口港之起岸價格，包括貨物成本，保險費與運費之總和。美國與加拿大採用 F.O.B. 價格，歐洲國家則多採用 C.I.F. 價格。我國對進口貨物之完稅價格，依民國七十五年六月修訂之關稅法，已由原定之「起岸價格」改以「交易價格」爲準。所謂交易

價格，係指進口貨物輸出國銷售至中華民國實付或應付之價格，依其列舉包括之項目，實較 C. I. F. 價格更為周延。唯各國對同一貨物之稅率並不相同，較高的完稅價格可採較低的稅率，而較低的完稅價格可採較高的稅率，故實際納稅數額與保護效果，不能單從估價標準或稅率一方遽下判斷。此外，美國為保護其國內化學工業，對若干化學品的進口，曾採取所謂「美國售價」（American selling price，簡稱 ASP）為課稅標準，即指在美國生產或製造相同或相似（like or similar）物品，按一般交易情形在公開市場為內銷而批發之價格。此一方式過於保護了本國產業，而損害了消費者的利益，一九八〇年七月一日起已予廢止。並另訂所謂「交易價值」（transaction value）作為進口貨物的估價標準，即是以進口貨物的 FOB 價格加上包裝費、佣金、權利金及輔助費用等法律所列舉之費用，但不包括運輸費用及保險費在內。

(2) 從量稅（special duty），即按商品數量每一單位課徵固定金額之進口稅。此一方法，簡便易行，但在物價上漲時期，如不調整每單位貨物之納稅金額，將使進口貨物之實際稅負為之減輕。而且同類貨物由於品質不同而價值各異，如不細加劃分，則價值較高的貨物較之價格較低之貨物，負擔了較少的進口稅，形成累退稅性質，亦不合公平原則。

(3) 複合稅（compound duty），即同時採用從價與從量兩項標準之進口稅。例如進口之汽車除每輛課徵二萬元外，並按完稅價值課徵百分之十是，如汽車完稅價值為二十萬元，則共須徵收進口稅四萬元。

目前歐洲各國以採從價稅為主，美國則從價稅與從量稅並用，我國則純為從價稅。除非特殊情況，各國甚少採取複合稅。從價與從量各有利弊，為取長捨短，對標準化之產品，不妨採用從量稅，對品質或等級具有較大差異之物品，則以從價稅為好。

此外，各國為抵消外國對其輸出貨物之補助，或為保護本國某種產

業不受外國同類產品的低價競爭，也常課徵所謂「平衡稅」，我國關稅法第四十六條亦有此種規定。另一較為突出的例子，則為歐洲共同市場各國為支持其國內穀物價格而實施之進口稅制度。它們先行訂定所謂「目標價格」(target price)，並容許其在一定範圍內上下變動，此一變動之上限與下限，謂之干涉價格(intervention prices)，即為政府出售穀物之最高價格及收購穀物之最低價格。從最低價格減掉從輸入港口至主要消費中心之運輸費用後，即得所謂「入境價格」(threshold price)。進口穀物之 C. I. F. 價格如低於此一入境價格，則由政府按其差額課徵進口稅。此一稅額可隨入境價格（或最低價格）與 C. I. F. 價格之變動而隨時調整，較之固定稅率更具有保護國內穀物生產的效果。

2. 單一稅制與複式稅制　前者對同一貨物之進口，不問來自何國，除依法免稅者外，均課徵相同之稅率。後者則有二種以上之不同稅率。例如可分國定稅則 (autonomous tariff) 及協定稅則 (conventional tariff)，後者對有條約關係之國家適用之，前者則適用於無條約關係之國家。亦可訂定最高稅則與最低稅則，後者係經國會授權於與他國談判關稅減讓時，可以適用之最低稅率，亦可以之適用於一切有商務協定之國家，其他國家則適用最高稅率。有些國家，則有三種不同之稅率，例如加拿大與紐、澳等國，以優惠稅率 (preferential rates) 適用於不列顛國協各國，以中級稅率 (intermediate rates) 適用於有商務協定之國家，其他國家則適用一般稅率 (general rates)。我國政府自退守臺灣後，即曾實施單一從價稅制度，同類貨物不問來自何國，均適用相同之稅率，但各類貨物之稅率則有高低之不同。後為適應貿易政策之需要，經於六十九年九月起改採複式稅率：一為一般稅率，二為互惠稅率。凡對我國給予優惠稅率之國家，均適用較低之互惠稅率。此後並多次降低稅率幅度及調整稅率結構，以使我國關稅制度更能適應我國經濟發展的需要。

於此特別值得一述者，即爲世界已開發國家根據關稅及貿易總協定 (GATT) 實施之普遍化優惠制度 (Generalized System of Preferences, 簡稱 GSP)，對開發中國家產品的進口，給予特別優惠關稅待遇，以增強它們產品的競爭力。美國實施較遲，於一九七四年國會通過「貿易法案」(Trade Act) 後，着手擬訂優惠關稅制度，於一九七六年起付諸實施，規定受惠國家（遍及全世界九十八個開發中國家及三十九個非獨立國家及地區）以受惠貨物（共計二七二四項）輸出美國時，均可享受免稅之優待。但上年度從任一受惠國家進口之受惠貨物，已達二千五百萬美元（以後逐年修正提高）以上，或其輸美受惠貨物價值已達美國輸入是項貨物總值百分之五十以上者（但輸入金額未達一定金額者，不受此限制。此項金額最初規定爲一百萬美元，後已陸續提高），均不得再享受免稅待遇。一九八四年修訂該法，將其有效期限延至一九九三年七月四日止，並規定總統在一九八七年元月四日前應進行一般評估(general review)，如認爲某國某項產品已具競爭能力，應將進口金額限制降爲二千五百萬美元，總額比例限制降爲百分之二十五。但「微量條款」則將最低金額提高爲五百萬美元。又在美並無生產之物品，不適用百分之五十限制，但仍受金額限制。新法並授權總統在新法實施之最初二年，對因超過「競爭需要限制」(competition need limitations) 規定而喪失 GSP 免稅待遇之項目，在有限條件下，總統可決定是否予以恢復，而其自由裁量權乃基於受惠國之市場開放，保護智慧財產權、保護勞工權益及降低關稅等而定。近年由於我國對美貿易出超過多，已由美國總統裁定自一九八九年起與南韓、新加坡及香港等不再給予 GSP 的優惠待遇。

3. 輸入關稅的負擔問題　一般人總以爲進口稅最後係由消費者所負擔，其實不一定如此，而須視商品種類及進出口國之相對地位而定。

例如進口國係一大國，徵收進口稅後導致國內消費量減少，足以迫使此一物品之國際價格為之跌落，而使外國生產者負擔了一部分的進口稅。反之，如進口國之進口數量只佔全世界貿易量的一小部分，即使因徵收進口稅而減少進口數量，亦不足以影響其世界價格，故國內價格的上漲必與進口稅同其數額，而由國內消費者負擔了全部進口稅。其次，則與進口物品之替代性有關，如果進口物品有其適當的替代物，或其需要的價格彈性甚大，則在替代品的價格不變下，進口物品必因徵收進口稅而大減其進口數量，只要進口國的力量足以影響此物的國際價格，就可使外國的生產者負擔一部分的進口稅。反之，如出口國能在國內外找到替代市場，或可適應價格變動而收縮其生產數量，則由出口國負擔進口稅的可能性即大為減少。因之此一稅負問題，須從多方面加以分析，殊難遽下判斷（關於進口關稅的保護效果及其歸宿與影響，見附錄一文）。

二、進口配額

　　所謂進口配額，是指一個國家對其進口貨物之種類與數量，加以一定的限制，甚至規定其輸入之地區。實施進口配額制，實即規定外滙之用途，故為外滙管制政策的一部分。但外滙管制的正常目的，在求對外滙率之穩定與國際收支之平衡，亦即對外滙本身加以管制，並不計及其各項進口貨物的個別影響；而進口配額制，則為配合國家的經濟需要，直接對外滙用途加以管制。至於保護關稅，有時因外貨成本降低或實施傾銷政策以及其他原因，仍不能完全阻止外貨進口，而進口配額制因硬性規定進口貨物之種類與數量，其收效更為直接和可靠。

　　進口配額制依其分配外滙方法的不同，主要可分為：(1) 全球配額制，即只規定各類貨物之輸入限額，而不限制其輸入的地區。(2) 分區配額制，即不獨規定各類貨物的輸入限額，並規定貨物所從輸入國家在

限額中所佔的比例。(3)進出口連鎖制,即以輸出他國所得之外滙, 供從他國輸入貨物的需要。近年, 美國為保護其國內之某些產業, 免受外國同類產業低價輸出之打擊, 而有所謂「自願出口配額」(voluntary export quota) 之實施, 即由美國與出口國家就某類貨物之進口數量預作協議, 而由出口國家自動限制其輸出美國的數量。出口國家之所以同意此種做法, 是為免受美國國會實施更無彈性之進口管制, 而美國政府之採取此項措施, 則可避免因採取進口配額而有違關稅貿易總協定之約束也。

二次世界大戰後, 進口配額制在西歐各國極為流行, 今則在製造品方面, 除極少數貨物外 (如紡織品、煤、石油及鋼鐵等), 已開發國家 (日本除外) 均已完全取銷此種貿易上的限制, 但工業國家對於農業品的進口實施數量管制, 則至今仍極普遍。這是由於這些國家多半都對某些農產品實施保證價格及收購此一價格下之剩餘產品, 如讓外國農產品自由進口, 無異同時為外國農民支持他們的所得與價格, 自所不願。而在一般經濟落後國家, 則幾在各方面實施進口配額制度, 因為它們正試圖建立進口品的替代工業, 而認此一制度對達此目的較多幫助。在進口關稅下, 即使稅率較高, 也無人準確知道價格變動後之供需水準, 因亦不知在一定稅率下外國貨物將在國內市場之削減數額, 有時候, 國內消費者寧可以高價購買國際馳名的外國貨物。再者, 進口國的市場較大時, 出口國亦可減低出口價格以吸收部分關稅, 而使進口數量無法大量減少。所有上述這些不確定的情況, 在進口配額下都不致發生, 故樂為發展進口替代工業的落後國家所採用。

在進口配額下, 由於進口受到限制, 一如征收進口稅, 可以提高進口品的國內價格, 使消費者減少其消費數量, 轉而購買其他的替代品, 從而擴大了這些替代品的國內生產數量。與徵收進口稅所不同的, 則是政府沒有因此而得到收入, 價格上漲的利益, 完全歸之於進口商, 我們

可稱之爲「獨佔利潤」。通常進口商如不自己進口該一物品，可將進口配額下得到的輸入許可證轉讓他人進口，轉讓價格即爲進口商所獲國內與國外價格的差額。除上述收入一項外，進口關稅與進口配額比較，仍有下列幾項不同之點：

(1) 進口關稅雖對市場機能發生干擾，但進口配額則完全出於政府的武斷決定。在進口關稅下，國內價格與世界價格的差額，不能超過關稅數額（假定其他費用不計）。如從沒有進口關稅的情況開始，在免稅價格下國內供給不足的部分，均可由國外進口予以滿足。國內需要的任何增加，只會促成進口數量增加，而不會引起價格上漲。由於該一物品的國內生產數量不須變動，故不致改變國內資源的有利配置或導致消費滿足的減少。而在進口配額之下則不然。在一定的進口數量下，國內價格可因國內需要增加而不斷上漲，非僅由於國內資源的不利配置，而提高了該一物品的生產成本，且迫使消費者改變其希望的消費形態，而使他們獲得的總滿足爲之減少。玆以 7-1 圖說明之❷。

假定甲國爲一進口少量汽車的國家，而此汽車在國際市場具有無限的供給彈性。在缺乏國際貿易時，國內價格爲 P_1，而自由貿易下之價格（即世界價格）爲 P_2，$\overline{ab}$ 爲其進口數量。甲國徵收進口稅 t 後，汽車國內價格提高爲 P_3，進口數量減爲 $\overline{gh}(=ef)$。倘若甲國實施進口配額，將進口數量定爲 $\overline{gh}$，則對國內價格與生產數量將與徵收關稅 t 時具有同一影響，但漲價的利益，則歸之於國內的進口商（爲圖中陰影部分）。

玆假定國內需要增加到 D_iD'，在實施進口關稅時，國內價格決不能超過世界價格加上關稅的數額，因之價格保持在 P_3 的水準，但進口

---

❷ 參看 Mordechai E. Kreinin: *International Economics-* A Policy Approach 1971, pp. 283-286.

數量則由 $\overline{ef}$ 增加為 $\overline{ei}$, 換言之, 需要的增加只會引起貿易量的增加。 反之, 在實施進口配額時, 如不調整進口配額, 則國內需要增加將促使 國內價格上昇到 P_4, 而進口數量則仍保持為 $\overline{jk}$ 亦即 $\overline{ef}$ 的數量。 同樣 地, 如國內生產者變成較少效率, 而使供給曲線向左移動時, 配額制度 也會產生相同的結果, 即進口數量不變而價格上漲。 總之, 國內需要或

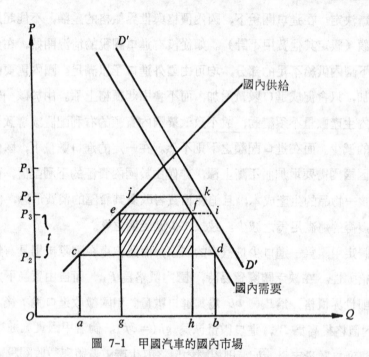

圖 7-1 甲國汽車的國內市場

供給的任何變動, 在進口關稅下, 只會促成進口數量的增加, 而在進口 配額下, 則將引起國內價格的上漲。

(2) 當國內生產者居於獨佔地位時, 實施進口關稅與進口配額之間 亦有重大差別。實施進口關稅時, 國內獨佔者索取的價格, 不能多於世 界價格加上關稅的總和, 否則, 消費者將轉而購買無進口限制的外國貨 物, 此對國內生產者之提高價格, 自為一種潛在的遏阻力量。而在進口

配額下，獨佔的生產者對進口配額之外的數量，可以自由控制，在追求最大利潤的動機下，每使生產的數量較少，索取的價格較高，而使經濟效率與成長受到較大的損害。

(3) 進口關稅對國內生產者提供的保護不是確定的。外國出口商為保持其出口數量，可以減低出口價格而吸收全部或大部分的進口關稅，而使進口數量與價格可以保持不變，在這一情況下，進口關稅並未給予國內生產者以任何保護，或其保護的程度很小。而在進口配額下，由於本國生產者確知可以進口的數量，他們就可適應國內的需要而預作生產上的安排，其所獲得的保護乃是確定的。

(4) 進口配額制需有繁重的行政措施，政府主管機關必須決定如何在進口商之間分配進口許可證及其供給的來源（卽出口國家），在長時期內，並須決定每年的分配數額。這些決定可能是相當武斷的，而與消費者的選擇與生產者的成本無甚關係。而且，獲得進口許可的進口商因可獲致獨佔利潤，每對政府官員進行賄賂，而為貪污與欺詐播下種子。實施進口關稅則不致發生上述這些弊端。

(5) 進口配額制每以實施當時的情況作基礎，而以進口商的過去實績作為分配進口數額的依據，不能依其經營效率而作適當的調整。擁有進口配額的進口商，甚至不須自行進口，而以出讓進口權利而坐享厚利。而在進口關稅下，雖對相對價格有所歪曲，但仍能允許自由市場力量發揮其分配的功能，效率較高而能付稅的進口商，可以承做較多的進口業務，其所造成的經濟損失，要遠比進口配額為少。

三、其他非關稅障碍

輸入配額原為非關稅障礙的一部分，因其特別重要，故已單獨列述。各國用為保護國內產業的手段，除上述兩項外，尚可在海關估價制

度、政府採購方式、進口發證手續、課徵平衡稅、貿易技術及檢驗標準等方面，造成外國貨物輸入之困難。國際關稅及貿易總協定(GATT)除曾多次致力於多邊性貿易談判，促使各國實施關稅減讓外，在一九七三年於東京舉行的多邊貿易談判中，並致力於非關稅障礙的清除，終於一九七九年四月獲致協議（曾稱爲東京回合的 MTN），除進一步降低關稅稅率外，並就前述各項非關稅貿易障礙之排除加以具體之規定，對今後國際間的保護主義，當可產生若干抑制作用。我國並非 GATT 之會員國，但於中美斷交之前，已與美國完成貿易談判，美國同意東京回合MTN 所達成之關稅及非關稅減讓，均可適用於我國，我國亦應履行MTN 之相同規定。此外，日本亦於一九八〇年五月二日宣布，以東京回合MTN 的關稅減讓優惠，提供我國享受。美日二國爲我進出口貿易最多之國家，此對促進彼此貿易關係必多幫助。

第五節　我國對外貿易政策的檢討與改進

一、我國在臺對外貿易實績的演變

臺灣的對外貿易，大體上可分爲三個階段:

1. 民國四十二年至四十九年　在此時期，出口金額由一億二千七百餘萬美元，增至一億六千四百餘萬美元，進口金額則由一億九千一百餘萬美元，增至二億九千六百餘萬美元，進口增加較出口增加爲速，貿易逆差反有擴大之勢。平均每年逆差金額約八千五百萬美元，佔進口金額的百分之三八，端賴美援爲之挹注。對外貿易所佔國內生產毛額的比例變化不大，出口（包括商品及勞務）約佔國內生產毛額的百分之十，進口亦在百分之二十以下。在貿易結構方面，農產品及農產加工品合佔出口總額的比例，由百分之九一·六，降到百分之六十七·七，工業產品

的出口則由百分之八‧四增加到百分之三二‧三。進口結構，因資源缺乏，農工原料一向佔有極大比重，四十二年在進口物品中，資本財佔百分之十七‧三，農工原料佔百分之六七‧一，消費品佔百分之一五‧六，到民國四十九年，三者比例分別爲二七‧九，六十四及八‧一，資本財所佔比例，已隨經濟發展而大幅增加，而消費財的比例則有顯著的減少，此因國內已逐漸建立了部分消費品進口代替工業所致。

2. 民國五十年至六十一年　在此時期內，進出口迅速增加，到六十一年，出口增加到二十九億八千八百餘萬美元，進口增加到二十五億一千三百餘萬美元，出口增加的速度已超過進口。美援雖於五十四年六月停止，但因出口的快速增加，對外貿易逆差已有逐漸縮小的趨勢。民國六十年及六十一年且已自逆差轉爲順差。此一時期內，平均每年貿易逆差尙不及二千萬美元，僅佔進口金額的百分之二，無論逆差金額及其所佔進口的比例，均較前一時期大幅降低，貿易逆差已不構成重要問題。對外貿易所佔國內生產毛額的比例，出口方面已增加至百分之四五，進口方面已增至百分之四二‧一，顯示我國對外依存度已較前大爲增加。在貿易結構方面，民國六十一年，農產品及農產加工品合佔出口總值的比例，已降至百分之十六‧七，工業品則增至百分之八三‧三。進口結構，資本財、農工原料及消費品三者所佔進口金額的比例，分別爲三一‧一、六三‧二及五‧七，顯示我國工業已有更進一步的發展，因爲消費品所佔比例已較前一時期爲低，而資本財的進口，則隨工業發展而有大幅度的增加。

3. 民國六十二年至七十六年　民國六十二年以後，國際經濟變動劇烈，先則受國際糧食、石油及其他初級產品價格上漲之影響，進出口貿易均有大幅成長，六十二年各較上年增加百分之五十以上，各爲三十八億及四十五億美元，順差幾達七億美元。由於業者多獲鉅利，爲擴充業務，乃

在國外大量採購物資及機器設備，於六十三年大量擁到，致使該年進口金額增加百分之八四，達六十九億美元。但此時國內外經濟轉趨蕭條，出口萎縮，出口金額僅爲五十六億元，雖較上年繼續增加百分之二六，但主要由於價格上漲所致，實質出口尚減少百分之九‧六，貿易逆差達十三億美元，尚較過去二十餘年貿易逆差之總和爲多，因而對工業生產及整體經濟均產生不利的影響。六十四年，進出口金額分別降爲五十九億及五十三億美元，仍有逆差六億美元之鉅。以後隨着國際經濟逐漸好轉，十大建設中之基本工業相繼完成，若干工業原料已可自給自足，且有餘力外銷，致出口數量相對增加，而進口數量則相對減少。至民國六十七年，我國進出口貿易均有大幅增加，出口金額高達一百二十七億美元，進口金額高達一百一十億美元，形成出超一十七億美元之空前紀錄。對外貿易所佔國內生產毛額的比例，出口方面增至百分之五八‧八，進口方面增至百分之五一‧七。兩者合計，且已超過全年國民生產毛額，顯示我國經濟的對外依存度更爲提高，隨時可受國際經濟變動的影響。以後各年貿易總額仍繼續增加，民國七十六年已高達八百八十餘億美元，爲世界第十三大貿易國。其中出口總值爲五百三十五億餘美元，爲全球第十大出口國，進口總值爲三百四十五億餘美元，爲全球第十七大進口國。從民國七十一年起，由於出口的成長率大於進口的成長率，致使出超金額逐年擴大，由七十年之十四億餘美元遞增至七十六年之一百八十八億餘美元，其中對美貿易出超金額高達一百六十餘億美元，形成中美兩國間之嚴重問題，亟待改善。在貿易結構上，民國七十六年的情況是：出口方面，農產品佔百分之一‧三，農產加工品佔百分之四‧八，工業產品佔百分之九三‧九。進口方面，資本設備佔百分之十六，農工原料佔百分之七四‧一，消費品佔百分之九‧九。顯示消費品的需要仍有進一步發展的必要。

4．民國七十七年以後　由於民國七十二年以後進出口貿易逐漸熱絡，七十三年進出口貿易總額首次超過五百億美元，其中出口金額超過三百億美元，而進口金額卻無顯著之增加，以致出超金額逐年擴大，形成國內經濟過熱之現象。政府亦隨而採取多項措施，其中最重要的即爲放寬外匯的管制，任由外匯市場決定臺幣對美元之匯率。例如七十五年十二月之買匯匯率即由上年同期之三九・八〇元跌至三五・四五元，七十六年十二月更跌至二八・五〇元。八十一年十二月銀行拆匯之收盤匯率更跌至二五・四〇元之低水準。由於臺幣升值，乃發生下列各項效應：(1) 出口雖逐年仍有增加，但進口增加更爲快速，因之每年出超金額漸趨減少。例如民國七十七年即由上年度之一百八十六億美元降至一百零九億美元，以後各年雖略有增減，但八十二年已降至七十八億美元。不獨藉此紓緩了國內通貨膨脹的壓力，且因進口貨物增加及其價格下落，而促使國內消費增加。(2) 由於臺幣對美元匯率大幅跌落（即臺幣大幅升值），而使對美出口爲之緩和，而由美進口之金額則大幅增加，對美出超金額因而大幅縮減。例如民國七十六年我國對美出口金額爲二百三十四億餘美元，由美進口金額只有七十六億餘美元，以致出超金額高達一百六十億美元。美元匯率跌落後，七十七年由美進口金額即暴增至一百三十億美元，而對美出口金額卻少變動，因之對美貿易出超金額乃銳減爲一百零四億美元。到民國八十二年，對美出口金額仍爲二百三十四億美元，但由美進口金額則增至一百六十七億美元，而使對美貿易出超金額減至六十七億餘美元。由巨額對美出超而引起之兩國緊張關係亦爲之消解。(3) 由於臺幣升值，而有利於我國工商業者對外投資。加以政府適時放寬外匯管制，對正當對外投資幾無限制，而私人匯出金額每人每年也可達五百萬美元，因之自民國七十六年起每年核准對外投資金額即呈快速增加。例如民國七十五年只有五千六百九十萬美元，七十

六年起逐年遞增，七十九年即已高達十五億五千二百二十萬美元。到八十二年，對外投資金額仍有十六億六千萬美元，其中又以對中國大陸之投資金額佔最重要地位。近年來，我國對香港之轉口貿易不斷增加，卽由於我國廠商在中國大陸設廠後，須從臺灣購買部分零組件或上游原料所致。可見對外投資不僅可使我國產業獲得另一生存和茁壯的空間，在某些情況下，也促進了我國對外貿易的發展，值得重視。

二、進口貿易政策的檢討與改進

我國對外貿易政策與外滙政策實有密切關係，尤以進口爲然。在民國四十七年實施外滙改革之前，政府曾在兩方面對進口貿易加以干涉：一是採取複式滙率制度，對各種進口物品的結滙，適用不同的滙率，如對生產器材和民生必需品的進口，可按較低滙價申請結滙，以促進國內經濟發展及安定人民生活，而對其他物品的進口，則須適用較高的滙率，以資限制，藉謀國際收支的平衡。二是實施進口管制制度，其中又經過多次的改變。起先採取進口物資預算辦法，對每類進口貨物，規定其所佔預算的最高百分比，進口商以申請一種貨品爲限，如申請總額超過配額時，則按申請的金額比例分配，因預算數額每較申請數額爲少，進口商爲獲得較多的比例分配，乃不免抬高申請數額，雖須繳納較多的保證金，亦所不惜。以後改用實績制度，每一進口商申請金額，以不超過其某一時期之進口實績乘以規定之百分比，至實績時期與百分比，由當時之外貿主管當局按期公布，過去浮濫申請的現象雖告遏止，但又不啻保護了具有實績者的旣得利益。再後爲增加外滙收入，又採外滙登記辦法，凡加工成品出口之所得外滙，得按規定之比率，予以設卡登記保留，出口商可自行或轉讓他人進口原料。因每種加工品外銷所核定的保留外滙比率不同，而由保留外滙進口原料的售價亦不一致，致使加工

出口每一美元外滙所獲得的新臺幣數額，極不一致。由於上述的進口管制制度及複式滙率，而使正常的價格機能完全失其作用，在本國貨幣價值偏高的情況下，進口商大多因進口物品漲價而獲得暴利，而出口事業反在保留外滙的歪曲下得不到正常發展，政府乃於民國四十七年毅然實施外滙貿易改革，與進口有關的：一是先以兩元滙率代替多元滙率，最後實施單一滙率。新臺幣對美滙率，自改革前通用的二四‧七八元，最後調整爲四〇元。二是放寬進口限制，改革初期雖仍採三個月爲一期的進口物資預算，但廢除過去每類貨品設置最高申請限額的規定，最後並完全廢棄進口物資預算，大量解除進口管制，除少數管制及禁止進口之物資外，貿易商均可隨時自由申請進口，不受限制。

目前我國已完全放棄進口配額制度，除對少數物資之進口加以管制外，僅以進口關稅作爲干涉進口的手段。但我國關稅制度仍有下列缺點，需要繼續改進：

第一，一般稅率偏高，形成進口的重大阻礙。過去的進口關稅，每以財政收入爲其主要目的，故各類物品的進口稅率，幾均較先進國家爲高。民國六十八年，關稅收入約佔中央政府賦稅收入的四分之一，居各項稅收的第一位。近年政府爲適應社會經濟發展的需要，已在關稅方面加以多次改革，除於其他有關法律中採用免稅，五年記帳及分期繳稅的辦法外，並於民國六十六年起數度大幅度地修正關稅稅則，已使名目稅率降至百分之二十以下，實質稅率降至百分之五以下。過去由於關稅過高，不僅增加國內消費者的負擔，且使國內生產資源發生不當配置，生產者怠於改進品質，難於打開外銷市場，且造成走私猖獗等不良現象。六十七年政府爲減輕國內通貨膨脹的壓力，曾解除一部分進口物資的管制，希望藉此增加其進口數量，但並未收到預期效果，有人認爲進口稅率過高，乃其一項重要的原因。以往我國對外貿易形成大量出超，亦因

外國貨物在高稅率的阻礙下未能大量進口所致。今雖大幅降低了關稅稅率，但與工業國家平均進口稅率僅為百分之七到八，**實質稅率僅為百分之四以下比較，仍屬偏高。今後應隨直接稅之收入比重增加，逐漸加強關稅之經濟功能，以使平均進口稅率繼續下降。**

　　第二，　稅率結構欠佳，　阻礙國內經濟之發展。依照保護關稅的理則，原料稅率應較半製品為輕，而半製品稅率又應較製成品稅率為輕，我國過去關稅結構，常有背於此一原則。六十六年修正關稅稅則時，已遵循下列原則：(1) 擴大基本原料的免稅範圍，(2) 降低原料及半成品的稅率，(3) 合理調整稅率級距，(4) 配合節約消費，將奢侈性物品稅率提高。但六十七年蔣碩傑等五院士在其對當前經濟提出之六項建議中，認為「政府應及早宣布一般原料、機器及其他中間產品之進口稅率，將按照一預定時間表逐年降低；為財政目的而課徵之關稅，應集中於最終之消費品；愈接近上游之基本原料及機械，其稅率當愈低，最好應為零。基於此原則，最上游之基本工業，如鋼鐵、石化原料工業，均不宜以關稅保護，如有扶持之必要時，寧以直接補貼為之。蓋補貼之所費，不過補貼之數而已，倘以關稅保護之，則此類工業原有之虧損，事實上由其主顧負擔，但此外更有其額外之損害，即下游工業之成本將因此一概提高，其屬於出口工業者，其對外競爭能力將因此削弱，其屬於國內工業者，則增加其成長之困難。故基本原料如原油者，其關稅應立即取消，所損失之稅收，可自汽油上之貨物稅收回之」。又謂「倘以停止國外同類產品之進口為保護，則受害更烈。蓋下游各工業不僅同樣須負擔受保護工業之提高價格，且即令寧出更高價格以取得國外生產之品質性能較高款式較合適之代替品，亦不可得矣」。上述意見，純粹從學理言之，固屬正確，前在輸入貿易政策一節中亦有分析。惟我國進口貨物中消費品所佔比例極少，如過於降低原料及資本財之進口稅率，恐將增加

政府財政的困難，勢難立即採行，但進一步改善關稅稅率結構，則仍有必要也。

第三，改進完稅價格之計算。民國六十九年之前，依我國關稅法第十二條規定，課徵關稅之進口貨物，其完稅價格，以眞正起岸價格，外加百分之二十，作爲計算根據。此與一般國家以 CIF 價格爲完稅價格者無異高出二成，較美國之以 FOB 價格爲完稅價格者，超出更多。目前雖已取消此一不合理之規定，並改以「交易價格」爲完稅價格，但仍有一値得考慮之問題。因爲交易價格係指進口貨物由輸出國銷售至我國實付或應付之價格，由於輸出國至我國之遠近不同，其中包括之運費與保險費卽有相當之差異，此對近鄰日本至爲有利。我國對日貿易多年來均爲入超，此亦重要原因。有人主張改以 FOB 價格作爲課稅基礎，並酌予提高關稅稅率，如此可減少日貨對美貨在我國市場之競爭力，而又不致因此而減少關稅收入，似可値得當局考慮採行。

三、出口貿易政策的檢討與改進

我國在四十七年外滙貿易改革之前，由於美元滙率偏低，對出口貿易至爲不利，政府爲鼓勵輸出，曾採出口外滙登記辦法，對加工出口所得之外滙，准予按規定比率設卡登記，用以隨時進口所需之原料。以後放寬限制，對出口所得外滙，發給一定成數之結滙證，准在市場自由轉讓，因市場交易價格較官定滙率爲高，所獲兩者的差額利益，無異爲對出口之補貼。此一時期內，亦已實施外銷退稅制度，如四十三年六月政府訂頒「外銷品退還原料進口稅辦法」，後爲擴大退稅範圍，又於四十四年七月改訂「外銷品退還稅捐辦法」，對原料進口稅，貨物稅及附徵防衞捐等，均可一併退還，以資鼓勵。惟以當時加工業尚未發達，滙率又屬偏低，故未充分發揮其促進出口之效果。四十七年實施外滙貿易改

革之後，由於滙率調整，出口利益增加；加以四十九年政府公布獎勵投資條例，促成國內工業之蓬勃發展，許多工業並由進口替代轉而致力外銷；而加工出口區之設立，對吸引僑外資本及拓展出口貿易，亦多幫助。此時外銷退稅辦法亦經多次修正，藉以簡化退稅手續，擴大退稅範圍及增加輸出利益，因使出口貿易年有大幅增加，終於形成今日以出口貿易維生的經濟型態。民國六十三年下半期以後，雖因國際石油危機，我國對外貿易深受衝擊，但並未因此削減出口數量，只是出口利潤微薄，一時甚至形成「無利潤之出口」罷了。目前我國出口貿易雖又隨國際經濟好轉而日趨發達，但仍在下列各方面遭致困難，茲分別加以列述，並略述其因應之道：

第一、貿易依存度過大　進出口貿易總額所佔國民生產毛額之比例，謂之貿易依存度。如以輸出金額代替貿易總額，則為輸出依存度，如以進口金額代替貿易總額，則為輸入依存度。我國對外貿易依存度自民國六十年起即升高到百分之七十以上，且曾一度高達百分之一百以上，換言之，全年貿易總額已超過了國民生產毛額，為全世界之冠。世界經濟如有任何變動，均易影響於我國國內經濟。過去政府曾致力發展消費品進口替代工業及原料進口替代工業，藉以減少對於進口之需要，但隨著國內工業之成長，又逐漸擴大了出口貿易的數量。而出口數量增加，又增加了進口的能力與需要，以致進出口數量猶如水漲船高，且與經濟成長形成身影相隨之現象。揆其原因，仍為國內市場過小，而企業單位過多，一般企業在達於有利之經營規模時，其生產數量每超出國內市場之需要，必須致力外銷以圖生存。加以國內資源有限，生產與外銷數量愈多，則對原料或配件之進口需要亦愈多。為改善此一情勢，一方面固須鼓勵國人增加消費，以擴大國內市場；另一方面亦須設法減少過多的企業單位，此在國內資源已達充分就業時尤有必要。如此可使少數

企業單位都能在適當的經濟規模下，以其大部分的產量滿足國內市場的需要，從而減少其對國外市場的依賴。

第二、貿易的集中係數過高　貿易的集中係數可就商品與地區兩者加以分析，商品集中係數，可以下列二式求算得之：

$$C_{jx} = 100 \sqrt{\sum (\frac{X_{ij}}{X_j})^2}$$

$$C_{jm} = 100 \sqrt{\sum (\frac{M_{ij}}{M_j})^2}$$

（上式中之 C_{jx} 與 C_{jm} 分別代表 j 國的輸出與輸入商品集中係數，X_{ij} 與 M_{ij} 分別代表 j 國 i 種商品的輸出與輸入值，X_j 與 M_j 分別代表 j 國的輸出與輸入總值）

地區集中係數，可以下列二式求算得之：

$$G_{jx} = 100 \sqrt{\sum (\frac{X_{sj}}{X_j})^2}$$

$$G_{jm} = 100 \sqrt{\sum (\frac{M_{sj}}{M_j})^2}$$

（上式中的 G_{jx} 與 G_{jm} 分別代表 j 國輸出與輸入地區集中係數，X_{sj} 與 M_{sj} 分別代表 j 國對 s 國的輸出與輸入值，X_j 與 M_j 分別代表 j 國的輸出與輸入總值）

就我國近年輸出入的商品而言，輸出商品中多集中於電氣機械器材（包括電子產品）及紡織品兩類，七十五年各佔出口總值百分之二十二及十八；到八十二年，兩者仍各佔百分之二二‧四及一六‧一八，輸出商品集中係數必有偏高的現象。此兩類物品如出口發生問題，當必對國

內經濟產生不利影響。 輸入商品方面， 情況較好， 以七十五年情況為例，進口最多之五類產品，其輸入價值佔進口總值之比例，分別約為百分之十七、十一、十一、十及八，故不致有何問題。次一嚴重問題，則為出口金額中銷往美國的比例過大，民國七十二到七十六年，均在百分之四〇以上，惟以後逐年降低，八十二年已降至百分之二七‧八。次為日本與香港： 對日出口，民國七十八到八十二年，分別為十三‧七、十二‧四、十二‧一、一〇‧九、一〇‧六； 對香港則多為轉口貿易，分別為一〇‧六、十二‧七、十六‧三、十八‧九、二一‧七。 進口金額中，則有百分之三〇左右來自日本，民國七十八到八十二年分別為三〇‧七、二九‧二、三〇、三〇‧二、三〇‧一； 次為美國，五年分別為二三、二三、二二‧四、二一‧九及二一‧七，形成輸出及輸入地區集中係數過於偏高的現象。此種情況，已歷多年，迄未有所改善。歐洲共同市場各國雖為我國產品之理想市場， 但以我國未能享受關稅貿易總協定下給予開發中國家之優惠待遇， 甚難與其他國家競爭。東南亞及中南美洲各國， 又以購買力薄弱， 加以近年輕工業亦趨發展，對我國產品之需要至為有限。今後如何分散市場，仍有待各方之研究與努力，此與下述改善輸出產品結構，亦有密切關係。

　　第三、國際保護主義擡頭　近年由於開發中國家輕工業急速發展，其產品多以歐美先進國家為外銷市場，引起各該國同類產業之衰退與不滿，紛紛要求政府對此類產品之進口加以限制。以我國為例，美國對我紡織品，非橡膠鞋類（現已取銷）及電視機（現已取銷）等，均先後以協議方式設限進口，加拿大與澳大利亞等國，對我成衣之輸入，歐洲共同市場對我洋菇罐頭之輸入，義大利對我洋傘之輸入，亦曾加以相當之限制。目前由於進口設限之國家，係以數量計算，而不計其價值，有人乃主張今後應改變生產結構，生產高級產品或技術密集產品，以避免外

國設限之不良影響。此固有相當理由，但高級產品增加生產成本，不免削弱其在國際市場之競爭能力，且能否與輸入國之高級產品競爭亦成問題。至於開發中國家近年由於外滙缺乏，或爲保護本國新興之輕工業，亦對若干產品之進口加以限制，益使保護主義風行一時。今後已開發國家與開發中國家之間，由於經濟態勢改變，如不適應比較利益原則互相調整產業結構，仍必在對外貿易上發生利害衝突，保護主義卽難完全避免。

第四、國際競爭日益強烈　目前我國出口之產品，仍多爲輕工業或勞動密集之產品，因我國工資較工業國家低廉，故在輸入國家具有較大之競爭能力。但此一優勢已因我國工資逐漸增加及其他開發中國家發展同類產業而日益消失。例如韓國與香港，一如我國大量輸出紡織品與非橡膠鞋類，尤以韓國的經濟發展與我屬於同一型態，在國際市場上爲夥伴亦爲勁敵。將來隨着其他開發中國家之經濟發展，此類輕工業產品之國際競爭性亦必愈趨劇烈。中共與美國建交後，大陸若干輕工業產品運銷美國，亦已形成我國產品出口之重大威脅。今後爲加強我國出口的競爭力量，必須在下列幾方面加以改進：

甲、改進產業結構　使由勞動密集工業轉變爲技術密集與資本密集工業，以生產高級與加工層次較多之商品輸出國外，以擺脫其他開發中國家之競爭，並進而打入它們的國內市場。此一做法，固甚可取，且爲我國現時致力之方向，但已開發國家在此方面已有卓越成就，我國能否迎頭趕上，殊成問題。我國過去係以勞力低廉取勝，如放棄此一優勢，亦將遭遇其他先進國家之強烈競爭。

乙、降低生產成本　無論生產何物，均應儘量降低生產成本，但就目前而言，則以輕工業產品爲最主要。此類產品多爲勞動密集之中小型企業所生產，由於生產規模過小，不能發揮適當規模之經濟利益，且因

使用勞力過多，隨着工資上漲，已漸失其成本低廉之優勢。今後爲減低生產成本，必須在兩方面加以改進：一爲實施中小企業合併。在獎勵投資條例及現行「促進產業升級條例」中，對企業合併而發生之各項稅捐，均有減免或緩課之規定，已於第六章中加以說明，不再贅述。此對促進中小企業之合併當有相當良好之影響。二爲加強生產自動化或半自動化。近年政府已在金融方面鼓勵中小企業購置自動化或半自動化之設備，已使製造業勞動生產力的增加超過了工資的增加，致使每單位產品的勞動成本爲之下降，有人認此爲近年出口大幅增加的主要原因之一。

丙、組設大貿易商　我國貿易商爲數極多，而資本在十億臺幣以上者屈指可數，非僅難以在國際市場建立信譽，且因彼此競爭劇烈，出口報價難以提高，並予外商以殺價機會。反觀日本與韓國，對外貿易均操於少數大貿易商社之手，在國際市場有其完密之商情報導與推銷服務網。我國一部分出口貿易，且係透過日本商社爲之，甚至採用其所指定之商標，實無法建立我國產品自己之聲譽。多年前政府訂定輔導大貿易商設立辦法，規定每一公司之最低資本與最少出口金額（後亦包括進口在內），並在國外至少設置三個以上之分支機構；銀行參與投資時，可辦理保稅倉庫，並能對委託外銷廠商辦理融資業務。後雖有數家設立，但要期其發揮大貿易商的眞正功能，仍須在培養人才與開拓業務兩方面多加努力，並非有此機構卽能收效於未來也。

第五、貿易出超金額過大　我國對外貿易自民國六十年起轉爲出超後，繼在兩次石油危機中一度出現短暫的入超，但出超金額自民國七十年起卽年有巨幅成長，至七十六年，出超金額已高達美金一百八十八億元，外滙存底亦累積到美金七百億元以上，僅次於西德與日本，每人平均外滙存底，則高居世界第一。此種輝煌的成就，固値吾人驕傲，但亦引起下列問題：第一，增加通貨膨脹之壓力。因爲央行外滙存底增加，

勢將增加通貨的發行數量，致使貨幣供給量的年增加率，高達百分之四十以上，如無法加以疏導，必將引起國內物價之快速上漲。第二，貿易出超增加，表示國人生產的成果，未能為自己所消費，而以儲蓄方式存放外國，無異為我國資源的閒置，無助於國內經濟建設與生活水準之提昇。第三，引起入超國家之敵視，尤以美國為甚。此因美國近年來之對外貿易，均出現巨額赤字，我國出超金額的大部分，即來自對美國的貿易。美國為保護其本國產業，曾不斷要求出超國家減少貿易障礙及提高其貨幣價值，我國首當其衝；為因應美國需要而採取之措施，又不免使我國產業遭受若干傷害，政府在處理此一問題時，頗有進退維谷之感。大體言之，我國政府近年處理此一問題之對策，尚稱適當，非但未使國內物價緣而上漲，國內產業亦未遭受過多之傷害，今後仍須從下列各方面加以改善：

甲、短期政策　（1）採取沖銷性的貨幣措施，以吸收因出超而增加的部分通貨。央行過去曾發行可轉讓定期存單，國民儲蓄券及國庫券等，仍有必要。財政部亦可實施赤字財政，以發行公債方式吸收一部分游資。（2）開放黃金自由買賣，使部分游資能為黃金市場所吸收。目前已大幅放寬外滙之買賣，對黃金出口加以任何限制，實無必要。黃金買賣亦應減免其交易稅，以增加國人購買黃金的興趣。（3）適當地降低進口關稅，一方面可以增加進口貿易，以減少出超金額；另一方面也可降低進口貨的價格，以減少國內通貨膨脹的壓力。（4）投資稅額扣抵雖為獎勵企業投資之有效方法，亦可藉以增加國外資本財的進口，今後仍應適時辦理。過去曾對國外資本財之進口給以較多之抵扣率，後已取消，今後如能稍加優待，當更易收效。（5）加強外匯自由化。民國七十六年七月中央銀行放寬外匯管制後，除遠期外匯仍稍有約束外，對因交易行為而引起之即期外匯買賣幾無任何限制，對資本移動之限制亦已大幅放

寬。今後只要臺幣匯率保持相當程度的穩定，外匯自由化必更有助於和緩對外收支的不平衡現象。

　　乙、長期政策　(1)分散出口市場。我國出口貨物向以美國爲最大市場，而從美國進口之貨物則較少，以致對美貿易形成大量出超現象，自民國七十四年起，卽超越百億美元。七十六年，更高達一百六十億美元，致引起美國朝野的極度不滿，頻施壓力要求臺幣升值及降低關稅等。我國爲改善此一情況，除應美方要求採取多項因應措施外，並致力分散出口市場。在臺幣升值幅度尚不及日元及馬克等強勢貨幣下，已逐年增加對日本及歐洲地區之出口價值，對美出超情況亦已有所改善。今後自應繼續努力以各種方法如加強三角貿易、對等貿易、轉口貿易及發展大貿易商等方式，以開拓其他出口市場；並在臺幣升值及降低關稅下，增加美國及其他外國貨物之進口數量，以使目前對美出超及對日入超之情況有所改善。(2)維持臺幣對外匯率之合理價位。前述外匯自由化，原亦包括匯率自由化在內。但因目前外匯存底過多，自不能爲了消費此一龐大外匯資產而造成臺幣的過度升值，因之仍宜斟酌國內產業之忍受能力，逐漸使臺幣趨於一合理之價位，故將其視爲長期性之措施。卽是先以各項短期措施陸續奏效後，再視國內外之經濟發展情況，採取更具自由化之浮動匯率，然後使其在相當範圍內維持匯價之穩定性。如此始能一方面減少貿易之出超，一方面又不致對本國產業產生不利之影響。(3)開拓國內市場。外匯存底增加，卽表示國內消費不足，揆其原因：一因國民節儉習性使然，二因物價偏高下減少了消費意願。前一因素又與社會制度有關，今後如能普遍實施社會安全制度，尤其是失業保險與全民醫療保險，則一般國民可免後顧之憂，而增加其消費意願。至於後一因素，已因關稅大幅降低而使進口貨減價，並由而降低了國內同類或替代品的價格，此對刺激國內消費必有良好影響。(4)鼓勵國外投

資。依先進國家之經驗，一個國家隨其經濟發展及對外貿易之擴張，必將發生國際收支順差的現象，如不設法消納此一順差，必將引起匯率變動或物價變動，兩者均使國內經濟蒙受不利影響，因之增加對外投資成為消除順差不利影響的唯一有效方法。以往我國由於外匯管制較嚴，對外投資甚為困難；今則時移勢易，非獨政府放寬限制，民間亦因臺幣升值而有利於對外投資。今後應由政府有計劃地加以輔導，使其儘量減少負面的影響。

「附錄」 進口關稅的保護效果及其歸宿與影響

實施進口關稅，涉及三個主要問題：一是給予國內產業的保護程度，二是關稅的實際歸宿，三是關稅的影響。茲分別述之❸：

一、進口關稅的保護程度

進口關稅有從量稅與從價稅之別，爲測定關稅的保護程度，必須將從量稅換算爲從價稅之稅率，通常係以從量稅之數額除以上年該項物品交易之平均價格，其所表示的價格百分比即爲從價稅之稅率。其次，進口稅率表所示之稅率，即使以價格的百分率表示之，亦不代表國內生產者實際所受保護的程度，因爲此種名目稅率 (nominal tariffs) 係以進口品之總價值計算，但受到保護的僅爲該項物品在國內生產實際增加的價值部分。例如甲國對進口書桌課徵百分之二十進口稅，但國內生產書桌所需之木材及其他材料，則是免稅進口的。假定這些進口的原料佔書桌價值的一半，則國內製造所增加的價值也僅爲書桌價值的一半。因之書桌價格爲一百元時課徵二十元的進口稅，其對本國生產者的有效保護將爲百分之四十（即二十元進口稅佔國內增加價值五十元的百分率）。倘若進口的原料也課徵進口稅百分之十，則對書桌製造者的有效保護將爲百分之三十。又如書桌進口是免稅的，而對製造書桌的材料課徵進口稅，那麼對於國內書桌的生產而言，將是課稅而不是保護了。本質上，有效的保護稅率，可解釋爲進口稅可使國內生產價值較之自由貿易下所能增加的百分率，亦即爲國內投入生產要素的價格因進口稅而增加的百分率（即受保護的生產者對其使用的生產要素支付較高代價的能力）。

❸ 參看註❷引書 Chapter 13.

通常可以下列公式求算之：

$$g_j = \frac{t_j - a_{ij}t_i}{1 - a_{ij}}$$

式中之 g_j 爲最後產品 j（書桌）的有效保護稅率，t_j 爲最後產品 j 的名目稅率，t_i 爲進口原料 i 的名目稅率，a_{ij} 爲不課進口稅時進口原料 i 所佔最後產品 j 總價值的比率。

上一公式，係以下列方法求算得之：

設 V_j 爲最後產品與原料均未課進口稅時最後產品 j 在國內增加之價值，V'_j 爲課徵進口稅後最後產品 j 在國內增加的價值，P_j 與 P_i 分別爲產品與原料的價格，則

$$V_j = P_j(1 - a_{ij})$$

$$V'_j = P_j(1 + t_j) - P_j a_{ij}(1 + t_i)$$

$$= P_j[(1 + t_j) - a_{ij}(1 + t_i)]$$

$$g_j = \frac{V'_j - V_j}{V_j}$$

$$= \frac{P_j[(1 + t_j) - a_{ij}(1 + t_i)] - P_j(1 - a_{ij})}{P_j(1 - a_{ij})}$$

$$= \frac{(1 + t_j) - a_{ij}(1 + t_i) - (1 - a_{ij})}{1 - a_{ij}}$$

$$= \frac{1 + t_j - a_{ij} - a_{ij}t_i - 1 + a_{ij}}{1 - a_{ij}}$$

$$= \frac{t_j - a_{ij}t_i}{1 - a_{ij}}$$

雖然消費者的反應，是以名目稅率所影響的最後價格爲依據的，但生產者的反應，則視其生產成本的變動而定，而此生產成本的變動，又受有效稅率所影響，因之有效稅率可顯示一定關稅結構下導致資源不利

配置的程度。當對最後產品課徵的名目稅率增加，或對進口原料徵課的名目稅率減少，均可增加最後產品的有效保護。進口原料所佔最後產品價值的比例發生變動，亦可影響有效保護的程度。事實上，由自由貿易轉變到課徵進口稅，以及隨着進口稅率高低所致最後產品價格的變動，均可促成投入係數(input coefficient)的改變。此外，此一係數尚受其他許多因素所影響，此地爲簡化問題起見，我們姑且假定投入係數是不變的。

其次，關稅結構與保護程度亦有密切關係。大多數工業國家均對原料免徵進口稅，對半製品課徵溫和稅率，對製成品（特別是各種勞動密集產品）則課以高額稅率。這種稅率結構意味着對製成品的有效保護遠大於其名目稅率所顯示者。一般低度開發國家每認爲這種稅率結構只鼓勵了原料或半製品輸入已開發國家，從而妨礙了經濟落後國家的工業化，故對此加以反對。

最後，對已開發國家與低度開發國家同樣適用的是，進口原料或零件課稅稅率的變動，對最後成品的保護具有相反的效果，此在落後國家爲進行工業化而採取進口替代政策時尤爲顯著。這些國家起始對輸入配件免徵進口稅，而以製成品的高額保護關稅建立最後產品的裝配工廠；然後爲加深國內的生產過程，進一步在國內製造配件，而對進口配件課以高額關稅保護之，再以同樣方法以使每一層次的投入元件均能自行生產。殊不知對進口元件課徵關稅，適足以降低對最後產品的保護程度，而使最後的裝配工廠變成無利可圖，甚至對最後產品而言，形成負的附加價值 (negative value added) 的現象。

二、進口關稅的歸宿

進口關稅究由何人負擔，須視物品種類及進出口國家的相對地位而

定，前已略有分析。此地再以圖解方法說明之。為求問題簡化，假定僅
有兩個國家從事某一商品之交易，甲國為出口國，乙國為進口國。圖
7-2 (a) 表示乙國對於此一商品的供求曲線。對甲國而言，乙國生產此
一商品具有比較不利益 (comparative disadvantage)，P_1 為其國內的均
衡價格，在此一價格時，國內的供給與需要剛好相等。倘如世界價格
亦為 P_1，則乙國不須與甲國交易，但如價格落至 P_1 之下，乙國將有某
一數量的進口。當價格為 P_2 時，國內需要之數量增加，而供給數量減
少，兩者的差額 a，為 P_2 價格下所須進口之數量。同樣地，當價格降
為 P_3 時，所需進口之數量增為 b。(b) 圖為以縱軸為基準，將 a 及 b
的進口數量連接形成進口需要曲線 (import-demand curve)，亦即在低
於 P_1 的各種價格下，乙國所須進口的各種數量。反之，在高於 P_1 的
各種價格下，國內供給量超過國內需要量，而使乙國的進口需要變成負
數，亦即成為該一產品的出口國家。

再就出口的甲國而言，圖 7-3 (a) 表示甲國國內的供求情況，P_1 為

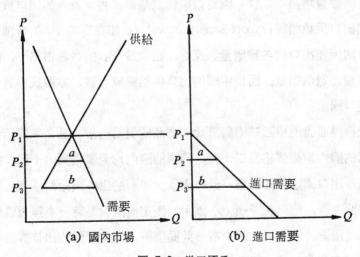

(a) 國內市場　　　　　　(b) 進口需要

圖 7-2　進口國乙

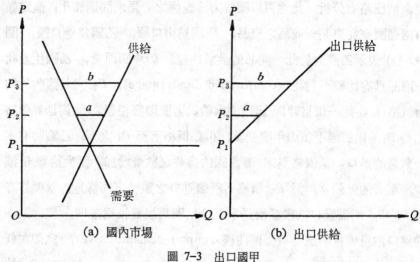

圖 7-3   出口國甲

其均衡價格，在此一價格下，國內的供給量與需要量剛好相等，故無出口發生。在價格升高為 P_2 時，國內供給的數量增加，而需要的數量減少，兩者的差額 a，為 P_2 價格下可以出口的數量，價格升為 P_3 時，可以出口的數量增為 b。(b) 圖為以縱軸為基準，將 a 及 b 的出口數量連接形成出口供給曲線(export-supply curve)，亦即在高於 P_1 的各種價格下，甲國所能出口的各種數量。反之，在低於 P_1 的各種價格下，國內的需要量超過供給量，而使甲國的出口供給變成負數，亦即成為該一產品的進口國家。

茲再進而說明甲乙二國對於此一物品的貿易情形。圖 7-4 顯示貿易前甲國的國內均衡價格為二十元，乙國的國內均衡價格為六十元，故使甲國為一出口國家，乙國為一進口國家。甲國的出口供給曲線與乙國的進口需要曲線，均列在 7-4 (b) 圖中。假定兩國貿易時沒有運輸費用及其他人為阻礙，則兩國之內須有一共同價格，以使甲國的出口數量等於乙國的進口數量，P_3 即為此一共同價格，亦即為 (b) **圖中由出口供給**

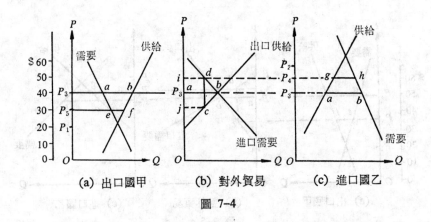

(a) 出口國甲　　(b) 對外貿易　　(c) 進口國乙

圖 7-4

曲線與進口需要曲線相交所形成之價格。此一價格高於貿易前甲國之國內均衡價格及低於貿易前乙國之國內均衡價格，因之，甲國的生產擴張，而乙國的生產減少，但乙國仍能自行生產一部分，並未達到完全專業化。

上述自由貿易時之情況，將因乙國徵收進口關稅而起變化。為簡化起見，假定每單位貨物徵收從量稅二十元，由 (b) 圖中出口供給曲線與進口需要曲線之交點向左移動至 $\overline{cd}$ 直線為止，此時甲國出口的數量減為 $\overline{ef}$，而乙國進口的數量減為 $\overline{gh}$，亦即 (b) 圖中之 $\overline{cj}$ 與 $\overline{id}$。此時甲國的出口價格落為 P_5（每單位三十元），而乙國的進口價格升為 P_4（每單位為五十元），兩者的差額即為乙國對每單位貨物課徵之關稅，乙國政府獲得的關稅收入，共為 $\overline{gh}$（進口數量）與 $\overline{cd}$（每單位貨物之關稅金額）之乘積。從 (b) 圖所示，關稅收入的一半係由甲國的出口商所負擔，另一半則由乙國的消費者所負擔，此因進口需要曲線與出口供給曲線具有相同的斜率所致。就乙國而言，雖然消費者較前付出了較高的價格，但它的貿易條件仍是改善了，因為它付給甲國的價格，較課稅前每單位貨物少了十元。

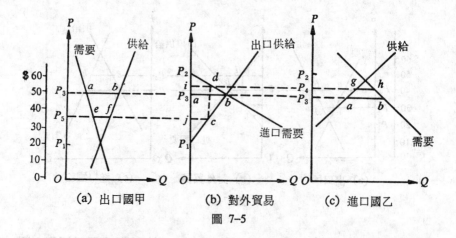

(a) 出口國甲　　　(b) 對外貿易　　　(c) 進口國乙

圖 7-5

　　其次，進口關稅也可在兩國之間發生不平等的分配，這又可分爲兩種情形：第一種情形，假定乙國的供給與需要，較甲國的供給與需要具有更大的彈性，因之進口需要曲線也較出口供給曲線的彈性爲大，此可以圖 7-5 說明之。自由貿易時的均衡價格仍爲 P_3，即每單位貨物價格爲五十元。乙國課徵二十元的關稅後，出口價格減少，而進口價格（包括關稅）增加，兩者的差額爲 (b) 圖 $\overline{cd}$ 的距離所示，等於進口關稅的數額。此時甲國的出口價格落爲三十五元（P_5），較前減少十五元，而乙國的進口價格增爲五十五元（P_4），較前增加五元，顯然地，乙國所課的進口稅，四分之三係由甲國的出口商所負擔，而乙國消費者所負擔的，只有四分之一。這是因爲乙國的供需彈性較大時，任何價格的上漲，均使消費者迅速減少其需要的數量，而國內供給的數量也將迅速擴張。反之，當甲國的供需彈性較小時，任何價格的下落，亦不致迅速減少其供給數量，而國內的需要數量也難迅速擴張，且亦難在乙國以外找到其他的國外市場，因之，不得不在出口價格方面作較多的削減，以免過於減少其在乙國的出售數量。如果乙國的需要與供給具有無限彈性，因而其進口需要也是具有無限彈性的，那麼全部的關稅將由甲國的出口商所負

擔。

　　第二種情形是，倘若兩國國內供給與需要的情況與上述者相反，因而甲國的出口供給要比乙國的進口需要具有較大的彈性，則其結果將如圖 7-6 所示。 在此一情況下， 乙國的消費者不願減少太多的需要， 而其國內的生產者也不能增加太多的供給；另一方面， 甲國的出口商則易削減其出口的數量，並易擴張其國內的銷售量，或易運銷於乙國以外的其他國家，因之乙國課徵進口稅後促使其國內價格大幅上漲，故由乙國的消費者負擔大部分的關稅，而甲國生產者負擔的關稅則甚少。縱然如此， 就乙國而言（包括消費者與乙國政府）， 仍因甲國的出口價格較前為低，而使乙國的貿易條件獲得少許改善。倘如出口供給是具有無限彈性的， 則全部的關稅將由乙國的消費者所負擔，乙國的貿易條件仍如前一樣未有任何改善。這種情況可以發生於任何只有少量進口的國家，它們進口數量的變動，不足以影響出口國的出口價格，其所面對的乃是一條具有無限彈性的出口供給曲線，國內價格上漲的幅度等於全部的進口關稅。唯有少數大量進口的國家，才能由於課徵進口稅而改善其貿易條件。

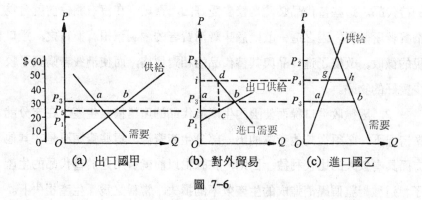

圖 7-6

三、進口關稅的影響

簡要言之，進口稅的徵收，可使進口國家出現兩個價格：一爲進口國全體（包括政府與民間）對課稅物品實際所付的價格，等於外國的出口價格加上運輸費用，此一價格通常要比課稅前之實付價格爲低（因課稅後常使出口國家減低了出口價格）。另一爲進口國家的消費者必須支付的價格，通常要比課稅前所支付的價格爲高。兩個價格的差額即爲進口關稅，而歸之於進口國的政府。事實上，外國的生產者與國內的消費者各負擔了關稅的一部分。由外國生產者負擔的部分，表示進口國在貿易條件上的改進，但出口國的貿易條件則有相同程度的退步。一個國家所得到的恰爲另一國家所喪失的，就整個世界而言，並無影響。由本國消費者負擔的部分，亦即因課稅而使國內價格增加的部分，則爲該項產品的國內生產者所享受的保護。對進口國之國內經濟發生影響的，就是此一部分。爲簡化問題起見，我們假定徵收進口關稅的國家爲一小國，其面對的出口供給具有無限彈性，因之國內價格將因進口稅的徵收而同額上漲。在此一情況下，將發生下列各項影響：

1. 迫使若干消費者削減其購買進口品的數量，轉而購買國內生產的替代品。這些替代品必然是較少愛好的，否則，在沒有關稅前就會爲消費者所購買。因之這一改變意味着消費者的福利減損。換言之，進口稅的徵收，改變了進口品與其替代品的相對價格，而使消費者購買了較少愛好的物品。

2. 因徵收進口稅而使國內生產替代品的產業擴張生產。在充分就業情況下，必須從其他產業抽出一部分生產資源，這些資源原是在其他方面具有較大的比較利益，否則，在課稅以前就會用之於替代品的生產了。這種對整個經濟造成的生產效率的損失，常稱之爲「生產損失」。

上述消費者的福利損失與此一生產損失，一部分可由政府增加的稅收與受保護產業所獲的利益所抵補（在我們前述的假定情況下，政府增加的收入完全來自於國內消費者），但仍有兩項後果：一是造成國內眞實所得的淨損失，二是造成國內所得的重分配，卽由消費大衆轉移所得於政府及受保護的生產者。而這種所得的重分配，也不見得是社會所期望的。

3. 如果進口國家只有一兩家或少數生產進口替代品的工廠，則徵收進口稅，適足以加強它們的獨佔地位，降低其生產效率，損害消費者的利益，及阻礙經濟的成長。反之，自由貿易可刺激國內廠商從事創新，並遏阻其價格壟斷。尤其在通貨膨脹時期，廢除任何的進口限制，當可幫助國內經濟的穩定，並阻止物價的繼續上漲。

4. 有人認爲徵收進口稅，可使進口國家改善其對外貿易地位，並由而改善其國際收支情況，但此在充分就業的情況下亦不可能。因爲在充分就業情況下，消費者的需要從進口品移向國內生產的替代品，只能促使生產資源從其他產業轉向進口替代產業，倘如這些生產資源來自出口產業，則出口與進口將會同時減少，對進口國的對外貿易地位並無改善。倘如這些資源來自其他的進口替代產業，則對進口的淨效果也等於零。而且，經由價格機能造成的資源移轉，通常都會引起物價的普遍上升，從而必將損傷該國的競爭地位，甚至可使減少進口的初期利益完全消失。然而不可否認的是，倘如一國在開徵進口稅時尚未達於充分就業狀態，則生產進口替代品所需的資源，不須從更有效率的其他用途轉移過來，上述不良現象，當可避免。卽使如此，徵收進口稅的效果，仍可由於外國的報復而抵消，如能在國內採取財政與貨幣措施，亦可增加資源的就業機會，實較徵收進口稅爲可取。

5. 如就出口國而言，倘若進口國的進口數量很少，當不致因進口

稅而有所損害。但若進口國的進口數量大到足以形成一股獨佔力量，則可因進口國徵收進口稅而降低其出口價格，同時也會促成該一物品在出口國的價格降低。因之，出口國的生產者，將因進口稅的徵收而受到損失，出口國的消費者則可獲得價格降低的利益。就出口國全體而言，由於資源的配置不及課稅前的有效，且因貿易條件較前惡化（即出口國承擔了進口國的部分關稅），故亦必然地有所損失。

6. 就整個世界而言，進口稅必將促成真實所得的減少。在進口國與出口國的貿易條件方面，進口稅的影響雖可互相抵消，但兩國的貿易數量，則因進口稅的徵收而較前減少了。由此而促成世界真實所得降低的原因：一為生產結構 (production pattern) 受到歪曲，不復依照比較利益的法則進行生產，　二是消費者被導使從其理想的消費結合 (consumption mix)，轉而趨向較少愛好的替代品。

　　然而，並非每一國家都因進口關稅而受到損失。出口國家通常會因貿易額的減少與貿易條件的惡化而有所損失，但進口國家則受兩種相反的力量所影響：一是由於貿易額的減少而遭受真實所得的損失，一是由於貿易條件的改善而獲得一種補償性的利益。如果進口國大到足以影響其貿易條件，　則後一效果可能強於前一效果，　由而獲得真實所得的淨增加。經濟學家將此可使淨利益變為最大時之關稅，　稱之為最適關稅 (optimum tariff)，其大小則視決定「貿易條件效果」 (terms of trade effect) 的各項因素而定。有些低度開發國家建立其複雜的保護關稅制度，辯稱由此提供了「最適關稅」，其實並非如此。這些國家進口的物品在世界貿易量中所佔比例甚少，並不足以影響進口物品的貿易條件，亦即不能迫使出口國負擔一部分的關稅。但在若干農礦初級產品的出口方面，以其具有大量供給的獨佔力量，每能迫使進口國負擔一部分的出口稅，　從而改善了它們的貿易條件。反之，　像美國這樣的大量進口國

家，雖可因徵課進口稅而迫使出口國負擔了部分關稅，但一面又須以對外援助幫助那些國家，因之這種對外援助的效果，不免爲其進口稅的徵收而抵消了。卽使能獲得少量的經濟利益，也會爲其政治上的損失抵消而有餘，此爲經濟大國在以進口關稅保護其本國產業時所應考慮的後果。

第八章　所得分配問題及其對策

第一節　自由經濟下之所得分配

一、所得分配的形態

在經濟學中，通常都將所得分配區分為二種形態：一是所得的功能分配(functional distribution of income)，二是所得的個人分配 (personal distribution of income)。

所得的功能分配，是指人們提供生產要素參加生產活動，依其對於生產的貢獻所獲得的一種報酬，通常可區分為工資、利息、地租與利潤四大項目。一個人視其提供要素的種類，可以獲得一種或一種以上的報酬。這四類報酬在國民所得中所佔的比例，則隨經濟的變動而異。在長期內，由於勞動人數的不斷增加及工資率的不斷上漲，加以政府為安定社會而實施的充分就業政策，均使工資所得或僱工補償部分日益增加。以美國為例，一九八四年，美國的僱工補償所得，約佔全部國民生產毛額的百分之七十四。我國一九九三年的國民所得中，僱工補償部分（薪資及其有關之所得）亦佔百分之五十六‧九。但任何國家，均有一種屬於混合性質之所得，其中包含有勞動報酬在內，如將此一部分勞動所得與僱工補償併計，則勞動所得所佔比例更高，因之這一部分所得分配之

合理與否，對整個國民所得之分配影響至大。

　　所得的個人分配，則是不論所得的來源或性質爲何，而以家庭爲單位計算的所得分配。一個家庭擁有的生產資源愈多，或是這些資源的價格愈高，則其分享的所得亦愈大。有些家庭，並無豐富的勞動力，但有豐富的財產可以運用，因而可以產生高額的所得。通常所謂貧富的差別，就是指這種個人所得分配的不均而言。人類幾千年來曾爲改善此種所得分配而付出了不少代價，但至今仍爲亟待解決的重大經濟問題。

二、所得分配的差異

　　一個國家所得分配的不均情況，通常可用五等分位法加以測定，即將家庭依其所得大小區分爲五個等級，每一等級包含百分之二十的家庭，然後計算每一等級的家庭所得在國民所得中的比例。茲將中美兩國所得分配情況分別列表說明於次：

美國以五等分位法計算的家庭稅前所得分配[1]

	1950	1960	1970	1980	1988
總　　　計	100	100	100	100	100
最 低 所 得 羣	4.5	4.8	5.4	5.1	4.6
第 二 所 得 羣	11.9	12.2	12.2	11.8	10.8
第 三 所 得 羣	17.4	17.8	17.8	17.5	16.9
第 四 所 得 羣	23.6	24.0	23.8	24.2	24.1
最 高 所 得 羣	42.7	41.3	40.9	41.5	43.7
最高所得羣與最低所得羣的倍數	9.5	8.6	7.6	8.1	9.5

---

[1] Milton H. Spencer: *Contemporary Economics,* 4th ed., 1980, p. 44 及 Amacher & Ulbrich: *Principles of Economics,* 5th ed., 1992, p. 793.

　　由上表，可知第二次世界大戰後美國所得的分配，原已漸趨平均，且有長時間的穩定，惟一九八〇年後的所得分配又有惡化的趨勢。

　　至於我國情況，依下表所示政府統計資料，其最高所得羣與最低所得羣的倍數，不但較美國爲低，且有逐年下降的趨勢，此爲我國推行均富政策的結果，彌足珍貴。惟一九八四年以後又已逐漸增高，値得注意。

臺灣地區以五等分位法計算的個人所得分配❷

	1968	1972	1976	1980	1984	1988	1992
總　　　　計	100	100	100	100	100	100	100
1. 最低所得羣	7.84	8.60	8.91	8.82	8.49	8.37	7.37
2. 第二所得羣	12.22	13.25	13.64	13.90	13.69	13.59	13.24
3. 第三所得羣	16.25	17.06	17.48	17.70	17.62	17.52	17.52
4. 第四所得羣	22.32	22.48	22.71	22.78	22.84	22.88	23.21
5. 最高所得羣	41.37	38.61	37.26	36.80	37.36	37.64	38.66
最高所得羣與最低所得羣的倍數	5.28	4.49	4.18	4.17	4.40	4.50	5.24

三、所得分配不均的原因

　　各個家庭的所得何以會有如此大的差別，這有兩個表面的原因：一是各個家庭擁有的生產要素，在數量上有多少之不同；二是每項生產要素的市場價格，隨其供需情況而有高低之差別。如果將這兩項因素視爲當然，則所得分配的不均，亦是理所當然無足驚異了。然而，我們要問，何以各個家庭擁有的生產要素會有數量上的差別？各項生產要素的

---

❷　見經建會編印之 *Taiwan Statistical Data Book* 1994, p. 62.

價格何以會有高低之不同？

　　就生產要素的數量言之，主要的可區分爲財產與勞動二類。勞動的數量，與家庭人口、年齡及健康情況都有關係。勞動固然是生產的，但擁有勞動的人也是消費的，家庭勞動的所得愈多，其消費的支出亦愈大。而且，勞動是不能儲藏的，今日不用，今日即無所得；也是不能永存的，人若死亡，勞動即歸消失。因之勞動產生的淨所得實在是有限的。自然，不同種類的勞動，可以產生不同數量的所得，這一問題留待下面討論。形成所得不均的重要原因，仍爲個人擁有財產數量的差別。這些財產有些是由自己的勞動所得轉化而來的，有些是由繼承先人遺產而來的，但不論其來源如何，有了財產後，又可爲財產所有人創造所得，在正常情況下，這種所得是永遠不會停止與消失的，而且還以累進的速度增加，即是以所得變爲財產，再由財產創造所得。這些都是財產所得與勞動所得不同的地方，在制定有關所得的政策時，必須要顧及這一差別的重要性。再者，由於家庭擁有的財產不同，又可影響到家庭所能提供的勞動的數量與品質，亦即間接地對家庭的勞動所得發生重大影響。

　　再就生產要素的價格言之，一般經濟學家每以生產要素的邊際生產力爲其報酬或價格的決定因素。然而，此一自由經濟下的分配中心理論，至少具有下列各項缺點：

　　第一，此一理論只能說明生產要素在有機會參加生產活動時所能獲得的最大報酬，如果生產要素沒有參與生產活動的機會，它就無法獲得任何的所得。然而，非自願失業的人，仍須有適當的所得以維持生活，因之乃有失業保險等一類措施產生，邊際生產力理論顯然不能當作決定所得分配的唯一標準。

　　第二，此一理論只能解釋在已有的生產要素下所能獲得的所得分配，而不能說明這些生產要素的邊際生產力何以會有高低之不同。而且，

所得分配的不均常是財產分配不均所導致的，邊際生產力學說對此亦不能提供解答。換言之，在探討所得分配問題時，不能以現有財產的分配或勞動的邊際生產力視爲當然，而須從其他方面改善財產的分配及增進勞動的邊際生產力，然後才能從產生所得的本源之處改善所得的分配。

　　第三，此一理論假定生產要素的市場是完全競爭的，故由市場決定的要素價格，才能完全等於要素的邊際生產力。然而，下列各項原因形成的市場不完全 (market imperfections)，每使生產要素的價格與其邊際生產力不能一致：(1) 生產要素缺乏充分的流動性。而其缺乏充分流動性的原因，或是由於對市場情況缺乏了解，或是由於對一時情況改變的持久性缺乏信心，或是由於情感、法律或契約關係的約束，以及其他原因，致使生產要素不能依其最大的邊際生產力獲得大致相等的報酬或價格。(2) 時間落差 (time lag) 的影響，亦卽生產要素的供給爲適應市場需要的變動而進行調整時，每需要相當時間。例如對於醫生的需要增加了，現有醫生的所得必將隨之增加，在高所得的刺激下，固有更多的人願意從事醫師職業，但造就一個醫生需要相當時間，因之現有醫生的所得必較長期的均衡所得爲高。而且，在其供給調整的過程中，可能又已產生需要方面的變動，而使醫生的實際所得永遠難與長期內由邊際生產力決定的均衡所得相一致。(3) 獨佔力量可以抬高或抑低生產要素的價格，使其高於或低於其實際的邊際生產力。例如城市的地主可因土地的特殊位置而索取過高的地租，工會可以藉其罷工的威脅而抬高工資的數額。反之，一個居於獨買地位的廠商，亦可故意壓低其所使用的生產要素的價格。然而，此一獨佔力量固可抬高某種要素的價格，但不一定卽能增加它們的總收入。這是因爲在較高的要素價格下可能減少要素的使用數量，總收入是否增減，要視二者變動的相對程度而定。(4) 經濟上的歧視，一方面可以壓低被歧視者的報酬，使其低於邊際生產力，

另一方面也可使受歧視保護的要素獲得 高於其邊際生產力的「準租」
(quasi rent)。此種經濟上的歧視, 以在勞動市場最爲常見, 例如工資
的歧視、僱傭的歧視、職業的歧視等, 甚至在敎育與訓練方面亦有歧視
的存在。而這些歧視又是由兩種途徑所形成的: 一是出於政府的干預,
例如南非聯邦卽以法律禁止黑人從事某些工作; 二是由於歧視者控制了
某些相關性的生產要素, 逼使被歧視者不得不接受歧視的條件。

　　第四, 此一理論不能說明所謂「工資等高」 (wage contour) 的現
象。在現實生活中, 某類工人常以自己的報酬與其他類似或接近的他類
工人的報酬相比擬, 認爲他們之間的報酬應維持相等或某種比例。由於
這種比較, 每使這些類羣的工人強烈反抗他們的相對工資率有任何變
動, 因之勞動經濟學家發現, 許多類羣的工資率總是一起發生變動的,
而與每一職業的各自供給與需要曲線幾無關係。再就個別的企業而言,
這種工資等高的感覺亦甚強烈。在勞動談判中, 相對的工資差異 (rela-
tive wage differentials) 每與一般的工資上漲同受重視, 從而形成所謂
「內部勞動市場」(internal labor market), 而與一般的勞動市場完全隔
絕。例如掘土工人的市場工資每小時可能爲三十元, 但某一大企業所僱的
同類工人每小時工資可能爲四十元。此外, 卽使沒有工會組織, 各類工
人基於團隊工作 (teamwork) 的需要, 也會產生這種羣體觀念。一個人
的生產能力不是固定的, 而是受到自己的情緒及其同伴的能力所影響,
因之實際工資的決定, 多與他們的團隊平均生產力成比例, 而不是依其
自己的邊際生產力所決定的。

　　第五、關於邊際生產力學說能否當作一種公平的分配標準, 也是值
得重加考慮的。經濟學家似乎認爲: 只要是在完全競爭的市場, 每一生
產要素依其對於生產的貢獻而決定的報酬水準應是公平的。此地發生兩
個問題: 什麼是公平的? 此一問題留待下節討論。旣然是公平的, 則依

此決定的所得分配形態應是唯一的，但事實並非如此，而是生產要素的邊際生產收入(marginal revenue product)常受其他外在的因素所影響。例如政府實施高額的累進稅，可使窮人減低租稅負擔而增加其對食物的需要，富人則因加重租稅負擔而減少其對奢侈品的需要，因之可以促成食物的價格上漲，而使生產食物的生產要素獲得較多的所得；另一方面，由於奢侈品的價格下跌，亦必使其生產要素的所得為之減少。倘如食物的生產是資本密集的，而奢侈品的生產是勞動密集的，則兩者需要的改變，又會促成勞動價格的跌落與資本價格的上昇，並由而改變他們之間的所得分配。而且，一項生產要素的邊際生產收入，也能隨著人們嗜好與技術的變動而改變，因而也會改變由邊際生產力而決定的所得分配形態。再者，一項生產要素的邊際生產力，也與其他配合的生產要素有關，例如美國工人使用較多和較好的資本財，故有較高的邊際生產力，因亦較其他不具此項條件的國家的工人，獲得較多的勞動報酬。同一生產要素的邊際生產收入並不是固定的，要視其所在的環境而異，亦隨環境的改變而改變。邊際生產力可以說明所得是如何分配的，但不能說明同一生產要素何以會有不同的邊際生產力？亦即不能說明依邊際生產力所作的所得分配何以會有巨大的差別？即此一點，我們就不能認為依邊際生產力而作的所得分配，就是一種「公平」的分配。

第二節 所得分配政策所要考慮的基本觀念

一、「公平」與「效率」

何謂公平？這是哲學家爭論了幾千年而又無法獲得一致結論的問題。這一觀念帶有濃厚的倫理意識，且與價值判斷(value judgement)有關，經濟學家通常都儘可能避免討論，而以「效率」(efficiency)觀念

取代「公平」觀念。通常在談到效率時，是指生產同樣的財貨，只需較少的資源，或以同等的資源，而能生產更多的財貨。這是純粹屬於數量計算的問題。只要我們認為較多的財貨總比較少的財貨為好，或是較少的成本總比較多的成本為好，我們就可避開價值判斷所引起之爭論。

就所得分配問題而言，假定你我二人各有一定的收入，但我的收入比你的收入為多，茲有第三者建議，我如以一部分收入移轉與你，將使我們共同的情況或幸福獲得增進。這一建議自不足以取信我們，因為我們不能斷定收入較平均時的情況是否會較以前較不平均時的情況為好。為避開此一價值判斷，乃有柏瑞圖的最適理論 (Pareto Optimality) 產生。依據柏瑞圖的意見，在所得重新分配後，如果一人獲得的滿足未有所失，而另一人的滿足卻有增加，則無疑地兩人的生活情況必已較前有了增進。柏瑞圖也進一步地提出達到同一目的之另一途徑，就是在改變所得分配而使你有所得而我有所失時，只要你在他方面對我的所失有所補償，譬如說，你將賺取的利潤分點給我，而使我感到如前一樣地滿足時，則無疑地我們兩人的幸福或滿足也會較前增加了。

柏瑞圖的最適原則最能適用於市場交換引起之重分配。例如你有較多的土地，我有較多的金錢，我以部分金錢交換你的部分土地，必然地是你認為從金錢獲得的效用大於出賣土地所喪失的效用，反之，我也必然地認為從土地獲得的效用大於放棄金錢所喪失的效用。因之，任何自願性的交易都能導致買賣雙方共同幸福的增加，因為它符合了柏瑞圖的最適原則──只有所得而沒有所失。

然而，柏瑞圖的最適原則是否就能完全免於價值判斷呢？最近有些經濟學家認為這一效率觀念也仍在兩方面涉及價值判斷，即是在兩方面都帶有武斷性與個人性，且都含有公平或倫理的觀念在內。一是認為「較多的就是較好的」 (more is better)。是否總是如此的呢？殊不盡

然。較多的財富可能爲人們帶來危險（如經濟成長之帶來公害），也可能爲人們帶來煩惱，或是增加財富並不能增加效用。世間不乏厭棄財富或奉獻生命而從追求偉大理想中獲得最大快樂的人，釋迦牟尼與耶穌基督固無論矣，像我國顏回一樣的「一簞食、一瓢飲，人不堪其憂，回也不改其樂」，更是大有人在。可見「較多的就是較好的」，並非一種「事實」，而是一種「價值判斷」。二是認爲「自動的選擇優於社會的選擇」。事實上，今日個人的選擇往往都不是出於自動的或自願的。人是一種社會動物，深受家庭、團體或社會的環境所影響，他的慾望與需要，都是在社會的模型中所形成的，而廣告、政治教條與哲學信仰，都能影響人們對於事物的選擇。旣然如此，就不能認爲個人所選擇的就是自己最喜愛的。所謂「自動的選擇優於社會的選擇」，也並非是一種事實，而也只是一種價值判斷罷了。

二、均富政策的意義

在制定所得分配的政策時，顯然地不能完全採取柏瑞圖的最適原則。事實上，任何改變所得分配的政策，都會使得增加所得的一方獲益，而減少所得的一方受損，因之不能單從個別利益來加以衡量，而須考慮社會全體在現時與將來的總體利益。而且，在考慮總體利益時，也不能單從經濟利益着眼，而須考慮到其他非經濟的利益。從這一觀點而言，所得分配政策必然涉及價值判斷，而非單純的經濟理論問題。最爲人所倡導的，就是所謂「均富政策」。

所謂「均富」，並非指財富的平均分配，因爲那是不可能的，也是行之而有害的。其正確的意義，應是縮短貧富的距離，亦卽縮短最高所得階層與最低所得階層的所得差距。卽使在資本主義的社會，今日也認爲貧富的過於懸殊是不好的現象，它們也曾採取各種措施縮短貧富的距

離。成問題的，是縮短貧富距離到何種程度。在一般情況下，「均」與
「富」是多少有些衝突的，因之從純粹經濟着眼，應使在「求均」的過
程中，儘量減少其對「致富」的不利影響。然而，經濟學家對此仍有不
同的意見。古典學派的經濟學家，一般認為財富的分配不均固然是令人
不快的，但却是經濟成長必須付出的代價。近代經濟學家則從統計資料
中，發覺一個財富分配不均的社會，可以隨着經濟發展而減少其不均的
程度。如贊成前一觀點，則不能採取任何均富政策，因為這將妨礙財富
的增長；如贊成後一觀點，則又不必採取任何均富政策，因為均富將是
經濟發展的必然結果。然而，不管這些意見的正確性如何，但我們仍應
在其有矛盾時設法減少或消除其矛盾性，在其有補助性時設法加強或加
速其補助性，這才是採取均富政策的積極意義。

　　人類之追求「富足」，這是天經地義的，雖有例外，那是極少數人
的行為，不足以抹殺此一人類的天性。至於「平等」，雖也有人認為
「人生而平等」，但在出生之後，由於各人的聰明才智不同，環境際遇
不同，在成就上不可能是完全平等的。然則，我們何以要去追求「均
富」的目標呢？這就必須從經濟以外的觀點來加以分析。孫立德先生在
其「均富與經濟理論之假設」一文中❸對此曾有詳盡之論述。由於此一
問題並非科學範疇，我們難於建立一套均富的模式，也無法對此給予科
學的解釋。我個人認為東西方若干哲理，可對此提供部分的解答。

　　一是中庸之道。我國中庸一書，對此曾有詳盡之闡述。朱熹注釋：
「不偏之謂中，不易之謂庸」。可知中庸之道並非折衷主義或妥協主
義，而是在兩個極端之間求其至當不移之謂。宇宙萬物，非僅形象各
異，其蘊藏的力量亦各不同，任何自我主義的想法，都會與他人的利益

---

❸　孫立德著「均富與經濟理論之假設」一文，載中央研究院三民主義研究所
　　專題選刊（十）。

相衝突，因之各走極端的結果，必然造成宇宙的紊亂，甚至同趨於毀滅。以萬有引力爲例，日月星辰都有引力以吸引外物，但因引力大小之不同，在一定距離下卒能彼此平衡而各安其位，此卽物理學上的平衡原理。中庸一書有云：「致中和，天地位焉，萬物育焉」，中和卽是平衡之意，未有各趨極端而可以獲致平衡者。以用於人事，則須調和各個人羣或各個階層的利益，　國父對此體認最深，故謂「社會之所以有進化，是由於社會上大多數的經濟利益相調和，不是由於社會上大多數的經濟利益有衝突」❹。平衡的觀念，在經濟學中應用亦廣。任何經濟活動常受不同的甚至相反的經濟力量所支配，例如生產者增加生產，固可增加收益，但也將增加成本，兩者對於生產的影響剛好相反，而於邊際收益等於邊際成本時獲得平衡。在達到平衡點後，如無新的擾亂因素發生，卽不致再有變動，因此平衡的狀態也是一種理想的境界。中庸之道實卽平衡原理，乃「萬物並育而不相害」之道。縮短貧富差距的分配政策，就是此一中庸之道的發揮，否則，富者愈富，貧者愈貧，終必釀成社會的動亂，而使社會的每一成員，無論其爲富者或貧者，都將深受其害，善治國者，必須於此三致意焉，故我國書經有云：「人心惟危，道心惟微，惟精惟一，允執厥中」。只有從此中庸之道着眼，才能了解均富政策的眞正意義。

　　二是連鎖主義 (solidarism) 最早係由法國著名的政治家雷恩·布爾喬亞(Leon Bourgeois, 1851-1925) 所倡導，他曾著「連鎖論」一書，對此有精闢之論述❺。大意認爲人在誕生之時，卽是社會的債務人，由於他自己的祖先和大家的祖先都曾留下了不少的遺產，故在誕生之後，卽

---

❹　見民生主義第一講。

❺　雷恩·布爾喬亞(Leon Bourgeois) 爲法國急進社會黨的領袖，曾著連鎖論(La Solidarite)一書，憑着他在政治上的地位，會使連鎖學說風行一時。

開始享受由過去各代節約而來的一筆鉅大的資本。每一個活着的人，不
只要因接受大家辛苦的服務之多少，而對其他活着的人負有相當債務，
而且每一個活人復因受了過去各代的服務，對於後代還是負有債務。因
此，所有權和個人的自由，只有在用以完成對社會的義務之時，才是合
理的。基於此種理念，倡導連鎖主義的人，都重視人類的互助與合作，
並認為結社是必需的，而法律應對結社加以約束，使其確能達成其社會
職能。總之，連鎖主義昭示我們，人是羣體或社會的一部分，在一個高
度分工的社會中，每個人都從他人得到幫助，也對他人有所幫助，他們
都互為需要，也互為供給，每個人連鎖在一起，他們的命運無法分離，
如果大多數人難以維生，則少數人亦不能獨享安樂。何況一個家庭中原
有養老扶幼的天性，擴而充之，即可老吾老以及人之老，幼吾幼以及人
之幼。因之，平均財富政策，不僅為人類仁愛精神的表現，也是人類相
互依存的手段。此與前述中庸之道或平衡原理，雖其着眼點有所不同，
在精神上則仍是一貫的。

三、「均」與「富」孰先

　　均富雖是我們追求的理想目標，但平均與富足不是孿生的，從其發
生的先後而言，可分為「均後求富」，「富後求均」及「富中求均」三
種不同的形態，也可代表三種不同經濟制度下的做法。

　　「富後求均」為資本主義國家的做法。它們在其經濟發展的初期，
並不重視財富的公平分配。故在稅收方面，認為比例稅是最為公平的，
並以邊際生產力決定的所得分配是最公平的分配，社會安全制度亦在缺
乏整體安全的觀念下不受各國所重視。以後由於財富與所得的分配愈益
不均，並由而形成貧富對立的社會問題，各國才先後採取措施以縮短貧
富差距，但因社會財富已形成極端不均的現象，且仍繼續維護私有財產

與自由競爭，故其貧富懸殊的現象並未完全消失。以美國爲例，一九八九年，擁有資產在二三〇萬美元以上之富有家庭，只佔全部家庭的百分之一，但卻掌握了全國財富近百分之四〇；而擁有資產在十八萬元以上百分之二十的家庭，卻掌握了全國財富的百分之八十。再就所得而論，全年所得最高的百分之二十的家庭（全年所得在五萬五千美元以上），創造了全國稅後所得的百分之五十五；而所得最低的百分之二十的家庭，卻只創造了全國稅後所得的百分之五・七。較之二十年前，其**財富與所得分配不均的程度更爲惡化❻**。故富後求均雖爲它們致力的目標，但在原有的政治與經濟制度下，實不易收到良好而快速的效果。

「均後求富」乃爲若干共產國家致力的目標。它們通常在奪取政權後沒收人民一切財產，使人人均依賴自己的勞動以維生活，而此僅有之勞動所得，亦多由政府規定，自無過於懸殊之現象。茲仍假定它們也希望在其經濟成長中逐漸提高其國民所得，以實現其先均後富的理想，成問題的，是在財富與所得過於平均時，能否促成其經濟的快速成長，依據共產國家的經驗，答案是否定的。根據一九七六年世界銀行發表的初步資料，以美俄兩國比較，美國的平均每人所得爲七、八九〇美元，蘇俄只有二、七六〇美元，相差幾達三倍。他如東西德比較，西德爲七、三八〇美元，東德只有四、二二〇美元。南北韓比較，南韓爲六七〇美元，北韓只有四七〇美元。又據亞洲銀行的統計，一九八六年我國每人平均國民所得爲三、七五〇美元，中國大陸只有二八〇美元，前者爲後者十三倍以上。近年中國大陸實施改革開放政策，經濟雖有快速發展，但其平均所得仍不及五百美元，而我國平均所得則已高達一萬一千美元，相距更遠。可見共產國家雖在財富與所得的分配上較爲平均，但經濟成長與國民所得，則遠不如自由國家之高，這是「均貧」，而不是「均富」了。

---

❻　見一九九五年四月十七日《紐約時報》。

「富中求均」則是我們民生主義追求的目標。 國父認為我國生產不發達，只有大貧與小貧之分，如只求財富的平均分配，實無意義，但在致力發展生產的過程中，仍應預防將來財富分配的不均，故謂「我們要完全解決民生問題，不但要解決生產的問題，就是分配的問題，也要同時注重的」。政府在臺灣的財經設施，即一本 國父遺教，朝此目標努力，並已收到良好的效果。根據行政院經建會的統計資料，臺灣地區的實質國民生產毛額，自民國四十一年至八十二年，已增加了二十九倍多，即使考慮到人口增加，同一期間，每人平均生產毛額亦已增加了十二倍多。另一方面，國民所得的分配，反有逐漸平均化的趨勢，已於前述。此則應歸功於我國實施民生主義的均富政策，關於此一問題，我們將在第五節加以討論。自然，我們也不能以此自滿，因為統計資料本身並不十分可靠；而且所得分配之外，尚有財產分配，目前我國尚無財產或財富分配之統計，而此更可顯示財富分配不均之程度。鑒於近年來我國在平均地權方面未能盡符 國父遺教漲價歸公之指示，而隨人口增加與經濟發展所致地價暴漲之利益，絕大部分歸於私有，已使社會財富分配又有惡化之趨勢。況且因地價上漲而引起社會財富之重分配，與因生產增加而發生之分配不均現象完全不同，前者並未造成社會財富的任何增加，只是就原有財富形成更不平均的分配而已。今後政府必須拿出更大魄力，掃除此種非生產性的不均現象，才能真正達成「富中求均」的理想目標。

第三節　所得分配平均化的經濟效果

縮短所得差距雖為各國一致追求的目標，但其在經濟上的影響，則仍有進一步探討之必要。事實上，為縮短所得差距所用之手段不同，亦

可發生不同的經濟效果，此地只純就所得平均化從理論上闡釋其所發生
的經濟效果。

一、所得分配平均化對經濟的有利影響

第一，促進生產資源的合理分配　在今日的自由經濟中，一切生產
活動都是受市場的有效需要所支配的。在所得與財富分配極不平均時，
社會上一部分生產資源，必會用於生產少數富有的人所需之奢侈物品，而
大多數人所需的生活必需品，反因有效需要不足而得不到充分的生產。
有人也許認爲這正是自由經濟或價格制度下的特色，甚至美其名曰如此
可以提高資源的邊際生產收入。但從整個社會的經濟福利着眼，顯然地
這是一種資源的不當分配。我國古有「朱門酒肉臭，野有餓莩骨」，此
種景象，即從經濟觀點而言，亦不合理。在一九三〇年代世界經濟蕭條
時期，一方面有成千上萬的人因失業而生活陷於困境，另一方面，在工
廠與倉庫中則堆積有無數的機器與原料而任其閒置，凱恩斯曾形容此一
景象爲「貧窮寓於富足之中」，也是由於所得分配不均導致的結果。而
在所得分配較爲平均的情況下，社會的生產資源必能爲滿足社會大衆的
需要而生產，雖因各人的愛好不同，其所生產的物品自亦有異，但必爲
偏好強度較高的物品，或爲對人類生活較有密切關係的物品，而使有限
的生產資源得到更合理的分配。

第二，提高國民所得與生產的水準　依照凱恩斯的理論，一個人的
所得愈多，則其消費傾向愈小。就整個社會言之，所得的分配愈不平
均，其消費傾向亦愈小。而在一定的新增投資下，消費傾向愈小，則其
增加的所得亦愈少。國民所得平均化後，能否提高所得與生產水準，須
從兩方面加以分析：一是假定生產資源尚未達於充分就業狀態，在此一
情況下，由於所得分配平均化後足以提高整個社會的消費傾向，故只要
社會尚有可以利用的生產資源，必能隨着投資的增加而擴大其增加所得

與生產的倍數。此爲凱恩斯的乘數理論，已爲一般經濟學家所接受，毋待贅述。二是假定生產資源已達充分就業狀態，在此一情況下，由於社會已無剩餘資源用以增加生產，故消費傾向縱因所得分配平均而提高，亦因儲蓄與投資的相對降低，對所得與生產的總額將不致有何影響。縱然如此，仍可因財貨種類改變而使大多數人的慾望得到滿足，從而在實質上增進了國民全體的經濟福利。事實上，在一個財富分配極端不均的社會中，由於多數人缺乏適當的購買力，而使生產資源難以得到充分的使用，故國民所得必能隨着財富分配平均化而不斷增加，且又附帶地改善了資源的分配使用，對增進經濟福利，自必更多助益。

第三，增加一定所得下獲得的總滿足　依據邊際效用遞減法則，人們隨其所得的增加，其所增加的效用或滿足有逐漸遞減的趨勢，故在所得分配不均的情況下，富人增加一元的效用，將不及窮人增加一元的效用，亦即他們各自所得的邊際效用並不相等且差別甚大。如能將富人所得移轉一部分與窮人，以縮短他們之間貨幣邊際效用的差距，則窮人增加的效用必大於富人減少的效用，當可使全部所得的總效用較前增加。也許有人認爲貨幣對於人們的效用都是主觀的，尤以貨幣的用途甚廣，對於人們的效用並不因其增加而有顯著的降低，俗云「錢不怕多」，即此之意。故平均所得分配能否增加所得的總效用，並無堅強可靠的理由。話雖如此，但要知道貨幣的效用是隨其所購財物的效用爲轉移的，任何財貨的效用，必隨消費量的增加而遞減，殆無疑義。貨幣雖有多方面的用途，但一人所能消費的種類與數量究屬有限，隨其所得的增加，亦終將感到「錢無用處」，或者只能用之於並非切要之途。反之，窮人在所得增加時，必將先用於維持基本生活，從一定所得中獲得的滿足，必遠較富人爲大。故社會總所得即使並無增加，只要改善所得分配，亦會增加社會全體獲得的總滿足。

第四，增進勞動者的生產力　在所得分配不均的社會中，低所得階層每因收入過少，常在饑餓線上掙扎，非僅健康受損，亦且疾病叢生，俗云「貧病交加」，意即貧窮與疾病每每相因而生，在如此情況下，自必減低了勞動數量與勞動效率。而且，由於所得過低，無力接受較高的教育與訓練，甚至子女亦須在未成年時出外工作謀生，故使勞動素質低落，生產力自亦難於提高。如果國民所得的分配較爲平均，則任何家庭均能享受適當的生活水準及有同等接受較高教育的機會，此對提高勞動的生產力自必大有幫助。從另一方面觀察，在所得分配不均的社會中，富有家庭的子弟，每因繼承祖先遺產，不須出外謀生，從而減少了社會可用的勞動力，此種不合理的現象亦宜避免。

二、所得分配平均化對經濟的不利影響

第一，減少社會的總儲蓄。人們的邊際儲蓄率，隨其所得的增加而遞增，換言之，所得較高階層非僅有較大的儲蓄能力，且其儲蓄佔所得之比例，也是隨其所得的增加而遞增的。反之，所得愈低，則用於消費的比例愈大，而其儲蓄的比例則愈小，甚至形成所謂負儲蓄。因之，如有兩個國民所得完全相同的國家，其中甲國的所得分配較乙國爲不平均，則甲國的儲蓄總額必較乙國爲大。於此產生一個問題，就是儲蓄的增加能否導致生產的增加？有人說，資本是靠儲蓄形成的，而資本的增加，則是增加生產的必要條件。故所得平均化將因減少儲蓄而對生產發生不良影響。又有人說，生產的目的在消費，只有增加消費，才能刺激生產。而所得平均化足以提高全社會的消費傾向，故有助於生產的增加。兩種說法，均有理由，但亦均有其限制的條件，此在第六章第四節中已詳言之。於此要指出的，消費傾向加大，雖可增加投資乘數，但其對於國民所得的影響，則仍繫於兩項因素：一是投資的大小，投資金額

愈多，則在一定消費傾向下所能增加的所得亦愈多。另一方面，在一定的投資下，消費傾向愈大，則其增加的國民所得亦愈多。因之，投資金額的多寡仍爲決定國民所得的重要因素，而投資金額的增加則有賴於國民儲蓄的增加（銀行雖可以擴張信用方式提供貨幣資本，但在促成物價上漲的情況下，仍將形成國民的強制儲蓄）。二是生產資源是否充分就業。因爲任何生產或實質國民所得的增加，都將動用一部分的生產資源，其中又以土地與勞動爲最具限制性的因素（因爲資本財必是靠土地與勞動結合生產出來的）。如果生產資源都已充分就業，則任何投資的增加（指貨幣資本）只能促成物價水準的上漲，而無助於實質國民所得（卽國民生產）的增加。凱恩斯的乘數理論，是在一九三〇年代經濟蕭條時期的產物，當時各國未能利用的資源甚多，故鼓勵消費與增加投資（實爲間接地刺激消費）同爲增加國民所得的有效方法。而在已達充分就業或是缺乏實質資本的國家，鼓勵儲蓄仍爲增加投資與擴張生產的唯一手段。除非能以其他方法從國外獲得資本或其他生產資源，則社會總儲蓄的減少，必將妨礙國民經濟的成長，殆無疑義。

第二，阻礙人們的進取心。在自由經濟及私有財產制度下，追求財富成爲激發人們努力工作的最大誘因，如果用人爲的方法拉平各人所得的水準，而不顧及各人對於生產的貢獻，則誰還願意盡其最大努力以求生產的增加。基於此一理由，故共產國家的國民所得每不及自由國家所得之大，爲補救此一缺點，它們常以其他方式激勵人們的工作情緒，如榮譽、權力或特權等，但總不及金錢或財富的鼓勵來得實惠而有效。雖然如此，在自由經濟的國家中，人們也並不總以追求個人的最大利益爲目的。最大化（maximization）的追求，僅爲經濟學上假定「經濟人」之一種理智行爲，在實際社會中，人類行爲每受其他道德的、感情的、習俗的或法律的因素所影響。近代的企業家已逐漸自覺其所負的「社會責任」

(social responsibility)，即使有獲取更多利潤的機會與能力，亦常基於其對社會的責任感或其他考慮，而只將其利潤限制於一適當的而非最大的水準，並常以他們獲得之利益部分用於各種社會公益事業。由於他們的善心活動，已對縮短貧富距離發生了顯著的效果，並藉此縮短了窮人與富人在心理上的差距，但又並未因此減低了這些企業家或資本家從事經濟活動的熱忱與效率。因之，即使假定追求財富為人們勤奮工作的主要誘因，我們也不能認為他們之間的所得或財富必須有如此巨大的差別。而且，所得與財富的巨大差別也不全是由於他們生產力的不同所致，其中一部分甚至大部分應歸因於個人的機會或幸運，而這種機會或幸運的來臨，又是社會力量導致的結果，而與個人的努力與能力並無關係。更何況富有階級有些是因繼承了祖先遺產，或在較好的基礎上發財致富，適當地平均社會財富，對於他們的進取心非但沒有影響，且更能激發他們自力更生的勇氣，對增加社會財富反有良好的影響。

最後，我們引述瑞典經濟學家穆道爾 (Gunnar Myrdal) 的話，以為本節主題之結論。他說：「古典及新古典經濟學家傳統地假定經濟成長與求均政策有衝突，他們把求均的代價就是國家經濟生產力的降低視為當然之理，……他們這樣的看法純粹是基於推測，在事實上，直到現在專心致力於證實這個假定的研究還是少而又少。即使是已開發的國家，吾人還是缺少如下的基本研究：即是儲蓄率，勞動投入及勞動效率如何隨各種不同程度的所得與財富分配而變動，……只有在最近，均富政策方開始真正地被認為是經濟穩定與成長的基礎❼。

第四節　改善財產與所得分配的方法

---

❼　轉錄自註❸引刊第二十一頁。

為改善財產與所得的分配，各國或以財政支出增進低所得階層的生產能力，或以移轉支付方式增加他們的家庭收入；另一方面，實施財產與所得的累進課稅制度，以使富有階層負擔較多的租稅，或以反壟斷及節制私人資本方法，防止財富的過於集中。此外，政府也可對市場進行干預，以使經濟上的弱者得以免受他人的剝削，甚至實施一部分財產的國家化，以澈底消滅財富分配不均的根源。茲分別敍述於次：

一、增進勞動的邊際生產力

低所得階層之所以不能獲得較高的收入，多半由於他們只有較低的邊際生產力，而形成邊際生產力較低之原因，則又多半由於他們缺乏良好的教育與訓練所致。因之，提高他們的教育水準與加強他們的技能訓練，應為增加他們所得的重要途徑。各國政府用之於教育與訓練的經費，近年都有日益增加的趨勢，我們稱之為人力投資 (invest in human capital)。 美國為一自由企業的國家， 但各級政府用於教育與訓練之經費為數至為龐大。除義務教育早已延伸至高等學校（相當於我國之高級中學）外，由州政府設立之大專院校亦逐年增加。聯邦政府雖不直接辦理學校教育，但用於教育補助及職業訓練方面之支出仍為數不少，尤以職業訓練方面之支出，均與增進低所得階層之賺錢能力有關。我國自民國五十七年將國民義務教育延長至九年以後，亦大大增加了國民的就業機會；他如高等教育之發達與職業訓練之加強，不僅促進了經濟發展，也增加了勞動的邊際生產力，對縮短貧富差距極有幫助。

此外，尚有下列各項設施，亦可增進勞動的邊際生產力： (1) 改善醫藥衞生設施，以增進低所得階層的健康情況， 延長其賺錢時間及減少他們的醫藥支出。(2) 普建低廉國民住宅，以改善低所得者的居住環境，增加其安定與安全感，激發其努力向上與工作之熱忱。(3) 設法消除一

切阻礙勞動流動性的因素，以使人們都能從事於其最具生產力的工作。例如辦理就業輔導、轉業訓練、小本貸款及消除任何職業歧視等，均對增加低所得者的收入有所幫助。

二、干預市場活動

在自由經濟下，生產要素的價格多是透過市場的供求關係來決定的。但今日並無經濟學家所理想的完全競爭市場，由市場決定的價格每不利於力量較弱的一方，因之各國每在勞動市場進行干預，其途徑：一是建立最低工資，以使勞動者的最低所得，足以維持其基本生活。二是利用工會力量，以加強工人在勞資關係中的議商力 (bargaining power)，使其獲得較高的勞動報酬。兩種方法雖都有提高工資的作用，但效果並不完全相同。前者旨在維持工人的基本生活水準，對沒有工會保障的普通勞動者較多利益；後者多用以爭取較最低工資爲高的待遇，更有助於提高勞動者的所得。惟不論採取那一方法，倘如工資提高到勞動的邊際生產力之上，廠商必會減少勞動的使用數量，藉以提高勞動的邊際生產力。就仍在僱用的工人而言，固有助於增加他們的收入，但因僱用的人工減少，能否增加工人全體的所得仍有疑問。關於此點，應考慮下列兩個因素：一是以資本替代勞動的可能性。此爲技術或工程上的考慮，如其可能，則當工資過於提高後，廠商必會減少勞動的僱用量，其工資支出必將隨而減少。除非解僱工人能在其他方面找到就業機會，全體工人的所得勢必隨而降低。二是卽使不能以機器代替人工，但能否增加工人所得，仍視產品之需求彈性而定。因爲工資提高後必將提高產品價格，如產品的需要彈性很大，必將大爲減少其銷售的數量，而使廠商不得不削減產量與減少工人，工人全體的所得亦必因而減少。只在產品需求彈性很小的情況下，提高工資數額才不致影響工人的就業水準，而有助於

他們所得的增加。

三、實施累進課稅制度

今日政府之租稅制度，不僅具有財政目的，也多以此爲推行經濟政策與社會政策的工具。惟租稅項目頗爲複雜，而實際稅率亦有累退的、比例的或累進的不同，對平均國民所得的影響，殊難一概而論。大體言之，以累進稅率徵收的直接稅，較多幫助，其中尤以所得稅及遺產稅兩項最爲重要，玆分別言之。

所得稅爲今日世界各國最爲重視的稅目，在經濟已開發國家更爲政府收入的主要來源。所得稅之所以成爲良稅，因其可以同時實現財政、經濟與社會的多重目的。就財政目的而言，所得稅具有充分的彈性，經濟愈發展，國民所得愈多，所得稅卽使採用比例稅率，亦將增加其課稅的收入。唯在經濟蕭條時期，所得稅收入將隨國民所得的減少而減少，而政府支出可以不減或反須增加，故須另有其他收入以資挹注，是其缺點。就經濟目的而言，可就不同的所得來源，課以不同的稅率或逕予減免，以使其對於整體經濟之不利影響減至最少，甚至由於某些事業享受所得稅的優待，更增加其發展的激勵與能力，例如我國獎勵投資條例，卽主要以所得稅之減免爲其獎勵之手段。再就社會目的而言，高額累進之所得稅，已公認爲達成所得平均分配之有效手段。歐美各工業國家之所得稅最高稅率，多在百分之六十以上，所得稅收入佔政府財政收入之比率，亦多在百分之四十左右，設非如此，則其財富分配之不均，恐將早已引起內部之動亂，不待外力摧毀早已落入共產黨徒的手中了。我國所得稅雖亦採累進稅率，但個人綜合所得稅之最高稅率，現僅爲百分之四十，全部所得稅收入亦僅佔政府全年收入的百分之二十五以內（七十七年到八十二年，分別爲二二・一，二三・二，二六・六，二四，二

二・四，二二・七）。可見我國所得分配仍較他國爲平均之原因，不在所得稅之重課，而另有其他原因，容後再論。

遺產稅爲財產稅中最具有平均財富的作用。因爲其他財產稅多採比例稅率，而遺產稅則無不採取累進稅率，且在死後徵收，使人不致感到繳稅的痛苦。爲避免於生前將財產贈與他人，各國亦同時開徵贈與稅，以杜流弊。

無論爲所得稅與遺產稅，如稅率過高，對納稅人之工作意願均有不良影響，因人們旣知所得與財產將爲政府課徵大部分，則又何必努力賺取所得或累積財產。爲減輕此種不利的影響，須在課稅級距及稅率結構方面加以改進，此屬專門問題，不擬在此討論。惟就兩者比較而言，一般認爲遺產稅的徵收要比所得稅爲好，因遺產稅的實際納稅人爲遺產之繼承人，通常視爲不勞而獲，故多取之亦不爲虐。而且，使遺產繼承人不能完全靠祖產取得優勢地位，可以消除因財產而產生之巨額所得，兼具有平均國民所得的作用。加之，遺產繼承人旣不存完全依靠祖先遺產之心理，自必加強自己之努力，使在同等基礎上與人競爭，對經濟發展與社會風氣，反有其良好影響。其最大缺點，是其收入缺乏伸縮性與穩定性，只能以之促進財富分配的平均化，而不能倚爲政府的主要財源。

四、對低所得家庭實施租稅減免或補助

上項所述所得與財產的累進課稅，旨在抑低高所得階層的所得，爲縮短貧富差距，有時還要對低所得階層減免租稅或給予補助。提高所得稅的起徵點，降低低所得部分的稅率，對薪資所得給予部分寬減，增加本人及其家屬的免稅額，均有助於提高低所得者的可用所得。此外，有些國家實施最低所得保證計劃，對一定所得以下之貧戶給予金錢上之補助，有人稱此爲負所得稅（negative income tax）。例如美國於一九六

四年首次建立貧戶定義，將擁有人口四人之家庭而其年所得在三千美元以下者列為貧戶。一九八八年已增至一二、○九二元以下，單身所得則為六、○二四美元以下，如實際所得不及此一貧戶標準，則由政府依其差額予以補助。有人認為此一補助方式無異為對最低所得以下之收入課徵百分之百的所得稅，因為全無所得的家庭設可獲得最低所得的補助，而後隨其所得增加而減少同額之補助，直至自己賺獲最低所得時補助停止，則誰還願意去辛苦工作，以賺取此一最低所得以下之收入？

五、對特殊產業的保護

有些產業由於力量薄弱，不堪外國同類產品的競爭，乃由政府以進口關稅予以保護，而使該一產業的從業員工，得以維持其工作機會與所得水準。關於進口關稅的影響，前於論及國際貿易政策時已有分析，故不復贅。在農業方面實施的保證價格政策，亦具有穩定農家所得的作用。有時候，政府為穩定某種農產品的價格，也以補貼方式鼓勵農民減少生產面積。此外，政府進行大量的公共投資，亦可為受益產業創造更多的就業機會。凡此均能增加低所得階層的收入，而有助於國民所得的平均化。

六、反壟斷與資本大衆化

企業壟斷亦為造成所得不均的原因之一，各國基於經濟或政治上的理由，每以法律防止壟斷企業之形成，或用以打擊已有之壟斷企業。惟壟斷與非壟斷之界限，甚難截然劃分，而壟斷企業在經濟上的得失，亦難作清晰之比較，故各國之反壟斷措施，並未產生顯著之效果。今日各國鼓勵大企業之股票上市，對分散股權與平均財富，雖已收到相當效果，但仍未做到澈底之資本大衆化。作者認為民生主義主張之節制私人

資本，並非限制企業規模，而係防止私人資本之集中，形成財富分配不均及對大衆生活之威脅，故應規定凡資本額達於一定標準以上之企業，應強制其公開發行股票，每一股東持有的股票，並應加以最高的限制，俾從資本大衆化中收到反壟斷的實際效果。

七、建立社會安全制度

自一九三〇年代世界經濟陷入嚴重蕭條之後，一時社會浮動，生計堪虞，各國對於社會大衆之生活問題，莫不寄予特別重視，並力謀解決之道。現代國家推行之社會保險制度或社會安全制度，卽爲解決這些問題之具體方案。以美國爲例，它於一九三五年頒行社會安全法（Social Security Act），除由聯邦政府辦理老年、遺族及殘廢保險，及補助各州政府辦理失業保險外，並從事各項公共救助及兒童福利工作，期使老有所終，幼有所長，矜寡孤獨廢疾者皆有所養。它們採用互助方式，由每一合格參加保險的人，平時依其工作收入繳納一定之安全稅，於保險事故發生時給予救助。有些國家稱此爲社會保險或國民保險，其給付範圍，通常包括生育、疾病、傷害、老年、殘廢、死亡、失業及家庭津貼等八項。參加保險之人，雖不一定爲低所得者，但每一保險事故獲得之給付，均有一定之限度，通常以維護被保人之基本生活爲限，對低所得階層之安全保障最具實效。如無此一制度，則低所得者勢將變得更爲貧窮，甚至遭受饑餓與死亡的威脅，非僅使貧富差距更爲擴大，且將造成社會的不安。或有人以爲美國或其他實施社會安全制度的國家，因只對一定數額以下之所得部分比例徵收安全稅或保險費，實含有累退稅性質，對平均所得分配的作用極爲有限，因而主張應按全部所得徵收安全稅，以使高所得者之負擔大於其所享受之保護。此一論調，如從平均所得着眼，固不無理由，但保險方式係以互助爲原則，亦卽權利與義務應

保持適當之平衡。爲平均社會財富，應從加重直接稅之累進程度着手，而不能期之於社會安全制度。但因社會安全制度保障了低所得者的基本生活，故仍有其平均社會財富的作用，惟不如其他課稅方式之較爲顯著而已。

由於各國社會福利支出日趨龐大，已形成沈重的財政負擔；有人且認爲有些福利支出，不符合公平正義原則；對受惠者之工作意願，亦有不良影響，因而主張縮小社會福利規模，以資改善。下表爲一九八六年英國牛津大學出版社發行之「東西福利國」(*The Welfare State East and West*) 一書所列主要國家社會福利支出（包括教育）之概況：

社會福利支出（包括教育）

國　　　　　家	佔國內生產毛額的百分比	佔政府支出的百分比
日　　　　　本	17.5	46.7
美　　　　　國	20.8	58.3
加　　拿　　大	21.5	53.4
英　　　　　國	23.7	51.0
法　　　　　國	29.5	61.0
瑞　　　　　典	33.4	52.2

八、部分產業或財產之國有化

私有財產制度與企業自由既爲促成社會財富不均的重要原因，則取消私有財產與企業國營，自爲澈底求均之有效方法。但共產國家的經驗，已證明此一極端方式只能達成「均貧」，而不能實現「均富」。然而，以一部分具有獨佔性之企業或財產收歸國有，則仍不失爲達成均富目標的

有效手段。二次世界大戰後，英國在工黨執政期間，已將鋼鐵、煤礦、鐵道等事業收歸國營，若干開發中國家亦將原由外人投資經營的事業收歸國有，至於公用事業之歸由政府經營，更是今日世界各國之普遍趨勢。我國民生主義主張之發達國家資本，主要固着眼於增加生產，例如

　　國父曾說：「中國不能和外國比，單行節制資本是不足的，因爲外國富，中國貧，外國生產過剩，中國生產不足，所以中國不單是節制私人資本，還要發達國家資本」❽。然而，在發達國家資本中，自寓有節制私人資本與平均社會財富的作用。至於那些企業可由國家經營，民生主義並無確切指示，依據目前我國政府之政策，似以下列範圍爲限：(1)國防工業，(2)有獨佔性之公用事業，(3)需有鉅大資本之基本工業，(4)爲私人資本不願經營之重要事業。至於土地，除共產國家外，均以私有爲原則，此亦爲造成財富分配不均之重要原因。我國對私有土地之使用與收益，均設有適當之限制，並可基於公共事業之需要加以徵收。更重要的，土地法第十五條規定「附着於土地之鑛，不因土地所有權之取得而成爲私有」，而使最具獨佔性之鑛業資源，不致成爲財富不均的主要因素，私人雖可請求開採，但因受法令上之種種限制，自不及其他獨佔企業易成私人追逐之對象。

第五節　我國所得分配較爲平均化的原因

　　前已言之，我國國民所得的分配，要比其他各國來得平均，而其平均化的程度，且隨經濟發展而愈益加甚。非如顧志耐 (Simon Kuznets) 所說，在經濟成長的過程中，初期所得分配不均的程度可能加甚，經過

---

❽　見民生主義第二講。

相當時期以後，所得分配不均的程度必將漸趨縮小❾。外人認為這是我國經濟發展過程中之奇蹟。然而，細加檢討，由於我國實施民生主義之經濟政策，加以經濟結構與一般先進國家亦有不同，故能在經濟成長的過程中，仍能加強所得與財富分配的平均化。分別言之，約有下列各項重要之原因：

一、土地改革的成功

臺灣自民國三十八年起實施一連串之土地改革，已使農業經營制度發生重大轉變。例如民國四十一年自耕農、半自耕農與佃農三者的比例，各為百分之三八、百分之二六及百分之三六，四十二年實施耕者有其田後，三者比例卽變為百分之五五、百分之二四、及百分之二一，到七十五年，更變為百分之八三、百分之十二及百分之五，八十二年之情形仍如此數，可見自耕農已成為我國農業經營之主要型態。非僅農民所得已有大幅增加，而農民之間的所得差距，更已大為縮短。這是因為自耕農的農耕所得一般均較佃農為高，通常佃農的農業收入只有自耕農或半自耕農的四分之三。隨著自耕農比例的增加，自將促進農家所得之平均化，而農家所得平均化的加深，對全部國民所得的平均化又有良好影響。惟值得注意的是，美國顧志耐（Simon Kuznets, 1901–1985）教授曾謂因農家所得分配較為均勻，故隨經濟發展而使農家戶數減少而非農家戶數增加時，將會擴大分配不均的程度。近年我國農戶佔總戶數之比例，已隨經濟發展而不斷降低，但所得分配仍有日趨平均之勢，此則應歸功於非農家所得不平均程度的縮小，此點容後再為申述。

---

❾　見 Simon Kuznets: *Modern Economic Growth* 1968, p. 217.

二、公營事業的擴張

我國爲遵循民生主義發達國家資本的原則，曾由政府經營甚多的工礦與水電等事業，公民營事業的比重，民國四十一年爲公營佔百分之五六‧六，民營佔百分之四三‧四；至民國八十二年，公營降爲百分之十六‧九一，民營增爲百分之八三‧〇九。此外，交通與運輸事業，亦絕大部分由政府經營。因之，政府收入中，來自所謂「獨佔收入」與「公營企業盈餘」之比例頗高，例如在民國七十五年各級政府收入中，來自獨佔收入者佔百分之七，來自公營企業盈餘者佔百分之十五‧七，兩者共佔總收入百分之二二‧七，隨著貿易與投資的開放，八十二年兩者比例已各降爲百分之三‧三及百分之八‧八，合計只佔政府總收入的百分之十二‧一。倘如這些事業均爲民營，則如此龐大的財富，將爲少數投資者所攫取，其將加深所得不平均的程度，實不言而喩。

三、軍公教人員的衆多

在臺灣的就業人口中，爲政府從事各項工作的軍公教人員及公營事業員工，佔計約佔百分之二十。此類人員待遇標準係由政府統一規定，所得差距遠比民營企業爲小。由於這一部分所得較爲平均，故能有助於全體國民所得的平均化。

四、中小企業的普遍

在民營事業中，雖有少數規模龐大的企業，但所佔比例不高。由於中小企業與大企業的分界，並無一定不移的標準，如以一定之資本額爲分界線，則帳面資本額每因物價變動而失其眞實性；如以僱工人數爲標準，則規模愈大的廠商，有時反因資本深化而減少其人工數目。較爲正確的標準，應爲全年之營業額。而我國民營生產事業中，全年營業額在

一億美元以上者屈指可數，以視歐美各國大企業之營業額動輒在數十億美元以上者，誠如小巫之見大巫。由於中小企業之普遍，故利潤所得亦趨分散。加以在政府鼓勵下，大企業多已辦理股票上市，對股權之分散亦有幫助。由於資本之分散，可以導致利潤所得的分散，而此又爲促成所得分配平均化的一項重要因素。

五、充分就業的維持

我國近年由於經濟不斷快速發展，國民就業率經常維持於高水準。例如民國四十一年失業人口佔勞動人口（軍事人口在外）的比率，曾高達百分之四‧四，五十四年以後，即降至百分之三以內，且有多年不及百分之二者。民國八十二年失業率只有百分之一‧四。如以百分之四以下之失業爲正常狀態，則我國可謂已達充分就業之境界。加以婦女就業比率亦高，她們多半來自低所得家庭，對增加低所得家庭之收入頗有幫助。而且，隨著經濟發展、薪資收入不斷提高，尤以生產工人爲甚，其佔總所得之比例亦有逐年增加的趨勢。例如民國四十一年僱工報償（即薪資所得）只佔國民所得總額百分之三八‧二，六十八年起超過百分之五十以上，八十二年更增達百分之五六‧九。另一方面，私人財產所得佔國民所得總額的比率，在同期間則由百分之四三‧六降至二五‧一。生產工人原爲低所得階層，由於他們所得之快速增加，而使非農家所得之差距大爲縮小。因之，即使所得較爲平均之農家戶數在總戶數中所佔比率已在逐漸減少，但仍使我國家庭所得的分配有較前平均化的趨勢。

六、財經政策的奏效

近年來我國政府爲改善所得分配，曾採取了下列各項財經措施：（1）改進賦稅制度及稅率結構，一方面加重直接稅的比重而減輕間接稅的比

重，一方面則重課高所得者而輕課低所得者。例如直接稅所佔政府收入
之比率，已自民國五十五年之百分之二〇・五增至八十二年之五二・
三。而綜合所得稅之實施及其累進稅率之加重，對平均國民所得，自更
有其良好的效果。(2) 降低農家的租稅負擔及實施農產品的保證價格。
例如自民國六十二年起，政府取消肥料換穀辦法，停止隨賦帶徵教育
捐，降低田賦徵實數額（一般土地原為每賦元二六・三五公斤，六十二
年起降為十公斤，現均已全部免徵），提高隨賦徵購之糧食價格，並自
民國六十三年起實施稻穀保證價格，雖其收購數量已自無限收購改為定
量收購，但對提高農民所得仍有甚大幫助。(3) 加強社會福利設施。政
府自民國四十三年頒行實施都市平均地權條例時，即明定「依本條例施
行漲價歸公之收入，以供育幼、養老、救災、濟貧、衛生等公共福利
事業，興建國民住宅、市區道路、上下水道等公共設施及國民教育之
用」。歷年來各級政府用於社會福利方面之支出（不包括教育）佔總支
出之比例，已自民國四十四年之百分之六・七，增至八十二年的百分之
一六・七。由於政府支出總額在此期間內增加百倍以上，故社會福利支
出之金額至為可觀。加以政府自民國三十九年起先後舉辦勞工保險❿及
公教保險，後並擴大辦理農漁民保險，民國八十四年三月起，並開辦全
民健康保險，對安定低所得階層之生活極有幫助，間接亦有助於縮短貧
富差距。

七、各級教育的發達

臺灣光復以後，政府致力發展各級教育，五十七年並將國民義務教
育延長為九年，致使在學人數大為增加。民國四十一至四十二學年度共

　❿　臺灣省政府曾於民國三十九年訂頒「臺灣省勞工保險辦法」，開辦勞工
保險，四十九年四月改按中央立法之「勞工保險條例」辦理。

有學生一、一八七、八五八人，佔總人口的比例爲百分之一四；民國八
十二至八十三學年度已增至五、三〇二、五二五人，佔總人口的比例爲百
分之二六，其中以高等教育及中等教育成長最快，前者人數增加五十七
倍，後者人數增加十五倍。教育之發達，不僅提高了勞動素質，而增加
了勞動的邊際生產力，也供應經濟發展所需的各項人才，增加了就業人
口的比例。有人曾謂如無九年國民義務教育的推行，則近年經濟發展所
需的勞動，將難得到適當的供應，不僅將阻礙經濟發展，且亦將減少這
些人的就業機會。最重要的是政府每年用於教育、科學與文化的支出，
民國四十四年只佔總支出的百分之十三‧六。八十二年已增達百分之十
九‧三。除辦理義務教育外，高中高職及高等教育，亦絕大部分由各級
政府辦理，收費低廉，使貧寒家庭的子弟亦有深造的機會與能力，此對
改善低所得家庭的經濟情況極有幫助。由於升學競爭劇烈，富有家庭子
弟有時反因成績較差，無從接受高等教育，可見我國教育機會均等，實
爲達成所得與財富分配平均化之重要因素。

第九章　企業壟斷問題及其對策

第一節　企業壟斷的意義與形成

一、什麼叫壟斷

英文 Monopoly 一字，我國經濟學敎科書有譯爲「獨佔」者，亦有譯爲「壟斷」者。如只有一家廠商生產一種產品，自能在市場上居於完全獨佔地位，但此種現象除少數性質特殊經政府特許獨佔之事業外，並不多見。一般言之，一種產品或勞務，即使爲一家以上之廠商所生產，任一廠商只要具有獨自影響其價格的力量，則在其可以影響價格的範圍內，就可說是具有相當壟斷力的。此一解釋，與經濟學上的所謂「不完全競爭」(imperfect competition) 意義相近，只是不完全競爭通常並不將完全獨佔包括在內（也有人將不屬於完全競爭的其他市場結構統稱爲不完全競爭），而壟斷一詞則指完全競爭以外的其他市場形態。在此一廣泛的意義內，一個廠商壟斷力的大小，自隨其壟斷的程度而有很大的差別。在有很多廠商的所謂「壟斷性競爭」的情況下，任一廠商對於同一產品的價格甚少影響力，但它們可以產品差別化從事非價格的競爭。

寡佔情況下的廠商，雖因害怕其他同業報復而不敢輕易變動價格，但卻是擁有強大壟斷力量的，猶如擁有核子武器的國家，因爲害怕他人報復而不敢輕易使用核子武器一樣，它們之間如果進行某種方式的勾結，則必將損害到消費大衆的利益。最具有壟斷力的，自爲完全獨佔的廠商，但在政府特許獨佔的情況下，它們仍須受到政府的管制。沒有法律保護與支持的完全獨佔，除非在原料來源、生產技術或市場通路方面加以完全控制，那是很難存在下去的。

二、市場壟斷的衡量

企業壟斷問題之受人重視，並不在於其壟斷力的大小，而是在於其對國家社會與消費大衆的不利影響（這些影響將在第三節加以敍述）。我們在對付這一問題時，究應在壟斷形成之前防患於未然呢？抑應於不利影響發生之後再去取締壟斷企業呢？如爲前者，則須制定企業壟斷的標準，使其不致形成具有壟斷力量的企業；如爲後者，則不須事先制定企業壟斷的標準，而於發生不利影響時加以糾正。由於事後糾正之困難，一般國家多採事前防範方式，制定企業壟斷的標準。

先就一項「產業」（industry）言之，在經濟理論上，認爲生產一種產品的廠商(firms)，都是屬於某一產業的。但事實上，一個廠商可以同時生產多種相關連甚或完全不同的產品，則又如何劃分它們的類別？美國商業部曾訂定標準產業分類制度（Standard Industrial Classification〔SIC〕 System），將整個經濟活動分成約四百個產業，每類產業給以四個數字的號碼。這些四個號碼的產業，可再合併爲三個或兩個號碼的產業羣（industry groups），也可更進一步再分爲五個號碼甚或七個號碼的產品類別(product classes)。下表即爲此一分類的舉例：

號　　　碼	類　　　　　別	名　　　　　稱
20	主　要　產　業　群	食　物　及　相　關　產　品
201	產　　業　　群	肉　　類　　產　　品
2011	產　　　　業	肉　類　包　裝　工　廠
20111	產　品　類　別	新　鮮　牛　肉

依據 SIC 制度，即可就某些特徵判斷某項產業的市場結構（從完全競爭到完全獨佔），而最常用的測量工具，即是所謂市場的「集中率」(Concentration ratio)。

在美國,通常是以具有某一四字號碼內的全部廠商的年銷售額,與其中四家最大廠商年銷售額加以比較，後者佔前者的比率，即為此一產業的集中率。雖也可使用最大一家、或最大三家、或最大五家、八家等的年銷售額求其集中率，但不及使用四家計算的集中率來得普遍。而且,也可用資產比率或員工比率求其集中率，但因彼此密切關連，選擇何種比率，並非十分緊要。

美國司法部也曾使用赫氏指數（Herfindahl Index）來代替上述集中率。赫氏指數須計算某一產業內每一廠商的市場佔有率，而不只為數家最大的廠商。其計算公式為:

$$H=(S_1)^2+(S_2)^2+(S_3)^2+\cdots\cdots+(S_n)^2$$

其中H代表赫氏指數，S_1到S_n為1到n個廠商的市場佔有率，總和應為一百。如果十家廠商平分市場銷售額，即每家各佔百分之十，則赫氏指數為 1000。

假定有 A、B 兩大產業，各有八家廠商。下表試就每一產業求其赫氏指數，並各與其四大廠商的集中率加以比較:

A	產	業	B	產	業
廠　商	市 場 佔 有 率	佔有率平方	廠　商	市 場 佔 有 率	佔有率平方
1	90	8100	1	24	576
2	2	4	2	24	576
3	2	4	3	24	576
4	2	4	4	24	576
5	1	1	5	1	1
6	1	1	6	1	1
7	1	1	7	1	1
8	1	1	8	1	1
四家最大廠商集中率＝96%			四家最大廠商集中率＝96%		
赫氏指數＝8116			赫氏指數＝2308		

上表顯示 A產業的赫氏指數爲 B產業的三・五倍，那是由於 A產業只有一家廠商擁有最大的市場佔有率。而B 產業則四家最大廠商之佔有率相同，故前者的集中率更高。但兩產業以最大四廠商求出的集中率則完全相同，在實用上，自不及赫氏指數來得精確。

　　美國 M. A. Adelman 則以赫氏指數之倒數(卽一除以赫氏指數)，來表示某一產業內具有相同大小廠商的理論家數。例如 A產業應有相同大小廠商一・二家($\frac{1}{8116‰}$=1.2)，而 B產業應有相同大小廠商四・三家($\frac{1}{2308‰}$=4.3)，故B產業應較A產業具有較大的競爭性 ❶。

---

　　❶　參看 Ryan C. Amacher and Holley H. Ulbrick: *Principles of Economics,* fifth edition, 1992, pp. 692-695.

三、取締壟斷的標準

前述各項指數，係以某一產業四大或全體廠商之市場佔有率來計算此一產業之壟斷程度，可供政府分析市場結構及採取防範措施之參考。但若要對個別廠商之壟斷加以取締，則仍須以個別廠商之情況爲依據。目前各國最爲通用的衡量企業是否壟斷的標準，不外下列兩種方式：

1. 以銷售額作標準　此一標準通常可分絕對的銷售量與相對的銷售量兩方面：前者不能反映市場大小與銷售量的關係，在一個較小的市場內，即使爲壟斷企業，亦只能有較小的銷售量，故不爲人所採用；通常係以一家廠商的銷售量所佔市場銷售總量的比例爲標準，亦即所謂「市場佔有率」標準。例如一家廠商的市場佔有率達於百分之三〇或四〇時，即認定其具有應加取締的壟斷性。然而，此一認定的標準，也有下列兩個問題：

第一，產業的界定。經濟學上雖以生產某種商品的行業稱爲產業（industry）。但商品分類仍有廣狹之不同，例如紡織業一類中，可以分爲許多不同的小類，如紗、布與成衣等，而其原料又有棉、毛與人造纖維之別。在成衣類中，更可再加細分。就某一細類而言，也許某一廠商具有較大的市場佔有率，但就某一大類言之，它的市場佔有率卻是非常有限的。又如農用機具一類中，亦可依其用途之不同而分爲若干小類；地毯工業中，則可依其用材或式樣而有不同的產品。在制定反壟斷法案時，此種分類的界限至爲重要。通常我們可以替代物的交叉彈性加以測定，兩物之交叉彈性愈大，則其替代性愈高，但兩種或多種物品之間的交叉彈性係數，應大至那一程度，始能視爲一種產業，仍難獲得一致滿意的答案。

第二，區域的劃分。有些廠商生產的產品，在全國同類產品的銷售

量中也許不佔重要地位，但在某些地區卻有頗高的市場佔有率。以美國為例，一九七〇年代初期，資產最多的八家啤酒與麥酒公司，其銷售量只佔全國啤酒消費總量百分之二十八，但因這些飲料通常是在某一狹小地區生產和銷售的，因之若干製酒廠商在某一地區的銷售集中度，當遠較其全國市場的佔有率爲大。又如冷凍食品業，其最大四家廠商之銷售量只佔全國銷售量百分之三七，但就個別地區而言，四家公司在其銷售地區的平均銷售比率卻高達百分之七〇，可見其地區壟斷之嚴重性。

2. 以行爲作標準　例如美國國會於一八九〇年以後通過的各項反托辣斯法案，均列舉視爲非法之壟斷行爲。一八九〇年的 Sherman Antitrust Act 以下列二項行爲爲非法：(1) 在州際或對外貿易中，對貿易加以限制之任一契約、合併或串謀。(2) 在州際或對外貿易中之任何壟斷，或試圖壟斷，或與他人串謀以試圖壟斷其任何部分之貿易者。由於上述文字在含義上不夠明確，故又於一九一四年通過 Clayton Act，列舉下列四種行爲視爲非法：

(1) 價格歧視。卽以同一物品賣與不同買者時索取不同價格的行爲。但所賣貨物在等級、品質或數量方面有所差別時，或在銷售或運輸成本方面有所差別時，或以善意對付他人之競爭時，仍可容許不同價格的存在。依據該法規定，僅其效果「足以減少競爭或趨於創造一種壟斷情況者」，始視之爲非法行爲。

(2) 訂立排斥性或約束性之契約。卽在出租、販賣或契約販賣商品時，以承租人或購買人不得使用或販賣另一競爭者的同一商品爲條件，而此排斥性或約束性之契約「足以減少競爭或趨於創造一種壟斷情況者」。

(3) 公司間的股份持有。卽從事商業的公司取得他一競爭公司的股份，或取得多家彼此有競爭性的公司的股份，而此種公司間的股份持有

「足以減少競爭或趨於創造一種壟斷情況者」。

（4）董事互兼。卽從事商業的公司以同一人充任多家公司的董事，而此多家公司在業務上具有競爭性，且任一公司之資本、盈餘與未分配利潤在一百萬美元以上者。

以後由於連鎖商店的興起，使獨立的零售商與批發商受到供應商的價格歧視，國會又於一九三六年通過 Robinson-Patman Act，對前述克萊頓法案有關價格歧視一項作下列各項之修改：（1）未僱用獨立之經紀人而支付經紀費用者，視爲非法。此項規定旨在消除若干連鎖商店從製造商要求以正常經紀費用當作折扣。因爲這些連鎖店僅憑其議商力（bargaining power）獲此折扣，從而得到較必須利用經紀人服務的獨立小商店爲多的不當利益。（2）販賣者如製造商對購買者如批發商與零售商所作的折讓，除非是比例地按照同樣條件對所有購買者爲之，視爲非法。此一規定旨在禁止以廣告與促銷津貼給予大規模購買者，而不比例地依同樣條件給予有競爭性的小購買者。（3）其他形式的歧視如數量折扣等，當其在販賣者之間或購買者之間大爲減少競爭或趨於創造一種壟斷情況時，視爲非法。但若價格上的差別係以之作爲成本差別的適當寬減（due allowance），或在善意之下用以對付競爭者相同的低價競爭，則價格歧視不算是非法的。但卽使因低成本而有折扣的必要，聯邦貿易委員會（FTC）仍有權規定其折扣的限度，過此限度之折扣，如其認爲是不當歧視的，或有助於任何商業之壟斷時，可以不予核准。（4）給予或接受較購買同樣數量之同樣貨物的競爭者爲大的折扣，視爲非法。再者，就同一貨物索取之價格，一個地點較另一地點爲低，或以不合理的低價格出賣，而其目的係在摧毀競爭或消滅其競爭者時，均屬非法。

由於前述克萊頓法案對一個公司藉獲取另一有競爭性公司的資產而進行壟斷性的合併，並無禁止規定，國會又於一九五〇年通過 Celler

Antimerger Act，規定一個公司獲取他一競爭公司的股份或資產，足以減少競爭或趨於創造一種壟斷情況時，視爲非法。此一法案禁止各種形式之合併，不論其爲水平的（卽生產類似產品各廠商的合併）、垂直的（卽不同生產階段各廠商的合併）或雜異的（卽產品毫無關連各廠商的合併），只要聯邦貿易委員會認爲這種合併足以減少競爭或趨於壟斷時卽可。然而要注意的是，國會通過此一法案的目的是在維持競爭，因之只適用於大企業之間或大企業與小企業之間的合併，而非適用於小企業之間爲加強它們的競爭地位而進行的合併。

　　一九七〇年國會又通過「反托辣斯改進方案」（Antitrust Improvement Act），規定企圖合併或獲取其他企業的廠商，須事先告知聯邦貿易委員會及司法部。

四、壟斷的形成

　　壟斷企業是如何形成起來的呢？ 一般言之， 這有下列幾項主要原因：

　　1.資產的集中　壟斷企業雖不一定卽是大型企業，但常與大資本或大資產發生密切關係。因爲在積極方面，大規模的生產可以採用新的技術與導致成本減低，足以加強其在市場的壟斷力；消極方面則可具有嚇阻作用， 使缺乏大宗資本的人不敢從事相同物品的生產。 以美國而論，在各行各業中，此種資本集中的趨勢極爲明顯。 柏利（Adolf A. Berle）與敏斯（Gardiner Means）二人在其一九三二年出版之「現代公司及私有財產」（Modern Corporation and Private Property）一書中指出，在一九〇九至一九二八年期間，二百個最大的非金融性公司其資產總額的增加， 要比所有非金融公司快過百分之四〇以上。 展望將來，他們二人說道：「倘如大公司的財富與全體公司的財富，在今後二

十年中，各按一九〇九到一九二九年期間的每年平均速率繼續增加，到一九五〇年，全體公司業務的百分之七十，將由二百個最大的公司所經營。倘如今後二十年各別維持一九二四到一九二九年期間較快的成長速率，則全體公司的財富，將有百分之八十五爲二百家大的公司所持有。……倘如今後二十年大公司的財富與全國財富各按上述速率成長，則到一九五〇年時，全國財富的半數將爲這些大公司所控制」❷。

事實上，由於其他原因，美國財富分配的情況，並未如柏利與敏斯二人預料之嚴重。但其集中化的程度仍是相當嚴重的，下表即爲近年來製造業及非金融業各二百家最大公司資產所佔各該業全部資產的比率❸：

	1976	1977	1978	1979	1980
製　造　業	57.5	58.0	58.3	59.0	59.9
非　金　融　業	39.5	39.1	38.3	—	—

2. 產品的差別化　產品差別化（product differentiation）爲今日工業生產的特徵。經濟學告訴我們，此種差別化並不以品質上的差別爲必要，凡有助於增加消費者對其產品愛好的各項設計與行爲均屬之，其中最重要者，莫如廣告與商譽二項。隨著傳播工具的進步，廣告的重要性愈益增加，但效力最大的廣告，每須耗費巨大費用，除非廠商財力雄厚或產品有其廣大市場，殊難以廣告建立其產品的知名度。所謂商譽（goodwill），係指社會大衆對其產品之好感或信賴。知名度與商譽雖有

---

❷　參看 Robert L. Heilbroner and Lester C. Thurow: *The Economic Problem,* fourth edition 1975, p. 194.

❸　參看 William J. Baumal and Alam S. Blinder: *Economics* 1985, p. 586.

連帶關係，但知名度高的，並不一定即有高的商譽，廣告可以提高一項產品的知名度，但商譽的建立則賴廠商的誠信與用戶的滿意所得來，通常須經長期的培養與良好的維護，但一經建立之後，廣大的消費者均爲其義務宣傳員，也可說是一種活動廣告。由於一個廠商的產品繁多，通常又爲每種產品建立廠牌(brand) 或商標 (trade mark)，牌名或商標也可說是廣告與商譽所寄託的一種代表商品的象徵物，因之著名的廠牌或商標，每爲造成產品差別化與壟斷的工具，人們在選購某種物品時，往往只問廠牌，而不去比較優劣。事實上，一種新牌產品在品質或價格上也許優於已有相當知名度的貨物，但因缺乏商譽或知名度，不易爲消費者所接受，以致廣大市場常爲少數名牌的產品所壟斷，消費者甚至付出高價而在所不惜。例如今日美國的汽車製造，長久以來係由少數幾家大公司所壟斷，它們的龐大資本與高超技術，固爲形成寡佔的重要原因，但更重要的嚇阻力量，仍在它們多年建立起來的商譽。今日不難建立與它們同樣規模的工廠，但絕不能馬上建立能銷售它們同樣產量的商譽，由於銷售量較少，必致提高生產成本，而失却其在市場的競爭力，這才是無人願意投資另設新廠與之競爭的主要原因。

　　3. 技術的創新　任何壟斷性的企業，都須在技術方面不斷創新，才不會爲其他同業所淘汰。尤其在今日科技日新月異的時代，更須加強研究發展工作，不斷開發新產品，並創造（而非迎合）消費者對於新產品的需要。而生產方法的創新，則可降低生產成本，以增強其在市場的競爭能力。可以說，今日大多數具有壟斷地位的大公司，無不在技術創新方面居於領先地位。例如美國貝爾電話公司實驗所 (Bell Telephone Laboratories) 擁有職員六萬餘人，其中除少數爲行政支援人員外，其餘均爲研究人員，當今許多電子方面的新元件新系統，都是從這一實驗所中發明或發展出來的。又如日本的松下電氣公司，一九七四年用於研究

發展方面的經費高達兩億美元，爲當年營業額五十億美元的百分之四；從事研究發展人員計六千五百人，佔全部員工八萬八千人中的百分之七以上。舉此二例，亦可概見這些舉世聞名的大企業，在其技術創新與壟斷地位之間，具有如何密切的關係。

4. 法律的保護　一些對壟斷企業加以阻止或取締的國家，亦常在其他措施方面，培植或鼓勵了壟斷的發展。以美國爲例，即曾明定工會與農業合作社不受反托辣斯法律的約束，而今日工會之爲一強大壟斷力量,殆爲不可否認的事實。他們認爲工人與農民爲經濟上的弱者,理應受到政府的保護，故不視其組織爲壟斷事業。又如美國於一九一八年國會通過的 Webb-Pomerene Act，爲加強美國出口商與國際卡泰爾 (Cartels) 的競爭地位，也允許出口商組織出口貿易協會，但無疑地也減少了國際與國內市場的競爭力。至於前述一九三六年國會通過之 Robinson-Patman Act，也使零售階段的價格競爭受到抑制。他如國家特許經營之事業，自更爲法律產生之獨佔，也可稱之爲合法獨佔 (legal monopoly)。

更重要的，仍在專利權與保護關稅兩方面。對新發明給予一定期間的專利，固無人可以非議，但專利期間過長，則無疑地亦將助長企業的壟斷力量。尤以取得某種專利權的廠商，每將原有發明稍加改進，再又獲得新的專利權，如此可使其對於某項產品之專利權，實際延續達數十年之久。其更甚者，獲得某種專利權的廠商，當其允許其他有競爭性的廠商使用其專利權時，每對競爭者之販賣價格、銷售市場或生產數量，加以限制，而使創新者不致遭遇眞正之競爭。有些廠商甚至個別或聯合地以其自己或購買的專利權棄置不用，藉以排除他人使用的可能性，如此更可阻止他人的競爭，而創造或永久維持其壟斷地位。今日美國甚多居於壟斷地位的大公司，如杜邦化學、通用電氣、美國電話電報及柯達照相器材等公司，都是經由某些專利權的取得而逐漸形成其壟斷地位

的。至於保護關稅的徵收，目的原在減少外國對於本國某種產業的競爭力，從而使得受保護的本國產業易在國內市場形成一種壟斷力量。

　　5. 廠商的勾結　除完全獨佔外，其他形式的壟斷，有時是由廠商之勾結所形成的，此在寡佔情況下尤易發生。其勾結方式，可以爲不拘形式的君子協定，可以爲正式簽訂的書面契約。更常見的，則爲轉投資所產生的母子公司，或透過信託關係而形成的企業結合，甚至透過收買他公司之股票而進行合併。關於企業壟斷的方式，我們將在下一節詳加討論，此地所要指出的，各國立法所要取締的壟斷，通常即指廠商的勾結而言。事實上，取締此種形式上的壟斷，亦常遭遇甚大之困難。因爲反壟斷之目的，原在保護消費大衆的利益，而形式上的壟斷是否違害到消費者的利益，每爲見仁見智的問題。此所以美國自頒行反托辣斯法律以來，雖曾有過不少取締企業壟斷的案例，但美國的企業壟斷並未稍加戢止，且有變本加厲之勢，只其壟斷之形式時有改變而已。

第二節　企業壟斷的形態

　　在歷史上，各國企業進行壟斷的方式，可謂層出不窮，有些方式因爲法律所禁止，早已不復存在；有些方式有其合法的外貌，但可成爲純粹的壟斷；有些方式則尙在發軔壯大之中，甚至尙無可以取締之法律規定。茲分別依其發生的先後，列述於下：

一、卡泰爾 (Cartel)

　　此種組織約於一八八〇年以前不久在德國產生，後在歐洲各國極爲流行，且常受到各國政府的鼓勵。美國亦嘗有此種組織，稱之爲普爾 (pool)，因其協約不爲法律認爲有效，故早已趨於沒落。以後又有所謂

國際卡泰爾之產生，今日之石油輸出國家組織（OPEC）即其一例。參加此種組織之成員，仍各為一獨立之企業，但為追求共同之利益，常在下列各方面達成協議：（1）規定各會員產品之一致價格，此為卡泰爾之主要目的。（2）為確保某一價格水準，對各會員之生產數量加以限制。（3）劃分各會員產品之銷售市場，或進一步劃分各會員採購原料之區域。（4）設立聯合販賣機構，為會員推銷產品，或更進一步為原料之共同採購。國際卡泰爾盛行於鑛產品或重工業產品方面，其目的亦在提高價格，分割市場與消除競爭。其所控制之產品多為少數國家生產而為多數國家所需要，故藉此組織以壟斷世界市場。各國對其國內之卡泰爾尚可以法律加以取締，但目前尚無任何國際性之有效措施，以取締日益猖獗的國際卡泰爾。近年因石油價格不斷上漲，對各國經濟造成巨大損害，石油消費國家及聯合國組織均對之束手無策，實堪憂慮。

二、托辣斯（Trust）

此一名詞在美國法律中，已泛指一切壟斷性之企業組織。但其真正的意義，應為一羣經營相同業務的公司之大股東，各以其持有股票交與某一信託組織保管與運用，信託組織則給以信託證書（trust certificates），可如股票一樣在市場轉讓。信託組織由於掌握了各公司的大宗股票，故能對之形成統一的控制與管理，猶如它們的總管理機構，藉以達成各公司活動的協調，避免它們之間的競爭，而以增加各公司股份持有人的利潤為最終目的。此種組織最早在美國產生，一八八二年標準石油公司（Standard Oil Company）首先採用，並為其他公司模仿。後因一八九〇年休曼反托辣斯法案對此加以取締，此種壟斷組織即歸消失，代之而起的，為下述所謂握股公司或董事互兼（interlocking directorate）的方式。

三、握股公司 (Holding Company)

即由一家公司掌握另一或數家公司之大部分股份，前者稱爲握股公司，後者稱爲附屬公司 (subsidiary)，通常握股公司可以控制附屬公司之人事任免與營業政策，使其符合握股公司之利益與目的。例如甲公司可以掌握A與B兩公司之管理權，乙公司也同樣掌握了C與D兩公司的管理權，但另有一丙公司控制了甲與乙兩公司的大部分股份，而成爲所有這些公司的最高握股公司，此種堆金字塔的過程，可以創造出具有龐大力量之企業集團。美國在公用事業，金融業與製造業方面，不乏此種形態的組織，反托辣斯法律只在它們足以減少競爭或趨於創造一種壟斷情況時，始予取締。有些握股公司爲進行兼併，每以發行信託債券作爲獲取其他公司股票的有效手段。即是握股公司先以發行普通股所得來的少數資金，購買其他公司的股票，然後再以這些股票爲擔保，發行質押信託債券，由此而又獲得購買更多其他公司股票的資金，如此反覆運用，即可以其自己最初發行的少量普通股爲基礎，逐步結合與控制價值若干倍的資產。但必要的是，握股公司從其他公司所獲得的紅利和股息，在支付質押信託債券的利息後，必須留有足夠的安全邊際 (margin of safety)，如此則公司多一次這樣的負債，即多增加一次力量。反之，在一九三〇～三一年的蕭條時期，美國若干著名的公用事業握股公司，即因收入不足支付債券利息而爲之倒閉。

四、合併 (Merger)

即兩個以上的公司結合爲一個法人組織。如其中一個公司維持其原有名稱，稱爲存續公司，其他公司爲消滅公司；如合併後之公司另有其不同的名稱，則爲新設公司，原有各公司均爲消滅公司。在有壟斷之情

況下，多由一個公司收買他公司之股份，然後運用其大部分的股權，將被收買股份之公司予以解散。就美國而言，在十九世紀末期及本世紀初期，即已盛行企業的合併，且多採取收買股份然後合併的方式。在幾次判例中，最高法院認爲此種合併方式如在聯邦貿易委員會提起控訴或發出最後命令禁止收購股份之前即已完成，則不認爲違反了克萊頓法案。爲杜絕此一漏洞，國會乃於一九五〇年通過塞勒反合併法案，已於前述。但一九五〇年代及一九六〇年代，美國企業合併之風仍大爲流行。在一九五一到一九六〇年間，最大一千家的企業中，幾有五分之一爲其餘五分之四的企業所吞併。由於此一與其他原因，到一九七〇年，一百家最大的製造公司擁有全部製造公司資產的百分之四十九，尚較一九四八年二百家最大公司所佔的比例爲高。而且，集中化的速度也曾不斷增加，例如一九六三到一九六六年間，由大的礦業與製造公司獲得的資產價值平均每年爲四十億到五十億美元，一九六七年上升到一百億美元，一九六八年更高達一百五十億美元。以後由於股票市場頓挫，合併之風始趨戢止。但在一九八〇年代，合併之風又熾，估計約有一兆三千億美元的公司資產是經過轉讓或合併的。

　　企業的合併可分爲三種：一是水平合併 (horizontal merger)，即是合併的廠商原都生產同一或類似商品，合併之後自能消除彼此之間的競爭，或強化其大規模生產的利益。二是垂直合併 (vertical merger)，即是合併的廠商原是在某一最終商品的製造過程中，分別生產其中一項或多項屬於零件或配件之產品，其主要目的，在求各製造階段之密切配合，並藉以減低其最終產品的製造成本。以上兩種方式，均足以加強合併後廠商的市場壟斷地位，尤以第一種方式爲然。三是生產不同產品的廠商合併，英文謂之 conglomerate merger，我們姑且稱之爲「雜異合併」。前述一九五〇年代與一九六〇年代的企業合併，大多採取此種方式，因

其對於任一產品之市場價格並未因合併而有所影響，故不易爲政府視爲
具有壟斷性之合併。採取此種合併方式之原因，不外：(1) 以較少的代
價獲得被合併公司的較大資產，以增加存續公司的獲利能力。(2) 藉此
獲得多角化的經營，以分散從事一種產品生產的風險。(3) 加強合併後
公司的財務力量，俾從金融市場獲得有利的資金融通。(4) 由於人才與
資本的集中，足以加強中央管理部門的力量，達成經營效率的眞正提高。

五、關係企業 (Related Enterprises)

所謂關係企業，通常泛指任何兩個以上具有「業務往來」關係或所
有權「投資」關係的法人企業的總稱。但眞正之關係企業，應屬於各企
業間由投資關係而形成之一種企業集團，前述之握股公司或母子公司的
關係即是如此，但外國仍以特定之名詞稱之，並不泛稱爲關係企業。我
國最爲常見之關係企業，則係相同的個人同時投資於兩個以上之企業，
且常兼爲這些企業的董監事。但因這些企業之間並無投資關係，董事互
兼只爲股東個人的行爲，而非代表任一企業出任他一企業的董事，故亦
與握股公司下之董事互兼完全不同。本節所要討論的「關係企業」，即
專指此種狹義的情況而言，或可稱之爲「集團企業」或「企業集團」。
我國所以盛行此種關係企業的原因：一是由於他種方式之企業關係如握
股公司或母子企業等，在現行法律限制下不易發生（如公司法規定非以
投資爲專業之公司，其轉投資金額通常不得超過實收資本百分之四○，
又獎勵投資條例規定公司企業之保留盈餘，一般不得超過其已收資本額
二分之一，　產業升級條例已放寬爲不超過已收資本）；二是可以分散企
業的盈餘，以減少營利事業所得稅的負擔；三是達成個人投資的分散，
以免引起社會的注意與反感。

我國在過去經濟發展的過程中，無疑地已形成爲數衆多的此種關係

企業或企業集團，它們擁有雄厚的財力，足以互相支援，而使集團中之每一企業均可加強其在各別市場的競爭力。如果同一集團內之各個企業，均係從事一種產品或有關連產品之生產，則更能發展其在同一市場內的壟斷功能。在社會上，由此造成財富分配的更為不均，在政治上，易於形成少數資本家對於政治的干預。由於這些業已發生及可能發生的弊端，我國朝野人士對此已寄予密切之注意。最近政府於擬議修正公司法時，原擬增加「關係企業」一章，將其納入依法管理範圍之內，終以「關係企業」難以訂定明確之界限，深恐引起工商業之惶恐與影響其投資意願，故暫作罷論。我國目前亦無類似反托辣斯一類法律，對於各種壟斷性之企業或企業集團，均無從在法律上加以限制或取締。有人甚至認為在目前加速經濟發展之時，亦不宜對此加以抑制，並主張修改有關法令，鼓勵中小企業合併，以使關係企業逐漸成為單一管理下之「正式」大型企業❹。

六、多國公司 (Multinational Corporation) ❺

一國在他國進行商業或投資活動，由來已久，但直至一九六〇年始由 D. E. Lilienthal 首先提出此一名詞。此因多國公司自二次世界大戰後發展極為迅速，其中又以美國所佔比例最高。例如，一九七一年美國國外投資餘額為八六、〇〇一百萬美元，佔全世界此項投資總額的百分之五二。在最大多國籍之十大企業中，在美國有母公司者計有八家，多國

---

❹　陳定國先生曾發表「關係企業與集團企業之管理」一文，對此有詳細之分析，見六十八年一月十六日經濟日報。

❺　關於多國公司之詳細情況，可參看陶玉其著「多國公司泛論」（載「產業金融報導」第七八期，六十五年七月出版），朱孟茂著「多國籍企業之發展與影響」（載「臺北市銀」月刊第一〇四期，六十七年五月出版）

籍海外分公司之三分之一爲美國籍。然而，何謂多國籍公司，學者解說紛紜，迄無定論。例如 Sidney L. Rolfe 認爲多國企業 (multi-national enterprises) 係指在國外擁有直接投資，設有分公司 (sub-company) 或附屬機構 (affiliate)，從事産銷活動的企業，而其所有權與控制權仍多操在同一國人手中。而 James C. Baker 則謂多國公司必須在許多國家投資，它的淨利的百分之二十到五十，須來自國外業務，決定政策或考慮方案時，應以整個世界爲範圍。此一定義強調多國公司的全球計劃性 (global planning) 功能。舉此二說，可知多國公司的解釋，不外一般性的及特定性的二種，後者多受解說者的主觀所影響，更難有公認一致的標準。與多國公司相對待的，尙有：(1) 國際公司 (international corporation)，卽由本國公司之國外部管理其國外業務，以對外銷售或貿易爲主,亦可包括授權或技術合作。(2) 泛國公司 (transnational corporation)，指所有權與控制權分散在不同國籍之人士手中，且以世界市場爲其業務區域的一種企業組織。(3)超國公司 (supernational corporation)，指所有權與控制權完全無國家性，而由某一國際機構依國際法成立之企業組織。

　　多國公司形成的原因，依據一九七三年美國參議院金融委員會發表之 Implication of Multinational Firms for World Trade and Investment and for U. S. Trade and Labor，可分爲下列數項：(1) 爲了控制國外的重要資源。(2)爲了接近國外的消費市場。(3)由於母國資源的稀少性。(4) 由於母國國內市場已達飽和，而爲促進繼續成長的需要。(5) 各國稅制及其他法律不同而引起之誘因。(6) 複雜的工廠區位因素及追求外部經濟。(7) 由於通貨評價偏高或偏低之影響。

　　多國公司挾其雄厚資本與特殊地位,在國際間每能形成其壟斷地位。分析言之,其壟斷利益每在下列幾種情況之下發生：第一,透過產品差別

化及維持一定的價格水準等，以導致市場的不完全競爭。尤以母國公司的國際商譽或國際商標，卽是形成產品差別化的重要因素。第二，由於專利權的保護，技術上的保密，或雄厚的集資能力等因素，造成要素市場的不完全競爭。第三，由於大規模生產導致的內部經濟與外部經濟，足以降低其生產成本，增強其在市場的壟斷地位。第四，當有所在地國家的政府參與投資時所享受的特殊地位，或者地主國為吸收外資時所予投資國的優越保護，亦為造成其壟斷地位的重要因素。

多國公司不僅在地主國形成壟斷地位，甚或使地主國形成所謂「雙重經濟」(dual economy)，且對投資母國亦有其不利影響。它們利用地主國之優惠或低廉租稅，逃避投資母國的租稅負擔，甚至藉內部移轉價格之操作，以減輕其在母國之稅負。此外，多國公司可以無限制地在各國進行企業合併或參與，而又不易遭受本國及外國反壟斷法案的管制。此種國際性的企業壟斷，目前尚無國際性的法律加以管制，以致形成一頗為嚴重的國際經濟問題，鑒於其對國際經濟之巨大衝擊，實有及早注意和對付之必要。

第三節　企業壟斷在經濟上的影響

企業壟斷的利弊，從來見仁見智，不一其說。各國雖多在法律上對此加以防阻或取締，但亦未見有何顯著的效果。以美國而言，其所通過的反壟斷法律至為完備，且歷經政府認真執行，但仍有若干產業達到高度的集中化，下表卽為美國國勢調查局 (U. S. Bureau of Census) 於一九八一年發表之一九七七年十大集中化最高產業中最大四家廠商之市場佔有率：

高度集中產業	四家最大廠商生產數量佔全產業之百分比
非電動的安全剃具	99
機動車輛	94
錢幣操作之遊樂器	92
香　煙	88
影印設備	87
家用電冰箱及冷凍器	82
家用清潔劑	80
初級鋁製品	76
輪　胎	71
航 空 器	61

壟斷企業之所以無法以法律完全阻止，實有其存在與發展的理由。經濟學家也常對壟斷企業抱持兩種截然不同的態度，例如美國的西門斯 (Henry C. Simons) 在其「自由社會的經濟政策」 (Economic Policy for a Free Society) 一書中曾說：

「壟斷力量必然會被濫用的，要其不被濫用實無可能」「對大公司必須加以澈底之摧毀，並要對那些不惜以任何方法共謀維持價格，或限制產量的生產者予以不斷的控訴。……立法部門必須阻止而行政部門亦須有效地預防任何私人公司或公司集團獲得實質上的壟斷力」。❻

而康勃朗 (A. D. H. Kaplan) 在其「競爭制度下的大企業」 (Big Enterprise in a Competitive System) 一書中，則持相反的意見，他說：

「在當前經濟中，大企業在將個人力量與資源結合以達成整體成就中，曾扮演了主要角色。這是在現代技術下必須由私企業或國家完成的

---

❻　Henry C. Simons: *Economic Policy for a Free Society* 1948, Chapter VI.

一項功能。在美國，我們曾可能地將分散與集中混合一起，以致能在政府規範下將此一重大工作交與私人競爭去完成。大企業不僅曾在競爭制度下作有效的經營，全體而言，也對這種競爭的範圍、活力與有效性，作了必要的貢獻」❼。

上述兩種極端相反的意見，顯示對於企業壟斷的利弊，似無絕對標準可以衡量。為討論方便，我們將就下列幾項範圍，將壟斷企業的影響作一綜合性的探討：

一、對於消費者主權的影響

我們都知在完全競爭的市場中，最易發揮消費者主權 (Consumer Sovereignty)。所謂消費者主權有下列兩項含義：一是由消費者藉其需求力量決定資源的配置，二是消費者享受生產豐富而價格低廉的物品。因為在完全競爭的市場，每一廠商在其一定的成本曲線下，得以儘可能地以最低成本生產消費者所需要的物品。加以沒有利潤的存在，消費者所付的價格也是最低的。然而，在不完全競爭下，消費者的主權受到歪曲。首先，壟斷廠商以其鉅額的廣告費用，導使消費者購買他們原可不必購買的物品，即是說，消費者的嗜好受到人為的操縱。以美國為例，一八六七年，廠商用之於廣告與宣傳的費用估計只有五千萬美元，一九〇〇年增至五億美元，一九七一年更高達二百一十億美元，幾為美國用於初級與中級教育經費的三分之二。這些廣告與宣傳費用中，有些可能是帶有教育或訊息作用的，但無疑地，其中必有一大部份用於創造消費者對其產品的需要。資源的配置，並非出於消費者的意向，而是依照生產者設想的途徑，再去尋求消費者的適應。實際上，這是「生產者主權」

---

❼　A. D. H. Kaplan: *Big Enterprise in a Competitive System* 1954, p. 248.

(producer sovereignty)代替了消費者主權。其次，產品差別化在某種限度內，自可為消費者所接受，在一個富裕的社會中，無人願意只求以最少成本生產完全一致的商品，但今日過份在式樣或其他方面強求無關重要的差別化，而大為增加了生產或推銷費用，也意味着消費者利益的損失。美國在一九六二年估計由於每年汽車式樣的改變，將使每部車輛平均增加價格七百元（由於其他方面的效率增進，也可減低製造成本，故實際增加的數目較此為少）。事實上，有些差別化只是廠商故意創造的形象（image）。例如每年流行的女裝式樣，如無廠商或設計師的廣告宣傳，卽使是愛好變化的女士，也不見得會每年有此需要的。最後，壟斷企業假定都是以追求最大利潤為目的的，它們通常並不在成本最低之點進行生產，而其索取的價格也是遠大於成本的。有人計算在一九六二年，美國十個最大製造公司平均每元銷貨額享有八・七分錢的利潤，而年銷貨額在五萬美元以下的公司，每元銷貨額只有三・七分錢的利潤。有些產業的壟斷利潤更為驚人，例如有著名商標的阿斯別靈藥片，其售價高達沒有廠牌的同一藥品的三倍。

然而，另一方面，也有人認為壟斷性的企業多半採用大規模生產的方式，其平均生產成本要遠比完全競爭下的為低。傳統的反壟斷者認為規模經濟可同樣適用於競爭性的與壟斷性的企業，事實並非如此。所謂規模經濟只在缺乏競爭的情況下始有可能。壟斷性的企業，雖不一定在其最低成本點生產，但大規模生產降低了平均生產成本，卽使加上巨額的推銷費用，或以高於平均成本的價格出售，其實際價格仍可能低於完全競爭下按照成本出售的價格。而且，鉅額的推銷費用或差別化費用，有時是為獲得大規模生產所必需的，只要減輕的製造成本足以抵補增加的推銷費用，仍可使消費者獲得較完全競爭下為多的利益。至於由消費者依其自然愛好決定生產資源的配置，那是自給自足下的一種現象。在

市場經濟下，任何一種新產品都是由生產者設計製造出來的，然後透過廣告或其他方式，創造消費者對此物品的需要，只要消費者眞的對此物品有所愛好，也仍可說資源配置是由消費者所支配的。

二、對於資源利用的影響

依照經濟學的知識，壟斷性的企業是以邊際成本與邊際收入的交點決定其生產數量，此一數量通常要比平均成本最低時之產量爲少，亦卽生產設備未能達到充分利用的最適狀態。以美國爲例，在正常情況下，一家大的廠商總有百分之二〇～三〇的生產能量未能利用，這是何等的浪費。其次，壟斷企業的產品，有時是靠強力的廣告來推銷的，並不代表消費者的眞正愛好，消費者甚至受了廣告的欺騙，購買了無用（如藥品）或有害身心健康的物品，這也代表着資源的一種誤用與浪費。至於廣告或產品差別化，由於壟斷企業的互相仿效，其所能增加的物品效用至爲有限，而其消耗的人力及其他資源，則是非常可觀的，如以之用於實際生產，當可大爲增加消費者的享受。

然而，另一方面，也有人認爲壟斷企業之浪費資源，並不如想像中的嚴重。例如有人估計美國如撤銷一切壟斷性的限制，則一九五四年僅可增加生產五十億美元，其在總產量中所佔的比例及其壓低價格的效果，實微不足道。事實上，由於大規模的生產與高度技術的使用，反可增加資源的使用效率。例如大企業每一人時的生產力，卽較小型企業爲高。而且，大企業有較爲良好的工作環境與安全設施，縱然由而增加了生產成本，但却提高了生產者的工作效率，如果後者的所得大於前者的所失，則仍爲資源利用效率的淨增加。至於藉此減低了勞動者工作的負效用，也是在追求增加消費者剩餘時所應加考慮的。

三、對於技術進步的影響

一般人總認為壟斷企業尤其是寡佔性的大企業，較有助於技術的快速進步。例如美國 John Kenneth Galbraith 曾說：「只有少數大廠商的現代產業，乃是誘致技術改變的優越工具。它具備有融通技術發展的財力，它的組織也對開發與應用新的技術提供強烈誘因。……廠商對價格具有的影響力，足以保證此種研究發展所產生的利益不致在發展費用收回之前，就因他人模仿而歸之於大眾（因模仿者未曾付出任何發展費用）。它所具有的市場力量，就是如此地保護了它對技術發展的誘力」❽。歸納言之，壟斷企業之較易促成技術的進步，殆有下列幾項原因：(1) 具有發展技術所需的雄厚財力。(2) 大量的生產足以保證此種鉅額發展費用的經濟性，(3) 由於其對價格的影響力，足以保證此項發展費用能在未來的收入中予以收回。(4) 更重要的是，壟斷性的大企業，藉助其垂直的或水平的結合以及內部的資金支援，足以擺脫自由市場不穩定的影響，使其能在較為安定的環境中，從事長期性的研究發展工作。 Galbraith 甚至認為在美國的現實環境中，大企業與政府是正在建立一種管理經濟的默然同盟：一方面，政府計劃與從事各種功能，如穩定總合需要、融通研究發展資金、提供受過高等教育的人力，這些都是大企業的安全與成長所必需的；另一方面，大企業則承當了大部分社會生產的策劃責任。他認為這種趨向乃是廣泛經濟發展的一部分，而為提高生產效率的技術進步所不可缺少的。

然而，另一方面，反壟斷的經濟學家也攻擊下列觀點：(1) 僅有大公司才能實現大規模生產的經濟性。(2) 壟斷乃是技術進步所必要的。他們所持的理由：

---

❽　John Kenneth Galbraith: *American Capitalism* 1956, pp. 86–88.

　　第一，實證研究顯示，在大多數的製造工業中，只有少數廠商的產業不是實現規模經濟性所必要的。大多數產業的廠商只需佔有整個市場的一小部分，就能達到低成本的生產，壟斷不是生產效率的先決條件。

　　第二，技術效率的基本單位不是廠商 (firm)，而是個別的工場 (plant)。我們可以正確的說，生產效率需有一大規模而一貫作業的鋼鐵製造工場；但也可同樣正確地說，今日美國鋼鐵公司(U. S. Steel) 的存在，並無技術上的理由，因爲基本上它是一個包含若干在地理上分立的工場的大公司。又如美國的通用汽車公司 (General Motor) 擁有生產 Chevrolet, Pontiac, Oldsmobile, Buick 以及 Cadillac 等不同廠牌汽車的製造工場，在經營上，它們都是獨立的生產單位。而且，今日許多大聚合公司 (Conglomerate Corporation) 從事各種不相關連物品的生產，則更無大規模生產可以獲致經營效率的正當理由。

　　第三，技術進步也不完全依靠具有相當壟斷力的大公司的存在。證據顯示大企業與市場壟斷力對技術進步並無密切關連，事實上，壟斷者的受保護地位反有助於缺乏效率與不求改進。而且，壟斷企業總想抵抗或壓制技術進步，以免使其現有的機器與設備突歸無用。Walter Adam 曾在美國國會小型企業委員會聽證會上作證時說：美國鋼鐵公司僅以其總收入的百分之〇‧七用於研究，在技術改進方面，支配此一產業的一些大公司，總是落後於國內的或國外的較小公司。例如基本的氧氣爐，被譽爲本世紀在生產鋼錠方面唯一重要的突破，是在一九五〇年由一家小型的奧國公司所發明的，這家公司不及美國鋼鐵公司一個工場的三分之一大。這一創新於一九五四年由 McLouth Steel 公司傳入美國，當時這家公司的生產能量只有美國國內鋼鐵生產能量的百分之一。十年以後，才由大的鋼鐵公司加以採行，如「美國鋼鐵」公司在一九六三年十二月，「百力漢」(Bethlehem) 公司在一九六四年，「共和」(Republic)

公司在一九六五年。它們僅在一九六〇年以後遭遇到國內與國外同樣的
競爭時才決定採取這種新的生產方法，可見它們的創新與技術改進不是
由於企業集中化而是由於外界的競爭所促成的❾。

四、對於經濟穩定的影響

壟斷企業對於經濟穩定的影響，亦有兩種不同的看法。有些人認為
壟斷企業的**投資與**定價政策，有助於整體經濟的穩定，這是因為：（1）
在投資政策方面，由於它們的龐大規模與雄厚財力，使其能依照業務的長
期遠景安排投資計劃，而不致隨經濟景氣之變動而時有改變。因之在其
投資計劃進行的過程中，不致因經濟逆轉而減少其計劃投資的數額，而
可和緩經濟蕭條的程度；反之，亦不致因經濟轉趨繁榮而增加其計劃投資
的數額，故可防止經濟過熱與通貨膨脹。美國在二次世界大戰後二十餘
年中之經濟穩定，有人認為應歸功於其壟斷企業之長期投資計劃。（2）
壟斷企業能在經濟蕭條時期抗拒其產品之價格跌落，這是因為它們在市
場中具有較大的佔有率，能適應消費者的支出變動而調整其生產數量。
加以在工會的壟斷之下，亦常在經濟不景氣時期抗拒工資的跌落，兩種
力量的交合，每能阻止因工資物價相互刺激而引起螺旋式之通貨緊縮，
以及相隨而起之生產與就業之萎縮。

然而，另一方面，也有人抱持相反的看法：這有兩點理由：第一、
壟斷企業由於其自身財力雄厚，或可在其有關之其他企業獲得支援，而
不必過於依賴銀行的資金融通，因之貨幣當局在經濟過熱時期實施之反
通貨膨脹政策，對它們根本發生不了作用。而且，由於它們操縱價格
的能力，亦可將借款所付的高額利息，透過價格上漲而轉嫁與消費者負

---

❾　見 Campbell R. McConnell: *Economics*, Seventh edition 1978, p. 697.

擔，因而更加深了通貨膨脹的壓力。第二，我們均知通貨膨脹除可由需要拖拉引起者外，亦可由成本推動所引起。由於壟斷企業對產品價格具有相當控制力，故每在工會的壓迫之下，輕易接受增加工資的要求，從而促使物價更趨上漲。反之，在經濟蕭條時期，由於壟斷企業不能適時的降低物價，更易使生產與就業數量發生劇烈的下落，而加深了經濟蕭條的程度。

五、對於財富分配的影響

壟斷企業多半也是大型企業，它不但代表社會財富的集中，也形成所得分配不均的現象。先就前者言之，有人也許認為在今日股權分散的情況下，壟斷企業的集中社會財富，只代表着經濟效率的需要，而不致構成貧富對立的社會問題。這種看法固不無相當理由，但要知道企業乃一法人，具有與自然人一樣的行為能力，尤其在所有權與管理權分離的情況下，壟斷企業仍操縱於少數大股東之手，他們為追求企業本身的利益，每置社會大眾的利益於不顧。何況股權的分散並不即為財富的平均，事實上，絕大多數的小股東擁有的企業資產，與少數大股東相比，實屬微不足道，社會財富的分配並不因股權分散而有顯著的改善。而且，這些壟斷企業憑其優越的力量，每能在政治上興風作浪，它們可以影響政府的立法或政策，使其有利於這些大企業的經營，在一個過於民主的國家，尤易發生此種不良的現象。

再就所得分配的影響而言。壟斷企業由於掌握了市場的大部分，而又具有操縱價格的力量，其在每年國民所得中分享的部分自甚可觀。以美國為例，四家最大廠商市場佔有率在百分之五十以上之製造業，其生產價值所佔全體製造業產值的比例，多年來都維持在百分之三十左右，而且，高度集中化的產業中其企業家數更有顯著之下降。由於這些壟斷

企業的利潤，約較競爭性產業的利潤高出百分之五十到一百，它們獲取之利潤總額比例，自更高於其市場佔有率。而此高額利潤，復爲少數擁有股權之人所分享，其更將加深社會財富分配的不均，當不待言。

第四節　對抗企業壟斷的措施

鑒於大型企業在經濟上可以發生有利的及不利的影響，有些國家雖已實施反托辣斯法或公平競爭法一類措施，但由於這些法律對何種壟斷應加取締只有原則性的規定，在執行時不免遭遇困難，甚或有意或無意地對壟斷企業加以放縱，以致隨着自由經濟的發展，企業壟斷反有愈益猖獗之勢。有些人士認爲在當前情況下，企業壟斷實無令人害怕之理由，此因在自由經濟下，任何企業非但要顧慮同業其他企業的競爭，就是不同產業之間，也會爲了吸收消費者的金錢，而有相當程度的競爭性，尤以需要彈性較大或有替代性的產業爲然。加以對抗力量 (Countervailing Powers) 的發展，也使企業的壟斷受到限制；任何企業也不敢公然冒犯輿論的指責與政府的干預；企業領導人也較過去具有較多的社會責任 (social responsibility) 感，必能自我約束而不致過於濫用自己的權力。最具有說服力的則是所謂「技術決定論」(technological determinism)。認爲企業壟斷是促成今日技術進步的主導力量，只有大型企業才能對研究與發展作大規模的支出，由而大大提高了企業的生產效率。返回無數小型企業的競爭狀態，只是放棄了大規模生產的經濟性及快速的技術進步，導至經濟的缺乏效率與稀少資源的誤用，受其害者，仍爲廣大的消費大衆。以上爲主張維持現狀的論點，事實上，也是在這些論據的影響之下，各國政府對於壟斷企業乃未盡力地予以防止或取締。雖然如此，我們仍將從理論上探討對抗壟斷之各種可行途徑，並分析每一途徑之可

能效果。依據各國現行有關法律的規定及若干經濟學家的意見，似可採取下述各項措施：

一、法律的規範

在這方面行之最早而立法較爲完備的，首推美國。我們前在敍述企業壟斷意義一節中對此有所論及。其他主要工業國家，也多頒行類似法律，但均未收到預期之效果。揆其原因，是對壟斷企業難有一致而明確的定義。例如美國立法雖曾列舉若干應加取締之壟斷行爲，如貿易限制、價格歧視、同業串謀、握股操縱、董事互兼或企業合併等，但都附有一定之條件，而以「足以減少競爭，或有創造壟斷之勢」者爲限。此種以行爲效果論斷之法律規定，曾使執行效果大爲削弱。例如在美國最高法院命令解散之企業結合案件中，結合企業之產量所佔全產業產量之比例，有低至百分之二十者，亦有高至百分之九十者。另一方面，也有一些企業結合案件，雖其產量高達百分之六四或百分之九八，亦被判爲是合法的 ❿。可見此類案件的執行效力，有賴於法庭的判斷，並無十分客觀的標準。近年美國參議員菲列浦・哈特 (Philip Hart，曾任參院反托辣斯及壟斷委員會主席) 主張修改法律所訂違法壟斷的標準，即不再繫於公司之從事某些串謀活動以減少競爭的行爲，而只依其是否具有某些標準以爲斷。他認爲具有下列情況之一者，即可視爲非法壟斷，除非它能證明此種壟斷的存在有其經濟上的正當理由。(1) 四家最大公司的銷售額超過同類產品百分之五十者；(2)在三年內未曾從事價格競爭者；(3) 在連續五年內，其獲利率超過百分之十五者 ⓫。此種以事實狀態

---

❿　見 Funk & Wagnalls *Standard Reference Encyclopedia* 1961, Volume 23, p. 8669.

⓫　同註❾引書七〇九頁。

(state of being) 而不以反競爭行為 (anticompetitive acts) 作為判斷有無壟斷的標準，仍是易於引起爭論而不易採行的。雖然如此，美國在一八九一～一九五八年間，曾先後提出一三五一件反托辣斯案件，其中經最高法院判決成立而執行者所佔比例雖低，但其發生的嚇阻作用，則仍為美國企業較之德日等國具有較少壟斷性之一項重要原因。

　　我國於民國八十年二月頒行「公平交易法」之前，對於壟斷企業之規範，僅可適用民國二十七年十月並於民國六十二年六月修訂之「非常時期農礦工商管理條例」。其第十二條規定：「指定之企業及物品，其生產者及經營者，不得有投機壟斷或其他操縱行為」。其第十五條規定：「經濟部對於指定之物品，得因必要，分別為禁售或平價之處分」。其第十八條規定：「經濟部對於指定之企業，得因必要，分別令其增資、合併或縮減範圍」。其中「縮減」二字，似有防其壟斷之意。此一條例著眼於非常時期，自嫌簡陋。公平交易法係參考先進國家之類似立法而來，為執行此一法律，已由行政院設置公平交易委員會，對獨佔、結合、聯合行為及不公平競爭等加以規範。其重要之特色為：(1) 對具有法定解釋之獨佔事業，並不取締，但如獨佔事業具有法定禁止之行為者，始予法定處分。(2) 事業結合只在達於法定之市場佔有率時（結合後市場佔有率達三分之一，或參與結合之一事業，其市場佔有率已達四分之一），始須報經中央主管機關許可。如未申請許可或經申請未獲許可而為結合者，主管機關得禁止其結合、限期命其分設事業、處分全部或部分股份、轉讓部分營業、免除擔任職務或為其他必要之處分。(3) 事業不得為聯合行為。所謂聯合行為，係指事業以契約、協議或其他方式之合意，與有競爭關係之他事業共同決定商品或服務之價格，或限制數量、技術、產品、設備、交易對象、交易地區等相互約束事業活動之行為而言。但具有法定許可之條件者，不在此限。(4) 事業對於其交易相

對人，就其供給之商品轉售與第三人或第三人再轉售時，應容許其自由
決定價格，有相反約定者，其約定無效。(5)列舉有妨礙公平競爭之虞
的行爲，禁止事業爲之。其中包括斷絕供（需）、差別待遇，或以脅迫
利誘或其他不正當之方法而使他事業爲有利於自己之禁止行爲者。(6)
對他人商品表徵、商標、商號名稱爲相同或類似之使用，不實廣告及陳
述，或其他足以影響交易秩序之欺罔或顯失公平之行爲，亦有禁止性之
規定。

二、社會責任的覺醒

　　有些人認爲今日的企業家多已了解他們所負的社會責任，而能自我
約束其具有的龐大經濟力量，在其追求自己利益的過程中，仍能顧到社
會其他方面的利益。他們對於社會公益與文化事業，每每出資贊助或自
己興辦；在訂定其產品的價格時，亦非以獲取最大利潤爲目的，而以具
有一般行業之平均利益爲滿足；對於爲其工作之員工，亦每能在待遇與
福利方面予以適當之照顧。加以高額的累進稅率，使其感到最大的利潤
並不能帶來最大之所得，因而更能約束其追求最大利潤的能力。然而，
另一方面，也有人持相反看法，例如費德曼 (Milton Fieldman) 認爲企
業爲盡其社會責任所應爲者，就是「賺錢」(make money)，企業組織
的功能，只是生產的有效工具，而不能視爲社會改進的場所。達成此一
生產功能的最好方法，就是追求利潤，在追求利潤時自應遵守經濟的基
本規則與社會的法律規範。我們不能期望企業去做好事 ("do good")，
而只能期望政府阻止一般企業去做壞事。費德曼甚至反對企業對慈善事
業或大學捐款，他認爲那是收受企業利潤的個人所能爲的，而不能讓
企業變爲社會的福利機構。費氏之言，深得其業師著名經濟學家奈特
(Frank Knight) 的贊同，奈氏甚至更進一步主張強迫公司每年以其全部

盈利分配股東，藉以削弱公司由於保留盈餘而產生的市場力量⓬。

　　費奈二氏之見解，雖完全抹煞了現代企業家的社會責任，但欲消除企業壟斷的不良影響，亦不能完全求之於企業家的社會責任覺醒。這是因爲：(1) 具有社會責任並非企業家的一項資格標準，未能履行社會責任的企業家，除可能受到社會大衆的譴責外，實無法對之加以任何法律上的制裁。(2) 企業家卽使具有社會責任覺醒，但對如何克盡其社會責任亦無任何明確的南針，例如他們應將防止污染列爲較爭取利潤或增加工資或減低產品價格更爲優先的嗎？所屬企業對於慈善團體或教育事業的捐助，是否代表企業家自己的愛好？抑是出於股東、工人或其顧客的心願？這些問題足以顯示「社會責任」問題的複雜性，且無一定標準足以引導他們如何履行其社會責任。

三、加強對抗的力量

　　各國政府爲對抗企業的壟斷，也常有意地培植其對抗的力量。例如美國的反托辣斯法律，卽明白規定不適用於工會與農業合作社，一九三六年實施的 Robinson-Patman Act，也具有在零售階段減少價格競爭的效果。一九三〇年以來，美國聯邦有關平衡的立法，曾促成了強力工會的發展，有人認爲這是形成工會壟斷的主要原因。以強力工會對抗企業的壟斷，固有助於勞工利益的保護，但工會藉其罷工的威脅，每使工資增加與物價上漲形成惡性循環，尤其在罷工期間，造成社會經濟的巨大損失，或者引起社會生活的紛擾與不便，如何節制或約束此種對抗力量，又成爲所要對付的另一問題。

　　較少問題的對抗力量，乃是扶助經濟弱者組織各種合作社。例如消費者爲對抗中間商人的壟斷剝削，可以組織自己的消費合作社或合作超

⓬　同註❷引書第二〇三～二〇四頁。

級市場，這些合作社不僅可以取代零售商或批發商，而直接向製造商或國外進貨，甚至可以設廠自己製造社員所需要的貨物，從而收回在流通過程與生產過程爲他人攫取之利益，使社會大衆獲得更爲低廉的消費。貿易商或製造商除非將其利潤降至合理的程度，最後必將爲合作社所淘汰。此種合作組織已在歐洲各國普遍發展，對抑制中間商人的抬高價格及保護消費者的利益至多幫助。美加兩國則以農業性的合作社較爲發達，農民爲對抗中間商人的壟斷剝削，每在購買及運銷兩方面組織他們自己的供給及運銷合作社，直接透過批發市場購進農用品或運銷農產品，政府以其可以保護農民的利益，每在各方面加以鼓勵與扶助。有些國家如德、法及日本諸國，對中小商人或企業，也鼓勵它們組織各種合作社，以對抗具有壟斷力量的大型企業。而城市中與鄉村中普遍組織之信用合作社，亦具有對抗商業性銀行及高利貸者的作用，非僅止於社員間的相互融通而已。有人也許認爲農民組織運銷合作社，足以形成另一種壟斷力量，與壟斷的運銷商同樣可以違害到消費者的利益。關於此一問題，於此無法詳爲分析，但要指出的，生產者與消費者的關係，絕不同於中間商與生產者及消費者的關係。前者的利害關係是一致的，生產者組織合作社的目的，只爲保護自己的利益，而不在奪取他人的利益，在取代中間的壟斷商人後，可使消費者的付出較少，而生產者的所得較多，生產者與消費者同時獲益。許多經濟學家認爲隨着資本主義經濟的發展，自由競爭的成分愈來愈少，過去人們所歌頌的自由經濟，已逐漸成爲歷史上的名詞，除非發展一些對抗性的組織，資本主義勢將爲社會大衆所唾棄。生產者與消費者組織各種合作社，雖不一定能夠取代或消滅營利性的私營經濟機構，至少可以促進資本主義下的自由競爭，而使自由經濟仍能保持其充分的活力。此種看法，應屬持平之論，作者亦有同感。

四、實施價格的管制

實施自由經濟的國家，甚少對物價加以直接的管制，但仍有幾種例外情形：一是戰爭時期，政府為安定人民生活，對若干民生日用或必需物資，實施定量配給，並規定這些物資的銷售價格。二是在通貨膨脹時期，為阻止物價之繼續上漲，每以行政命令或勸導方式將工資及一般物價作有期限的凍結或有限制性的調整。例如一九七一年美國尼克森政府及一九七八年之卡特政府，均曾採取過此種管制方式。我國經濟部設立之物價會報（現已取消），也曾以此種方式阻止物價不合理之上漲。三是對自然獨佔 (natural monopoly) 或合法獨佔 (legal monopoly) 事業進行之價格管制。此類事業係由政府予以獨佔之特許，即在其活動的範圍內，不許另有其他同性質企業之競爭。為免此類獨佔事業違害使用者的利益，而由政府保有核定其產品或服務價格的權力。

自然獨佔事業多為公用事業，政府特許獨佔的原因：(1) 固定成本甚大，為達成有效率的低成本服務，必須從事大規模的經營。(2) 在同一產業及同一地區內，如果允許數家公司的存在，勢將形成巨額設備的重複與浪費，反將提高其服務或產品的成本。(3) 獨佔事業的產品或服務，是為社會大眾或其他產業所必需的。然而，政府核定此類事業的價格或費率，亦將遭遇到不易解決的困難問題。

在經濟理論上，關於公用事業的定價，不外三種標準：一是以獲取最大利潤為標準，此為一般獨佔企業傾向的定價標準，自不為政府所許可，姑置不論。二是以平均成本為標準，在平均成本中，包括投資的正常利潤，此為今日通用的定價方式。三是以邊際成本為標準，此為福利經濟學家提出之構想，認為當產品價格等於其邊際成本時，可使使用者所願付出之代價剛好等於社會必需支付的成本，而使資源的使用達到最

合理的境界。此種定價方式，即使在理論上可以成立（事實上，邊際成本常隨產量而異，且不易事先確知），亦因此一價格可以高於或低於平均成本，在高於平均成本時，仍使經營者獲得獨佔利潤，在低於平均成本時，則需政府予以補貼，故不具有實用價值，目前並未爲任何國家所採行。

即就平均成本定價法而言，亦常遭遇不易克服之困難。例如美國法律規定公用事業公司只能就其投資價值賺取特定的利率或「公平報酬率」(fair rate of return)。問題是在此項投資價值是如何決定的。在理論上，投資價值應決定於收益力的資本化 (capitalization of the earning power)，但管理機構允許公司收取的費率，就是決定收益力的主要因素。假定獨佔事業的產品需要是極端缺乏彈性的，則所定的費率愈高，其收益愈多，獲取此項收益的財產價值亦愈大；反之，如果只允許公司收取較低的費率，則其投資的財產就只有較少的價值。公用事業的管理機構自不能以收益資本化作爲決定投資價值的標準，通常是以投資的成本作爲投資價值，但又引起另一問題，就是賴以計算收益率的成本基礎，究爲原始成本 (original cost)，抑爲重置成本 (cost of replacement)。通常在蕭條時期（此時原始成本高於重置成本），公用事業公司可能堅持應以原始成本作爲估價的基礎，而在經濟轉趨繁榮而重置成本高於原始成本時，它們可能又要堅持以重置成本作爲估價的基礎。其次，純收益的計算，又與經營成本有關，必須先行決定何者可以及何者不可以視爲能從毛收入中加以扣減的合法經營成本。例如董事長或總經理的任何高額報酬，是否可視爲合法經營成本，如其不是，則須決定那一水準的報酬才是他們服務的公平代價。其他各項成本支出的是否適當，亦將遭遇類似的情況。由於定價問題不易完全解決，而政府主管當局受到使用者或輿論的壓力，每在這些事業要求調整費率時給予較嚴的約束，以致

它們的獲利能力可能不及其他事業之多，投資者在取得獨佔權後常無力或不願改進或擴張設備，以使消費者享受更好的有效服務，臺北市的公車營運，就是一個極好的例子。美國管理州際公用事業（如鐵路運輸）的州際商業委員會，亦曾爲定價問題深感困擾，且迄未對此找出各方皆感滿意的解決方案。可見以價格管制方法對付公用事業，並非一種有效而實用的方法。

五、公用事業的公營

由於公用事業之獨佔有其事實上的必要，而特許私人經營又在管理上遭遇不易克服之困難，因此有些國家乃將此類事業收歸公營。 國父孫中山先生亦曾主張「凡事業之不能委諸個人經營或有獨佔性質者，則由國家經營之」。其適用範圍且不限於公用事業，而可及於其他具有獨佔性之工礦事業，但國營或公營事業却並不全爲獨佔事業。政府辦理之經濟事業，可分爲兩種類型：一是只由政府獨佔經營，在其經營地區內，不容許另有同一性質之民營事業的存在； 二是可由政府與民間同時經營， 由於此類事業多爲規模較大與資本較多， 故亦多具有強大之壟斷性。屬於前一類型的，有兵工事業及公用事業；屬於後一類型的，多爲一些關鍵性之企業，其範圍頗爲廣泛，端視政府政策及財力而定，我國政府經營之鋼鐵工業、造船工業、石油工業及石油化學工業等均屬之。在自由經濟的社會中，政府自己經營一部分具有壟斷性的經濟事業，通常具有下列幾項理由：(1) 如爲公用事業，除前述支持自然獨佔的各項理由外，尚可避免定價問題所遭遇的困擾。因政府經營此類事業，並不以營利爲目的，基於政策上的需要，可以採取成本價格甚或低廉價格政策，以爲使用者謀福利，縱有虧損，亦可由政府撥款貼補。加以公用事業多爲直接滿足消費大衆的需要，操之於政府手中，不致因各方利害衝

突（如經營者與政府之間，或經營者與其僱用人之間，或經營者與使用人之間），而威脅到社會大眾的日常生活。(2) 其他關鍵性之企業，或因涉及國防機密(如軍火工業)，或係工業之基本原料（如煤礦、鋼鐵或其他金屬工業），如任由私人經營，足以違害國家之利益，或對政治發生不良影響。(3) 政府擁有雄厚之財力，易於吸收最進步之技術，對需要巨大資本之大規模工業，易於着手經營。否則，將因私人資本缺乏，而無法在短期內達到適當的經濟規模，或無人願意冒巨額投資的風險，如此勢將延緩一國經濟發展的時間，無法對經濟先進國家迎頭趕上。

　　然而，另一方面，由政府經營經濟事業，也容易發生下列不良的後果：(1) 形成官僚主義，主其事者不能發揮企業家的精神，從而減低了企業經營的效率。(2) 公營事業每受到國家的過多保護，缺乏外界的有力競爭，不易顯示其真正的經濟價值，甚至形成資源的嚴重浪費。(3) 妨害了私人的投資，如果政府的投資不能抵補或超過由此而減少的私人投資，即將促成社會淨投資的減少。(4) 如果公營事業的經營效率不如民營事業，則必將提高其產品或服務的成本，即使按照成本定價，使用者亦將付出較多的代價，其造福大眾的目標，仍然不能達到。(5) 容易形成政爭的工具，甚至成為政客們籠絡同黨與營私圖利之工具。總之，為消除企業壟斷的弊害，以部份企業收歸公營，雖不失為一項可行之途徑，但必須對公營事業加以有效的管理，使能兼顧經濟效率與服務大眾兩項原則，否則，公營事業又將形成另一種不良的企業壟斷，其為害之大，更甚於私營的壟斷企業。

六、解除企業的限制與保護

　　有人認為今日壟斷企業之形成，多半是由政府以往對於企業的限制與保護所得來的。前在述及壟斷的形成中，曾就法律的保護加以申述。

至於政府對於某種產業的加入設定限制，可分對內限制與對外限制兩方面：所謂對內限制，是指國人從事某一行業，須先報經政府許可。採取此一政策的原因，或是基於所需資源具有稀少性，或是認為關係國家安全或公共利益，或是基於保護環境的需要，但一旦對新加入者加以限制，就無異對已加入者給以保護，助使舊的廠商形成壟斷地位。例如我國過去不獨讓若干公營事業具有獨佔經營權，且對運輸業、金融業、保險業、新聞業等之加入設定嚴格限制，今日這些產業內的巨大企業，都是捷足先登所形成的。以後政府逐漸開放，但仍訂定新設廠商的應備條件，這些條件倘如過於嚴苛，也會阻礙新廠商的加入，助長舊廠商的壟斷。至於對外限制，是對外國人前來國內投資加以限制，或對外國貨物之進口設定高額關稅或其他非關稅障礙，從而使國內某些廠商獲得保護而形成其壟斷地位。今日在世界貿易趨於自由的導向下，已使此一方面的限制逐漸放寬或取消，多國公司及海外投資已成國際經濟的普遍現象。雖然如前所言，多國公司本身亦具有壟斷性質，但對抑制國內壟斷企業的形成，仍有其良好作用。加以各國進口稅已在國際協定下大幅降低，從而促進了各國貨物與勞務的交流，益使壟斷企業的高價政策難以實現。且因相互競爭的結果，壟斷企業亦須作有效的經營，以圖降低成本與價格，得其利者，自為廣大的消費大眾了。

第十章　經濟不穩定問題及其對策

第一節　經濟不穩定問題之分析

　　長久以來，人類的經濟生活總是遭遇到或多或少的不穩定，卽使是在先民的漁獵及遊牧時期，也會因自然因素的變化而使生產的成果極不穩定；農業生產更與氣候的變化有關，由於天道無常，導致豐嗇靡定，一次重大的天然災害，不僅使人餓莩載道，且常爲政治動亂的根源。然而，這種由自然因素變化所引起的經濟不穩定，不是出於人類自己的過失，也不是人類所能完全避免得了的，因之不在我們討論範圍之內。此地所要研討的經濟不穩定，乃是近代市場經濟下的產物，雖亦不能完全免於自然因素的影響，但其形成與發展的過程，却與市場經濟的運作有關，尤其是在近代金融制度與市場經濟相結合的經濟體系下，更是周期性地發生所謂經濟循環現象，而使人類經濟生活經常陷於不穩定之中，其所造成的弊害，更是有目共睹，且難以估計。由於這些經濟上的不穩定是在近代自由經濟體制之下所產生的，人們也必然地會想到能否設法加以減輕或避免。有些人認爲旣是近代自由經濟制度下的產物，唯有廢

除自由經濟或市場制度，才能完全消滅此種經濟上的不穩定，共產主義者即持此一看法。姑無論共產主義是否真能建立一種穩定的經濟制度，但其在他方面造成的巨大損害，就足以否定共產經濟的價值。另一方面，人們也不認為經濟不穩定乃是自由經濟必須付出的代價，而是可在自由經濟的體制內，透過經濟政策的運用，以使經濟不穩定減到最低限度。甚至認為完全沒有波動的靜態經濟，勢將扼殺人類經濟的成長，也不是我們所能忍受的。問題是在我們能否找到有效的方法以對付經濟不穩定問題，以及這些方法究能維持經濟穩定到何種程度。

　　為謀求經濟穩定政策，必須先要確定經濟不穩定的意義與範圍。一般言之，我們所要對付的經濟不穩定包括兩個層面：一是通貨膨脹問題，二是大量失業問題。這兩個問題原是不能並存的，即是在遭遇通貨膨脹問題時，通常並無大量失業問題產生；反之，在遭遇大量失業問題時，通常也不致同時發生通貨膨脹問題。然而，近幾年來，又出現一種所謂「停滯性膨脹」問題，即是在經濟蕭條與大量失業的時期，仍然出現通貨膨脹的現象。過去的經濟學家，雖然也對通貨膨脹問題或大量失業問題的根由與對策發生歧見，但大體上仍是有其一致的看法。唯有停滯性膨脹問題，由於是在一九七〇年代開始產生，經濟學家對其形成的原因尚無透澈的了解，自也無法形成對付此一問題的一致意見。甚至認為目前所能實施的有效政策，只能單純地對付通貨膨脹問題或大量失業問題，而無法解決這兩個問題同時併存的所謂「停滯性膨脹」問題。殊不知此一問題並非自由經濟體制內所必將發生的，而是受到政治上的歪曲所影響，因之亦非單純的經濟方法可以解決此一問題，以後我們將在論述此一問題時加以分析。本節僅就各項經濟不穩定問題之起因與弊害略加探討，而於以後各節分別敘述可以採取之對策。

一、通貨膨脹問題

英文 inflation，我國一般譯爲通貨膨脹，由於其中包含「通貨」二字，常使人誤以爲貨幣數量過多引起物價上漲之意。實則一般物價水準的上漲，並不一定卽由貨幣過多所引起，但無疑地，貨幣數量過多仍爲導致一般物價上漲之重要原因。依據市場法則，任何一物的市場價格，都受其供需的數量所影響，當供給不變而需要增加，必將促成該物價格的上漲；反之，需要不變而供給減少，亦將引起該物價格的上漲。因之，通常我們乃將通貨膨脹分爲兩種主要類型，卽是需要拖拉的通貨膨脹 (demand-pull inflation) 及成本推進的通貨膨脹 (cost-push inflation)。此外，亦有人主張所謂結構式通貨膨脹 (structual inflation)，卽是總合需要沒有增加，但需要減少的產業其工資與價格受到人爲操縱而不下跌，需要增加的產業則引起其產品價格與工資的上漲，從而導致一般物價水準的上昇。如果需要減少的產業須從需要增加的產業購買產品作爲原料，或是前者的工資受到後者的影響也要求提高，則更會導致一般物價水準的快速上漲。然而這種結構式通貨膨脹仍是透過一部分產業的需要或成本變動而發生的，只是波及的程度及發生的先後不甚一致罷了，我們此後不擬再加深論。再者，一般物價水準的上升亦可能同時由需要與供給兩方面的因素所促成，我們可稱之爲混合式通貨膨脹。事實上，需要與供給每能互相影響，例如首先由於總合需要增加，導致一般物價上漲，工會則以生活費用上漲爲理由，要求增加工資，從而又引起成本推進的通貨膨脹。反之，亦可先因工資增加而引起物價上漲，如因工資普遍增加而導致消費支出的增加，又可更進一步引發需要拖拉的通貨膨脹。由於通貨膨脹大多具有上述互爲影響或同時存在的特性，我們在研擬遏阻通貨膨脹的對策時，亦每須同時運用多種方法始克有效。爲進一

步了解通貨膨脹的性質，茲再就兩種主要型態的通貨膨脹加以分析：

1. 需要拖拉的通貨膨脹　在經濟學上，我們曾有所謂膨脹性缺口 (inflational gap) 與緊縮性缺口 (deflational gap) 的觀念。那是假定以充分就業的眞實所得爲基準，在未達充分就業之前，總合需要的增加，只會引起眞實所得或生產的增加，而不會促成一般物價水準的上漲，因之緊縮性缺口必隨着總合需要的增加而逐漸消失。在達到充分就業之後，如再增加總合需要，則因生產能量已達極限，必將促成一般物價的直線上升，形成所謂膨脹性缺口的現象。此一理論，大體上可爲凱恩斯學派及貨幣學派的經濟學家所接受，雖然他們也都認爲此地之所謂充分就業，並不意指所有資源都已充分利用之意，在若干關鍵性資源尤以人力資源接近充分就業之時，如再增加總合需要，亦將引起一般物價之和緩上漲。茲假定生產能量已達極限，則可以下列數量方程式說明一般物價上漲的現象。

$$MV = PQ$$

其中 Q 如固定不變，則 P 的數值將隨着 MV 的變動而同比例變動，此爲貨幣學派的經濟學家所主張。而凱恩斯學派的經濟學家，則寧以 $C + I + G$ 的總合需要代替 PQ，因此亦可寫成 $MV = GNP$❶。GNP 乃爲最後財貨與勞務的市場價值，亦卽各項最後財貨與勞務的數量各別乘其價格的總值，倘如最後財貨與勞務的數量不變，則其價格必將隨着 MV 的變動而變動。（亦可以 $MV = PT$ 代替 $MV = PQ$，但 T 乃指一切交易的財貨與勞務，包括最後財貨與中間財貨，式中之 V 亦指貨幣的交易流通速度而言。而 $MV = PQ$ 中之 V 則指貨幣的所得流通速度，亦卽貨幣用於購買最後財貨與勞務的周轉次數，自較前一 V 的數值爲小）❷。然

---

❶ 參看 Paul A. Samuelson: *Economics*, 11th edition 1980, p. 769.

而，兩者都認為 V 的數值在短期內不易變動，因之如財貨與勞務的數量不變，則貨幣供給量的變動，殆為影響物價的唯一重要因素。只是凱恩斯學派認為貨幣數量的變動，必須透過消費支出，投資支出或政府支出的變動，始能對物價產生影響，故寧可以總合需要的變動，來說明其對一般物價水準的影響（如以貨幣用於現金餘額的增加或金融性資產的交易，對一般物價即少影響）。

2. 成本推進的通貨膨脹　即使總合需要或貨幣供給量沒有變動，亦可由於生產因素的價格提高亦即成本增加而引起一般物價水準的上漲。這有兩方面的原因：一是工會組織的強大。當一個社會接近充分就業之時，工會憑藉其具有的壟斷力量，即可要求資方增加工資。尤其是在需要拖拉的通貨膨脹發生之後，工會更可有理由要求提高工資。另一方面，企業本身亦因害怕工人罷工或因經濟看好而願意接受工會增加工資的要求。此外，某種關鍵性原料如石油等的漲價，亦可導致成本的普遍增加而引起物價上漲。二是企業自身的壟斷力量，足以將增加的工資或其他成本加於價格之上，轉由消費者負擔。其更甚者，壟斷廠商亦常藉口成本增加而過份抬高產品的銷售價格，以期獲得更大的利潤，我們可稱之為利潤推進的通貨膨脹（profit-push inflation）。於此應注意的，每小時工資成本（wage cost per hour）的增加，並不一定即為每單位產品工資成本（wage cost per unit）的增加。如果勞動生產力的增加等於每小時勞動成本的增加，則每單位產品的工資成本仍可不變；只當前者的增加小於後者的增加或前者不變而後者增加時，才會增加每單位產品的工資成本。例如每小時勞動的生產力為十單位產品，原有每小時工資為五十元，則每單位產品的工資成本為 $(\frac{50}{10}=)$ 五元。茲假定工資與生

---

❷　參看 William H. Miernyk: *Economics* 1971, pp. 291–292.

產力同比例增加百分之十，則每單位產品的工資成本仍為 $(\frac{55}{11}=)$ 五元。倘如工資增加百分之二○即每小時為六○元，而生產力增加百分之十即每小時生產十一單位，則每單位產品的生產成本將提高至接近 $(\frac{60}{11}=)$ 五·五元。因之，如以工資增加為決定物價上漲的唯一因素，則工資增加率應減掉勞動生產力增加率，其餘數始為通貨膨脹率。不幸的是，由於經濟發展，服務業的比重日益增加，例如一九八四年美國在此一方面的就業人口已高達勞動人口的百分之六十以上，而他們的生產力卻遠不及其他產業，但其工資水準則仍比照其他產業而增加。有人認為近年美國的通貨膨脹，此亦為其一項重要的原因。

3. 通貨膨脹的弊害　在一個經濟不斷成長的社會中，必然發生通貨膨脹的現象，這是由於增加投資的資金，不可能完全來自社會的自願儲蓄，其中一部分必由銀行創造信用所提供，而此一部分銀行信用（即是貨幣）的增加，必先於生產的增加，從而導致一般物價的上漲。只要這種通貨膨脹是溫和的，有時可使真實所得的增加率快於通貨膨脹的增加率，這對整個社會不僅沒有害處，反為生活水準不斷提高的象徵。然而，一般言之，即使為溫和的通貨膨脹，亦可能產生下列各項弊害：

(1) 加強所得與財富分配的不均　通常固定收入者與薪資收入者都將因通貨膨脹而減少其真實所得，此在社會福利制度及工會制度不夠健全的國家，尤其如此。再以社會大眾擁有的金融性資產與固定資產比較，在通貨膨脹中，後者的價值可以增加，而前者的價值反趨跌落。像債券及儲蓄存款等只有固定收益的資產，可因通貨膨脹而貶損其價值；股票的市場價格，亦非如想像中之可隨通貨膨脹而上漲，例如美國在一九七三年初期，股票價格跌落五分之一，而消費者物價指數則有破紀錄的上昇。我國近兩年來的情況亦是如此。反之，在通貨膨脹劇烈時，房地產每為富有者追逐的保值對象，從而引起其價格的大幅上漲。兩相比

較，可以看出通貨膨脹所造成的財富重分配，實不利於中產階級的社會大衆，亦卽加深了所得與財富分配不均的程度。

(2) 歪曲了資源的合理分配　市場經濟的最大好處，在能透過價格機能，導使有限的資源在各產業或各廠商間作合理的分配，亦卽按照它們使用資源的效率決定使用資源的優先次序。然而，通貨膨脹尤其是劇烈的通貨膨脹，常使價格機能受到破壞，生產者每因未來價格的預期不同，無法正確地就其成本與收益加以比較，一部分邊際以下的生產者亦可佔用一部分生產資源，有些生產者甚至從事原料的囤積投機，而不實際從事正常的生產活動，從而可使社會的眞實所得（卽社會總生產）爲之減少。或者是，生產者不願承擔過多的風險，寧願投資於短期內可以回收的事業，而使資源的使用效率不能充分發揮，就整個社會而言，卽爲經濟福利的減少。

(3) 減少社會自願儲蓄的數額　在通貨膨脹時，人們多不願以購置金融性資產的方式從事儲蓄，不是以全部所得用於消費，就是購置供給受有限制的財貨。如爲前者，勢將引起一般物價的更爲上漲，且使資本的形成受到阻礙，而削弱了未來的勞動生產力；如爲後者，雖對其他一般物價較少刺激，但將減少其他正常生產活動所需之資金，對眞實國民所得的增加仍有其不利影響。

二、失業問題

失業乃一自古以來卽有之現象，例如沒有土地之農人，一時找不到僱用他的地主；卽使擁有自己的土地，亦可因天然災害而須另找其他工作以維生計。但此種失業現象並非經濟本身所產生，可置勿論。現代失業問題乃是市場經濟制度下的產物，非僅每一具有生產能力的成員都有遭受失業的可能威脅，而一次嚴重的失業且將導致社會與政治的動亂。

例如一九三〇年代經濟大蕭條時期，美國的失業人數曾一度高達勞動人口的四分之一，舉國惶惶，不可終日；而歐洲大陸法西斯主義(Fascism)的抬頭，也是由於大量失業所造成的。依照古典學派的理論，只要市場經濟能夠發揮其應有功能，即不致發生非自願性的失業現象，因為透過價格與成本的調整，必能導致市場供給與需要的均衡。然而一九三〇年代以後之情況，已否定了古典學派的充分就業理論。這不是說，古典學派的理論是完全錯誤的，而是由於經濟條件的改變，已使市場機能不能充分發揮，除非能以其他方法加以補救，它是無法自動促成充分就業的。因之凱恩斯提出其新的充分就業理論，美國亦於一九四六年制定充分就業法案，列為聯邦政府施政的優先目標。其他各國亦莫不重視此一問題，而以失業人數的變動作為制定經濟政策的依據。

然而，一般經濟學家也都認為所謂充分就業並非百分之百的就業，凱恩斯曾創摩擦性失業 (frictional unemployment) 一名詞，說明在任何經濟情況下，都有某一百分比的勞動人口遭遇摩擦性失業。超出這一百分比時，則多為循環變動所引起，通常稱為循環性失業 (cyclical unemployment)。這一百分比的多寡，經濟學家之間並無定論，一九六〇年以前，一般認為應在百分之四以下，近年來由於經濟結構變動，失業人口經常高出此一比例。以美國為例，一九七〇年以後多在百分之五以上，且有高至接近百分之十一者。經常失業率何以較前增高，且居高難下，通常約有下列幾項原因：

1. 生產技術的改進　以美國為例，一九六〇年以後，科技即呈快速發展，尤以自動化 (automation) 運動普遍展開，而大大地增加了勞動的生產力。然而，各項產業增加的生產力並非一致，其中以農業方面增加最多，工礦及運輸等業亦有顯著成長，但貿易、教育、醫療、法律以及個人或家庭服務等方面，則增加極為有限。根據調查，美國每一藍領

工人平均使用二萬五千元的機器，而白領勞工使用的機器，平均只有美金二千元，這是服務業生產力低落的根本原因。另一方面，各產業產品的需要在總需要中所佔的比例，則表現爲第一級產業（農業）降落最多，第二級產業（礦業、建築業、製造業）卻有大幅度的增加，第三級產業（運輸、交通、政府及其他服務）則幾少變動。爲適應上述生產力變動及需要比例的變動，美國各產業間勞動人口分配比率的變動，卽表現爲下列情況❸。

	第一級產業	第二級產業	第三級產業
1900年	38. 1	37. 7	24. 2
1972年	4. 6	32. 0	63. 4

　　由於第一級產業的生產力快速增加,而其產品的需要比率反趨降落,故其所需勞動人口降落最多，在分配比率上顯示大幅度的減少。第二級產業產品的需要比率雖有大幅度的增加，但因生產力的增加亦較快速,故所需勞動人口的比率,仍有輕微的下降。值得注意的是第三級產業,因其產品需要的比率幾少變動（由於 *GNP* 擴大，故同一需要比率所代表的需要數值必然大幅增加），而生產力的進步却是最慢的，因之所需勞動人口的數量必須大量增加，由而表現爲勞動分配比率的大幅增加。此一現象，說明了一項事實，卽是農業與製造業兩方面的技術進步，原可造成就業人口的大量減少，但因第三級產業的擴張及其生產力進步的緩慢，已能大量增加其所需的勞動人口，而使就業人口總數不致發生顯著的變動。然而，有人認爲技術的改進終究會要普及於第三級產業，如果它所增加的就業人口不能抵消其他產業由於技術改進而減少的勞動力，則失業問題必將變得更爲嚴重。事實上，近年工業國家失業人口

---

❸　參看 Robert L. Heilbroner and Lester C. Thurows: *The Economic Problem*, 4th edition 1975, p. 519.

的增加， 有一部分即是生產技術改進之結果， 我們稱此爲技術性失業 (technological unemployment)。

2. 產業結構的變動 此與生產技術的改進有密切關係。隨着科技的進步，非僅提高了原有產業的生產效率，且常因新產品的發明或新原料的發現而使產業結構發生變動。新產業的興起，每每導致若干舊產業的沒落，在新舊產業之間，不僅所需要的勞動力在數量上有所不同，在品質或技術方面亦有差別，原在舊產業工作的工人，在未能轉入新的產業或其他產業之前，即將產生失業問題，通常稱此爲結構性失業 (structural unemployment)。 由於技術的進步日趨迅速， 產業結構變動所需的時間愈益縮短，乃使結構性失業問題愈爲嚴重。此種由技術進步引起之結構性失業，也可說是技術性失業的一部分。此外，消費者嗜好的改變、 政府採購優先次序的改變、 各地區交通情況的改變、 原料分佈區域的改變，亦能促使原有產業之間的關係發生變化，從而引起結構性失業。至於因種族、 年齡、 性別等因素而引起之失業， 也可說是結構性失業的一部分。技術性失業與結構性失業兩者， 可說各有一部分互相包含， 唯一不同之點是: 結構性失業來自勞力的失調 (labor-displacing)，或是在現有勞動力與現有工作機會之間缺乏調適，因之有些產業雖有工人失業，而另一些產業却可能找不到新的工人。而技術性失業則多半來自勞力的節省 (labor-saving)，即是以機器替代了一部分人工， 從而引起勞動力的過剩而發生失業現象。

3. 工資水準的不斷提高 這有兩項重要原因: 一是最低工資法的保護。一般工業國家爲保護勞工利益，多以法律規定最低工資標準，在通貨膨脹時期，且將此一最低標準不斷提高，一旦經濟發生不景氣，一部分工人的生產力即落在他們的最低工資之下，而使他們成爲首先被解僱的對象。或者是，由於最低工資的不斷提高，使其超過了一些非技術

工人的生產力，而使他們不易找到就業的機會。二是工會的壟斷。在經濟景氣時期，力量強大的工會每以各種手段強迫資方提高工資率，而在經濟不景氣時期，却又阻止資方降低工資，資方爲保持其利潤水準，有時只有出於收縮生產與減少工人一途。總之，由於工業國家的保護勞工政策，已使工資形成易漲難跌之現象，一旦工資水準超過了勞動生產力，即將促成一部分勞工的失業。而在沒有最低工資法或工會缺乏壟斷力的國家，即較少此種失業現象。

4. 勞動力組成的改變　以往多由必須負責家庭生計的人外出工作，他們多半受過專業訓練而有必需的工作技能，且爲養家活口而有堅強的工作意願，不致因經濟景氣變動而輕易放棄他們的工作。但在第二次世界大戰以來，由於長期的通貨膨脹及國民教育水準的提高，已使更多的婦女及青少年參加工作，這些人的工作技能與專業精神都較差，在經濟轉爲景氣而有更多的工作機會時，他們可能是最後被僱用的一批，而在經濟轉爲不景氣而有裁減工人的必要時，他們則常是最先被解僱的一批。近年各國失業比率的昇高或居高難下，此亦爲其重要原因之一。

失業的代價，也是顯然可見的：第一，在經濟上，將使國民眞實所得減少。美國有人估計，官方發表的失業率昇高一個百分點，將使國民生產毛額減少約百分之三。事實上，在經濟轉爲不景氣時，不僅就業人數減少，也會減少就業人口的工作時數，其所減少的國民生產毛額，自遠較前一估計數字爲大。而且，經濟上的損失還可區分爲直接的與間接的，例如鋼鐵工人的失業，不僅直接地減少了鋼鐵的生產量，且在鋼鐵工人缺乏購買力的情況下，也將減少他們對其他產品的需要，由而引起其他有關產業生產的減少。此種連鎖作用，常使失業的影響力，猶如以石投水一樣，其所引起之漣漪圈有愈來愈大的趨勢。第二，在社會上，失業的負擔每落在少數人羣的身上。設如平均分配的話，則失業率上昇

一個百分點時，一個工人平均分攤的失業日數也許不過增加數天而已，但事實上，卻是少數人遭受到失業的痛苦。一九八一——一九八二年美國失業率接近百分之十一的高峰時，藍領工人的失業率卻高達百分之十六，非白人的工人更高達百分之十九。青少年的失業情況更差，一般青少年的失業率爲百分之二十四，非白人的青少年更高達百分之四十四。然而，已婚男人的失業率卻是最低的，只有百分之八。換言之，由於性別、人種及年齡方面的不同，常使少數低所得的人更易首先遭受失業的打擊，從而造成社會犯罪、種族暴動與政治上的不安。此一社會成本，通常要比經濟成本更難於估計，但失業問題之受到重視，出於社會的原因卻比出於經濟的原因爲多。

三、停滯性膨脹問題

在一九七○年代以前，通貨膨脹與大量失業大體上是難於並存的，且有互爲消長的現象。此一問題，我們將在下節再予討論。一九七一年以後，世界經濟局勢發生了下列四項重大的變化：第一，一九七三年，亞洲地區及蘇俄發生了嚴重的作物減產，中國大陸與蘇俄大量從美、加等國購買穀物，引起世界糧價大漲。例如在一九七三——七四年期間，美國卽因糧食大量出口，使其國內食物價格上漲百分之三十五。第二，某些戰略性物資也發生世界性短缺現象，由而促使這些物資的價格巨幅上昇。第三，在一九七一——七三年期間，美元兩度貶值，目的雖在和緩美國國際收支的不平衡，但亦促成美國進口貨物的價格上漲，且使對美出口國家的經濟遭受嚴重的衝擊。第四，也是最重要的，石油出口國家組織（OPEC），於一九七三——七四年將石油價格提高四倍以上，而使石油產品及能源價格巨幅上昇，並迅速波及於整個世界經濟。此外，尚有其他原因，一併促成世界性的通貨膨脹。美國尼克森政府雖於一九七一

年八月實施工資、物價與租金管制，以圖遏阻通貨膨脹，但於一九七三年元月終止管制後，反而促使工資與物價巨幅上昇。例如一九七三年通貨膨脹率昇至百分之九，一九七四年更高達百分之十二以上。然而，另一方面，在一九七三──七五年期間，美國失業率也同時增加，一九七五年高達百分之八・五。此種通貨膨脹與失業率同時昇高的現象，即為我們所稱之停滯性膨脹 (stagflation)。此一現象，不僅美國有之，世界其他國家亦多如此，而使習於凱恩斯理論的經濟學家及經濟決策者，感到事態嚴重而又莫知所措。

　　停滯性膨脹是如何發生的？有無有效的方法加以抑制？經濟學家之間對此頗多不同的意見。目前最具有說服力的解釋，乃是石油出口國家以壟斷方式不斷地提高油價，迫使世界物價迅速而大幅度的上漲，而大量失業正是物價快速上漲的結果。因為石油價格的劇漲，無異為石油出口國家對用油國家的消費者與企業組織課徵的一種貨物稅，足以透過一般物價的上漲與總合需要的減少，引起生產與就業的收縮。最可笑的是現有租稅制度的內在穩定機能 (built-in stabilizer)，更加深了此一不利的影響。因為在劇烈通貨膨脹時期，家庭與企業的「貨幣」所得也會隨而迅速增加。在稅率結構不變的情況下，必將引起個人與法人所得稅的增加，而使民間的總合需要（消費與投資）為之減少，依據乘數原理，自將引起「真質」所得的更為降低。有些經濟學家也認為，誤導的公共政策，也可增加失業問題的嚴重性。例如美國政府誤以為一九七三──七四年的通貨膨脹，是由總合需要所引起的，乃於一九七三年末期及一九七四年，以緊縮性的貨幣與財政政策，來遏阻總合需要的增加。殊不知通貨膨脹的原因，主要在成本或供給一方面，限制總合需要，不僅不能直接控制通貨膨脹率，且更加深了生產與就業的降落。茲再以下列數量方程式說明之：

$$MV = PQ$$

假定驅使成本上昇的因素（如油價上漲、物資短缺、農業歉收等）促成物價水準P上昇，那麼，在MV（總合需要）保持不變時，總產量Q（亦暗指就業數量）必須降落。如果政府錯誤地以為通貨膨脹是由需要拖拉所引起，由而採取減少MV的政策，則總產量Q自將更為減少，失業問題也會變得更為嚴重了。

　　但也有人認為美國的停滯性膨脹，應種因於一九六〇年代末期，其時越戰逐漸擴大，龐大的軍費支出，導致總合需要增加，失業率一度降至百分之四以下，從而引起工資快速上升，並促使一般物價不斷上漲。例如一九六五年，工資只上升百分之二，一般物價卻上漲百分之三．七。到一九七〇年，工資上漲百分之六，物價上漲百分之六．五。事實上，一九六九──一九七〇年，美國經濟已出現溫和的衰退，但通貨膨脹仍未停止，此即發生了所謂停滯性膨脹現象。茲以 10-1 圖說明之。

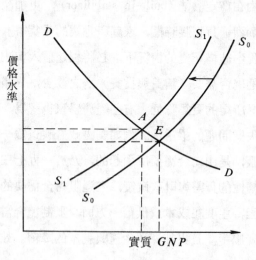

圖 10-1　停滯性膨脹

上圖總合供給曲線 S_0S_0 與總合需要曲線原相交於 E 點。設因工資上漲後，促使生產成本增加，總合供給曲線乃由 S_0S_0 移至 S_1S_1，而與原總合需要曲線相交於 A 點。此時生產減少而物價上升，即爲停滯性膨脹現象。但在一九七三年石油危險爆發之前，此一輕微的停滯性膨脹並未引起人們的注意。直至石油價格暴漲，引起世界各國物價普遍快速上昇，工人乃緣而要求增加工資，連同其他成本增加因素，而使總合供給曲線愈益向左上移動，亦即物價越上昇，經濟越衰退，形成前所未見之怪異現象。習慣於凱恩斯學說的經濟學家，誤以爲係由總合需要所引起，建議以減少貨幣供給量加以匡正，從而導致前述物價不跌而產量減少之結果。經濟學家乃轉向「供給面」（supply-side）加以探討，並從供給面探討其解救之道，容後述之。

第二節　經濟穩定的意義與菲力普曲線

一、經濟穩定的意義

我們旣知通貨膨脹與大量失業爲現代經濟中之兩大問題，那麼一個理想的社會，應是在充分就業之下而又沒有通貨膨脹的社會。經濟學家在作理論分析時，原是認爲一個社會在達到充分就業之前，增加總合需要，只會引起眞實所得的增加，而不致引起物價水準的上漲。因之在理論上，沒有通貨膨脹的充分就業應是可能的，即如10-2圖 L 形粗線所示之形狀。

下圖假定勞動生產率每年增加百分之三，正常失業率爲百分之四，左縱軸代表之物價水準年增加率與右縱軸代表之貨幣工資年增加率相差百分之三，即爲須加抵消之勞動生產力年增加率。

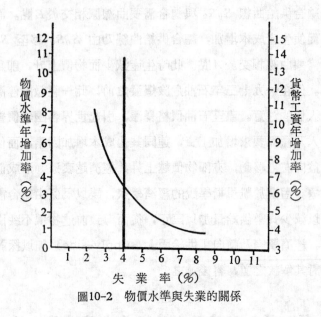

圖10-2　物價水準與失業的關係

當失業率高於百分之四時，隨着總合需要的增加，可使失業率逐漸減少，至達於百分之四爲止，此爲該一社會必須有之最低失業率，也可說是充分就業下之失業率。此後如再增加總合需要，即將引起一般物價水準之上昇，亦即發生通貨膨脹現象。然而，此一理論上之分析，並不能代表眞實社會的情況。依美國及其他工業國家之經驗，在充分就業達成之前，也常遭遇物價水準之劇烈上昇，亦即在總合需要促成充分就業之前，即已引起通貨膨脹，經濟學家稱此爲預熟的通貨膨脹 (premature inflation)，有如上圖曲線所示之情況，此即著名的菲力普曲線 (The Phillips Curve)。

二、菲力普曲線的含義

菲力普(A. W. Phillips)爲英國經濟學家，他在一九五八年十一月出版之 Economica 刊物中，發表其「英國一八六二——一九五七年失業與

貨幣工資率變動率之關係」(The Relationship Between Unemployment and the Rate of Change in Money Wage Rates in the United Kingdom) 一文。他從英國多年來有關資料的分析中，發現失業率與通貨膨脹率具有互為消長的關係，即是低的失業率必將伴隨高的通貨膨脹率，反之，物價穩定或低的通貨膨脹率必將伴隨高的失業率。此一發現，具有兩方面的意義：一是肯定了失業與通貨膨脹之間的關係，亦即一個社會在其努力減少失業或謀求充分就業的過程中，必然地會要發生通貨膨脹現象，因亦否定了沒有通貨膨脹的充分就業可能性。二是為經濟決策人產生了難以取捨的情況 (dilemma)，亦即我們不能為物價穩定及減少失業各別地訂下所要達到的目標。例如我們無法決定只有百分之二的通貨膨脹率與百分之二的失業率，因為我們尚無任何有效的方法以使二者同時實現，而須在多個一定的通貨膨脹率配以一定的失業率之間作一痛苦的選擇，兩者之間具有「抵換」(trade-off) 關係。雖然通貨膨脹率與高的失業率都是我們所不希望的，但選擇了低的通貨膨脹率，就必須忍受較高的失業率；反之，選擇了較低的失業率，就必須忍受較高的通貨膨脹率。然則，兩者之中，究以何者損失較輕呢？且以下列幾項作比較分析：

第一，就整個經濟而言，溫和的通貨膨脹不致減少國民實質生產。無論物價水準如何變動，只要未達超級通貨膨脹的程度，則一羣人的所失常為另一羣人的所得所抵消，對全社會的實質所得並無影響。而且，在充分就業之前，溫和的通貨膨脹反能增加就業與增加生產。而在失業的情況下，必將造成潛在 GNP 的淨損失，失業的情況愈嚴重，其所損失的 GNP 亦愈多。就此而言，通貨膨脹要比失業為好。

第二，就損失的負擔而言，通貨膨脹雖可造成部分人的損失，但此種損失也常是部分的與暫時的。人們為保護其自己的利益，必會設法減

少其損失的程度，例如工人可以要求增加工資，利息收入者也會要求提
高利息，一旦通貨膨脹趨於和緩或停止，各項所得的相對關係，又可恢
復其原有的平衡。然而，失業所造成的損失，則是無可補償與不能恢復
的，而且，沒有人會從失業中得到利益。

第三，就心理的影響而言，通貨膨脹却遠比失業來得廣泛與嚴重。
通貨膨脹可以影響到社會每一角落與每一階層，沒有任何人可以逃避它
的衝擊與影響。儘管有些人可從通貨脹膨中得利，但也只是好的影響與
壞的影響抵消後的結果。然而，失業的影響則是局部的，失業者只是勞
動人口的一部分，除非失業落到自己的身上，他不必爲失業感到憂慮。
有些人甚至根本不必爲有失業的可能性而擔憂，因爲他們從事的工作，
乃是社會所不可缺少的。

三、經濟學者對於菲力普曲線的歧見

前在第一節中，我們曾談到停滯性膨脹問題，此一現象，乃使學者
之間對菲力普曲線重加檢討。有些經濟學家認爲一九七〇年代發生的事
故，只是一些偶發的震撼 (random shocks)，將來仍會恢復到通貨膨脹
與失業的抵換關係。另一些經濟學家則懷疑菲力普曲線已不存在，而須
建立一種新的理論架構，才能說明新的經濟事象。目前美國的經濟學家
大致可分爲貨幣主義者(monetarists) 與凱恩斯學派 (Keynesians) 兩大陣
營，前者可以費德曼 (Milton Friedman) 爲代表，他們認爲凱恩斯學派
的充分就業政策，係以並不存在的菲力普曲線爲基礎，由而必將加速通
貨膨脹，一般稱之爲加速主義者(accelerationist)。玆分別述之於次❹：

    1. *貨幣主義者的看法*　假定目前遭遇的失業率爲百分之六，超過

---

❹ 參看 Campbell R. McConnell: *E:onomics*, 7th edition 1978, pp.
386-389.

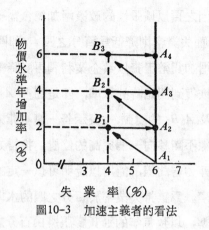

圖10-3　加速主義者的看法

了一般認為可以容忍的標準百分之四，政府為提高就業水準，採取擴張性的財政與貨幣政策。由於總合需要的增加，帶動了物價水準上昇，在原定的貨幣工資水準之下，必將增加企業的利潤，而使廠商增加生產與僱用更多的工人。如 10-3圖，失業率將從 A_1 減到 B_1，代表在較高的通貨膨脹下有了較高的就業水準。由 A_1 到 B_1 的移動，就是代表着非力普曲線的一種抵換關係，亦即為了減少失業率百分之二，而引起了百分之二的通貨膨脹。然而，依照加速主義者的看法，B_1 並非一種穩定的均衡位置，因為工人察覺他們的實質工資與所得已因物價上漲而下降時，必會要求增加貨幣工資以圖恢復他們往日的購買力。但當貨幣工資上昇到原在 A_1 點所存在的實質工資水準時，企業利潤又將降落到通貨膨脹前的水準，而使它們不再增加生產與僱用較多的工人，結果失業率又將回到百分之六，但此時的通貨膨脹率則仍為百分之二，即為 A_2 所代表的情況。依照費德曼的看法，從 A_1 到 B_1 所依循的非力普曲線，僅是一種短期的或過渡的現象，在長期內，即是在貨幣工資趨上已上升的物價水準之後，失業又將回到 A_2 所代表的原有情況。此一過程，可以一再重複發生。例如政府在出現 A_2 代表的情況下，認為那是某些偶

然因素所挫敗的，因之再以擴張性的政策增加總合需要，而使物價水準上升到百分之四，而失業率則降低爲百分之四，卽圖上 B_2 代表的情況。但在工人要求增加貨幣工資以致企業利潤再度降落之後，又將減少產量而使就業人數恢復到開始時的水準，卽是圖上 A_3 所代表的情況。沿着 A_1B_1、A_2B_2 及 A_3B_3 的變動，表示着一連串菲力普曲線的抵換過程，但也使此一曲線不斷移向一個更高的位置。換言之，在長期內，沒有一條穩定可靠的菲力普曲線，能用以說明可以一定的通貨膨脹率去交換一定的失業減少率。爲維持失業率於百分之四的水準，政府必須繼續擴張總合需要的水準，以致每年的通貨膨脹將由百分之二（B_1）增加到百分之四（B_2），再增加到百分之六（B_3），且將一直繼續增加下去。在失業與通貨膨脹之間的長期關係，將是沿着 A_1、A_2、A_3 與 A_4 的直線發展，前述菲力普曲線根本並不存在。

上述說明，假定貨幣工資的增加落在物價水準增加之後，此一落後引起了利潤的暫時增加，由而可以暫時地刺激就業的增加。然而，我們還可更合理地假定，勞動者不會對此種「追趕」（catch up）過程感到滿足，倘如他們能正確而充分地預期物價上漲的程度，而相應地卽時要求調整他們的貨幣工資，那麼，利潤、生產與就業的暫時增加當會不再發生，在此一情況下，就業水準將沒有前圖中短暫的由 A_1 到 B_1 或由 A_2 到 B_2 等的變動，而是引起物價水準經由 A_1、A_2、A_3 及 A_4 各點的直線上升。換言之，凱恩斯學派採用的達成充分就業下失業率的方法，只會引起加速的通貨膨脹，而不能導致失業率的降低。

2. 凱恩斯學派的看法　凱恩斯學派認爲一九六〇年代末期與一九七〇年代的情況，並不足以否定菲力普曲線的存在，只是在某些力量影響之下，已使此一曲線向右（或向上）推移而已。如10-4圖，PP 爲原有的菲力普曲線，$P'P'$ 爲移動後之情況。在原有曲線上，可以看出在失

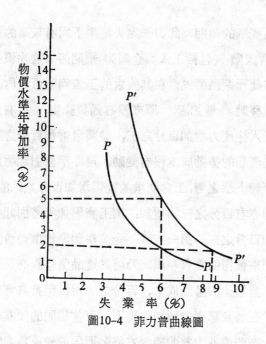

圖10-4 菲力普曲線圖

業率為百分之六時，通貨膨脹率只有百分之二；而移動後之曲線上，失業率仍為百分之六時，通貨膨脹率却已升高到百分之五以上了。反之，為保持百分之二的通貨膨脹率，必須遭受百分之八以上之失業率。形成此一移動之重要原因：

第一，勞動力組成的改變 此與一定通貨膨脹率下而有較高之失業率有關。前已言之，近二十年來，勞動人口中婦女與青少年所佔的比例已有顯著的增加，因為這些人的工作能力要比一般成年男工為低，其工作的流動性亦較大，因之亦有較高的失業率，而使全體勞工的平均失業率較前增高。譬如說，在一定的總合需要下，原來失業率與通貨膨脹率均為百分之四，現在則已變成失業率為百分之六，通貨膨脹率為百分之五‧二了。亦即菲力普曲線業已向右移動，但在失業率與通貨膨脹率之間，則仍有其相互抵換的關係。

　　第二，通貨膨脹的預期　　此與一定失業率下而有較高的通貨膨脹率有關。倘如社會大眾（包括工人與企業）預期將來的物價仍會繼續上漲，他們定會將此預期漲價包含在其要求的工資與物價之內，如此可使菲力普曲線向右移動。譬如說，原來沒有通貨膨脹，只有百分之五的失業率，假使工人生產力增加百分之三，並要求增加百分之三的貨幣工資，由於每單位產品的勞動成本沒有變動，自亦不會引起物價上漲。現在由於物價有漸趨上漲之勢，工會要求並獲得增加百分之六的貨幣工資，假定勞動生產力亦有百分之三的增加，則工資增加勢將引起每單位產品的勞動成本增加百分之三。另一方面，企業在預期物價仍會上漲的心理下，為保持其將來獲得的實質利潤，乃將其產品價格提高百分之四，卽是以百分之三彌補增加的勞動成本，百分之一用以保持其實質利潤。此一舉例，說明了在通貨膨脹的預期心理下，可使相同的失業率伴隨較高的通貨膨脹率，亦卽使菲力普曲線向右移動而居於較前為高的位置了。

四、經濟內在的穩定機能

　　自由經濟一方面可以引起經濟的波動，另一方面，也有其內在穩定機能（built-in stabilizer）。卽是說，在經濟蕭條時期，可以自動地阻止可用所得的下落，而使經濟不致更趨萎縮；反之，在通貨膨脹時期，可以自動地阻止可用所得的增加，而使物價不致更趨上漲。這些機能是自由經濟體制內所固有的，毋待政府採取任何的穩定政策，也能幫助減輕經濟的不穩定。通常約有下列幾項原因：

　　1. 政府的稅收　　政府的稅收，代表社會中潛在購買力的漏巵（leakage）。在經濟蕭條時期，政府的稅收可隨國民所得的減少而減少，在支出不變的情況下，必將造成預算的短絀，從而阻止可用所得進一步的減少，以免經濟更趨萎縮；反之，在通貨膨脹時期，政府稅收可隨國

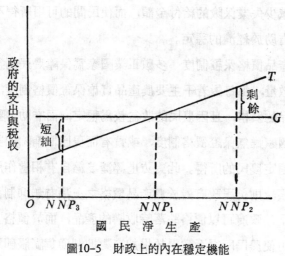

圖10-5 財政上的內在穩定機能

民所得的增加而增加，在支出不變的情況下，必將造成預算的剩餘，從而阻止可用所得進一步的增加，以免物價更趨上漲。10-5圖即爲此一自動穩定機能的說明。

　　圖中國民淨生產爲 NNP_1 時，政府的稅收 T 與支出 G 相等。如果國民淨生產減少到 NNP_3，則 G 大於 T，而產生了圖中所示的短絀。反之，當國民淨生產增加到 NNP_2 時，則 T 大於 G，而產生了圖中所示的剩餘。如果政府還能適應國民淨生產的變動而調整稅率結構，以使在經濟萎縮時能有更多的短絀，而在通貨膨脹時能有更多的剩餘，當更能加強此種內在穩定機能了。

　　2. 移轉性支付　近代工業國家多已建立了完善的社會安全或福利制度，其中以失業保險最具有內在穩定機能。因爲在經濟蕭條時期，由於失業人數增加，政府不僅會減少所得稅及保險費的收入，更須增加失業保險的給付金額，而使失業者的可用所得不致過於減少。反之，在經濟擴張時期，由於失業人數減少，政府不僅可以增加所得稅及保險費的

收入，更可減少失業保險的給付金額，而使民間的可用所得不致過於增加。凡此均有助於經濟的穩定。

3. 農產品價格保證制度 多數工業國家為保障農民利益及穩定農產品的供給數量，每每對若干主要農產品實施保證價格制度，此不僅可以穩定農產品的價格，且因農民的收益較為穩定，而有助於整個經濟的穩定。有些國家雖無保證價格制度，或曾有而現已取消，如美國，但仍以各種方法穩定農民的所得。此對防止經濟萎縮自有相當作用，但能否和緩通貨膨脹，則仍視政府對於農產品價格之上漲有無抑制而定。在保證價格制度下，政府可以價格跌落時收購的產品，而於價格上漲時予以拋售，如此可使農民所得不致過於增加，對抑制通貨膨脹即可發生相當之作用。

4. 公司的穩定紅利政策 工業國家的許多大公司，大多採取一種穩定的紅利政策，即是在經濟好轉而獲有巨額盈餘時，並不全部分配與其股東，而在經濟惡化遭遇虧損或盈餘減少時，則以過去保留未分配之盈餘，增加其對股東之紅利分配。換言之，即不論經濟情況如何，每年維持大致一定的盈餘分配率，而使股東所得保持相當的穩定，如此即有助於整個經濟的穩定。然而，公司在營業好時保留之未分配盈餘，必須加以凍結始可，如以之增加投資，則仍將助長通貨膨脹。

事實上，上述各項內在穩定機能，只能對經濟不穩定發生和緩作用，亦即只能減少經濟不穩定的程度，而在經濟發生劇烈波動時，仍須由政府採取其他穩定政策，始能收效。至於內在穩定機能究能發揮多大之穩定作用，美國經濟學家曾就其本國情況加以估算，認為可使國民所得波動減少約三分之一。例如 Peter Eilbott 在一九六六年六月出版之美國經濟評論中發表其「自動穩定機能的效果」(The Effectiveness of the Automatic Stabilizers) 一文，估計在美國晚近之經濟衰退時，內在

穩定機能可使國民所得之下落平均減少百分之三六到五二，而在經濟擴張時期，則可使潛在國民所得的增加，平均減少百分之二五到四二。

　　然而，內在穩定機能的良好作用，只當經濟波動是在充分就業的 *NNP* 附近發生時才能顯現出來。倘如起初經濟是在衰退狀態之中，則相同程度的內在穩定機能，反使充分就業的達成更爲困難。茲仍以前圖爲例說明之。倘如 *NNP*₁ 爲充分就業的生產水準，而現時的經濟正處於此一階段，那麼由 *T* 線產生的內在穩定機能，當可阻止經濟離開此一充分就業的水準。但若實際生產是在 *NNP*₃ 的衰退水準，那麼任何擴張性支出（*C* 或 *I* 或 *G*）的增加，都會因政府赤字減少而抵消了一部分擴張的效果。經濟學家稱此爲財政的拖累（fiscal drag）。此種財政拖累問題也有其長期的一面。例如在一個成長的經濟中，充分就業的生產水準已逐漸向 *NNP*₂ 移動，但隨着經濟成長而自動產生了預算剩餘，由此可能引發經濟衰退而使成長受到扼殺。總之，加入時間因素而考慮到經濟成長時，內在穩定機能每使充分就業的達成更爲困難。補救之道，端在運用財政政策以削減租稅、增加支出、或由中央政府增加其對地方政府的補助或租稅分成，以使財政拖累爲之消失。

第三節　　通貨膨脹問題之對策

　　前已言之，通貨膨脹有其不同的原因，隨其形成原因之不同，亦應有其不同的對策。然而，各種不同類型的通貨膨脹，也常是互爲影響的，例如需要拖拉的通貨膨脹，可以促使工會要求增加工資，從而引起成本推動的通貨膨脹。反之，工資增加代表工人所得的增加，所得增加自會引起消費支出的增加，從而也會引起需要拖拉的通貨膨脹。對付此種需要與成本互爲影響的通貨膨脹，自須採取多方面的對策始能奏效。

然而，這種混合式通貨膨脹，也常有其發生的根源，因之在研擬對策時，亦須有主從或輕重之別。一般言之，抑制通貨膨脹之方法，約有下列各項：

一、減少貨幣供給量

今日各國的中央銀行，都負有調節貨幣供給量的任務，當有通貨膨脹的情況或趨勢時，即可運用各項手段，如提高存款準備率、提高重貼現率或放款利率及公開市場操作等，以減少市場的貨幣供給量。這些方法，過去與現在均爲一般國家的中央銀行所採用，以之對付需要拖拉的通貨膨脹，確有其立竿見影的效果。近年由於此一方法已不若過去之有效，而使經濟學家重新予以評估。他們認爲減少貨幣供給量與減少總合需要，雖有密切關係，但並不是同一回事，要抑制通貨膨脹，必須抑制總合需要，而總合需要中，則有 C、I、G 等的分別，每項支出都有其不同的動機，亦受不同的因素所影響。減少貨幣供給量能否導至總合需要的減少，須視下列因素而定：

1. 貨幣流通速度的變動　在 $MV = PQ$ 的數量方程式中，M 爲貨幣供給量，V 爲貨幣的流通速度，MV 相當於總合需要。以前的經濟學家，總是假定在短期內 V 是不易變動的，而充分就業（此爲通貨膨脹下之必然假定）時之 Q 也是相當固定的，因之，M 的減少，必將引起 P 的下落。然而經驗所示，在通貨膨脹時期，由於預期膨脹心理，每使 V 向上變動，如果 M 的減少率恰爲 V 的增加率所抵消，則 MV 代表的總合需要將無變動，如此即不致促成一般物價的下落。在此一分析中，V 佔有關鍵地位，有人認爲在採取緊縮性的貨幣政策時，可使人們的預期膨脹心理受到遏阻，果眞如此，貨幣供給量的減少，才能對通貨膨脹產生抑制作用。

2. 民間投資的變動　中央銀行收縮貨幣的政策，主要目的應在透過利率變動影響投資一方面。然而，民間投資是否減少，並不全視利率的高低而定。創新的活動，對於未來經濟的預期、企業自身的壟斷力量、以及企業自有的財力等，均爲決定投資數額的重要因素。有些企業的條件較好，當不致因利率提高而減少其投資數額，但必有更多的企業因其條件較差，在利率提高下，必將減少或停止投資，如此可使總投資仍趨減少，而有助於通貨膨脹的抑制。於此尚須考慮另一問題，就是總投資的減少是否會導致總生產的減少。如果通貨膨脹是在充分就業之後發生，則投資支出的適度減少，當不致引起總生產的減少。但如爲預熟的通貨膨脹（即在充分就業之前發生的通貨膨脹），則減少投資支出，可以引起總生產的萎縮。依 $MV = PQ$ 方程式，當 MV 與 Q 同時減少時，如其減少的程度一致，則 P 可以不致變動，倘如 Q 的減少較 MV 減少更多，則反將促使 P 的上漲。當然此一情況不應發生，但在運用收縮性的貨幣政策時，在時機與程度兩方面，必須加以適當的選擇，否則，不免發生與預期相反的結果。

3. 是否爲成本推動的通貨膨脹　近年來，由於成本推動的通貨膨脹日益嚴重，已使經濟學家發覺到，減少貨幣供給量並不足以遏阻此種類型的通貨膨脹，且將導致失業人數的增加，形成所謂停滯性膨脹現象。我們前在第一節敍述此一類型的通貨膨脹時，已知工會與企業的壟斷，爲其形成的主要原因，近年石油價格之人爲上漲，更加深了此種通貨膨脹的程度。由於工資、利潤或某些原料價格在人爲操縱之下，具有易漲難跌的特性，則由貨幣供給量減少所引起的總合需要的減少，其對一般物價的影響較小，而對生產量的影響則較多。例如在 $MV = PQ$ 的方程式中，MV 減少後，如不能促使 P 跌落，必將導致 Q 減少。生產量的減少，意味着失業人數的增加。在此一情況下，採取收縮性的貨幣政

策，只見其弊未見其利，難怪有些國家，在採取此一政策之後，爲了政治上的顧慮，復又中途放棄，而須另採其他方法來抑制通貨膨脹了。

二、物價與工資的管制

爲抑制物價與工資互相追逐而引起之通貨膨脹，有些國家曾對物價與工資採取管制政策。此在戰爭時期，固屬常見，而以自由經濟著稱之美國，且曾一度行之於和平時期。例如一九六二年甘廼廸總統時期，曾在總統經濟報告中提出所謂「非膨脹性工資與物價態勢指標 (Guideposts for Noninflationary Wage and Price Behavior)，規定工資每年增加率以不超過百分之三‧四爲限，當時認爲此亦爲全國勞動生產力每年平均之增加率。如果工資增加率與勞動生產力的增加率完全相等，則每單位產品之工資成本並無增加，物價自可維持不變。然而各業勞動生產力的增加並不一致，倘如某業生產力的增加低於全國生產力增加的平均數，則其每單位產品的工資成本，將因工資率上漲百分之三‧四而增高，此時即可允許該業產品價格作適度的上漲，但以彌補工資成本之增加爲限。反之，倘如某業生產力的增加大於全國生產力增加的平均數，如果每年工資增加率仍爲百分之三‧四，則其每單位產品的工資成本反趨下降，此時即應將其產品價格作適度的降落，而以抵消工資成本之減少爲限。如此一來，價格的增加與減少互相抵消，一般物價水準即可不致變動。

上述辦法，並非強制規定，而由政府以勸導或調解方式促其實現，必要時，亦可以增加進口配額、降低進口關稅或改變政府採購等方式，迫使廠商或工會加以接受，對穩定當時物價，仍有相當幫助。一九七一年，出現停滯性通貨膨脹，尼克森政府又以減稅方式刺激總合需要，以圖就業與實質生產的增加。爲恐此種擴張性之財政政策，轉而導致更劇烈的通貨膨脹，乃援引一九七〇年國會通過之經濟穩定法案 (Economic

Stabilization Act)，將工資、物價與租金一律凍結九十天，其中物價一項係以凍結前三十日內之最高價格爲準，如有逾越，卽予處罰，此可稱爲工資與物價的管制政策。

上述物價與工資的指標或管制政策，曾在經濟學者間引起熱烈辯論，對於下列三點，各有不同之意見❺：

第一，可行性與遵守問題　指標政策缺乏強制力，固不易爲工會與企業雙方所樂於接受，卽使爲管制政策，如其實施的範圍太廣，或其實施的時間過長，則在自利心的驅使之下，必將設法逃避此種管制。因之黑市的猖獗、品質的降低與容量的減少，均爲管制下之常見現象。而政府行政人員，則以人手有限，耳目難周，無法對之一一加以檢舉與處罰，更使人們增加其取巧與玩法的心理。惟就工資與物價比較而言，前者因有資方的協助，較易實施，而消費者則對貨物成本與過去價格多半茫然無知，爲爭相獲得供應不足的物資，只有甘心忍受賣方的抬高物價了。而贊成物價與工資管制者，雖亦承認上述事實，但有管制總比沒有管制爲好。且據經驗所示，一九七一——七二年期間，美國物價與工資確有相當程度的穩定，此對遏阻短期內的預熱性通貨膨脹，尤有助益。

第二，資源分配的效率問題　反對管制者認爲市場制度或價格機能乃是達成資源有效分配的必要手段，如以人爲方法對市場或價格進行干擾，卽將歪曲有限資源的合理分配，對供應不足的物資如何分配，更將形成難以解決的困難問題。戰時實施的定量配給，雖有助於物價的穩定，但其引起之行政困擾，也是顯而易見的。而贊成管制論者則認爲今日工會與企業的壟斷，已使自由市場的價格機能難以發揮，管制政策對於資源分配的歪曲作用，不一定會比工會與企業壟斷所引起的歪曲爲多。事實上，如對壟斷的企業或工會進行工資與物價管制，反而可以改進資

---

❺　參看註❹引書第三七九～三八一頁。

源的有效分配。

第三，自由選擇權利的保護問題　自由主義者認為自由選擇 (free-dom of choice) 乃是人類的一種基本權利，實施工資與物價管制，顯與此種自由的觀念相牴觸，且將導使政府走向極權之路。而贊成管制論者認為：只有在充分競爭的市場制度中，自由選擇才是一種值得保護的權利，因為在這種情況中，所謂「看不見的手」 (invisible hand) 才能有效地使得基於自利心驅使的自由選擇，真能產生符合社會利益的良好效果。而在工會與企業壟斷的社會中，此一看不見的手已難發生作用，以私利為基礎的決定必與社會的利益相衝突，特別是犧牲了物價水準的穩定與資源的有效分配，因之對壟斷的工資與物價加以管制，並不致有害於自由選擇所要達成的目標。而且，由於民主的政府是受國會所控制的，適度的增加政府權力，決不可能成為極權的政府。

三、收縮性的財政政策

此又可分為兩方面：一是減少公共支出，二是增加政府稅收。近年來的通貨膨脹，有一部分是由政府大量增加支出所引起的，例如美國在一九六〇年代末期，為加速贏得越南戰爭，曾使聯邦政府的支出急劇增加，從而造成嚴重的預期膨脹心理。近年各國亦因實施社會福利政策，造成政府支出預算的不斷增加，如能緊縮公共支出，自有助於抑制通貨膨脹。然而，在遭遇停滯性膨脹的情況下，常使政府的預算政策陷入兩難之境，即是：為抑制通貨膨脹，固須緊縮公共支出，但又不免加深經濟的蕭條；反之，為減少失業與經濟復甦，固應增加公共支出，但又不免助長通貨膨脹。各國政府在權衡輕重之下，每以減少失業列為優先，而難以採取緊縮公共支出政策。較為可取之方法，仍在增加政府稅收一方面。因為在預期膨脹的心理下，每易引起民間支出的大量增加，且隨

貨幣所得的增加，亦覺有增加支出的能力（此可稱爲貨幣幻覺 money illusion）。更重要的是，通貨膨脹每使企業界獲得超額利潤，而增加其投資能力。政府如能增加高額所得者的所得稅率，並開徵超額利潤稅，卽可遏阻民間支出的增加。政府增加的租稅收入，亦可說是一種強制儲蓄，以之增加財政剩餘或減少財政短絀，都可收到抑制通貨膨脹的效果。然而，以加稅政策來對付通貨膨脹，亦常遭遇下列困難：

第一，時間落後問題　增加稅率，涉及人民負擔的增加，通常須經國會審議通過。國會在審議的過程中，每因聽證及進行辯論等程序，耗費相當時間，在此一未決的時間內，經濟情況極可能發生急劇的變化。如爲通貨膨脹的加劇，則政府提出的加稅幅度，可能已不足以達到抑制劇烈通貨膨脹的目的。因之有人主張，爲增加財政政策的機動性，應由國會授權行政首長，在某一特定範圍內，可以不經國會通過而能變更某些租稅的稅率，使能把握正確的時機，以應付經濟上的迫切問題。

第二，輸入膨脹問題　在成本推動的通貨膨脹中，如爲進口原料的價格持續上漲所引起，則通貨膨脹之受益人，不在國內而在國外，事實上，反因國內購買力的減少，而使國內產業趨於萎縮，亦卽出現停滯性膨脹現象。在此一情況下，國內產業少有獲得超額利潤的可能，超額利潤稅勢將變成有名無實。至於一般社會大眾，在輸入性通貨膨脹下，如未增加貨幣所得或增加落後，則其實質所得亦必較前減少無疑，此時如再增加所得稅率，豈不更將加深經濟萎縮的程度。由此可見，在選擇一種手段時，尙須深究問題之因果關係，否則，將不免未見其利而先受其害了。

第四節 失業問題之對策

失業問題，過去多由經濟循環所引起，而今日之失業問題，則牽涉極為複雜，前在第一節已有論及。為對付此一問題，亦須深究其所發生之多種原因，分別或同時採取多種不同的對策。而在這些不同的對策之間，又可有互補或對消的關係。而且，失業問題與通貨膨脹之間尚有抵換關係，更使方法的取捨問題變得複雜和困難。下列各項乃為可供採取之對策：

一、擴張性的貨幣政策

中央銀行可以採取擴張性的貨幣政策，如降低存款準備率、降低重貼現率或放款利率、或以公開市場操作等方式，以增加一般銀行之放款能力，並在利率降低的情況下，刺激民間消費與投資支出。由於民間支出的增加，當能引起生產與就業的增加。此一方法與過程，就其對付循環性的失業而言，確有相當效力，毋待深論。然而，經濟學家之間，仍對下列各項問題持有不同的意見：

第一，在刺激民間投資方面，一般認為利率的高低不是決定投資數額的唯一因素，在經濟不景氣時期，如對經濟前途繼續看壞，縱然降低利率，亦不足以鼓勵民間增加投資，尤其在其他成本繼續上漲時，每每抵消了利率降低的效果。而且，利息在整個成本中所佔的比重，每隨產業的不同而異，尤以現代大規模獨佔企業的興起，已使利率的影響更少重要。揆其原因：(1) 大規模企業對於產品價格有較多的影響力，故其預期的邊際生產收入 (MRP) 曲線較為缺乏彈性，其由利率降低所增加的資金需要實屬有限。如圖10-6，假定資本財的折舊率為百分之十，則

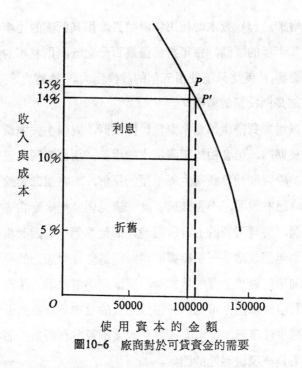

圖10-6 廠商對於可貸資金的需要

當年利率為百分之五時，可以使用資本十萬元，如果利率下降至百分之四，僅將增加資本數額至十萬五千元。(2) 由於固定設備的大量投資，管理當局對於投資折舊的關切，要比對於利息成本的關切為大。例如在上圖假定的折舊率與利率之下，利率下降百分之二〇，只使資本成本由百分之十五下降到百分之十四。(3)大規模企業如要獲得有效率的生產，必須具有某種經濟規模，利率的正常變動，並非考慮投資大小的主要因素。另一方面，在下列幾種情況下，利率的高低對於使用資本的數額，却有較大的影響：(1) 資本與勞力的配合易於改變者，如利率較低，就會多用資本少用勞力；反之，如利率較高，就會少用資本多用勞力。(2) 對產品價格缺乏影響力的企業，尤其是產品需要彈性較大的企業，因其邊際生產收入曲線的彈性較大，故利率的些微降低，即可引起資本

需要的大量增加。(3) 資本財使用年限較長，則其折舊的比率較小，例如可以使用二十年的設備，每年折舊僅爲百分之五，則利率的變動對於資本成本的影響，就比只能使用五年的設備爲大。換言之，利率的降低，可以增加長期投資的數額❻。

第二，以增加貨幣供給量來刺激民間投資，對減少失業量只具有短期效果，在長期內，仍會由於工資成本的增加，而再度回到原來的就業水準。此爲美國費德曼等貨幣主義學派的見解，前在第二節論及非力普曲線的歧見時已有說明，不再贅述。此一意見係假定廠商在通貨膨脹中所增加的利潤，將爲工資的上升所抵消，而使他們不再因利潤刺激而增加生產。然而他們忽略了一項重要問題，就是勞動生產力的變動。倘如生產力的增加率超過了工資的增加率，則廠商仍能在增加生產中獲得更多的利潤，利率的降低亦可抵消一部分工資的增加。廠商是否會因工資增加而再度減少就業量，應視上述這些因素是否有利而定，而勞動生產力的變動，更是一項決定性的因素。

第三，也有學者認爲，總合需要的增加能否增加就業量，應視增加的支出係爲已就業者創造了較高所得，抑爲原失業者創造了新的所得而定。如爲前者，則因增加的所得在短期內多半會爲人所儲蓄，對增加就業量較少影響。因之，爲擴大支出的創造就業效果，政府應設法抑制工資的增加，至少直至失業人數業已降到社會可以接受的水準爲止。如果提高工資可以阻礙新就業的創造，那麼削減工資是否會創造更多的就業機會？此一問題有兩方面的看法：一方面，低工資可以減少生產成本，由而誘使僱主增加工人；另一方面，低工資導致消費支出減少，而不利於增加生產與就業，其淨效果如何，頗難預測。倘如生意人在其感到營

---

❻ 參看 R. Murray Havens, John S. Henderson and Dale L. Cramer: *Economics–Principles of Income, Prices and Growth* 1967, pp. 405–407.

業量減少之前，可因工資削減而獲得利益，當可促成就業量的增加；反之，他們如因預期營業量將會減少，就不致因工資削減而增加工人。一般經濟學家認爲：削減工資對於需要的不利影響，要比其創造就業機會的影響爲大。何況削減工資有賴於工會的合作，卽使可以收效於一時，一旦時機好轉，工會終會難以抑制工資的增加。此亦爲對付失業問題時遭遇之困難，而又一時不易加以克服者。

二、財政政策的運用

在大量失業時期，政府可從兩方面加以解救：一是減稅，二是增加公共支出。美國在一九六〇年代初期及一九七〇年代後期，均曾因國內經濟不景氣而採取減稅政策，以圖刺激國內生產與就業的增加。在運用此一方法時，必須注意政府稅收的減少，並不意味政府支出的減少，否則，民間因減稅而增加的支出，將爲政府減少的支出所抵消，且因政府支出的乘數效果要比減稅的乘數效果爲大，如此可使減稅的擴張效果成爲負數。例如在消費傾向爲 $\frac{3}{4}$ 時，政府支出一元的乘數爲 $\frac{1}{1-\frac{3}{4}}=4$ ，

而減稅一元，只能使民間支出增加 $\frac{3}{4}$ 元（其餘 $\frac{1}{4}$ 元成爲儲蓄），其乘數爲

$\frac{0.75}{1-\frac{3}{4}}=3$ ，兩者的差數，卽爲負效果。在一定的政府支出下，減稅常使

政府的預算變爲赤字或使原有赤字擴大，此卽爲現代功能財政的運用，毋待贅言。至於減稅的種類與幅度，亦與減稅效果有密切關係：對生產者實施投資扣抵 (investment credit)，可以刺激私人投資；對低所得階層減免所得稅，可以刺激消費支出；而高所得者因減稅而增加的可用所得，多半流於儲蓄方面，以致不能發生任何的乘數擴張效果。降低進口

關稅及內地消費稅稅率，雖亦有增加消費支出的作用，但不及減低個人所得稅來得直接；而且，如果物價並未因減稅而下降，則徒然增加生意人的利潤，而無助於消費支出的增加。因之減低進口關稅或內地消費稅，目的多在抑制通貨膨脹，而非刺激生產與就業。爲刺激生產與就業，必須採取投資扣抵辦法及降低所得稅率，尤應擴大低所得者之稅額減免，才能收效。

關於增加公共支出一方面，此爲一九三○年代經濟大蕭條時期各國政府行之有效的方法，如與減稅同時並用，更可擴大其擴張效果。有些經濟學家認爲在經濟衰退時期，單以貨幣政策殊難促進民間投資，減稅政策在範圍與效果上也受到相當限制，除非政府能大量增加公共支出，實不易發生扭轉經濟的效果。證以過去經驗，確屬不移之論。

過去經濟學家對增加公共支出的用途，並不過於重視，只要能夠直接地增加就業機會，就可透過乘數作用增加其對整個經濟的影響。換言之，公共支出的本身不一定要有崇高的目標。然而，近多少年來，已隨社會經濟的發展，而使政府的任務或活動範圍大爲增加，公共支出的目的，不應僅是消極的「工作救濟」(work relief)，而應積極地當作一項提高「生活素質」(quality of life) 的手段。我國於民國六十四年世界經濟轉入蕭條時期，政府曾大力從事十大建設，非僅和緩了國內經濟的衰退，且使國家經濟進入一個新境界，此種以公共支出與經濟建設相結合的做法，可與美國在一九三○年代從事田納西流域之開發計劃相提並論，而其經濟上之意義與效益尤有過之。

有人或以爲增加公共支出之資金，多半來自政府的舉債，此無異以節省之民間支出轉爲政府之支出，似不足以創造更多的就業機會。殊不知政府舉債得來的資金，多爲民間不用之儲蓄，尤其在經濟蕭條物價跌落之時，民間消費與投資支出均趨減少，如能轉用於公共支出，可使總

合需要不致減少，如此即可阻止經濟繼續衰退，或進一步刺激經濟復甦。如無此種政府支出，則失業者將無法在私有部門找到就業機會，就此一意義而言，政府可說是「最後憑藉之僱主」 (employer of last resort)。

三、減少勞動的供給量

對抗失業問題，不僅可從增加需要一面着手，也可從減少供給一面着手。近年失業問題之轉趨嚴重，一部分原因來自勞動人口本身的增加，如婦女及青少年等加入生產行列以及一般人口之增加。因之有人主張可對青少年給予升學補助，以增加其在學時間；或增加老年退休金，以鼓勵老年人提前退休；在實施兵役制度之國家，可增加服役期限；增加休假日數，或縮減每週工作日數或每日工作時數，以減少工人之實際工作量，凡此均可促成勞動供給量的減少。如果社會的總合需要不變，即可為壯年工人創造更多的就業機會。其中尤以最後一項已為將來必然之趨勢，其對增加就業的效果，仍有進一步分析之必要。

在產業革命初期，西洋社會之工人每週工作六日，每日工作時數多在十至十二小時，以後由於勞動生產力增加並為了改善勞工生活，乃逐漸縮短為今日之每週工作五日每日工作八小時。目前由於勞動生產力及勞動人口均較前大為增加，為減少勞動供給之壓力，各方早有縮短工作時間之擬議。有人認為減少每日工作時數，如仍維持原有每小時工資率，則因原有工人的貨幣所得減少，不但可能遭遇工人強烈反對，且將減少其對產品的需要量；但如提高每小時工資率，又將增加每單位產品的工資成本，即使原有工人的貨幣所得不變，亦將由於價格提高而使產品的需要減少，如此一來，廠商即無增僱工人的必要。然而，此種顧慮並非事實。因為原有工人減少的產品需要，可由新增加工人的需要來補充，

就全社會而言，生產的總量與需要的總量並未減少，但却由更多的工人所生產，換言之，即由更多的工人分享原有的產量，從而導致每一工人的實質所得較前減少。如就可行性而言，減少工人的工作時數而又提高每小時工資率，以使他們的貨幣所得保持不變，較易獲得工人們的支持，故其成功的機會亦較大。

第五節　如何解救停滯性膨脹問題

一九七〇年代發生之停滯性膨脹問題，具有通貨膨脹與經濟蕭條之雙重特性，論者謂其發生之原因，主要係由成本之上漲所引起，尤以在人為操縱之下，石油價格不斷上漲，由而觸發成本推進的通貨膨脹。各國政府為抑制通貨膨脹，多採收縮性的貨幣及財政政策，乃又導致經濟衰退，形成嚴重之失業問題，我們前在第一節中對此已有論及。關於如何解救停滯性膨脹問題，經濟學家之間頗多不同的意見：較為溫和的一派（以凱恩斯學派為主）認為此種通貨膨脹只是代表着非力普曲線的昇高，如能設法降低此一曲線的位置，即能使物價水準與失業水準同時降低，在正常情況下，物價水準與失業水準仍有抵換關係。較為激烈的一派（以貨幣學派為主）則以為任何經濟不穩定問題，俱因市場機能受到干擾所引起，只有撤除一切人為的阻礙，才能透過經濟自動的調整，而使經濟趨於穩定。其次，美國近年來亦有「需要面」(demand-side) 經濟學與「供給面」(supply-side) 經濟學的論爭。關於前者，例如美國著名經濟學家蓋爾布萊士 (John Kenneth Galbraith) 認為一個有如美國富有的國家，如在公共部門顯得不足，實在說不過去。依他的看法，美國所最需要的不是更新式的服裝、跑車與視聽遊樂器，而是更好的學校、更有效率的公共運輸系統以及更清潔與更安全的城市街道。因

之贊同這一看法的人士，認爲在經濟需要刺激時，應增加政府支出，而在經濟需要約束時，則應增加稅收以增進公共服務。另一方面，美國一些供給面經濟學家則認爲政府部門已經過大了，依靠政府來做私人與企業爲其自己做得更好的事情，實屬不智。因之他們認爲基於總體經濟考慮而需採取擴張性的財政政策時，應以減稅爲手段，而在需要採取限制性的政策時，應以削減公共支出爲手段。

由於雷根總統採納了供給面經濟學家的意見，已使美國經濟逐漸脫離了停滯性膨脹的漩渦，因之美國的成功經驗不僅爲舉世所矚目，更使供給面經濟學大放異彩，有人甚至認爲可以取代凱恩斯的理論而成爲今後經濟學的主流。然而，平心而論，任何經濟理論與政策，都有其時代背景，原無絕對正確之可言。即使經濟學家之間可有前述不同的看法，但都對近年來若干突出的事象，如工會與企業壟斷力的加強、重要原料國際卡特爾的興起、勞動力組成的改變、結構性失業的增加等，則都認爲對當前經濟不穩定具有重大影響。事實上，雷根政策的成功，亦不能完全歸因於供給面的經濟理論，國際石油價格的下跌，對之亦有決定性的影響。以下擬就美國對付停滯性膨脹所採取之政策或主張加以敍述。

一、貨幣與財政政策的聯合運用

大多數權威經濟學家認爲：財政與貨幣活動可以決定一個國家經濟的水準，它們之間的相對重要性雖有不同，但任一政策如無他一政策的配合，則必不能行之有效，當無疑義。因之有人認爲以貨幣與財政政策解救停滯性膨脹，應從下列三方面著手：(1) 穩定貨幣供給量的增加率，(2) 限制政府的租稅收入，(3) 削減政府的支出。此即爲供給面經濟學家的意見。

關於實施的方法，他們提出三項具體的指標：

(1) 每年減少貨幣供給量的成長率百分之一，直至其等於經濟的長期平均成長率爲止——通常爲百分之三到百分之五。這種逐漸而非突然的減少，將可使干擾減至最低限度。

(2) 將政府的稅收限制爲前三年平均國民所得的某一特定百分比，例如許多專家建議爲百分之二十左右，較爲恰當。

(3) 政府支出的成長率應與物價穩定時期的 GNP 成長率保持一致。倘如通貨膨脹超過了某一可以容許的限度，則政府支出的增加率將依下列公式加以削減：

$$政府支出增加的百分率 = GNP \text{ 的增加率}$$
$$-K（實際通貨膨脹率 - 可以容許的通貨膨脹率）$$

其中 K 爲一常數，例如爲 $\frac{1}{4}$，則當可以容許的通貨膨脹率爲百分之三，而實際通貨膨脹率爲百分之七時，百分之十的 GNP 成長率，只能使政府支出增加百分之九，卽是：

$$10\% - \frac{1}{4}(7\% - 3\%) = 9\%。$$

在上述各項政策中，關於穩定貨幣供給量的增加率，原爲美國貨幣主義的經濟學家費德曼（Milton Friedman）所主張。他認爲影響經濟發展趨勢者，乃是貨幣數量的變動，而非政府的財政政策。同時他也發現在若干年的長時間內，在貨幣數量、國民所得與物價水準之間，具有規則性而可預測的密切關係，但在各月、各季甚或各年之間則否。因之他反對美國聯邦準備銀行以所謂權衡性貨幣政策（discretionary monetary policy）來促使經濟穩定。（他認爲過去經驗所示結果，適得其反）而主張按照經濟成長率，以同一速度持續而穩定地擴張一國的貨幣供給量，此卽所謂貨幣供給規則（money-supply rule）。只以當時美國

貨幣供給量的增加率已遠超過此一規則，故須每年減少其成長比率，以達到與經濟成長率保持一致為止。

關於限制稅收一項，由於美國聯邦政府的稅收預算，多年來尚能維持在 *GNP* 的百分之二十左右，原不算高，只以當時經濟蕭條，儲蓄與投資意願低落，雷根政府為刺激經濟復甦，乃以減稅為手段，以期同時增加總合需要與總合供給。但究應採取那些減稅措施呢？其所根據的原則是：(1) 倘如減稅可以增加人們的工作誘因，則將增加就業所需的勞動總量。(2) 倘如減稅可以鼓勵家庭增加儲蓄與鼓勵企業增加投資，則可用的資本總量也會隨而增加。這兩種形式的租稅政策，都有增加總合供給的效果。茲以 10-7 圖說明之。

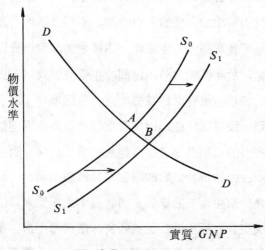

圖 **10-7**　供給面的減稅效果

上圖假定總合需要未因減稅而受影響，則當減稅政策符合前述兩項原則時，將使總合供給曲線由 S_0S_0 向右移動到 S_1S_1，供需相等之均衡點，亦由 A 移到 B，B 點代表較低之物價水準及較多之實質國民生產毛額（從而減少失業率）。所謂通貨膨脹與失業之「抵換」關係，不再

存在，此即供給面經濟學對減稅政策所抱持之理想目標。

　　雷根總統依循上述理論，曾提出其複雜的減稅方案，惟其內容則著重於資本形成。例如：(1) 加速折舊，(2) 減低法人所得稅，(3) 降低資本利得稅，(4) 降低來自儲蓄的所得稅，(5) 降低個人所得稅率，(6) 實施研究與發展（R & D）投資的稅額扣抵。然而，減稅的效果，不僅增加了總合供給，也將同時增加總合需要，倘如增加的總合需要大於增加的總合供給，則仍將引起一般物價上漲，只是物價上漲的幅度較為和緩罷了。因之批評供給面經濟學的人士，亦以下列各項作理由加以攻擊：(1) 供給面的效果並不確定。例如減稅後人們並不增加工作時間，反而以為謀生容易而減少勞動時間；或者是，他們並不因減稅而增加儲蓄，反而以為儲蓄目標容易達到而減低其儲蓄率。(2) 產生需要面的效果。即是個人減稅固可增加人們的工作時間，亦將必然地增加他們的支出；而企業減稅雖可鼓勵擴大生產規模，亦將增加其對投資財的需要。雷根總統深知此點，故在減稅之外，也同時主張削減政府支出，以使總合需要保持不變。(3) 在總合供給擴張之前，先已增加了總合需要。因為減稅後必須經過一段時間才能經由投資增加而擴大生產能量，在投資的過程中，投資支出的增加必先於生產能量的增加。(4) 對遏阻通貨膨脹的效果十分有限。因為總合供給的增加繫於兩個因素：一是勞動供給量的成長率，二是勞動生產力的成長。前者基本上係受人口的成長率所限制，後者主要決定於技術水準。就美國言，兩者都不易在短期內有所變動，即使因減稅而使總合供給增加百分之一，在總合需要不變的前提下，亦僅能減少百分之一的通貨膨脹率。(5) 加深所得分配的不均。此因鼓勵儲蓄與投資而選擇的減稅項目，必使富有者獲得較多的利益，從而加深了經濟上的不平等。(6) 減少政府的收入。關於此點，經濟學家之間容有爭論，但就短期而言，減稅必使政府收入減少。但在總合供給

增加之後，政府的稅收仍可望隨之增加，換言之，在長期內，稅率的降低反有增加稅收的效果。

　　減低稅率是否會減少政府稅收，曾由美國經濟學家拉發爾（Laffer）教授加以硏究。他認爲「除了最適稅率外，可有兩個稅率產生同樣的稅收」（Except for the optimum rate, there are always two tax rates that yield the same revenue）。10-8 圖卽爲表示稅收與稅率關係之拉發爾曲線。其含義爲：倘如稅率是在正常範圍（normal range）之內，則稅率的增加將產生較多的稅收；但若稅率落在阻礙範圍（prohibitive range）之內，則稅率愈高，而稅收愈少，因之降低稅率，由於

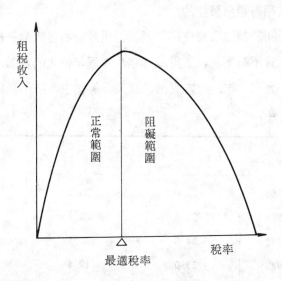

圖 **10-8**　拉發爾曲線

可以刺激私人的支出與投資，實際上反會產生更多的稅收。目前無人知道最適稅率是在何處，甚至也不知道這一曲線的正確形狀，但大多同意最適的邊際稅率可能遠低於百分之五十，也許是在百分之三十五或四十左右。贊成以減稅方法解救停滯性膨脹的人，自是認爲現時的稅率已落

在阻礙範圍之內，其減稅的論據是以下列二項假定作基礎：一是資源所有者的稅前與稅後所得差距業已加大，且已減少了人們的工作與投資誘因。二是人們工作與投資與否的決定，是以其稅後的邊際所得爲依歸，稅後邊際所得愈多，則其工作、儲蓄與投資的誘因愈大。因之削減邊際稅率，可以刺激經濟活動，終可獲得較大的經濟成長與就業，並由而導致稅收的增加。然而危險的是，這些利益可能爲通貨膨脹引起之較高「隱藏稅」（hidden tax）抵消而有餘，倘如政府未隨減稅而同時削減支出，即可能發生此一情況。若果如此，則政府財政赤字勢將增加，甚至引起更高的通貨膨脹，從而造成生產的更無效率及資源的更多浪費，這是應當絕對避免發生的。

最後關於削減政府支出問題，雷根政府雖曾削減一般性的支出，但因國防預算不斷增加，其財政赤字反有逐年擴大的趨勢。例如從一九八〇年到一九八六年，政府支出、收入及短絀三者所佔當年 GNP 的比率列示如下❼：

	支　　出	收　　入	短　　絀
1980	22.0	20.2	−1.8
1981	22.8	20.8	−2.0
1982	24.0	20.5	−3.5
1983	25.0	19.4	−5.6
1984	23.7	19.2	−4.5
1985	24.4	19.6	−4.8
1986	24.6	19.8	−4.8

❼ 參看 *Economic Policy–The Conservative* Revolution, published by Cambridge University Press, 1987, p. 21.

　　然而，雷根政府初期卻採取了收縮性的貨幣政策，短期實質利率急劇上升，且亦帶動了長期實質利率的增加，到一九八二年，終於引起嚴重的經濟衰退，失業率在是年底時幾已接近百分之十一。另一方面，由於外國中央銀行並未配合提高利率，國內外利率差距導致美元急劇升值。但亦由於經濟衰退與美元升值的共同影響，終使通貨膨脹率由一九八一年之百分之九‧七下降到一九八三年之三‧八。一九八二年以後，由於預算赤字擴大，引起國內總合需要增加，一九八三年起經濟恢復持續成長，但國際貿易卻從一九八二年順差二百六十億美元轉為一九八五年逆差七百五十億美元，同期經常帳亦由逆差十億美元增為逆差一千一百一十億美元。一九八五年，政府為扭轉此一不利情勢，乃降低實質利率，促使美元貶值，原希望藉此改善國際收支情況，但一九八六年對外貿易逆差仍增達一千零六十億美元，經常帳逆差則增至一千四百二十億美元。雖然如此，美國的一般經濟情況仍有相當改善，如下表所示❽：

	失　業　率	GNP 成 長 率	通 貨 膨 脹 率
1980	7.0	−0.2	9.0
1981	7.5	1.9	9.7
1982	9.5	−2.5	6.4
1983	9.5	3.5	3.8
1984	7.4	6.5	4.1
1985	7.1	2.7	3.3
1986	7.0	2.6	2.7

---

❽　同❼書第二十八頁。

大體言之，美國雷根政府採取之財經政策，仍可說是相當成功的，但其龐大的國防支出，未能配合其減稅政策及貨幣緊縮政策，亦卽政治上的考慮抵銷了一部分經濟上的效果。至於對外貿易與收支逆差，則爲多年來生產力下降的結果，自非任何政策在短期內所能改善。據最新資料所示：一九八七年底之失業率已降至百分之五‧八，加上多年來 GNP 的持續成長及通貨膨脹率的降低，已使美國脫離了停滯性膨脹的陰影，但我們亦不能因此完全歸功於供給面經濟政策的奏效，國際石油價格的下跌，自亦爲其重要之原因。

二、增進勞動的生產力

所謂勞動生產力（或簡稱生產力）通常是指私企業部門（不包括家庭與非營利機構）每一工時（worker/hour）的產出。有人認爲一九七〇年代美國生產力的顯著下降，爲其停滯性膨脹的一項重要原因。在一九四七——六五年間，生產力每年平均成長百分之三‧二，在一九六五——七三年間，降爲百分之二‧三，而在一九七三——七九年間，更降爲百分之一‧一。生產力何以急劇下降，解說頗多，較爲明確的原因，計有：(1) 大量已婚婦女的投入勞動市場，降低了一般勞動的素質。(2) 由於投資減少，而使資本勞動比率（capital-labor ratio）的成長有逐漸下降的趨勢。例如一九五〇年代中期至一九六〇年代中期，平均每年成長率爲百分之二‧七，但自一九六七年以來，每年平均只有百分之一‧五的成長。有人認爲此項因素使得生產力下降百分之二十到四十。(3) 研究與發展經費的減少。美國在一九六〇年代中期到一九七〇年代中期，此項經費佔 GNP 的比率約下降了百分之二十，因之有人估計美國生產力降低，約有百分之二十是因研究發展支出減少所導致的。至爲何會減少此項經費支出，或係由於停滯性膨脹已使廠商失去從

事研究發展的興趣，而科學家與工程師的薪資過於上漲，亦不無原因。(4) 服務業僱用勞動比例的增加，亦降低了全部勞動生產力的成長率。因為服務業的生產力遠較製造業為低，隨著經濟發展，服務業快速擴張，其使用勞動力已達全國勞動力百分之五十以上，故乃促使全體勞工的平均生產力為之下降。(5) 能源價格上漲，使能源成本較多的產業，紛紛改善其生產設備，以減少能源的使用量，或使用較多的勞動以代替消耗能源較多的設備，故亦促成勞動生產力的降低。(6) 很多人認為美國政府對於工業的多方管制（如公害及安全設施等），也導致生產力的下降，且使企業家對其事業前途失去信心，而降低了投資意願。(7) 一九七〇年代劇烈的通貨膨脹，也使資本形成受到阻礙，且使員工的士氣深受影響。可是另一方面，在通貨膨脹下促成了工資不斷的上升，而每次上升幅度總比勞動生產力的增加為多，故每單位產品之工資成本逐年均有增加，而美國企業的總成本中，有三分之二為勞動成本，工資增加的結果，必然導致通貨膨脹。通貨膨脹與生產力的降低是互為影響的，即是通貨膨脹削弱了生產力的成長，而生產力成長的緩慢又加速了通貨膨脹，由而形成惡性循環。反之，如能減緩通貨膨脹，將可提高勞動生產力，而提高生產力又可遏阻通貨膨脹。如何使由惡性循環轉變為良性循環，要為今後經濟政策的一項重要課題。

　　下表為一九六〇——七九年八個工業國家平均勞動生產力成長率的比較[9]：

---

　　[9]　參看 William J. Baumol and Alan S. Blinder: Economics 1985, pp. 780–781.

次　　　序	1960-1972	1973-1979
1	日　本 9.9	西　德 4.3
2	意大利 7.8	法　國 4.2
3	法　國 5.9	日　本 3.8
4	西　德 5.8	瑞　典 2.5
5	瑞　典 5.8	英　國 1.9
6	加拿大 4.2	意大利 1.6
7	英　國 3.8	美　國 1.1
8	美　國 3.1	加拿大 1.0

三、加強市場的競爭力

　　工會與企業兩方面的壟斷，常為相互推動通貨膨脹的主要原因，因之除在必要時實施工資與物價的管制外，尤應設法加強產品市場與勞動市場的競爭力。

　　在產品市場方面：(1) 嚴格執行反壟斷法律或公平交易法，尤應防止廠商的聯合獨佔。(2) 儘量放寬新企業設立之管制法令，以加強同一產業內的企業競爭。有些國家每以公益或其他理由，對某些產業內新企業之設立加以種種限制，甚至不准設立新的廠商，我國尤有此種情況，如此極易造成少數條件優越者或既有廠商之壟斷。有人認為除有自然獨佔 (natural monopoly) 性質或國防工業外，其餘均可自由設立不受限制，以使每一產業均有更多的廠商從事競爭，任何一家廠商均無法在其產業內進行壟斷。(3) 促進國際貿易，消除進口障礙 (如過高關稅、進口配額及其他歧視性的規定)，以促進國內市場的自由競爭。

在勞動市場方面：(1) 有人主張反壟斷法律亦應適用於工會，或以其他方式限制工會的罷工權力。(2) 美國也有人主張不准以全國性或區域性的工會負責進行工資談判，工人只能由其本廠或地方工會與自己僱主進行商談，藉以減輕其對成本推進式通貨膨脹的壓力。

然而，上述各項意見之可行性也有問題：第一，反壟斷法律在執行上諸多困難，美國反托辣斯法行之有年，成效不著，即其顯例。有些經濟學家甚至認為獨佔企業可以導致大量生產的經濟及高度的技術進步，有效的反壟斷政策，雖有助於遏阻利潤推進的通貨膨脹，但也會減低現時及將來的生產效率。第二，以反壟斷法律適用於工會，無異摧毀了工會及集體議商的機構。在壟斷企業的強大壓力下，沒有工會的集體談判，工人的權益即難獲得充分的保障。第三沒有證據顯示，地方性的工資談判會比集中性的談判更能導致可為社會接受的工資率。有人認為在地方工會的相互激盪及地方工會領袖較為缺乏社會責任感的情況下，可能使地方談判的工資更難節制而更易導致通貨膨脹。

四、採取人力調適政策

此一政策的目的，在使人力與工作得到較好的配合，從而減少結構性的失業現象。此可從三方面加以改進：

1. 加強職業訓練，以提高勞工的就業能力。此對改善技術性失業至有幫助。例如美國曾於一九六二年經濟不景氣時，頒行人力發展與訓練法案 (The Manpower Development and Training Act)，對失業者，缺乏適當技能的青年人，以及技能不足或技能過時之年長工人，提供就業訓練或在職訓練，不僅由而增加了他們的就業機會與工作報酬，對提高勞動生產力亦有其良好影響。

2. 改進勞動供需關係，以增加勞工的就業機會。例如：(1) 由政

府辦理職業介紹及提供工作訊息，以使勞動的供需更易配合。(2) 對失業較多地區之勞工，補助其遷居費用，使能到就業較易之地區謀求工作。(3) 對經濟落後地區，幫助其進行經濟開發，以增加該等地區的工作機會。近年我國完成蘇澳建港及北廻鐵路，卽是開發臺灣東部地區的良好範例，將來必能爲東部地區帶來更多的就業機會，對減輕西部地區之人口與就業壓力，必有相當幫助。

　　3. 消除就業歧視與阻礙，以使任何勞工獲得同等的就業機會。此在種族較爲複雜的國家，尤有必要。例如美國黑人之失業率，幾爲白人失業率之兩倍，卽是種族歧視的結果。一九六四年通過民權法案 (Civil Right Act) 的主要目的，就在消除種族、宗敎與性別方面的歧視，以增進人力之利用與減輕少數民族之失業率。

　　上述各項多爲長期性措施，對減輕通貨膨脹與失業率，雖有相當效果，但要在短期內迅速降低非力普曲線的位置，仍須斟酌採取適當之貨幣與財政政策。但要特別留意的是：第一，政府的各項政策，每有其不同的決策與執行機關，有時候，由於對問題的看法不同，甚至採取相反的政策，其中尤以貨幣與財政政策爲然。例如美國卡特政府上臺之初，爲減少失業率，曾以減稅方式刺激經濟復甦。但另一方面，聯邦準備銀行則以通貨膨脹過於劇烈，不惜採取緊縮性的貨幣政策，以致互相抵消了一部分效果。第二，各種政策卽使具有同一目的，在時機方面的配合亦甚重要。猶如治病，有時須以兩種以上藥劑同時服用，則因兩藥的相乘作用，可以擴大治療的效果。經濟政策亦然。反之，如先以收縮性的貨幣政策，已使通貨膨脹受到相當控制，如再繼之以收縮性的財政政策，可能由於時機不當，又將產生經濟蕭條問題。第三，對付停滯性膨脹，問題更爲複雜。因爲要同時解決兩種問題，每須同時運用原屬相反的兩種政策，卽擴張性與收縮性的同時並行。我們的原則是：在其適當

的範圍內，則其互補的作用較大；用之過當，則其相尅的作用較多，如何抉擇與運用，自有賴於決策當局的智慧與果斷，實難以文字加以表達也。

第十一章　勞工運動與勞工政策

第一節　勞工運動的認識

一、勞工運動產生的背景

近代勞工運動是在產業革命之後產生。當時由於工廠興起，工人已不再擁有自己的生產工具，成為單純出賣勞動的生產者。加以機器使用日益普遍，人力已退居次要地位，資本家為增加投資利潤，不惜以各種手段剝削工人，例如儘量壓低工資，延長勞動時間，不注意改善工作環境，並可隨時解僱工人等。當時由於政府尚未重視勞工問題，勞工利益未能獲得法律上的保障，工人為自謀生活的改善，乃逐漸滋生了勞工運動。約在十九世紀初期，英國勞工就已開始在各地組織工會，以後並逐漸普及於歐洲大陸國家，但多被各國視為非法組織。一八六八年，英國各地方工會正式依法組織全國聯合會 (The British Trade Union Congress，簡稱 TUC)，為工會運動創一新紀元。在有工會組織之前，固亦可出現若干勞動立法，例如一七八七年奧國國王頒布敕令，規定「凡不滿九歲的兒童，非不得已不許從事工廠勞動」，公認為勞工立法的開

端，但完備的勞工立法，仍是勞工運動發展的結果，勞工組織亦由而取
得合法的地位。

二、勞工運動在工業國家的發展

目前全世界所有工業國家，莫不都有工會組織，以領導推動各該國
家的勞工運動。關於全國性工會組織，約可分爲三種類型：一是全國有
一統一性的工會聯合組織，如英國、丹麥、挪威、瑞典與西德等國是，
美國大體上也是如此（尤以一九五五年合併後之 AFL–CIO 爲然）。二
是全國有若干不同的勞工組織，各自領導一部分地方工會。例如法國與
義大利兩國，分成羅馬天主教、社會主義者與共產主義者三個派別的工
會；荷蘭與比利時兩國，則分裂爲羅馬天主教、基督教及社會主義者各
別領導的工會。三是蘇俄及其他共產國家之工會。各級工會組織完全由
共產黨控制，沒有罷工和團體協商 (collective bargaining) 的權力，實
已喪失其爲工會的靈魂❶。最近（一九八〇年）波蘭工人發動廣泛的罷
工運動，以向共黨政權爭取工人應有的權利，其中有自由組織工會及承
認罷工權利兩項，均獲通過，此對今後共產國家之工會運動，必有巨大
衝擊和深遠影響。

關於各國工會運動之發展，自隨國情而異，玆以美國爲例說明之。
美國早在一七九〇年代卽已由鞋工、木工、印刷工及其他技術工人分別
組成地方工會，但在一九三〇年代之前，發展緩慢而不普遍，揆其原因
有二：

(1) 法庭的敵視。起初法官認爲工人以集體行動要求提高工資，乃
是一種犯罪的共謀 (criminal conspiracy)。以後雖承認工會爲一合法組
織，但如採取罷工、放哨或抵制等手段以壓迫對方接受工會要求，仍被

❶ 參看 *The World Book Encyclopedia* 1972, Volume 12, pp. 12–13.

視爲是非法的。在一八九〇年反托辣斯法頒行後，法庭仍屢將工會行爲，解釋爲限制貿易的共謀，而援引反托辣斯法加以取締。另一方法，卽是基於僱主的請求，認爲工會某種行爲將對他人造成無可補償的損害，因而下達禁止命令 (injunction) 予以阻止。

(2) 僱主的反抗。僱主自是極端討厭工會的，他們曾用各種方法打擊工會運動。最簡單的辦法，就是查出加入工會的工人將其解僱，並通知同業其他僱主不予僱用。其次，則以所謂「鎖廠」 (lockout) 方式迫使工會的工人就範，尤其在經濟不景氣時期，正可藉此停工期間出清過多的存貨，誠可稱爲「一石二鳥」政策。在歷史上，也不乏僱主與工人之間發生暴力衝突事件。較爲狡猾的方法，則是誘使工人簽訂所謂「黃狗契約」 (Yellow-dog Contract)，卽是以工人不參加工會作爲僱用的一項條件，工人如有違約行爲，僱主可以提起訴訟，而使工人除喪失工作外，還要遭受罰金甚或監禁等處分。有些僱主則對工人表示仁慈態度，而以團體保險、退休金計劃及分紅入股等方法，使工人相信沒有工會也能得到僱主良好的照顧。在一九二〇年代，有些大企業也實施僱工代表制或建立受僱主控制的所謂「公司工會」 (company union)，對阻止工會運動的成長深具影響。

另一方面，美國初期的工會運動，亦受各種不同的思想所支配，如馬克斯主義、烏托邦主義、改革主義及其他學說等，均因工人的短期目標（較高工資與較短工時）與工會領袖的長期目標（如成立生產者合作社、建立勞工黨等）發生衝突而相繼失敗。直至一八八六年美國勞工聯盟 (American Federation of Labor) 成立，在 Samuel Gompers 的開明領導下，支配了其後五十多年的美國勞工運動。Gompers 的基本觀念有三❷：

---

❷　參看 Campbell R. McConnell: *Economics*, Seventh edition 1978, pp. 786–787.

(1) 工會的商業性 (business unionism)。他索直拒絕一些知識分子所倡導的推翻資本主義制度的想法，而強調工會應致力於實際的短期經濟目標，即是較高的工資、較短的工時與改進的工作環境。(2) 政治的中立 (political neutrality)。他認為有組織的勞工不應依附任何政黨，政府也不應干預勞資關係與團體協商。他曾告誡他的徒衆，只以投票方式報答勞工的朋友而懲罰勞工的敵人，而不問其屬於那一政黨。(3) 行業的自治 (trade autonomy)。他認為依特定技藝 (specific craft) 組成的工會 (亦可稱為職業工會) 才是勞工運動的永久基礎。這些依技藝分別組織的工會，應再進而加入一個全國性的同盟。由於上述保守而現實的策略，曾使AFL得到相當快速的發展。在第一次世界大戰結束之時，會員人數約增達四百萬人。但在一九二○年代又陷入低潮時期，此乃由於全國製造商協會 (National Association of Manufacturers) 成立後，領導全國廠商對勞工運動進行反擊，許多廠商也以各種方式引誘工人脫離工會。更重要的，由於 AFL 堅守其工會組織的技藝原則，而忽略了大量生產的企業中所僱用的人數日增的非技術工人，從而激起了產業工會主義 (industrial unionism) 者的不滿，而於一九三六年聯合產業工會 (即以產業為基礎，而不以技藝為基礎) 另組產業組織聯合會 (Congress of Industrial Organizations)。由於 CIO 在汽車與鋼鐵產業方面獲得驚人的成就，而使 AFL 亦轉而組織以產業工人為基礎的工會。此後由於下列各項原因，AFL 與 CIO 又於一九五五年合併，此即今日所簡稱的 AFL-CIO 全國性統一組織： (1) 由於 AFL 願意接受與實施產業工會主義，而減輕了它與 CIO 之間有關組織結構上的歧見。(2) 一九三○年代以來工會遭遇了政治與立法方面的挫折，而使勞工領袖們深信，唯有統一的勞動運動才是增加政治影響力的首要步驟。(3) 二次大戰後有組織的勞工未能達成理想的成長率，也證明了和諧而一致的努力乃是組

織尚未工會化的企業與產業工人所必需的。(4) AFL 與 CIO 上層領導人物的大量更迭，已使過去阻礙勞工運動統一的個性衝突逐漸消除。

　　然而，統一後的美國勞工運動，也並未如預期的趨於蓬勃發展，這有內在的與外在的兩方面的原因：內在原因是：(1) 職業工會主義與產業工會主義之間仍有歧見存在。尤其是當藍領工作 (blue-collar jobs) 的數目日趨減少時，產業工會與職業工會之間為了爭取領域或管轄區 (jurisdiction) 問題而時有衝突。(2) 一九三〇年代的工人每為建立自己的工會而艱苦奮鬥，今日的工人則僅以加入工會為獲取某種安全與代表權的手段，除危急時期外，他們已少有積極性的活動和具有意識的熱忱。(3)領導人物之間的敵對繼續存在。例如 George Meany 與 Walter Reuther 之間的衝突，導致代表一百五十萬人的聯合汽車工會退出全國工會聯合會，而使統一勞工運動遭受新的重大威脅。外在原因則有：(1) 由於白領工作 (white-collar jobs) 的相對增加，已使原以藍領工人為基礎的工會失掉其進一步發展的潛力，而較小廠商、農業、服務業以及南方地區的藍領工人，則仍多徘徊於工會組織之外。而且，人數日增的婦女工人，亦多不願參加工會為會員。(2) 公共政策已由鼓勵轉為干預，而使有組織的勞工遭遇了一種較為敵視的立法環境。(3) 由於許多工會特別是職業工會採取種族歧視的會員政策，以及教師、垃圾工人、市區運輸工人等日益增加的罷工，已使社會大眾對工會運動失掉同情心與支持力。

　　可是另一方面，一九六五年以來，美國各級政府的公務員工則迅速地展開工會運動，尤以地方階層為然。例如：一九六〇年加入工會的公務員只略多於一百萬人，一九七四年則已增加至五百三十萬人。他們之所以紛紛加入工會，主要目的是要藉此爭取較好待遇，以抵消一九六〇年代末期及一九七〇年代通貨膨脹對其實質所得的不利影響，但也引起

三個重要問題: 第一, 一般言之, 公務員罷工是法律所禁止的, 然則, 運輸工人、學校教師、垃圾工人、警察及救火人員的罷工是否合法? 第二, 公務員組織工會後, 已造成了行政權力的重分配, 卽是過去可由機關首長或學校董事會片面決定的事情, 現在要受工作人員的抗議或雙邊意向所支配了。第三, 公務員組織工會後, 已使公共部門的工資率迅速增加, 而公共部門的生產力則只有很少的成長, 從而大爲增加了成本推進式通貨膨脹的壓力。

三、各國政府對於勞工運動的態度

一般工業國家在其勞工運動發展的過程中, 就其與政府的關係而言, 大概經歷了四個時期, 玆仍以美國爲例分別說明之:

1. 漠不關心時期　在一九三〇年代之前, 美國雖已承認工會爲一合法組織, 但對工會運動仍採取一種漠不關心的態度, 而司法機關且常引用一般法律對工會活動加以限制。其間雖也有若干關於勞工問題的立法, 如工時規定與童工限制等, 但對如何保障勞工權益的基本問題, 却無一套完整的立法加以規定。直至一九三〇年代遭遇經濟大蕭條, 由於失業問題極端嚴重, 政府才改變態度, 積極地鼓勵勞工運動的發展, 認爲勞工經由團體協商而提高工資, 足以增加總合需要或至少可以防止總合需要的降落, 而有助於和緩經濟的大蕭條。

2. 積極鼓勵時期　一九三二年, 國會通過 Norris-La Act, 將反工會的兩項有效武器視爲非法, 而廓清了工會發展的障礙, 卽是: (1) 使僱主難於從法院獲得阻止工人行動的禁止命令。(2) 宣布所謂「黃狗契約」是不可強制執行的。一九三五年, 國會又通過全國勞工關係法 (National Labor Relation Act, 俗稱爲 The Wagner Act), 除正式確認工人擁有自組工會與團體協商兩項基本權利及列舉資方的一些「不公

平的勞工措施」外，並 (1) 禁止僱主干涉工人組織工會的權利。(2) 將
「公司工會」視為非法。(3) 禁止僱主在僱用、開除及升遷方面的反工
會歧視。(4) 對任何依法提出控訴或作證的工人，如有歧視行為，視為
非法。(5) 僱主有義務與其僱工正當建立的工會，進行善意的協商。此
外，並成立全國勞工關係局，負責調查不公平的勞工措施，對違反規定
之僱主發出禁止令，並處理工人選舉，以決定何者為工人可以組織或參
加之工會。上述二法對促進工會運動極有幫助，加入工會的工人由一九
三五年之四百萬人劇增到一九四七年之一千五百萬人。

　　3. 政府干預時期　由於工會的迅速發展與力量的日趨強大，工會
已不為人再視為弱者的組織，反之，工會亦如壟斷企業一樣須有某種法
律加以約束。尤其是在戰後工業轉型時期，工會發動一連串的全國性罷
工，使得社會大眾認為這些罷工不僅延緩了工業轉型的過程，而且導致
了由工資物價互相激盪的螺旋式通貨膨脹。因之國會於一九四七年通過
勞資關係法 (Labor-Management Relation Act, 俗稱為 Taft-Hartley
Act)，對下列幾方面加以規定：

　　甲、不公平的工會措施　其中包括：(1) 禁止工會強迫工人加入工
會為會員。(2) 管轄權罷工 (jurisdictional strikes, 即工會之間為爭管轄
權而引起之罷工)，第二級抵制 (secondary boycotts, 即拒絕購買或處
理他一工會工人所生產之產品) 及某些同情罷工 (sympathy strikes, 即
為支援其他工會爭取僱主承認或其他目標而發動之罷工)，均予禁止。
(3) 禁止工會要索過高的或有歧視性的入會費或其他費用。(4) 工會或
其會員未有工作而支領乾薪 (featherbedding)，視為非法。(5) 工會不
能拒絕與資方進行善意協商。

　　乙、工會行政方面　(1) 工會須向全國勞工關係局提供詳細的財務
報告及以同樣資訊公告會員。(2) 禁止工會對涉及聯邦政府之選舉或會

議作政治性的捐獻。(3) 工會職員於任職時須簽署其非共產黨黨員之宣誓書。

丙、契約內容方面　(1) 對從事州際商業的廠商，限定其只能僱用工會會員之所謂閉廠制 (closed shop)，視為非法，即不得在團體協約內列入閉廠條款。(2) 除非由各個工人書面授權，不得在團體協約中列入扣薪 (checkoff) 條款（即規定工人應納之會費，可由僱主於薪資中扣繳工會）。(3) 團體協約中必須規定，在有福利及退休基金時，須與其他工會基金分開保管，並由工會與資方共同處理。(4) 團體協約中須包含終止或報告條款，規定勞資雙方認有修訂或終止工作契約之必要時，應於六十日前通知對方。

丁、罷工方面　勞資關係法也規定了避免重要罷工的程序，以免使全國經濟陷於中斷而危及國家的健康與安全。依其規定之程序，總統有權禁止在八十天「冷却」 (cooling off) 期內舉行罷工。在此一期間內，可由全國勞工關係局就有關勞工是否接受僱主之最後條件進行投票表決，倘經工人拒絕，工會即可發動罷工，此時政府唯一可用的手段，就是接管該一產業或工廠。

勞資關係法自公布實施後，曾引起熱烈辯論，工會認之為「奴隸勞工法」 (slave labor act)，資方則只視為長期內謀求勞資力量平衡的一項步驟。然而大家都同意的是，此一法律代表公共政策的一種轉變，即由「政府贊同」的團體協商轉變為「政府規範」的團體協商。此一改變雖有必要，但對政府管制的形式及其適用的方法，各方仍有不同的意見。

一九五九年，國會又通過勞資報告及公開法 (Labor-Management Reporting and Disclosure Act, 俗稱為 Landrum-Griffin Act)，對工會選舉及工會財務加以規範，並保障工會會員的某些權利。其中包括：(1)

工會理監事應按期選舉，並以秘密投票方式進行。(2) 限制有前科者及共產黨員擔任工會職務。(3) 工會職員應對工會基金及財產保持完整的紀錄。(4) 負責處理工會基金之職員，均應提供保證保險。(5) 侵佔工會基金，視爲犯罪行爲。(6) 嚴格限制工會對其職員與會員辦理放款。(7) 保障會員個人出席工會會議、投票表決及提名候選人之權利，這些權利遭受侵犯時，可以控訴工會。(8) 賦予勞工部長以調查違法事件之廣泛權力。上述各項規定，對於促進工會之健全發展，自多幫助。

4. 勢力衰退時期　美國在一九六〇與一九七〇年代，加入工會的勞工所佔勞動力的比例，已顯示出下降的趨勢，這是由於美國經濟已變爲較多的服務導向 (Service-oriented) 與較少的製造導向 (manufacturing-oriented) 所致。在一九五〇年代，美國勞動力約有百分之四十加入工會，今日則已降至百分之二〇以下；有人預測，到一九九五年，工會會員將會落到一九三〇年代中期工會運動浪潮前之水準。唯一例外的，則是公務人員工會會員的大幅增加，美國州郡市公務員聯盟 (American Federation of State, County and Municipal Employees, AFSCME) 是一九七〇年代少數成長的工會之一。但在一九七七年亞特蘭大 (Atlanta) 市清潔工人的罷工事件中，市長堅拒與其地方工會談判而僱用非罷工及其他非會員工人，卒使工會運動遭致挫敗。又在一九八一年航空管制人員罷工事件中，雷根總統調用軍方航空管制人員加以補充，並下令解散空中交通專業管制人員工會 (Professional Air Traffic Controllers Organization, PATCO)，更使工會運動一蹶不振。全國勞工關係委員會在雷根改組後，並進一步規定在向勞工關係委員會申訴獲准前，必須先行完成一切其他調解程序；該會並不得強制公司與工會進行談判，除非工會能證明它是代表大多數工人的組織。依一九九〇年勞工統計局的報告，在一九八〇到一九九〇年間，工會會員已減少三百萬人，表示

工會會員佔勞動力的比例，已由百分之二三落到百分之十七‧七。在此
一期間的罷工活動亦已大爲減少。

　　我國自國民政府成立後，早於民國十八年頒行工會法，積極推展勞
工運動，雖在政治動亂時期，政府對勞工權益仍加以相當之規範與保障。
民國七十三年七月再頒行勞動基準法，對勞工應有之權益多所規定，並
明定「雇主與勞工所訂勞動條件，不得低於本法所定之最低標準」。

四、勞工運動的前途

　　勞工運動乃是產業革命後的產物，其興起與發展均與經濟發展息息
相關。美國近年工會力量的消長，雖如前述，但因各國經濟發展情況不
同，勞工運動仍各有其自己的生存環境。我國勞工運動起步較晚，且在
政府的輔育下成長茁壯，目前尚未形成有如美國的強大力量。加以勞資
對立的程度仍不尖銳，勞資糾紛遠較先進國家爲少，勞工運動的負面影
響，並未受到社會的敵視，因之我國勞工運動自仍有其發展的前途與空
間。惟就經濟觀點言之，有些因素是有利於工會發展的，有些因素則否，
茲分別析論於次：

　　甲、有利於工會運動發展的因素：(1) 企業的壟斷性愈大，則易將
工資的增加透過產品的漲價，轉由消費者負擔，因之對勞工運動較少採
取敵對態度，甚至利用工會的合作，以提高勞工的工作紀律與工作情緒。
此所以在獨佔或寡佔的產業中，工會運動每有較大的發展機會。(2) 企
業對於勞工的需要彈性亦與工會運動的發展密切相關，其中又可分爲三
種情況：首先，產品的需要彈性愈小，愈使企業對勞工的需要缺乏彈性
而使廠商愈易接受工會的要求。其次，勞動成本所佔的比例愈小，則勞
動的需要彈性也愈小，因使工會的力量較易壯大。再者，勞動的替代性
愈小，則勞動需要愈益缺乏彈性，從而工會的力量也較大。

　　乙、不利於工會運動發展的因素：(1)任何加強市場競爭（或減少獨佔力量）或增加勞工需要彈性的因素，均有助於削弱工會的力量，這些因素即為前述有利因素的反面，毋待贅述。然而，就美國而言，近年仍有少數其他削弱工會力量的因素值得一述。(2)美國經濟結構漸趨轉變，現有百分之七十的勞工受僱於服務業，而服務業的員工只有百分之十是加入工會的，美國工會運動的衰退，與此大有關係。(3)美國已有二十州（多在南部及西南部）頒行「工作權利法」(Right-to-work laws)，允許工人擁有工作後亦不必加入工會。根據研究報告，法律通過後頭五年內，工會的組織活動即減少百分之五〇，工會會員則減少百分之五～十。工會雖欲在這些州內組織工人，但多為廠商所排斥，且不為工人所歡迎，可見工會的力量部分是在過去法律允許之 union shops（即是廠商雖不必只能僱用有工會會員資格之工人，但工人如須繼續受僱，則仍須具有工會會員資格）情況下所形成的。(4)解除某些產業的管制，亦曾削弱了工會力量。例如一九八〇年代解除了運輸業的管制，而使原受工會談判而提高工資的公司，難與新進的公司競爭，為共圖生存，勞方不得不同意資方大幅降低工資的要求。有些航空公司甚至經破產、重組及毀約後，再以低薪僱用飛行員。此外，延長工作時間及停飛時課以行政工作，亦所常見。可見對於產業的管制，不僅保護了業者，也保護了工會，難怪工會也對解除管制加以反對了。(5)有些產業也因放寬進口限制而使業者與工會受到衝擊，鋼鐵與汽車業即其一例。美國聯合汽車工會 (UAW)以往曾因工會談判而獲得較競爭水準為高的工資，自開放外國汽車進口後，國內汽車業即喪失了與進口車競爭的能力，工人只得同意降低工資水準，並與資方聯手要求政府對進口車加以設限。

第二節 勞工問題及其對策

勞工問題，牽涉至廣，自工會運動產生後，勞工問題更受社會所注目。各國為協調勞資關係與增加生產效率，莫不擬訂勞工政策與從事勞工立法，以為因應。然而，勞工問題不僅有其社會性的一面，亦更有其經濟性的一面，二者必須兼顧，才能促進社會的整體利益。歸納言之，勞工問題可分成下列幾方面：(1) 勞工組織與權力問題，(2) 勞工就業問題，(3) 勞工報酬問題，(4) 勞工福利與安全問題，(5) 勞工參與及分紅問題。以下即就每一問題之範圍與立法略加敍述與分析：

一、勞工組織與權力問題

目前世界各國莫不允許工人可以自由組織工會，所不同的，是其組織的形態與權力。前已言之，美國原有技藝（職業）工會主義與產業工會主義之別。我國工會法亦區分為產業工會與職業工會，凡同一產業內各部分不同職業之工人所組織者為產業工會，聯合同一職業工人所組織者為職業工會。我國之職業工會即相當於美國的技藝工會。職業工會係以縣、市為單位組織之，產業工會除可以縣、市為單位組織外，亦可依廠、場為單位組織之，再由同一縣、市內之職業工會與產業工會聯合組織縣、市總工會，並依次聯合組織省、市總工會及全國總工會。但交通運輸公用等事業之跨越行政區域者，得由主管機關另行劃定其組織區域。凡在工會組織區域內年滿十六歲之男女工人，均有加入其所從事產業或職業工會為會員之權利與義務，但已加入產業工會者，得不加入職業工會。工人拒絕加入工會時，經勸告、警告仍不接受者，得由工會依章程規定或會員（代表）大會決議，予以一定期間之停業。此種全體參加之強制規定，實為我國工會運動之一大特色。

關於工會權力或任務方面，一般工業國家之工會大多擁有團體協商及發動罷工兩項重要權力。我國工會法第五條對於工會之任務雖有相當廣泛之列舉，但最為重要者，僅有「團體協約之締結修改或廢止」及「勞資間糾紛事件之調處」二項。政府亦曾頒行「團體協約法」，以資依據。事實上，我國勞資雙方甚少簽訂此種契約。勞資雙方有爭議時，得依「勞資爭議處理法」進行調解與仲裁，亦可依「動員戡亂時期勞資糾紛處理辦法」交付評斷。然而，自政府宣布終止動員戡亂時期後，後一法規已予廢止。而勞資爭議處理法亦已於民國七十七年六月修訂，依其規定，為勞資權利事項與調整事項而引起爭議時，勞資爭議當事人得向主管機關申請調解，或由主管機關交付調解。如為調整事項之爭議，並得於調解不成立時，申請或交付仲裁。但勞資爭議在調解或仲裁期間，資方不得因此爭議事件而歇業、停止、終止勞動契約或為其他不利於勞工之行為；勞方亦不得因此爭議事件而罷工、怠工，或為其他影響工作秩序之行為。經調解成立或仲裁之案件，當事人一方不履行其義務時，他方當事人得申請法院強制執行。惟權利事項之勞資爭議，於爭議當事人不同意調解方案而致調解不成立時、引起勞方罷工或資方歇業，致有害於公共安全與利益者應如何處理，該法則無規定。

有人或以為強制工人加入工會，似與尊重自由選擇權相牴觸；而剝奪工人之罷工權利，似又削弱了團體協商的效果。然而，證諸其他工業國家之經驗，工會擁有發動罷工之權利，已使工會形成強大之壟斷力量。一次重大的罷工事件，每使國家經濟遭受重大的創傷；而公用事業的罷工，更使人們生活受到嚴重威脅。加以工會不斷要求提高工資，而使通貨膨脹愈益加劇。有識之士，已對今日工會的成長深懷隱憂，認之為當前亟待解決的一項重大問題。美國塔虎脫法案雖曾賦予總統以暫停罷工八十天的權力，但在勞資雙方不獲協議時，仍無根本解決之道。固

然，罷工時間的延長，對工人亦屬不利，但以今日工人階級的富有及工
會罷工基金的寬裕，常能支持工人作持久性的罷工。另一方面，企業與
社會因罷工而引起之損失則是無可補償的，最後只有向工會投降而接受
其提高工資的要求。我國政府未雨綢繆，乃於工業發展之初即以法律對
此加以限制，並由政府主動爲工人解決爭議問題，而使工人權益獲得充
分之保障，較之西洋工業國家之做法實屬開明而進步。由於工會的權力
受到相當限制，則強制工人入會，不致助長工會的壟斷力量，反能擴大
工會的組織基礎，使其更具代表性。近年臺灣工業高度發展，勞資關係
和諧實有其重大貢獻，惟爲增進工人階級之利益，自仍應在其他方面加
以改進。

二、勞工就業問題

此爲勞工問題的核心，如有工作能力之工人不能得到就業之機會，
或在遭受失業時不能得到適當的照顧，則任何勞工政策或立法均無意
義。茲就下列幾項分別說明之：

1. 就業輔導　一般工業國家對就業輔導均極重視，前於第十章第
五節已略言之。其中涉及兩項工作：一是如何使工人具備社會需要之技
能，二是如何使勞資雙方增加接觸的機會。關於前一問題，主要應由學
校教育負其責任，勞工政策所應致力者，係在職業訓練一方面。由於技
術之日新月異，技術性或結構性失業日趨嚴重，乃使職業訓練愈益增加
其重要性。我國爲配合工業發展之需要，曾由內政部、經濟部及青輔會等
機構在各地設有職業訓練中心，工業職業學校亦多設有技藝補習中心，
就社會需要之各項技能，分科予以專業訓練。尤以各地職訓中心，設備
良好，且於結業後介紹工作，頗能收訓用合一之效。關於後一問題，我
國政府亦早在各重要地區設有就業輔導機構，擔任求才廠商與求職勞工

之間的橋樑，而使勞工之供給與需要得到適當的配合。

2. 失業保險　無論就業輔導制度如何完備，任何國家都不免發生失業問題。在一九三〇年代以前，由於失業問題並不嚴重，各國多無失業保險之立法，有之亦是異常簡略，形同救濟。現代失業保險制度，多在一九三〇年代以後產生，係由僱主與工人雙方負擔一定百分比之保險費率，而於非自願失業時得以請領一定之失業給付，通常爲其投保工資的某一百分比，並以一定之時間爲限。目前美國給付最長時間爲三十九週，最近且有主張延長至五十二週者。在開始給付前並有「等待期間」(waiting period)，以消除短暫失業所增加之費用與困擾；並須有完善的就業輔導與之配合，藉以縮短不必要的失業時間。我國目前尚未開辦失業保險，較之其他工業國家自遜一籌。惟我國迄未發生嚴重的失業問題（歷年失業率均在百分之二以下），將來如有必要，自可就現有勞工保險擴大辦理。失業保險對安定勞工生活、促進社會安定與和緩經濟蕭條，確有其偉大貢獻，但也發生下列弊端：

甲、增加勞工依賴心理　在未有失業保險時，失業勞工只有依賴自己儲蓄或親友幫助，才能渡過難關；自己也會積極地找尋新的就業機會，而可縮短失業時間。可是有了保險之後，已不再感受到生活威脅，而使勞工不願在平時多作儲蓄，此對資本形成自有不良影響。

乙、減低勞動的生產力　在未有失業保險時，勞工凜於失業帶來的痛苦，每願竭盡自己的能力，使其服務的企業日趨興盛。此種高昂的士氣，實爲發揮勞動生產力的重要條件。有了失業保險之後，常使勞資關係受到不利影響，僱主雖可以其他方法激勵士氣，但總不及利害一致時之更有效力。失業給付時間愈長，其不利的影響亦愈大。

丙、助長停滯性膨脹　此爲美國學者梭羅(R. M. Solow)的看法。他認爲失業保險制度增加了物價與工資的向下抗拒性。在沒有失業保險

時，失業者缺乏購買力，可以促使物價下跌；另一方面，失業工人爲競爭工作機會，亦可導致工資降低，如此又可減輕失業現象。換言之，卽使非力普曲線向下移動。然而，有了失業保險後，失業者可從政府獲得給付金，以美國爲例，表面上雖約爲正常工資的百分之四十七，但因免稅及不工作時可以節省開支，其實際收入可能高達正常工資的百分之七五至一〇〇。如此一來，在經濟衰退時，由於購買力減少有限，故物價不易下跌，失業者仍可維持相當生活，亦不願積極找尋工作，亦卽助長了停滯性膨脹❸。

三、勞工報酬問題

亦可稱爲工資問題。其中可分三方面加以討論：一是工資決定的標準，二是彈性工資計劃，三是最低工資問題。

1. 工資決定的標準　在經濟理論上，曾有許多有關工資決定的學說，目前較爲人所接受的，則爲邊際生產力學說。理論上，卽使承認這一標準是合理的，但也是就某種勞工全體的供給與需要，先行決定這類勞工的工資水準，然後個別廠商在此一市場決定的工資水準下，依其自己勞工的邊際生產力決定所要僱用工人的人數。至於勞資雙方在實際從事工資協商時，通常是以下列四種標準爲依據：（1）其他同業廠商的工資，（2）資方支付工資的能力，（3）生活費用，（4）工人的生產力。如果此一廠商原有的工資低於他一同業的廠商，工會必定要求將其工資提高到同一水準，此卽所謂同工同酬原則。倘如廠商獲得較平時爲多的利潤，工會亦可以資方具有較大的支付能力爲理由，要求增加工資。在通貨膨脹的情況下，工會亦會要求增加貨幣工資，藉以維持原有的生活水

---

❸　參看六十八年十一月三日經濟日報所載侯家駒「論停滯性膨脹一文」。

準。生產力的增進，則常反映在廠商獲得較多的投資報酬上，自更爲工
會要求提高工資的重要藉口。惟不論採取何種標準，實際工資率仍須由
勞資雙方協商決定。爲減少以後調整工資的糾紛，可在團體協約中同時
規定每年調整工資的標準。

　　2. 工資的自動調整　團體協約通常採取繼續性契約（continuous
contract）方式，即是在訂定後每滿一年前一定時日內，如任何一方未
提出修訂協約之要約，協約效力即自動延續一年。因之爲適應年資加薪
及物價變動，可在協約內作如下之規定:

　　甲、年資加薪　例如工作每滿一年，可依上年每小時工資增加百分
之幾是。

　　乙、伸縮條款　爲適應物價變動，常在協約內列入伸縮條款，或稱
「梯形條款」（escalator clause）。例如可依政府公布之勞工消費物價指
數，每三個月調整一次，物價指數每上升一個百分點，每小時工資應增
加多少，物價指數每下降一個百分點，每小時工資應減少多少，但任何
三個月期間，每小時工資不得減少多少是。

　　3. 最低工資法　一九二八年，國際勞工會議通過「創設規定最低
工資機構公約」，規定各簽約國應即創設或維持最低工資的立法，藉以
保障勞工的基本生活水準。我國乃於民國二十五年公布「最低工資法」，
規定成年工以維持其本人及親屬二人必要生活爲準，童工工資不得低於
成年半數。四十四年又訂定「基本工資暫行辦法」，改以維持成年男女各
一人的生活費用爲準。兩者均依當地生活費用核算爲一定之貨幣工資。
民國七十四年三月頒行基本工資審議辦法，成立基本工資審議委員會，
收集各項有關資料，審議通過基本工資。對調整基本工資之時間，則無
規定。近年我國調整基本工資的時間似嫌頻繁，引人非議。美國係於一
九三八年通過公平勞動標準法（Fair Labor Standard Act），由聯邦政

府規定每小時最低工資，並依勞工消費物價指數的變動時加調整。規定
最低工資之目的，原在保障勞工的基本生活，能否達此目的，也曾在經
濟學家之間引起熱烈的爭辯。

反對最低工資立法的人，認為超過勞動市場均衡工資水準以上的最
低工資，勢將驅使僱主減少其對勞動之需要量，甚至迫使若干廠商虧本
歇業。如此一來，最低工資法所要幫助的低工資工人，反而遭到失業的
痛苦，豈不比拿低工資更為不利。雖然，這些被解僱的工人也可在其他
勞動市場另找就業機會，但無疑地又會增加其他市場的勞動供給量，而
使它們的工資率為之壓低。

贊成最低工資立法的人，則認為反對者的分析，係以競爭的靜態市
場為依據。事實上，在一個獨買性的勞動市場內，最低工資能夠提高工
資率而不致引起失業，較高的最低工資甚至可使獨買僱主增加其僱用工
人的數量。此可以 11-1 圖說明之。

下圖 S 為勞動的供給曲線，MRP 為邊際生產收入曲線，即是獨買

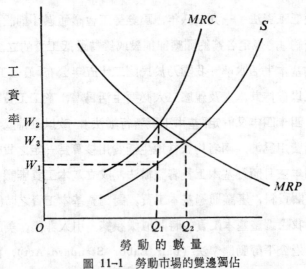

圖 11-1 勞動市場的雙邊獨佔

廠商的勞動需要曲線，MRC 爲邊際勞動成本曲線。在沒有工會壟斷及最低工資限制時，工資率將爲 W_1，用人量將爲 Q_1。而在雙邊獨佔下，工會可以將工資提高到 W_2 的水準，但用人量仍爲 Q_1。兩者的差別，只在獨買廠商能否獲得 W_1 與 W_2 之間的剝削。設如勞資兩方均不各走極端，而由政府規定最低工資 W_3。在此一工資水準下，廠商不再以限制用人作爲獲取獨買利潤的手段，而增加其用人數量，即圖上 Q_2 所示者，亦即由勞動的供給與需要決定的用人數量。

而且，贊成最低工資立法的人，還進一步認爲有效的最低工資可以增加勞動生產力，即使勞動需要曲線向右移動而抵消了最低工資可能引發的失業效果。他們的理由有二：(1) 最低工資對僱主具有震撼效果 (shock effect)，在沒有最低工資立法前，僱主常流於無效率地使用低工資的工人，在最低工資法提高了工資水準後，可以迫使他們更有效地使用勞工，亦即提高了勞動的生產力。(2) 較高的工資可以增加勞工所得，並因而增進了他們的健康、活力與工作精神,此對提高勞動生產力,自有幫助。

四、勞工福利問題

此一問題，牽涉至廣，其中主要包括：(1) 工作時間，(2) 休假制度，(3) 工作安全，(4) 工作保障，(5) 退休制度等方面。有些國家，連同工資及其他重要事項，訂定完整的勞動基準法以爲規範，如日、韓與我國都是；前述美國的公平勞動標準法，則僅就最低工資、最高工時、童工、學徒及殘廢工人等加以規定。以下擬就重要事項及中、美兩國情況略作比較：

1. 工作時間　目前一般工業國家多規定每週工作以四十小時爲限，如有超過，應在正常工資之外發給加班工資。美國一般情況爲每週

工作五天（週一～週五），每日工作八小時，超過八小時及週六工作時間，每小時按正常工資一倍半發給，週日工作時按兩倍發給。我國勞基法僅規定勞工每日正常工作時間不得超過八小時，每週工作總時數不得超過四十八小時，每七日中至少應有一日之休息，作爲例假，工資照給，延長工作時間者，應依規定加給工資，於休假日工作者，工資加倍發給。與美國比較，我國每週工作時數較多，餘無區別。

2. 休假制度　美國工人在國定假日內，工資照給，繼續工作時，另給雙倍工資。另按工作年資每年分別給予一定日數之休假，在假期內，工資照給。我國勞基法亦有類似規定。

3. 工作安全　各國爲保障勞工工作安全，均訂有嚴密之安全標準與檢查法令，並使勞工在遭受職業災害或職業疾病時，得以獲得適當的補償。美國於一九七一年實施職業安全衞生法(Occupational Safety and Health Act)，雖係綜合若干有關法令而成，但仍譽爲美國勞工立法史上的盛舉。並於勞工部內設置「職業安全衞生署」，賦予實施該法規定之特定權力。此外，並有工人補償保險 (Workmen's Compensation Insurance) 與之配合，以使遭受工作損害之工人獲得適當的補償。我國亦於民國六十三年頒行「勞工安全衞生法」，雖亦係綜合以往有關法令而成，但內容遠較充實完備而進步，比之美國立法並無遜色。關於災害補償方面，我國亦有勞工保險，而其保險之範圍更爲廣泛，其中包括普通危險事故與職業危險事故兩方面，職業危險事故之保險約與美國之工人補償保險相當。惟以我國勞工工資遠較美國爲低，保險給付亦因之受到限制，殊不足以使受害勞工獲得充分之補償。

4. 工作保障　即使訂有僱用契約或團體協約，工人仍可因本身或僱主兩方面之若干原因而被解僱。在工人自身方面，可因違反工廠規則或不能勝任而被資方終止僱用，但多設有訴願條款，以爲解決爭端之方

法。僱主方面，亦可因業務不振或停工歇業而中途解僱工人。以往美國工會每要求僱主只能僱用工會會員，即所謂 closed shop 制，後雖爲塔虎脫法案禁止列入勞資協商契約，但仍有若干行業暗中流行（如印刷、建築及運輸業）。目前仍多採用所謂 Union shop 制，即廠商可以自由僱用工人，但新僱工人如爲非工會會員，應於一定期限（通常爲三十天）內加入工會，否則，廠商不再繼續僱用。此外，美國勞工契約中每訂有「年資」（seriority）條款，對年資較長之工人給以較多之保障。例如規定僱主因缺乏工作而有減少勞工之必要時，最後僱用之人應爲最先解僱之人，而在業務恢復而有增加工人之必要時，最後解僱之人應爲最先再僱之人。如爲短期停僱，僱主亦常給以半數工資。惟此項年資保障，亦常因契約內附帶規定「以具有所任工作必需之技藝與能力爲限」，而使解僱工人難於回到原有之工作崗位。我國勞基法規定：非有法定原因，僱主不得終止勞動契約；非有法定情況，僱主於終止勞動契約時，應於規定時間前先向勞工預告；依法終止契約時，僱主應依規定發給勞工遣散費。對年資保障則無規定。

5. 退休年金　　在實施社會安全制度或國民保險制度之國家，原有老年給付一項，對老年退休人員按其參加保險年資及繳納保費數額，終身支領一定之養老年金。在其工作期間繳納之保費，則由僱主與受僱人員按一定比率共同負擔。惟以此項年資之數額受有法律上之最高限制，只能藉以維持老年基本生活，因之，各企業本身亦多另設退休年金（pension），一可藉此增加退休職工之養老收入，二可藉此激勵職工之工作情緒及終身任職。關於保費之繳納，通常亦多由勞資雙方共同負擔，亦不乏由資方負擔大半或全部負擔者。我國除有勞工保險之老年給付外，勞基法亦規定依法退休之勞工，可享有退休金之給與，最高可達四十五個基數。僱主並應按月提撥勞工退休準備金，專戶存儲，由勞工

與僱主共同組織委員會監督之，以確保勞工之權益。

五、勞工參與及分紅問題

在勞工運動史上，曾不斷有人提出勞資合作或勞資合一的主張。十九世紀初期的社會主義者，受「工資鐵律」(Iron Law of Wages) 學說的影響，認爲只有工人自己組織生產合作社，才能眞正免除資本家的剝削。法國的畢雪 (Philippe Buchez 1796-1865) 及路易‧布朗 (Louis Blanc 1812-1882)、以及德國的拉薩爾 (F. Lassalle 1825-1864)，均曾倡導組織工人生產合作社，但只曇花一現，未獲成功。以後英法兩國雖仍繼續發展此項合作組織，均因工人缺乏財力以及管理上的困難，亦未有任何重大成就，目前且已日趨萎縮。在生產合作社內，社員同時爲出資者與勞動者，眞正做到了勞資合一，自不會發生勞資問題，工會運動更無必要。可惜此一理想的社會，還不是現實環境所能實現的。因之，如何促進勞資合作，乃成爲當前自由經濟中之重要課題。近數十年來，各國多從兩方面加強勞資合作關係：一是增加勞工參與企業的管理，二是實施勞動分紅入股制度，均已收到良好效果，玆分別略加敍述。

1. 企業管理的參與　工人參與企業的管理，可採取各種不同的方式，前述團體協商，即是一種參與方式。因爲協約的內容，原是資方可以片面決定的事項，如今有了工會的參與，便須相當尊重勞方的意見。事實上，美國自全國勞工關係法實施之後，由於法律承認工會參與團體協商的權力，已使勞資關係獲得顯著的改善。然而此種團體協約多限於工人待遇方面的改善，對企業管理方面之其他事項，工會仍多缺乏置喙

的餘地，勞資對立的形勢，仍未有何改善。

　　我國早在民國二十年實施的工廠法中，就已訂定工廠會議一章，由工廠代表及全體工人選舉之同數代表組織工廠會議，對各項有關工人福利、安全、衞生及工作效率等問題，加以研商改進，並協助實施團體協約、勞動契約及工廠規則等，任務相當廣泛。此項會議每月召開一次，必要時並得召集臨時會議。會議時須有代表過半數之出席，並須有出席代表三分之二以上之同意，始得決議。工廠會議不能解決之事項，亦得依勞資爭議處理法加以調處。我國企業實施工廠會議的成效如何，因無可靠資料，難於估計，但無疑地，只要勞資雙方推誠合作，必可藉助此一會議解決許多問題，而有助於提高工人的生產效率。

　　最爲完善的，應爲二次世界大戰後西德實施的勞資合作制度。一九五二年，西德立法規定擁有職工五人以上之企業，均須設置員工代表會，代表職工參與企業的管理。從業職工在一百人以上的企業，則另設經濟委員會，其成員一半由僱主選派，一半由員工代表會選派。一切經營方面的問題，均由此一機構協商解決。又從業職工在五百人以上的企業，須於監察機構中容納三分之一的職工代表（由員工代表會選派）；一千人以上的企業，監察機構中勞資雙方代表應各佔二分之一，並另由已選派之委員共同協議選派一人代表勞資雙方。董事會中也須安置職工代表一人，負責處理有關勞工的事務。由於西德實施此一共同協商制度的成功，若干其他歐洲國家亦均在企業中建立類似制度，於增進勞資關係，甚具幫助❹。

　　2. 勞動分紅入股　工人分享紅利，由來已久，但起初只是出於老闆的恩惠，工人並無要求分享紅利的權利。本世紀以來，尤其在二次大戰以後，各國大規模企業爲改善勞資關係，相率建立各自的勞工分紅入

---

❹　參看陳國鈞著「勞工研究論著」一二八～一二九頁。

股制度。以美國爲例，一九七三年至少有二十五萬個工商企業單位，在實施員工分紅入股計劃，參加員工總數在一千萬人以上，其所分發的紅利資金高達二百五十億至三百億美元之間。關於每年分紅的數額，多定爲稅前或稅後公司盈利的某一百分比，再依員工的薪資、年資、或儲蓄等爲標準加以分配。通常分爲現金支付及延期支付兩部分，延期支付部分，須於工作滿一定年限後始能提取，藉以防止員工跳廠及鼓勵久任，但有死亡、殘廢及退休等原因時，仍可連本帶利全部提出，不受限制。此項延付紅利，係由勞資雙方成立機構負責保管運用，購買本公司股票卽其運用的途徑之一，因之員工在提取延付紅利時，亦可選擇：(1) 領取現金或公司股票，或兩者搭配，(2) 由公司代向保險公司洽購退休年金，(3) 仍由保管委員會保管運用，但在一定期間內分月支付本息❺。

　　我國勞工分紅的立法，最早見之於工廠法中，該法第四〇條規定：「工廠每營業年度終了結算，如有盈餘，除提股息公積金外，對於全年工作並無過失之工人，應給以獎金或分配盈餘」。但並未認眞執行。事實上，臺灣若干大規模廠商早有年終或三節發給員工獎金之習慣，並讓出一部分股份供員工自由認購。我國公司法亦有下列幾項規定：

　　　　「公司應於章程內訂明員工分配紅利的成數」（第二百三十五條）

　　　　「公司如以紅利轉作資本時，依章程員工應分配之紅利，得發給新股或以現金支付之」（第二百四十條）

　　　　「公司發行新股時，應保留百分之十至十五之股份，由員工承購」（第二百六十七條）

由於上項立法，今後勞工分紅入股制度，必能在我國普遍推行，美中不足者，員工分配之紅利，並無強制入股之規定。依據以往經驗，員工多

----

❺　參看六十九年二月十五日中央日報所載張天開「分紅入股與勞資合作」一文。

希望以現金分領紅利，或於分取股票後隨時出售，如此仍難達到由分紅入股走向勞資合一的目的。同時，有些公司的員工認爲現行年終或年節發給獎金辦法，可能比章程硬性規定分紅成數之金額更多；加以股票尙未上市之中小企業，爲了逃避稅捐，往往減少帳面盈餘，而使員工難以享受法定分紅之實惠。如何在技術上加以改進，仍爲今後有待努力之問題。

第三節　勞工運動與立法對於經濟的影響

近代勞工運動與勞工立法，無疑地已在社會各方面發生巨大衝擊，有其好的一面，也有其壞的一面。從事此一問題研究的人，見仁見智，不一其說。有些意見，以事實加以印證，有些意見則僅爲推理的結果。而且，正反兩方面的影響，均無法加以準確之衡量，故亦無法判斷其淨效果是好是壞。茲就下列各項分析於次：

一、對於經濟進步的影響

工會運動可在下列幾方面阻礙經濟的進步：

(1) 阻礙技術的革新　工會爲保障工人的工作機會，自不願僱主採用一種用人較少的生產方法或設備。例如有人認爲美國建築業，在技術改進方面的緩慢，卽是由於力量強大的工會加以阻撓所致。在歷史上，也不乏由於抗議僱主採用節省人力之設備而發生的罷工風潮。因之，現行美國勞資協約中每有一條款規定：僱主具有單方面的權力，以決定工廠設計、製造與分配產品的方法、生產操作的時序以及工作轉換的安排等。卽是藉以排除工會阻撓僱主作技術性的改革。

(2) 罷工導致生產的減少　罷工的弊害，盡人皆知，即使終於達成了工人的心願，但其引起之損失則是無可補償的。有人曾經估計，美國罷工最嚴重的一九四六年，共計損失了一億一千六百萬人時，佔當年全部工作時間的百分之一‧四三，亦即減少了同一比例的國民總生產❻。至於附帶造成之他方面的損失，更是難以估計。

(3) 減少資本形成的數額　工會運動的最大目的，自爲提高工人的工資，但工人增加所得後，大多用於消費，而非以之增加儲蓄。可是在一定的生產收益中，工資成本的增加，代表僱主利潤的減少，而資方獲得的利潤，才是資本形成的主要來源。因之，提高工資，必然導致資本形成的減少，而使經濟成長受到不利的影響。

然而，上述論點也不是完全正確的。第一，有人認爲僱主在工會不斷要求增加工資的壓力下，常更能迅速地採取節省勞力的生產方法。而且，工人所得增加後，可以促進他們的健康與提高他們的工作精神，對增加勞動生產力反有其良好影響。第二，罷工減少生產，固爲事實，但在工人取得罷工權力之前，仍可以怠工及破壞等方法，消極地表示他們的不滿，其所造成生產方面的損失，可能比罷工更爲嚴重，但不爲人知道罷了。而且，罷工只是工人在不得已時使用的一種最後手段，不能以有少數罷工事件而誇大罷工的嚴重性。第三，工資提高而利潤減少，乃是假定生產收益不變之一種情況。事實上，工人消費支出增加，亦可促成生產增加。何況廠商仍可在兩方面抵消工資增加的不利影響：一是勞動生產力增加後，每單位產品的工資成本可以不增或增加較少；二是具有壟斷力的廠商，可以提高產品價格，而將增加的工資成本轉由消費者負擔。如爲後一情況，則工人增加的工資將爲通貨膨脹所抵消，僱主

❻ 見 Kenneth E. Boulding: *Principles of Economic Policy* 1958, p. 356.

的實質利潤可以不受影響甚至更爲增加。否則，今日資本家日益增加的財富，難道不是由其投資的利潤所得來?!工會運動又何嘗阻礙了今日大規模企業的發展。

二、對於經濟穩定的影響

工會運動與最低工資立法每在下列兩方面遭受社會責難:

1. 由於工資不斷增加，造成成本推進的通貨膨脹　自由主義的經濟學家，總認爲工資水準應由勞動市場的供給與需要來決定，任何人爲的干擾，都會扭曲勞動的合理分配與就業數量。如今在工會壟斷及罷工威脅之下，廠商不得不接受每一提高工資的要求，再憑廠商自身的壟斷力，以提高物價的方式轉由消費者負擔；此後工會又以物價上漲爲理由再度要求增加工資，如此工資與物價形成惡性循環，造成今日永無止境的通貨膨脹。

2. 工資提高與向下抗拒性，造成較高的失業率　因爲物價因工資提高而上漲，必然造成市場需要的減少，廠商爲保持其既定利潤，亦必以減少生產爲手段，以達其提高產品價格的目的。或者是，廠商採取節省勞動的生產方法，而減少其對於工人的需要量。今日工業國家失業率的增加且居高不下，工會運動的強大實其主要原因。換言之，工會運動與最低工資立法固使在職工人獲得了較高的所得，但這是以更多工人失業爲代價所得來的，全體工人的工資所得，不見得有所增加。

然而，另一方面，也有人提出下列相反的意見:第一，今日之通貨膨脹，不應完全歸咎於工資的不斷提高。事實上，造成通貨膨脹的原因甚多，例如政府赤字支出的不斷增加、擴張性的貨幣政策、企業的壟斷、原料的漲價等，都是促進通貨膨脹的重要因素。毋寧說，是在這些因素引起物價上漲之後，工會爲保持工人的實質所得，才提出他們增加

工資的要求。這決不是一個「鷄生蛋、蛋出鷄」的無法解開的死結，只要有方法保持一般物價的穩定，工會也決不會無故要求增加工資的。

　　第二，工資增加能否引起物價上漲，還要看勞動生產力是否同時提高而定。如果生產力的提高大於工資率的增加，產品價格理應下跌。然而，由於企業之日趨壟斷，產品價格亦有其向下抗拒性，即使勞動生產力的增加大於工資率的增加，廠商亦每以工資增加爲藉口，維持甚至抬高產品的價格，而使廠商的利潤更爲增加。尤其在一九七○年代以前，由於一般物價相當平穩，工會也少提出增加工資的要求，勞動生產力提高的成果，幾全部由廠商所享受。他們又以增加的利潤改進生產設備，由而更加提高了勞動的生產力，此種良性循環才是一九七○年代以前企業不斷擴充的主要原因。以後由於其他原因引起一般物價上漲（例如美國在一九六○年代末期爲擴大越戰而大量增加政府支出，以及一九七○年代石油價格的不斷巨幅上升等），工會乃亦緣而要求增加工資。另一方面，廠商成本增加利潤減少，致無法大力增加投資，乃使勞動生產力的增加趕不上工資率的增加，從而愈益導致一般物價的上漲。加以服務業（即第三級產業）部門勞動生產力的相對落後，而其工資水準則如其他產業一樣提高，也加速了通貨膨脹的速度與幅度。在明瞭上述因果關係之後，我們即不應以工資上漲當作通貨膨脹的替罪羔羊。事實上，一般國家個人平均薪資增加的速度，往往趕不上國民生產增加的速度（全部薪資所得在國民所得中所佔的比例，或不致如此，那是由於就業人數增加所致），開發中國家的情況，尤其如此。我國近年來由於土地價格不斷飛漲，不知造成了多少暴發戶，而使國民生產的成果，有一相當大的部分，歸之於這些不勞而獲者。如果按照國民所得增加的同一速率增加薪資，則我國薪資階級的生活，當比今日所過的更爲良好。

　　第三，工資提高是否造成更多的失業，殊難論斷。如就某一產業或

廠商而言，工資提高後可能以資本代替部分勞動，而使勞動的需要量減少。然而，資本財的生產也是需要人工的，在生產資本財的產業中，亦必由於增加生產而需要更多的工人，就全社會而言，工資提高並不見得就會造成更多的失業。何況由於新產業的不斷崛起，舊產業因工資提高而少僱的工人，亦可在新的產業找到就業機會。再者，由於失業保險的舉辦，可使失業工人的可用所得不致過於降低，在總合需要仍能相當維持的情況下，輔以產業的調整與職業的再教育，必可逐漸恢復原有的就業情況。否則，何以工資一再提高後，亦未使失業問題愈形嚴重？即使發生短暫的失業問題，何以亦未導致經濟的逆轉？至於大量失業與經濟萎縮，乃由經濟循環所引起，不應歸咎於工會運動或勞工立法。

三、對於所得分配的影響

工會運動無疑地已對提高勞工所得發生良好影響。設無工會運動，則毫無組織的勞工必將無法對抗大企業的剝削。在企業日趨壟斷的情況下，工會形成了一種對抗力量 (countervailing power)，而使勞資兩方站在平衡的地位，公平地議定勞動的條件與報酬，如此自有助於國民所得的公平分配。

然而，此一論斷，亦有檢討餘地：第一，今日工會運動的強大，已超出了對抗力量所需的程度。提高工資的任務，地方工會或廠場工會亦能優爲之，縱有其連鎖影響，亦不致引起某一產業的全面罷工。然而，今日勞資雙方所進行者，每爲多單位協商 (multi-unit bargaining) 或全產業協商 (industry-wide bargaining)，即由多個廠商及多個工會（或爲階層較高的一個工會）進行全國性、區域性或地方性的協商，如有爭議，每引起全國或某一地區整個產業的罷工，而使太多的人受到罷工的損害。因之有人主張限制勞資協商的範圍，不應超出地方階層之外；區

域性或全國性工會不應插手勞資協商，以避免爲了對抗大企業的壟斷，而又引起了大工會的壟斷，兩者都是我們所不希望見到的。

第二， 即使沒有工會爭取較高的工資， 廠商在獲得過多的利潤之後，也會不斷擴充生產而需要更多的工人，則在廠商相互爭僱工人的競爭下，必將逐漸提高工資的水準。而且，工人實質所得的任何增加，都是來自技術進步與生產增加，工會不可能爲了提高工資而犧牲僱主的所得。在短期內提高工資，其所造成的在職工人的所得增加，是以失業工人喪失所得爲代價的，對僱主所得並無太大的實際影響。因之在長期內如要不斷提高工人的實質所得，必須幫助僱主增加生產，工會的任務，應由消極地對抗僱主改爲積極地幫助僱主，前述勞動分紅入股的辦法，才是改善勞資關係的眞正有效途徑。

四、對於自由與公平的影響

勞工運動的偉大成就，應是提高了勞工的社會地位，使其從被壓迫的一羣解放出來，而以相當平等的地位，與資本家進行公平交易，從而改善了他們的勞動條件，也提高了他們的生活水準，在「普羅階級的非普羅化」 (deproletarianization of the proletariat) 中，擔當了一項重要角色[7]。

其次，勞工運動與勞工立法也使勞資關係獲得了令人滿意的改進。沒有勞工運動之前，並不是沒有勞工問題，由於這些問題得不到適當的解決，才不斷爆發勞資間的衝突與暴力事件。有了合法的工會組織後，不僅可以反映衆多勞工的意見，使其得到合理的解決，更可透過團體協約與爭議調解等方式，以使勞工羣衆的情緒與行動受到相當的約束與控

---

[7] 見註[6]引書第三六六頁。

制，此種在自由中建立的秩序，乃是促進人類經濟發展所不可缺少的。雖然罷工事件仍時有發生，但因勞資兩方都須為此付出代價，也仍代表着雙方領袖們一種理性的選擇，而且有秩序的罷工總比無秩序的暴動為好。

然而，勞工運動在這一方面的成就，也曾遭受若干人士的指責。以美國為例，由於其工會力量的壯大及其領導人物的偏見，已使其由「運動」(movement)變成「派系」(sect)。在 Gompers 領導時期所曾標榜的「政治中立」，已因干預選舉活動而受到破壞（最近美國勞工聯盟在舉行代表大會中，即決議支持卡特總統競選連任）。至於其他國家之工會，更是早與某些政黨發生密切關係，甚至使工會成為某一政黨用作政爭的一項有力武器。而且，在一般人心目中，工人階級已不再是值得同情的弱者，而已成為有組織有力量的強人，這一形象的改變，自是大規模罷工事件造成的傷害。由於人們不再如過去一樣支持工會運動，而使勞工立法的精神有了很大的轉變，即從積極支助變成限制與干預，此對今後勞工運動的發展，自有其不利的影響。

在工會內部方面，雖係工人自由結合的一種民主組織，但其實際權力仍操於少數工會幹部之手，每使多數工人順從少數領袖的意見。有些工人甚至認為這些領袖們的專制實不亞於僱主們的專制。再者，由於白領工作者的日益增加，他們對工會運動缺乏熱忱，甚至不願加入工會（目前美國工會會員亦只佔非農業工人的四分之一左右）。在如此情況下，不僅使勞工運動的發展受到限制，而多數會員的漠不關心，更助長了少數工會領袖的專制。最後值得一提的是，今日工會運動已不復具有初期工會運動的遠大理想（例如使工人最後變為自己的僱主，或使資本主義制度發生根本的改造），而只關心工人目前的利益，而又由於目前境遇的改善，更使工人喪失其奮鬥的精神與目標。今後工會運動究應往那一方向發展，仍為值得探討的基本問題。

第十二章　我國民生主義的
經濟政策

第一節　概　述

一、民生主義的基本原則

我國在政治制度上雖爲民主國家之一員，但經濟上採行民生主義，因之表現在經濟制度方面者，亦與一般自由國家不盡相同。民生主義的經濟制度究竟具備何種特性，先總統　蔣公在其所著中國經濟學說一書中曾有概略說明。他認爲民生主義經濟的基本原則可歸納爲下列三項，作者再就每一原則試加闡釋於次：

1. 以養民爲本位　國父孫中山先生曾說：「民生主義以養民爲目的，資本主義以賺錢爲目的」。又說：「社會進化以民生爲重心，不以物質爲重心」。可是如何才可達成養民的目的呢？這須從兩方面着手：第一，　制慾所以養慾。我國古有「仁民而愛物」之語，以現代觀念來說，「愛物」卽是愛惜物力或是「節約」之意，「仁民」卽是愛護人民或是「養民」之意。合而言之，卽是節用物力以遂民生。由於物力有限

而人慾無窮，如不克制人慾，則必引起紛爭，故養人之慾與制人之慾，實為相輔相成，而非相反相尅。從社會言之，必先抑制少數人的窮奢極慾，才能使多數人的慾望獲得滿足；從個人言之，必先節制現時的慾望，才能滿足將來更多的慾望。因之，民生主義主張平均地權與節制資本，不僅是消極地限制人慾的擴張，更是積極地充分發揮養民的效果。第二，均富而非均貧。即是說，不但要能增加生產，而且也要合理分配。我國數千年來，由於生產不發達，一般人都鬧窮，所謂貧富不均，不過是在貧的當中，分出大貧小貧而已。惟其都貧，故均貧問題顯得十分重要，因為以極有限的財富，如竟發生分配不均的現象，必將導致社會的動亂，因之孔子乃有所謂「不患寡而患不均」之語。另一方面，近代西洋社會，由於只講生產而忽略了分配，亦不免發生凱恩斯所說「貧窮生於富足之中」的怪現象。　國父有見及此，故謂「我們要完全解決民生問題，不但是要解決生產問題，就是分配問題也要同時注重的」。唯有均富，才能真正實現國家富強、民生樂利的理想社會。

2. 以計劃為必要　先總統　蔣公曾說：「經濟建設必有計劃，而計劃必有其根本的精神。民生主義的根本精神，一方面是建設國家的事業，培養人民的事業，使其可以改善民生；一方面是節制私人的資本，平均私人的土地，使其不能操縱民生。申言之，中國的經濟的道理，不取放任自由，不取階段鬥爭，而要以計劃經濟，使資本國家化，享受大衆化」。其中「計劃經濟」與「資本國家化」二語，當有再加詮釋的必要。

在用語上，每有「計劃經濟」(planned economy) 與「經濟計劃」(economic planning) 之別：前者着重政府對於國民經濟之全盤規劃，「資本國家化」常為達此目的之有效手段；後者只求私營經濟的配合協調與社會資源之有效利用，在適當範圍內雖可建立國家資本，但仍以財

政與金融政策作爲干預私人經濟達成經濟目標的主要手段。先總統　蔣
公的原意應指後一意義而言，有人稱此爲「計劃的自由經濟」，卽是在
自由經濟的基礎上，政府加以適當的規劃，並運用國家的權力，以求計
劃的實現。

　　3. 民生與國防的合一　　先總統　蔣公曾說：「經濟以養民爲本，
故一方面國家要開發資源，要流通物資，要儲積國富；他方面平時的農
民就是戰時的士兵，平時的儲積就是戰時的資糧。申言之，惟有以民生
爲本的經濟建設，才可以與國防爲一體」。實際上，兵農合一的制度，早
存在於我國古代田制之中，古代的井田制度固無論矣，卽如漢唐盛世，
亦莫不寓兵於農，平時從事耕種，農隙則教練之，戰時從征，亂平還
鄉。此外，宋之保甲法，明之屯田制，亦均着眼於民生與國防之合一。

　　國父的民生主義，對此雖未多加闡釋，但其所著的實業計劃，實爲國
防經濟計劃的基礎。先總統　蔣公在其中國經濟學說一書中，認爲：

　　第一，實業計劃最根本的意義，是規定中國的經濟建設，要以廣大
的大陸爲基點，以繁榮的海港爲出口。平時通商，要以海港爲門戶，戰
時抗敵，要據大陸爲後方。民生與國防的合一，在此一根本意義上最爲
顯明，也最爲扼要。

　　第二，實業計劃以交通與農礦爲最根本的事業。交通不僅爲國防建
設之首要，亦爲經濟開發所必需。開發農礦，則工業原料不虞匱乏，農
村繁榮，則工業品亦有市場。　國父以交通與農礦爲根本，實深寓國防
與民生二者兼顧之意。

　　第三，實業計劃注意人口之平均分配。要把人口由東南移殖於西北
和西南，一方面藉以減輕東南人口之壓力，他方面藉以開發西北和西南
之富源。而移民實邊，更具國防意義。

　　第四，實業計劃所要建設的工業，必散在農業與礦業的中間。由國

防方面來說，散在內地的工業，可以開發全國各地潛存的物力；由民生方面來說，都市與農村可以平衡發展，不致發生脫節和偏枯的現象。

第五，實業計劃要全國各地經濟平均發展。先總統　蔣公認爲自宋明以來，立國規模固然失之於萎縮，卽在漢唐盛世，仍然有重中原輕四夷的缺點。實業計劃則着眼於全國各地的平均發展，其立國規模該是何等的偉大。

二、民生主義經濟政策的特點

民生主義經濟政策具有那些特點，不僅在國父遺教及先總統蔣公訓示中，難以找到完整的答案，卽在歷年政府的文告中，也未對此有何周詳而一致的指示。良以任何政策都有其時間性與空間性，今日之所是，或爲明日之所非，殊難有其一貫而不變的特質。然而，自我國中央政府遷臺以來，所有各項經濟設施，自莫不有其政策上的依據，而若干基本政策，則又本諸國父遺教與先總統指示而來，因之亦多具有相當的持久性與穩定性。概括言之，我國經濟政策可歸納爲下列幾項特點：

1. 自由與計劃並重　我國自民國四十二年起，卽連續就臺灣地區實施爲期四年一次的經濟建設計劃，在民國六十二年起實施第六期經建計劃時，適逢國際經濟發生劇變，我國經濟深受衝擊，乃又中途重擬六年經建計劃，於六十五年起付諸實施。由於我國在基本上仍爲私營或自由經濟，爲謀經濟計劃之實現，自不得不運用政府之權力，對私營經濟加以適當的干預，除運用財政與金融手段外，尙在外滙、貿易、生產等方面探取若干管制措施，並利用公共投資及國營事業，以求達成經建計劃之目標。此與資本主義國家之自由經濟旣不相符，亦與共產國家之計劃經濟大有差別，因之有人稱之爲計劃的自由經濟。或謂「自由」與「計劃」二者實乃截然不同的範疇，能否互相包容，深有疑問。旣爲實

現計劃而對私營經濟加以干預或管制，自無所謂自由之可言；反之，如完全採取自由經濟，則又何須政府擬訂經濟計劃？更何能容忍政府對私營經濟加以干預？因之與其稱為計劃的自由經濟，不如稱為「管理經濟」(managed economy)來得恰當。然而，自由與計劃並非是全然對立的，實可互相包容。事實上，二次世界大戰後遭受戰爭破壞及若干新興之自由國家，為加速其經濟復甦或經濟發展，無不或多或少實施某種形式的經建計劃，但仍無害於其自由經濟的本質。至於共產國家，因無私營企業的存在，或者縱有少數私營企業，亦不佔重要地位，一切經濟活動幾均受政府的命令所支配，通常稱之為指令經濟 (command economy)，而不應譯為管理經濟。

　　事實上，我國朝野人士並不熱中於此一命名問題，任何名稱均難確切表達一種經濟制度的內涵，且易使人誤以為某一經濟制度必與某一政治制度有所關連。然而，就我國當前的經濟政策而言，無疑地具有自由與計劃的雙重性質，稱之為自由與計劃並重，應不為過。

　　2. 個人利益與全民利益並重　在西洋社會中，由於深受古典學派經濟理論的影響，總是認為個人在其追求各自的利益中，必會促成全民利益的增進，不過此種私利與公益的結合，須以自由競爭為條件罷了。事實上，由於各人的條件並不相同，自由競爭的結果，每每導致自由競爭的消失，因之某些人獲得的利益，往往來自他人遭受的損失，個人利益與全民利益雖非完全對立，但也不是完全一致的。共產主義表面上以追求全民利益為標榜，實際上它們主張階級鬥爭與無產階級專政，那是謀求階級利益，而非促進全民利益。民生主義則要用調和個人利益的方法，以謀社會大眾利益的增進。　國父曾說：「社會之所以有進化，是由於社會上大多數的經濟利益相調和，不是由於社會上大多數的經濟利益相衝突。社會上大多數的經濟利益相調和，就是為大多數謀利益；大

多數有利益，社會才有進步。」因之民生主義的經濟政策，旣不採取自由放任主義，以過分保護個人的利益；亦不採取階級鬥爭方法，以打擊某些個人的利益；更不是爲了所謂整體的利益，而置個人的利益於不顧。其所採取的調和大多數經濟利益的政策，含有彼此合作互助之意，實爲一種最進步而有效的促進個人與全民利益的方法，我國過去實施的土地改革政策，即是此一政策的最佳例證。

3. 民生與國防並重　先總統　蔣公在其中國經濟學說一書中曾說：「國家的經濟本務，一方面是養民，養民即是民生，他方面是保民，保民即是國防，民生與國防是一體的」。他又強調國防與民生的一貫性，認爲「兩者合則國強，兩者分則國弱」。事實上，兩者也是互相支援的，沒有富足的民生，即無法獲致鞏固的國防；也惟有鞏固的國防，才能保障富足的民生。我國古聖先賢，每以足食足兵或富國強兵爲兩大要政，兩者並舉，則國必強，兩者兼廢，則國必弱。國父有鑒於此，故其所擬訂之實業計劃，表面上雖着眼於開發我國之富源，實際上乃將經濟與國防冶爲一爐，先總統　蔣公對此曾有詳盡之分析，已於前述，故不再贅。近多少年來，由於國民經濟發展，已使政府更有財力加強國防建設，而若干公共建設，亦具有發展經濟與鞏固國防的雙重意義（如交通工程與運輸事業的興辦是）。加以國防工業與民生工業每能相互支援，益使國防與經濟融爲一體，實可稱之爲生活與戰鬥相結合的國防經濟體系。

4. 生產與分配並重　民生主義的經濟制度，旣以養民爲目的，而養民之道，不僅要求生產的增加，也要做到公平的分配，亦即建立所謂均富的社會。國父倡導的平均地權與節制私人資本，固着眼於解決分配問題，但他也認爲「中國不能和外國比，單行節制資本是不夠的，因爲外國富，中國貧，外國生產過剩，中國生產不足，所以中國不單是節

制私人資本，還要發達國家資本」。　國父生前，由於中國並無經營大企業的大資本家，為發展生產事業，必須發達國家資本。而且，「如果不用國家的力量來經營，任由中國私人或者外國商人來經營，將來的結果，也不過是私人的資本發達，也要生出大富階級的不平均」。再者，在一個經濟落後的社會中，私人資本每多來自土地的自然增值，平均地權卽含有節制資本之意，所以　國父又說：「中國現在最大收入的資本家，只是地主，並無擁有機器的大資本家。所以我們此時來平均地權，節制資本，解決土地問題，便是一件很容易的事」。

　　我國於民國四十二年之前在臺實施的土地改革，曾在農地平均地權方面卓著成效，所惜四十三年頒行「都市平均地權條例」時，初僅實施於少數地區，後隨經濟發展人口增加而形成非實施地區土地投機及地價暴漲之現象。目前雖已普遍實施「平均地權條例」，但又以規定未盡合理，難以做到漲價完全歸公，因土地買賣而致富者比比皆是，　國父所欲預防的土地投機或「炒地皮」的不良現象，不圖重現於今日，言之至為痛心。所幸我國經濟政策，仍能堅守生產與分配並重原則，一方面已使國民經濟有了快速發展，另一方面亦未形成貧富過於懸殊現象，一般國民多能享受一種幸福安康的生活，如能再進一步加強「均富」政策的實施，當更能達成　國父以養民為目的之經濟制度。

　　5.　農業與工業並重　我國在四十二年推動第一期經建計劃時，卽曾揭櫫「以農業培養工業，以工業發展農業」之農工並重政策，實施以來，成效卓著。後以工業發展快速，農業追趕不及，政府復又實施「加速農村建設方案」及製訂「農業發展條例」，藉以加速農業現代化、促進農業生產、增加農民所得、提高農民生活水準，而使今日農村呈現一片欣欣向榮之景象。農工並重政策，卽是經濟學家所稱平衡發展策略之一部分，今在我國實施成功，亦可為此一理論的正確性作一例證。

有人以爲今日臺灣農民所得仍較非農民所得爲低，以爲農工並重政策並未發生顯著效果。殊不知農民與非農民在經濟福利上的比較，不能單從所得來衡量，即在今日歐美經濟發達國家，其農民所得總較非農民所得爲低（其理由見第五章），但並未由此減低農民從事農業的興趣，其主要原因：一是農村具有較好的生活環境，其優良的自然條件每能彌補物質條件的不足；二是土地乃是一項永恒的資產，而使經營農業者具有較大的安全感。今後只要在農村生活環境方面繼續加以改善，並改善農業經營制度，使能容納知識水準較高的專業人才，並儘量縮短農業與非農業所得的差距，則農工並重的經濟政策，必能獲得更進一步的成果。

6. 穩定與成長並重　我國在經濟發展之初，政府即曾昭示「在安定中求進步」的基本原則，應用於經濟方面，即爲穩定與成長並重政策。實施以來，成效良好。例如民國五十二年至六十一年期間，我國經濟成長率平均每年高達百分之十，但消費者物價每年平均上漲僅有百分之三。六十二年及六十三年，受第一次石油危機及國際經濟不穩定的影響，國內經濟發生巨大波動，以致形成低成長高物價的不良現象。六十四年至六十七年，國內消費者物價每年平均上漲百分之五・一，但經濟成長率平均仍高達百分之八以上。六十八及六十九兩年，由於石油價格再度巨幅上漲，又使消費者物價上漲率超過了經濟成長率。近年我國政府重申「在穩定中求發展」的經濟政策，只要今後國際石油不再巨幅漲價，相信此一穩定與成長並重政策，必能獲致以往一樣的輝煌成果。

然而，國內若干經濟學人及工商業者，唯恐政府爲謀物價穩定而實施緊縮性的貨幣政策，終將導致國內經濟的衰退，甚至援引非力普曲線，認爲穩定與成長難以得兼，寧可追求成長而犧牲穩定。此一說法，似是而非。要知我國爲一資源缺乏的國家（指臺灣地區言），過去的經濟成長有賴於出口的擴張，如不能穩定國內物價，即將導致出口成本的

上漲，而使我國產品喪失其在國外市場的競爭力，一旦出口貿易趨於萎縮，則國內經濟勢將急速衰退，而如目前韓國一樣出現高物價下的經濟負成長。反之，如國內物價能因緊縮性的貨幣政策而趨於穩定，則出口貿易當可繼續擴張，從而帶動國內經濟繼續成長。至於工商業所需要的資金，亦不必來自銀行信用的擴張，因為在物價穩定的情況下，國民必可提高儲蓄與投資意願，銀行可以吸收的存款轉貸工商業者，工商業者亦易於從資本市場募集資金。政府如能促使利率更為自由化，當更能提高國民儲蓄意願及穩定物價水準，而使穩定與成長得以同時兼顧。即使石油價格稍有上漲，亦可促使經濟成長率大於物價上漲率。倘如同時提高勞動生產力以抵消部分油價上漲的影響，則更不難達成穩定中求發展的目標了。

三、民生主義的實施方案

國父曾說：「國民黨對於民生主義，定了兩個辦法：第一個是平均地權，第二個是節制資本。只要照這兩個辦法，便可以解決中國的民生問題」。然而，國父並不以節制資本為已足，還要進一步製造國家資本。他在實業計劃中說：「中國實業之開發，應分兩途進行，一、個人企業，二、國家經營是也」。國父認為「凡夫事業之可以委諸個人經營或較國家經營為適宜者，應任個人為之，由國家獎勵而以法律保護之」；「至其不能委諸個人及有獨佔性質者，應由國家經營之」。由此可見民生主義的節制資本，實為私人資本與國家資本分工合作，一方面使資本不致為少數人所壟斷，以免危害大多數人的利益；另一方面則以國家力量促進資本的發展，以使全體國民享受更多的經濟福利。

由上所述，我們可將民生主義之實施方案，分為三項：一、平均地權，二、節制私人資本，三、發達國家資本。以下各節即分別再就政府

在臺灣實施民生主義的經過，從立法與理論上加以探討，並就當前遭遇之各項問題，研究其所以解決之道。至於耕者有其田政策，雖亦見之於民生主義第三講中，並爲政府早期實施之重要土地政策，但此原爲平均地權後之可能結果，原不包括在　國父所示平均地權的實施方法之中。政府基於政治上之理由，已提前完成耕者有其田的理想，此在第五章已加敍述，故予從略。

第二節　平均地權

　　國父認爲平均地權有四個必要步驟，就是：一、申報地價，二、照價徵稅，三、照價收買，四、漲價歸公。爲節省行政手續，　國父主張「地價應該由地主自己決定」，「地主如果以多報少，他一定怕政府要照價收買，吃地價的虧；如果以少報多，他又怕政府要照價徵稅，吃重稅的虧。在利害兩方面互相比較，他一定不情願多報，也不情願少報，要定一個折中的價值，把實在的市價報告到政府。地主既是報折中的市價，那麼政府和地主自然是兩不吃虧」。地價定了之後，「就要以後所加之價完全歸爲公有，因爲地價漲高，是由於社會改良，和工商業進步」，「所以由這種改良和進步之後所漲高的地價，應該歸之大衆，不應該歸之私人所有」。不過，　國父認爲照價收買與照價徵稅之地價，「是單指素地來講，不算人工之改良及地面之建築。比方有一塊地，價值是一萬元，而地面的樓宇，是一百萬元；那麼，照價抽稅，照值百抽一計算，只能抽一百元。如果照價收買，就要給一萬元地價之外，另要補回樓之價一百萬元了；其他之地，若有種樹、築堤、開渠各種人工之改良者，亦要照此類推」。

　　我國現行之平均地權條例，大體上遵行了國父遺教，並就實施方法

加以詳細之規定。條例內主要部分亦分為規定地價、照價徵稅、照價收
買及漲價歸公等章。近年來由於經濟繁榮、都市發展與人口增加，曾使
土地價格大幅度上漲，而土地漲價部分並未做到全部歸公，致引起土地
投機與壟斷之現象。尤以房地產價格暴漲結果，已使一般市民無力購買
或租賃住宅，形成嚴重的住的問題，其所造成之財富分配不均現象，更
為社會各方引為隱憂。為改善此一情勢，政府正致力修改有關法令，以
加強平均地權的效果，惟應如何加以改進，各方意見頗不一致，以下擬
分項加以檢討：

一、規定地價

確定地價為平均地權之首要步驟，通常可有三種方法：

1. 地主申報法　此為　國父昭示之方法，其所持理由已於前述。
此一方法之主要優點，在於簡化行政手續，節省行政費用，並易獲得地
主之支持。但欲行之有效，端視政府能否貫徹照價收買而定。收買土地
所需之費用至為龐大，政府自不一定須以現金方式收購，亦可搭配部分
土地債權分期償還，以往實施耕者有其田時即是如此。關於此點，我們
將在照價收買一項中再加討論。目前政府並未單獨採取地主申報方式，
揆其理由：(1) 政府難以完全貫徹照價收買辦法，地主不免意圖僥倖而
少報地價。(2) 在同一地區內具有相同條件之土地，必將發生地價參差
不齊之現象，而使地主之稅負難以公平。(3) 對政府為公共設施必須徵
收之土地，地主必將抬高地價，而使政府遭受無謂之損失。

2. 收益還原法　或稱收益資本化 (capitalized return)，即以每年
所得之純地租或淨收益折算為一定之土地價值，為美國廣泛所採用。其
求算公式為：

$$地價 = \frac{每年淨收益}{年利率}$$

例如某一土地之純地租或淨收益爲每年六千元，年利率如爲百分之十，則該一土地之價格應爲六萬元。此一方法之合理與否，端視淨收益與年利率是否正確而定。所謂淨收益，係指土地總所得扣減投資費用後之餘額而言，其中涉及兩項問題：一是有無總所得以及總所得有無正確之記錄，無總所得或總所得有不當之減少時，應否免徵或減徵土地稅。二是土地投資費用是否正確或如何查估，一次投資費用應如何逐年分攤及其分攤之年限。所謂年利率，係指當地一般投資所能獲得的利率而言，其大小選擇極爲重要。如上例，如將利率改爲百分之八，則每年六千元淨收益，可折算地價爲七萬五千元；反之，利率如爲百分之十二，則折算地價將爲五萬元。由於土地並非每年都能獲得固定之收益（尤以農地爲然），而一般利率也是變動不居的，因之在選擇適當的利率時，在風險較大地區，應採用較高之利率，或以長期的平均收益作爲計算地價之依據。此外，在計算地價時，尚應考慮若干非所得因素及預測經濟變動之趨勢，俾對根據上述有形因素計算出來的土地價值加以適當的調整。此一方法較具科學性與客觀性，但因純收益之確定較爲困難，一般國家較少採用。但在採用其他方法時，仍可粗略地以此方法加以比較，以測知他法確定之地價是否公平，並可藉此作爲調整地價之依據。

　　3. 市價查定法　目前歐洲國家多以同一地區內類似土地之交易價格作爲規定地價之依據。此一方法的理論基礎，是以爲類似土地的交易價格，必已將影響土地價格的各項因素考慮在內，因之以查定的市價作基礎，非獨手續簡單，費用節省，且亦有較大的客觀性與公平性。然而此一方法的實施，有賴三個條件：一是同一地區須經常有土地買賣；二是這些買賣的土地是在正常情況之下成交的，亦即成交價格沒有過高或

過低之現象；　三是能有完備的土地移轉紀錄，　足以查定眞實的成交價格。然而，這三個條件有時不易同時實現，尤以第一條件爲然。再者，卽使在同一地區，也難找到兩塊土地是完全相同的，買賣土地之成交價格，甚難代表其他類似土地的眞正價值；而實際的成交價格，也不一定就能反映該一土地的眞實價值，因爲買賣雙方的個別情況，每對成交價格發生重大影響，如果同一地區內類似土地的成交價格各不相同，亦將在取捨上遭遇困難。

4. 聯合法　由於上述任何一法都有缺點，故在實際作業上，每以兩種方法聯合使用。最普通的，是以收益還原法及市價查定法交相校正，以免單獨使用一法時發生偏高或偏低的現象。依我國平均地權條例，一方面由政府規定地價，另一方面也由地主申報地價。關於政府規定之地價，係由主管機關分別區段、地目，調查最近一年之土地市價或收益價格，再依調查結果劃分地價等級及地價區段，提交地價評議委員會議定後予以公告，以後並每三年重新規定地價一次，謂之「公告地價」。地主則另於政府公告申報地價期間內，自行申報地價，其所申報之地價超過公告地價百分之一百二十時，以公告地價百分之一百二十爲其申報地價；申報之地價未滿公告地價百分之八十時，除照價收買者外，以公告地價百分之八十爲其申報地價；未於公告申報期間內申報地價者，應以公告地價百分之八十爲其申報地價。此外，政府爲徵收土地增值稅，復每年一次公告土地之現值，謂之「公告現值」，以爲計算漲價總數額之基礎。但申報之土地實際移轉現值超過公告現值者，應以自行申報之移轉現值爲計算基礎。

上述規定，表面上似係前述各種方法之聯合使用，惟實際上，無論爲「公告地價」或「公告現值」，均遠低於實際市價，以致平均地權賴以實施的基礎殊爲脆弱。近年政府已將土地現值，逐年調整至與市價相

近，但市價查定法有其實施之條件，能否完全反映市價，實為關鍵問題。有人主張由政府設立土地買賣經理機構，所有土地買賣均須透過此一機構行之，藉以掌握土地交易之真實價格。用意雖善，但過於擾民，且無此必要。作者認為仍以維持現行辦法為佳，但查定市價時必須認真辦理，俾切實際。

二、照價徵稅

此地所謂徵稅，係單指徵收地價稅而言。其中涉及兩個問題：

1. 比例課稅與累進課稅　國父曾說：「至於各國的稅法，大概都是值百抽一：地價值一百元的，抽稅一元；值十萬元的，便抽一千元；這是各國通行的地價稅。我們現在所定的辦法，也是照這種稅率來抽稅」。顯然地，國父主張採用比例稅制來徵收地價稅，一般國家對於財產稅的課徵，多半也採用比例課稅方式，只是稅率高低不同罷了。我國平均地權條例規定「地價稅採累進稅率，以各該直轄市及縣（市）土地七公畝之平均地價為累進起點地價。但不包括工廠用地、農業用地及免稅土地在內」。其所以放棄比例稅之理由，似為：(1) 防止土地壟斷。因持有較多土地，將使稅負增加，地主為享受較低之稅率，自不願擁有太多之土地。(2) 促進土地使用。在累進稅之下，地主必須改善土地利用，始有負擔重稅之能力。(3) 符合量能課稅原則。大地主具有較大之納稅能力，亦享受國家較多之服務，國家多取之而不為虐，且使權利義務相稱。(4) 增加國家稅收。政府可有較多之收入，從事土地改良與開發工作，地主亦可從此項工作中間接獲益。另一方面，主張比例稅者亦有下列理由：(1)地價稅為財產稅之一種，一般國家多採用比例稅制。(2)比例課稅不致造成土地之零星分割，而有害於土地之合理使用。(3) 地主之納稅能力，來自土地之收益，大地主如從土地獲取巨額收益，可用

所得稅或收益稅加重其負擔，如地價稅亦採累進稅制，將使地主之負擔過於加重，實欠合理。

由上所述，無論採用比例稅或累進稅，均有相當理由，我國採用累進稅制，應以防止土地壟斷爲主要理由，此則有賴於稅率結構之是否合理。依現行法之規定，地價稅基本稅率爲千分之十，超過累進起點地價時，逐級加征至千分之五十五爲止。爲達成防止土地壟斷之目的，似宜提高最高稅率至千分之一百。在高稅率下，是否會造成土地之零星分割，以致妨害土地之合理使用，則視有無差別稅制而定。

2. 單一稅制與差別稅制　我國平均地權條例係採差別稅制，卽以累進稅與比例稅並用。凡爲平均地權條例第二十一條列舉之土地（如工業用地、礦業用地、私立公園、動物園、體育場所用地、寺廟、教堂用地、政府指定之名勝古蹟用地，依都市計劃法規定設置之加油站及供公衆使用之停車場用地，其他經行政院核定之用地），統按千分之十計徵地價稅；在一定面積以下之自用住宅用地，則按千分之三計徵地價稅；合於規定之農業用地在使用期間，徵收田賦，亦具有比例稅性質。此外，尚有免徵、減徵及空地加徵地價稅之規定。除農地仍徵田賦，因係沿襲舊制，未盡合理，似應改徵一定比例之地價稅外，其餘各項差別稅率之規定，仍有必要。

三、照價收買

照價收買，原爲　國父用以防止地主低報地價之手段。事實上，政府爲公共用途及區域規劃，亦得照價徵收私人土地，此於土地法第二〇八條及平均地權條例第五十三條，分別有所規定。此地所要討論之照價收買，則仍以平均地權條例照價收買一章中之規定爲限。

1. 收買範圍　依該條例各有關條款之規定，下列私有土地，得照

價收買：(1)申報地價低於公告地價百分之八十者。(2)申報土地移轉現值，低於當期公告土地現值者。(3)超額建築用地，經依法限期使用，期滿尚未依法使用者。(4)編爲建築用地之出租耕地，經終止租約收回滿一年尚未建築使用者。(5)空地經限期建築使用，逾期仍未建築使用者；或農地閒置不用，經限期使用或命其委託經營，逾期仍未使用或委託經營，經加徵荒地稅滿三年仍不使用者。上述規定之目的，歸納言之，一爲防地主低報地價，一爲促進土地使用，用意至善，無可訾議。

2. 收買價格　依條例第三十一條之規定，照價收買土地之地價，分爲三類：(1)依前述收買範圍第一項之規定收買者，以其申報地價爲準。(2)依前述收買範圍第二項之規定收買者，以其申報土地移轉現值爲準。(3)依其餘各項規定收買者，以收買當期之公告土地現值爲準。

照價收買之土地，如土地所有權人有所改良，其改良費用及已繳納之工程收益費，應併入地價內計算之；地上如有農作改良物，亦應予以補償。此種規定，亦屬公平合理。惟依收買當期之公告土地現值加以收買之土地，每因公告現值低於實際市價，致遭地主之不滿而引起糾紛，今後如能逐年提高公告現值至接近市價，當可避免此一不良現象。

3. 收買方式　依現行法律，政府對收買土地之地價，須以現金及搭發土地債券支付之，並受下列兩項規定之限制：(1)地主於接獲公告收買通知後，應於五十日內繳交土地所有權狀及其他有關證件，於審核無訛後，應於三十日內給付地價及其他補償費。(2)由於申報地價低於公告地價而實施照價收買之土地，其公告及通知，應於申報地價後開徵當期地價稅之前辦理完竣。此種限期支付地價之規定，可使政府因受預算限制而不敢大量收買土地。另一方面，由於公告地價或公告現值每較實際市價爲低，亦甚少發生因少報地價而照價收買之事實。今後如將公告地價或現值調整至接近市價，則地主少報地價之現象必將增加，爲增

加政府照價收買之能力，似應改爲全部以債券方式支付地價，由於債券可在市場買賣，地主仍可以債券變爲現金。但債券利率不宜過低，以免地主在市場變現時遭受過多的折價損失。

四、漲價歸公

此爲平均地權中最重要部分，亦可說是平均地權的主要目的。其中涉及四個問題：

1. 漲價之計算　依　國父遺敎，所謂地價，是指素地的價值而言，不包括人工之改良及地面之建築。然而今日之土地，多已經過人工改良及一再轉手，已無法確知所謂素地的價值及其以往改良的費用，因之在計算土地的漲價時，土地稅法規定兩項辦法：一是對規定地價後首次移轉之土地，以移轉時公告現值（如申報之移轉現值超過公告現值時，則以自行申報之移轉現值爲準）超過原規定地價爲其漲價金額；二是對規定地價後業已經過移轉之土地，則以移轉時公告現值（或較此爲高之申報移轉現值）超過前次移轉時核計增值稅之現值爲其漲價金額。至於用以課徵土地增值稅之漲價金額，尙須考慮下列兩項：(1) 原規定地價或前次移轉時核計增值稅之現值，應按政府公布之物價指數調整後，再計算其土地漲價總金額。(2) 在土地增值期內，土地所有權人爲改良土地所已支付之全部費用，包括已繳納之工程受益費及土地重劃費用，應自漲價總金額內予以扣減。

2. 全部歸公與部分歸公　依國父遺敎，土地漲價原應完全歸爲公有。但平均地權條例則採累進稅率，按漲價總金額對原規定地價或前次移轉時核計增值稅之現值數額之倍數，分三級累進徵收：在一倍以下者，課徵百分之四〇；一倍以上未達二倍者，課徵百分之五〇；二倍以上者，課徵百分之六〇。因之超過二倍以上部分，仍有百分之四〇歸於

私有，顯與國父遺教不相符合。

從理論上言，漲價部分，旣然來自「社會改良和工商業進步」，則全部歸爲公有，自屬合理。但實際上，地主如不能享受漲價之利益，則又何必以高價出售土地？如此雖可達到抑制地價上漲之目的，但土地買受人仍可獲得較好之收益，而使按土地收益資本化所實際增加的價值歸於私有，政府反無從獲得漲價之利益，以用之於各項公共建設。關於此點，諒必爲 國父所已知，故須同時規定一切出售之土地均須透過政府設立之機構代爲辦理，且用標售方式賣與出價最高之人，始能做到漲價完全歸公。

主張土地增值部分歸公之理由，不外：(1) 全部歸公，須由政府代爲出售土地，容易招致人民的不滿，且有過於干擾人民活動之嫌。(2) 全部歸公，必將減少土地買賣的機會，妨害土地之有效使用。因持有土地者非有急用必不願輕易出售土地，而使更能善於利用土地之人難於獲得所需要之土地。(3) 在私有財產制度下，旣不能將一切財產之增值收歸公有，土地增值何能例外。(4) 購買土地亦如購置其他資產，乃爲人民運用資金之一項途徑；土地增值爲所得的一種，自不宜以全部土地增值歸爲公有，以阻遏人民追求更多財富的願望與努力。惟在部分歸公之情況下，仍宜提高累進稅率之程度，始爲合理。

3. 分離課稅與綜合課稅　依我國所得稅法，個人出售土地，或因土地繼承、遺贈或贈與而有所得時，均依其他有關法令另行課稅，不再課徵所得稅，亦卽分離課稅之意。而歐美國家，一般多以土地交易所得爲綜合所得的一部分，而依所得稅法課徵個人綜合所得稅。近年國內若干人士主張將土地增值由分離課稅改爲綜合課稅，在綜合課稅下，係以增值金額爲計稅基礎，可因所得稅之累進稅率，加重大地主之稅負。然而綜合所得稅之起稅稅率較低，最高稅率亦只百分之四十，綜合課稅

後，對低額增值所得者之平均課稅稅率反將降低（現行土地增值稅之平均稅率爲百分之五十），頗不合理。再者，土地增值所得爲不勞而獲，與其他所得大不相同，亦不宜適用相同之稅率結構，故仍以分離課稅較爲理想，或以分離課稅與綜合課稅並用，容後申論。

4. 倍數累進與金額累進　現行土地增值稅係採倍數累進方式，已於前述。此對新發展地區而言，由於增值倍數較多，不免加重地主負擔，納稅人爲減輕稅負，每加速土地之移轉，以減低增值倍數，而享受較低稅率。甚至在親朋戚友之間作形式上的移轉，藉以逃避高額租稅之負擔。爲杜絕此一弊端，有人主張改用金額累進，並以實際移轉價格作爲計算土地增值之依據。如此雖可避免加速移轉之弊端，但納稅人仍可將土地分割出售，以使每筆土地之增值金額減少，藉以享受較低之稅率。然而，分割土地出售，不免增加其他費用，如以整塊土地不當地分售與不同之人作不同之使用，且將減低土地的使用價值及其出售價格，對原地主亦非有利。不過，金額累進之流弊仍不宜忽視，因之財政部曾一度主張土地增值不論金額多寡，一律課徵百分之五十的比例稅。此一意見，由於仍有一大部分之漲價歸私，違反　國父遺教，未爲各方所接受。另外也有人主張宜將倍數累進與金額累進二法並用，並就其中稅負較重的一種課徵增值稅。不過，現行辦法仍採取倍數累進課稅方式，未曾修改。

5. 改進土地增值稅的商榷　目前土地增值稅之所以未如人意，原因有三：一是漲價之計算未盡合理；二是稅率結構難以做到漲價歸公；三是倍數累進或金額累進，均各有流弊。茲再分別言之：

關於漲價之計算，已於前述。由於公告現值遠低於實際移轉價格，故土地出賣人無不以公告現值爲其申報之移轉價格，以圖減輕稅負。然而，從買受人言之，如以公告現值爲其買價，則於將來再度出賣時，除

非將來徵稅之漲價金額仍以較低之公告現值為基礎，則必因買賣差距擴大而加重其增值稅之負擔。因之，如能使買受人了解此一利害關係，他必不願讓出賣人低報土地移轉價格。今後除應將每年公告現值提高至接近實際市價外，並應規定將土地實際移轉價格載明於買賣契約之中，如實際移轉價格低於當時之公告現值，則仍以公告現值作為計稅之依據。並規定納稅人故意少報或匿報移轉價格時，按應納增值稅數額加成徵收，以示懲罰。如此納稅人當不致為了少繳些許增值稅而冒多繳巨額增值稅之危險。

有人或以為提高公告現值每為助長市價之重要原因，有如水漲船高，難有止境。此種看法，似是而非。土地之市價係由供求關係所決定，先有市價之上漲，後才提高公告現值，決非提高公告現值，然後促成市價上漲。然而在公告現值過低之情況下，每能抑制市價之上漲，亦為不可否認之事實，但不能以此而任使公告現值過低，致喪失平均地權之真實意義。

關於稅率結構問題，論者無不以現行最高稅率百分之六十為不合理。土地漲價縱不能全部歸公，亦應做到大部分歸公；其稅率結構尤不應與所得稅相提並論，而應較一般所得加重課稅，始能顯示土地增值所得之不勞而獲性質。因之，土地增值稅如仍採分離課稅，則應提高其最低稅率與最高稅率。作者認為最低稅率應為百分之五十，然後逐級累進至百分之八十為止。因地主仍可獲得部份漲價之利益，當不致發生漲價全部歸公之流弊。

關於倍數累進或金額累進問題，既各有其優點與缺點，作者認為不如仿照法人課稅方式，而以單獨課稅與綜合課稅並用。即在土地移轉時，先依單一稅率課徵百分之五十的增值稅，而以課稅後之餘額併入其他所得按累進稅率課徵綜合所得稅。設如最高累進稅率仍為百分之四十，

而綜合所得中之土地增值所得亦按此一稅率徵收，則土地所有人實際負擔之土地增值稅最高稅率將爲百分之七十。此一方式，至少具有下列幾項優點：(1) 因單獨課稅與綜合課稅，均以金額計算，不僅避免了倍數累進的缺點，且因單獨課稅部分採取比例課稅方式，不致造成土地分割出售的流弊。(2) 土地增值之實際稅負，將在百分之五十至七十之間，使有較多的漲價歸爲公有。(3) 增值較多之地主，或增值不多但有較多其他所得之地主，均須負擔較多之土地增值稅，對促進財富的平均分配較多幫助。(4) 使個人地主與法人地主在相同的基礎上負擔土地增值稅，將使法人地主利用個人買賣土地以圖減輕稅負的流弊可以完全避免。

第三節　節制私人資本

一、　國父對於節制私人資本的指示

在國父遺教中，雖以節制資本爲實施民生主義兩大方案之一，但對如何節制私人資本，並未詳加探討，推其原因：一是他認爲當時「中國本來沒有大資本家」，節制資本的目的，只在防患未然，不必先在此一方面詳加解說。二是他認爲地主也是「中國現在最大收入的資本家」，平均地權卽寓有節制資本之意。三是他認爲「中國今日單是節制資本，仍恐不足以解決民生問題，必要加以製造國家資本方可解決之」，發達國家資本，也可說是節制私人資本的另一手段。由於　國父已在平均地權與發達國家資本兩方面詳加指示，如能切實遵行，卽可收到節制私人資本的效果，故無多加辭費的必要。關於節制資本的目的，　國父曾說：「夫吾人之所以持民生主義者，非反對資本，反對資本家耳。反對少數人佔經濟之勢力，壟斷社會之富源耳」。因爲資本乃爲生產要素之一，

為開發富源所不可缺少，資本之累積愈多，則生產之能量愈大，為發展經濟，斷無反對資本之理。惟資本可以為利，亦可以為害，則視握有資本之人為何如耳。此猶如刀為利器，操刀而殺人者，非刀之罪，乃人之罪也。資本操於私人之手，並非一定為害於社會，惟人為自利心所驅使，如不加以節制，甚易走上為害社會的一途。

然而，自政府遷臺以來，為加速經濟發展，除一面大規模發展國營或公營事業外，並用各種方法獎勵民營企業的發展。而且，民營企業在國民經濟中的比重不斷增加，對如何節制私人資本，似已不再受人重視，政府亦從未明確地宣示節制私人資本的方法。雖然如此，我們仍可在政府的政策與法令中，找到若干節制私人資本的痕跡。事實上，沒有人會反對節制資本的原則，只是對節制私人資本的目的及其方法，由於見仁見智意見不一罷了。

二、節制私人資本的目的與範圍

一般言之，節制私人資本的目的，不外三方面：(1) 防止私人資本壟斷經濟，以損害國民利益；(2) 防止私人資本過份獲利，以造成財富不均；(3) 防止私人資本掌握樞要，以危害國家安全。茲再進而論之。

關於壟斷性問題，我們曾在第九章加以討論，毋待贅述。私人企業之所以形成壟斷，不外下列原因：(1) 法律上的特許。即由政府依法特許獨佔經營，如臺北市之煤氣公司是。(2) 專利權的保護。在保護期間，可使享受專利產品或製造方法的廠商形成獨佔企業。(3) 經濟上的自然形成。設如某一廠商能在資本、規模、市場、管理等方面，較其他同業廠商佔有優勢，即可逐漸形成具有壟斷性之企業。(4) 不當競爭的結果。如用各種不正當之方法，如殺價、串謀、封鎖等方法打擊與消滅同業其他廠商，亦可最後獲得獨佔的地位。前二項原因，各有其經濟上

的正當理由，可稱之爲良性的獨佔，自無防止的必要。第三項原因，在其形成獨佔的過程中，並無害於社會經濟，但在獨佔形成之後，可能對社會經濟產生不良影響，故須加以適當的節制，以杜流弊。最需要取締的，是第四項原因形成的獨佔，對其形成獨佔的手段，尤應加以嚴格的取締。

關於營利性問題，私人企業之能否抬高價格，視其市場情況及其動機而定。通常可將產品或服務之價格分爲下列四種情況：(1) 競爭價格 (competitive price)。即由具有高度競爭性之市場透過供需關係而決定之價格，在長期內此一價格只能反映成本與正常利潤，當無加以干預之必要。(2) 管理價格 (managed price)。前述由政府特許獨佔之企業，通常都由政府保留核定其產品價格的權力，此一價格亦以反映成本及正常利潤爲限。例如臺北市民營公車的票價及民營煤氣公司的煤氣價格，除由主管機關核定外，尚須送由市議會審議通過。(3)合理價格(reasonable price)。獨佔企業並不一定都要抬高價格以求厚利，它們也可在其管理者的理性支配下，只以獲取適當的利潤爲已足。惟利潤合理與否，不能單從利潤本身來衡量。例如定價爲十元的產品，如其成本爲九元，則只能獲一元或百分之十的利潤。然而獨佔企業在無競爭者的情況下，每因經營效率低落而支付了過多的成本，假如合理的成本只有七元，則定價爲十元的產品，仍可說是價格過高的。此一情況以在公營獨佔企業中最爲普遍，缺乏競爭性的民營獨佔企業，亦難免此種情況。(4) 壟斷價格 (monopolized price)。此即獨佔企業基於獲取最大利潤而訂定之價格。雖然在市場不景氣的情況下，獨佔者所能索取之價格亦不一定是可以獲利的，甚至須在虧本之下掙扎經營。然而，在正常情況下，如與競爭性大的企業相比較，則其生產的數量必較少，索取的價格必較高，因而獲致較正常利潤爲多的壟斷利潤。節制私人資本的營利性，應對此種價格

加以干預，並對第三種價格加以檢討，視其成本支出是否合理，再行決定其產品或服務價格有無過高的情況。

關於安全性問題，我們可將與社會安全有關之產業分爲下列三類：(1) 關鍵性產業(key industries)，即其產品或服務爲推動其他產業所必需且有較大之產業關聯性者，如煤礦、石油、鋼鐵、汽車、造船及金融等事業是。此類產業設如經營不當，將使其他產業蒙受不利影響，從而有害於整個國民經濟與就業數量。(2) 公用事業，即其產品或服務爲社會大衆所需要，通常設備或固定成本佔其經營成本的最大部分，利用的人愈多，則單位成本愈低，具有自然獨佔 (natural monopoly) 性質，而爲政府特許獨佔經營之對象，如電力、運輸、自來水、電訊及家用煤氣等事業是。此類事業如不加以適當節制，甚易使社會大衆的生活受到威脅。(3) 國防工業，即從事國防或軍事所需設備及物資之生產事業。這些工業並不一定專門生產國防用物，平時亦可生產民用有關物資，例如飛機製造工業可同時生產軍用飛機與民用飛機。對於這種兼具國防與民用性質之工業，如何確保其國防上的安全性，亦爲節制私人資本所當考慮的問題。

三、節制私人資本的方法

如何節制私人資本，途徑頗多，要視節制目的與對象而定；而且各種節制手段也是可以互相替代的，何取何從，亦滋紛議。茲就可能採取之各種方法分別列述於次：

1. 限定民營企業的範圍。　國父遺教對此雖有概括性的指示，但要清楚劃分民營與公營事業的界限，並非易事。事實上，若干並非獨佔性質的企業，也曾由政府獨佔或自由經營。鑒於我國經濟尙須繼續大力發展，而政府的財力亦復有限，自不宜過於限制民營企業的範圍。在現

時情況下，除國防工業應由國家獨佔經營外，關鍵性產業及公用事業，可視政府財力，或由國家獨佔經營，或以一部分劃由民間經營，其餘各種產業均應開放民營，以期動員民間力量，加速經濟發展。政府遷臺後，大體上亦曾採取上述政策，但若干並不符合上述原則而由政府經營之企業，多由光復後接收日人企業而來，自可開放民營，並以移轉民營後所得之資金，用於發展其他可由政府經營之事業。

　　也有人認為劃分國民營事業的界限，縱有原則可循，但因企業種類繁多，互為依賴，實難截然劃分；即使劃分清楚，如果政府財力不足，對自己無力經營之事業，又不准民間經營，勢將阻礙國民經濟的發展；即或先准民間經營，但欲將來收歸國營，亦將遭遇困難，因之除少數必須國營者外，實不必劃分兩者的界限。何況基於政府的權力，儘可對民營事業加強管理，如能節制其壟斷力與營利性，則國營民營，實無軒輊。此種意見，不無相當理由，但在民主政治下，政府權力亦受有相當限制，欲對業已成長之民營企業加以節制，常感困難，觀乎歐美諸國之事例，可為殷鑒。不如防患未然，事先劃定民營企業之範圍，前述劃分原則，仍有其參考價值。

　　2. 力求資本大衆化　資本之為害，以其操於少數人之手，致有害於大多數人之利益。如能使資本操於大多數人之手，則資本將為大多數人服務，又何懼怕之可言。為求資本大衆化，應從下列幾方面着手：(1) 規定民營企業資本額達於某一標準時，應即公開發行股票，並規定每一股東持有資本額，不得超過資本總額的某一比例，藉使社會大衆都能透過資本市場，成為大型企業的股東。(2) 加強實施勞動分紅入股制。我國公司法已有此一規定，應即加緊推行，此不僅可以加強勞資合作，以提高勞動的生產力，並可達到抑制資本利得及促進資本分散之目的。(3) 獎勵合作事業發展。合作事業原為民主化之大衆經濟事業，其為社

員服務及按社員交易額分紅之特性，實爲防止企業壟斷及平均社會財富
之有效手段，應由政府大力獎助推行。

3. 實施資本利得累進課稅制　目前我國除營利事業須報繳所得稅
外，其分配與個人之股息或紅利，亦須課徵綜合所得稅，兩者均採累進
稅制。有謂此有重複課稅之嫌，因而主張營利事業分配與股東之股利，
應予免課營利事業所得稅，或於全部盈餘繳納所得稅後，就其股東分享
股利應予分攤之稅負准予抵繳綜合所得稅，藉以減輕納稅人之負擔。此
從獎勵投資着眼，固亦不無理由。但資本利得與勤勞所得性質不同，兩
者適用相同之稅率結構，亦未盡合理。如從節制私人資本着眼，現行稅
制，正所以加重資本利得之負擔，對平均財富分配反有良好影響。歐美
各國亦採法人所得稅與個人所得稅並行制，前者多採比例稅制，但稅率
較高。在非常時期對有過分利得之營利事業，且多另行課徵過分利得稅
(excess profit tax)，亦含有節制私人資本之意。

4. 適當之價格管制　在自由經濟內，只要民營企業能有充分的競
爭，則其產品與服務的價格，只能反映成本與正常利潤，自無加以管制
的必要。但若民營企業帶有相當之壟斷性，或爲政府特許獨佔經營之事
業，則政府爲防止其獲取過多的利潤，每用各種方法對其價格加以適當
的管制。我國所用之方法，除政府特許獨佔經營之事業，須由政府核定
其產品或服務之價格外，尚用下列各項手段，以防止價格的不當上漲:
(1) 曾在經濟部內設立物價會報，經常對物價加以調查與監視，對具有
獨佔性之大型企業，尤密切注意其價格動向，用事先勸導或事後斜正等
手段，使不致因操縱價格而獲取厚利。民國八十年頒行公平交易法後，
對因不公平交易而引起之物價上漲，自更有遏止的作用。(2) 限制出
口。有些國內生產的物資，除內銷外，且可大量出口，如果國外價格高
於國內，廠商即將內銷轉爲外銷，致引起國內供應不足，價格上漲。在

有此種情況時，政府卽用限制出口或暫停出口辦法，以阻止該一物品之
價格上漲，以免中間商獲取不當之利益。(3) 開放進口。爲保護本國某
些產業，政府以往每用禁止進口或管制進口方式，以阻止國外同一產業
之競爭，但在這些產業相當發達後，每藉國家保護而獲取厚利。在有此
種情況時，政府卽可逐漸開放此類產品之進口，藉收平抑價格節制資本
之效。

　　5. 實施公平交易法　私營企業爲獲取過份或不當利得，方法甚多，
壟斷價格僅其重要之一法。此外，尚可用誇張、欺騙、矇混、甚或惡性
倒閉等方法，以達目的。在實施公平交易法之前，消費者如因廠商矇騙
而受害，除藥品與食物稍有規範外，必須依民、刑法提起訴訟，殊難獲得
確切而適當之保護。有了公平交易法後，凡因獨佔、結合、聯合行爲而
有害於公平競爭或有其他不公平競爭的行爲者，均可依法予以取締。民
國八十三年一月又頒行消費者保護法，對維護消費者的權益，更多一層
保障。另一方面，此對節制私人資本自亦有其積極的作用。

第四節　發達國家資本

一、發達國家資本的目的

　　現代國家除鼓勵私人投資外，無不在發達國家資本方面多所致力。
惟在自由經濟國家，多半採用公共投資方式，以從事運輸交通水電等各
項公共建設，藉以幫助民營企業或私人資本的發展。我國採行民生主
義，國父所稱發達國家資本，自有其更爲深廣的意義。依我國國營事
業管理法第二條規定：「國營事業以發展國家資本，促進經濟建設，便
利人民生活爲目的」。茲依國父遺敎及上述規定，分項說明於後：

1. 發展國民經濟　此又可分爲兩方面：（1）促進私人資本的發展，此卽一般自由經濟國家從事公共投資的目的。國父實業計劃主要以開闢港灣商埠、建築鐵路公路、發展水力航運等爲中心，卽是從事國家基本建設，藉以創造優良的投資環境，促進私人資本的發展。（2）補充私人投資的不足。爲加速國家經濟建設，單靠私人投資仍有未足，尤其在節制私人資本的政策下，若干爲私人不能經營或不願經營之事業，亦須由國家投資經營。實業計劃中之第五第六兩部分，乃爲　國父發展民生工業與開採鑛產之計劃，雖可由私人投資經營，但恐民間資本不足，難以在短期內一一舉辦，故亦可由國家自力或獎助私人或吸收外資經營之。

2. 防止私人壟斷　國父在其「中國實業當如何發展」之講演中，曾謂「惟所防者，則私人之壟斷，漸變成資本之專制，致生社會之階級，貧富之不均耳。防之道爲何？卽凡天然之富源，如煤鐵水力鑛油等，及社會之恩惠，如城市之土地，交通之要點等，與夫一切壟斷性質之事業，悉當歸國家經營，以所獲利益，歸之國家公用。如是，則凡現今之種種苛捐雜稅，概當免除，而實業陸續發達，收益日多，則教育養老救災治病與夫改良社會，勵進文明，皆由實業發展之利益舉辦，以國家實業所獲之利，歸之國民所享，庶不致再蹈歐美今日之覆轍，甫經實業發達，卽孕育社會革命也。此卽吾黨所主張民生主義之實業政策也」。

3. 便利人民生活　若干事業，對人民生活至有需要，但因經營初期不易獲利，致私人不願投資經營；或雖已由私人經營，但因內在或外在因素，而不願繼續經營；或因投資數額過大，私人難以經營。在有這些情況時，政府出而投資經營，卽可供應人民需要。有時候，政府尙可降低收費標準，以減輕人民負擔。

4. 充實國家財源　現代國家之任務至爲龐雜，如無充足之財力，何能滿足人民的需要。　國父認爲國家之收入，主要可來自兩方面：一

是土地之照價收稅與漲價歸公。他曾說過：「像現在的廣州市，如果是照地價收稅（作者按：此地應指照價徵收地價稅與增值稅而言），政府便有一宗很大的收入；政府有了大宗收入，行政經費便有着落，便可整理地方」。由此可見　國父寄望於平均地權之殷了。二是發達國家資本。

　　國父曾說：「如果交通、礦產和工業的三種大實業，都是很發達，這三種收入，每年都是很大的。假若是由國家經營，所得的利益歸大家共享，那麼全國人民便得享資本的利，不致受資本的害，像外國現在的情形一樣」。前述　國父「中國實業當如何發展」的講詞中，對此亦有具體的說明。

二、發達國家資本的範圍與型態

　　國父在其實業計劃中列舉之六大計劃，自為發展國家資本之具體範圍。其中第一計劃至第三計劃，分別為北方大港、東方大港、南方大港及其有關交通、商埠、漁港、及重工業之建設。第四計劃為建立各項鐵路系統，第五計劃為發展民生工業，第六計劃為開發各種礦產，其範圍至為廣泛。我國現以大陸撤守，退居臺澎金馬一隅，對發展國家資本，自不能如此廣泛。加以多少年來，民營事業已有良好之發展，政府亦不必舉辦過多之事業。另一方面，亦正由於政府舉辦之事業有所限制，乃能鼓勵民營事業快速發展。

　　關於發達國家資本的範圍，我國憲法第一四四條規定「公用事業及其他有獨佔性之事業，以公營為原則」。又據民國四十二年一月頒行之公營事業移轉民營條例第三條之規定：「下列公營事業應由政府經營，不得轉讓民營：一、直接涉及國防秘密之事業，二、專賣或有獨佔性之事業，三、大規模公用或有特定目的之事業」。但該條例於八十年六月修訂後，已將上述條文刪除。另於第四條規定：「公營事業經主管機關審視

情勢，認已無公營之必要者，得報由行政院核定後，**轉讓民營**」。似較前更具彈性，但卻無一定原則可循。而現為公營之事業，則遠較憲法規定之範圍來得廣泛，惟多係臺灣光復後接收日人投資的事業而來，雖一部分早已轉為民營（如水泥、農林、工鑛及紙業公司是），但多數仍在政府手中。依現有情況觀之，我國公營事業的範圍至為廣泛，包括兵工、郵政、電信、電力、石油、鐵公路及海洋運輸、港埠倉儲、自來水、肥料、鋼鐵、造船、機械、煙酒、金融、保險、工程、土地開發等，不一而足。

關於公營事業經營之型態，似可分為下列幾種：

1. 由政府獨佔經營　即不准民間經營同性質之事業，其中由於出資單位的不同，又可分為：(1) 國營事業，(2) 各級政府合營之事業，(3) 地方政府單獨經營之事業。

2. 由政府與人民合資經營　其中又可分為兩種形態：(1) 依事業組織特別法之規定，由政府與人民合資經營；(2) 依公司法之規定，由政府與人民合資經營。

3. 由政府與人民各自獨立經營　即除由政府獨自經營外，亦允許民間投資經營。

三、公營事業的檢討與改進

我國公營事業，不獨範圍廣泛，且多經營不善，久為各方所指責。民國六十七年，中央研究院財經院士蔣碩傑等五人聯名公開發表其對當前經濟之六項建議，其中第五項即為有關公營事業者。其坦率之批評與建言，實為前所未見，頗有空谷足音之感，此地不擬一一引述。查公營事業為人所指責者，大致有下列數項：

1. 經營效率低落，影響經濟成長　公營事業之顯著缺點，即其經

營效率一般不及民營事業之高，以致多數單位均在虧損情況之下艱苦經營。有些在表面上雖有少許盈餘，亦因資產價值多年未經重估，以致折舊偏低，發生虛盈實虧現象。由於公營事業本身及政府增撥之投資，每年多在國家總投資半數以上，誠如五院士所言，「故公營事業之效率不彰，顯然對國家經濟之成長爲莫大之牽累」。而效率低落之原因：(1) 法令之約束。公營事業除受其主管機關監督外，在財務、人事、採購、主計等方面，並須各受有關機關之管理與監督，而應有管理權力之董監事會，反因法令重重約束，難以眞正行使其職權。(2) 人謀之不臧。公營事業之董監事或其他高級職員，每爲政府酬庸甚或安插私人之處所，尸位素餐者有之，所用非人者有之，小才大用者有之。有些事業甚至爲上級管理機關或其長官報銷一部分開支；其本身之浪費，更增加了營運成本。

2. 經營範圍太廣，妨礙民間投資　目前公營事業範圍，已超出國父遺教及憲法規定甚多，其中一部分雖因接收日人產業而來，但政府並未依「公營事業移轉民營條例」，切實轉讓民營。由於公營事業已形成相當規模，並能享受各種優待，致使民間資本望而却步，甚至不准私人投資經營。此對整個國民經濟之成長，亦有其不利之影響。

3. 享受過多特權，增加國庫負擔　公營事業常在下列幾方面享受特權：(1) 向公營銀行借款，不獨借款較易，不須抵押，且能享受最低利率。(2) 向國外銀行借款，如經政府核准，卽可由政府爲其擔保。(3) 產品或服務的推銷，可有其規定的主顧，甚至可免除購買機關之法定約束。(4) 從國外購買設備或原料時，可在關稅方面享受某些優待等。政府爲維持公營事業之營業，有時更不得不由國庫增撥投資資金，或撥款增資爲其彌補虧損，或由貸款銀行以貸款轉爲增資。其由國庫擔保之對外借款，亦不免增加國庫負擔。

4. 官僚習氣太重，缺乏企業精神　國營事業管理法雖有第四條規定：「國營事業應依照企業方式經營，以事業養事業，以事業發展事業，並力求有盈無虧，增加國庫收入」。第六條規定：「國營事業除依法律有特別規定者外，應與同類民營事業有同等之權力與義務」。但實際上，由於主其事者係由政府所委派，對事業盈虧缺乏利害關係；加以產品或服務常有其固定主顧，或受國家多方面之保護，致缺乏企業應有之積極與進取精神，形成機關衙門化、職員官僚化之惡習。且在法令重重束縛下，縱有企業才能之士，亦難充分發揮其企業才能，經營效率之低落，此亦爲其主因。

公營事業應如何加以改進，由於看法不同，論說不一。前述六院士之意見，認爲「爲今之計，政府應愼重考慮重新劃定公營事業範圍，儘可能將現有之公營事業（包括政府所控制之商業銀行）轉讓私人參加經營，而任其控制多數股權。至於決定保留之公營事業，其經營方式應與民營企業相仿。現有不合理之法令限制（如審計上之限制），悉應解除。同時政府或官員不得藉任何理由，強令公營事業安插冗員，尤不得任意干涉其業務。在另一方面，公營事業亦不得享受低利借款及其他特殊優惠。其營業規模應否擴充，全視其投資的邊際效益是否超過市場利率。公營事業之定價，亦應以此爲準則，但不宜任其憑藉獨佔之地位而隨意抬價。在原則上，公營事業之服務價格，可參考鄰近地區同類服務而由私營企業提供之價格加以規定；至於公營事業之產品價格，則不宜超過同類貨品起岸價格與正規關稅之和。關稅降低時，亦當隨之降低。如公營事業發生虧損而須由國庫彌補時，主管人員應提出充分理由，且補貼數額應明白列帳。公營事業主管人員之獎懲，應以所管事業盈虧之增減爲依歸，並應嚴格執行」。

另一方面，對公營事業頗有了解之陳定國先生，則針對六院士上述

意見加以評述，認為目前公營事業的弊害，來自錯誤的「經營管理」方法，而非所有權的歸屬，因之不主張過分縮小公營事業的範圍；且認為在現行董監事及經理人之任用條件下，廢棄所有管制法令，使公營事業與民營事業採取相仿之機動經營措施，亦難獲得民意代表的同意與放心。因此主張採取突破傳統作法之策略，一方面由政府提名經民意機關同意任命合適之董監事，以為所有權主之代表，並充分課以一定之權責；另一方面，重訂具有企業精神的產、銷、財務、會計、審計、人事、採購等指導性法規，以為營運與管理的依據。至於公營事業之「經理人」角色，則由董事會全權選任合格人員擔任，使在董監事指導及新訂企業化管理法規之架構下，設計各種內部管理制度。如此即可充分發揮公營事業的企業化精神，使其真能達成發達國家資本的使命。

上述兩種意見，除有關公營事業的範圍，容有差別外，其餘應非爭論的焦點。茲仍歸納為下列四個問題，表示作者個人的意見：

第一，關於公營事業轉讓民營問題　作者對此已在第三節節制私人資本中有所陳述。事實上，據作者所知，政府亦並無過份擴大公營事業範圍之意。近年來新增之公營事業，多在適應國家需要而為私人不願或無力投資的情況下，始由政府投資經營，如大鋼廠與造船廠是。原為政府獨佔經營之事業，且有開放民間同時經營或願與民間合資經營者。至一部分光復後接收日人之公營事業，因經營情況未臻理想，即欲開放民營，恐亦少人問津。真正成為問題的，僅為臺灣省屬三家商業銀行（即第一、彰化及華南三銀行）應否開放民營。三家銀行已有部分民股，但所佔比例未過半數，故仍列為公營事業。政府未予轉讓民營之理由，或在擔心開放後可能落於少數財團之手，致有害於未來經濟與政治之發展，且使政府失卻一具有較大影響力之金融工具。此種顧慮，不無理由。有人甚至認為金融事業不同於其他經濟事業，應以公營為宜，此更失之偏

激。作者認爲除專業銀行外，一般地方性之商業銀行，仍以民營方式爲佳。如由國家制定法律，限制每一股東之持股數額，以使股權分散，則實無害怕少數人操縱金融之理由。至其他不屬於公用事業、專賣事業及國防工業之其他公營事業，均應盡可能轉讓民營，以收加速發展經濟之效。

第二，關於加重董監事權責問題　爲使公營事業企業化，必須加重董監事之權力與責任，前述陳定國先生之改進意見，可以採行。但仍忽略了課以法律上的民事責任。國營事業管理法第三十六條僅規定國營事業人員應遵照公務員服務法第十三條之規定，但公務員服務法第十三條亦只規定「公務員利用權力公款或公務上之秘密消息而爲營利事業者，依刑法第一三一條處斷，其他法令有特別處罰規定者，依其規定」。所謂依其他法令所爲之處罰，不外公務員懲戒法規定之撤職、休職、降級、減俸、記過、申誡等行政處分，此外別無其他民事上之責任。查公司法對董監事應負之民事賠償責任，多有詳細規定。例如該法第一九三條規定：「董事會執行業務，應依照法令章程及股東會之決議。董事會之決議，違反前項規定，致公司受損害時，參予決議之董事，對於公司負賠償之責」。又同法第二二四條規定：「監察人因怠忽監察職務，致公司受有損害者，對公司負賠償責任」。公營事業董監事，在地位上，與民營事業之董監事完全相同，自應比照辦理。或以爲公營事業之董監事並非事業之所有人，其與政府之關係，僅能適用民法上有關委任之規定。但我國民法第五四四條亦規定：「受任人因處理委任事務有過失，或因逾越權限之行爲所生之損害，對於委任人應負賠償之責」。總之，權責是相隨的，如能同時加重公營事業董監事的權力與責任，當爲提高經營效率之有效方法。

第三，關於公平競爭問題　如爲公營與民營同時存在之事業，當有

所謂競爭問題發生；或雖在國內居於壟斷地位，但仍可遭遇國外廠商之競爭。前述六院士建議公營事業不得享受低利貸款及其他特殊優惠，其用意似有二端：一爲促進其與同類民營事業作公平競爭，二爲藉此提高公營事業之經營效率。然而，此一問題如何解決，應視情況而定。在公民營事業同時存在的情況下，公營事業每居劣勢，政府稍加保護，亦爲情理之常。基本上，如非公用事業，而民營較公營更爲適當時，應卽轉讓民營。如果政府係爲防止私營企業趨於壟斷而設立公營事業，則須視私營企業之營業政策而定，如其遭受私營企業之惡性競爭，政府勢須給予公營事業以適當之保護。至於在國內居於壟斷地位之公營事業，在其遭受國外廠商之惡性競爭時，自更有加以適當保護之必要。事實上，私營企業如有類似情況，政府亦須出而保護之。至以取消各項特殊優惠爲手段，藉以測知公營事業之經營效率，在理論上雖甚合理，但公營事業之存在價值，並不全以其經營效率爲準。總之，此一問題並非十分重要，且與公營事業之種類有關，殊難一概而論。

第四，關於產品或服務之定價問題　公營事業應如何訂定其產品或服務之價格，乃一帶有高度複雜性之問題。在有私營事業競爭的情況下，自可參照私營企業之價格加以規定；惟事實上，私營企業卻每以公營事業之定價爲依歸。雖然如此，因須顧及私營企業之競爭，不致任意訂定價格，故可略而不論。近年最受人議論之定價問題，厥惟居於獨佔地位之公營事業，在下列兩種情況下遭遇之定價問題：

1. 石油價格上漲所引起之油電及運輸事業之漲價。以往政府在成本上漲時，爲照顧社會大衆生活，每延緩調整價格時間或僅作較小幅度之上漲。近年政府採取學者專家建議，常在石油價格上漲時，立卽在有關產品或服務之價格上加以反映，致每因公營事業巨幅漲價而引起一般物價隨而上漲。此一政策在本質上無可厚非，成問題的：一是成本並不

止於石油一項，例如石油成本僅佔總成本百分之五十，則石油漲價百分之十，只應將產品價格升高百分之五始爲合理。但獨佔性之公營事業在調整價格時，每作較大幅度之增加，此或爲顧及石油再度漲價而預作包含所致，但由此引起民營企業效尤，而增加了物價上漲問題的嚴重性。二是石油以外的成本是否合理，如果其他成本尚有撙節的餘地，則石油漲價一部分應以減少之其他成本加以抵補，而不應全部反映在其產品或服務之價格內。因之爲減輕石油漲價所予一般物價之衝擊，應切實對公營事業經營成本加以核算，並杜絕一切浪費，以減輕公營事業之成本，然後完全反映成本之價格政策，才不致成爲加速通貨膨脹之禍首。

2. 在遭遇外貨低價競爭時應否維持其較高之價格。以往由於石油漲價，使我國公營石化工業之產品成本增加並緣而抬高售價，但美國同類產品却以較低之價格外銷，致引起國內下游工業之不滿，而紛紛要求開放自由進口，政府基於保護上游工業未敢應允。另一方面，如強要下游工業購買本國高價原料，又將影響下游工業產品在國外市場之競爭力，故六院士建議公營事業之產品，不宜超過同類貨品起岸價格與正規關稅之和。作者認爲有獨佔性之公營事業，在遇有此種情況時，仍宜以顧及下游工業之生存爲優先考慮，如有虧損，宜由政府予以補貼，或設立平準基金，於將來外貨回漲時加價收回，以發揮公營事業扶助民營事業共渡難關之精神。

第十三章　經濟的自由化與國際化

第一節　自由化與國際化的關聯性

　　人類自脫離自給自足的經濟型態後，就已有了貨物的交流，在貨物交流中，交易雙方易於獲取商業上的利益，因之各地握有政治權力的統治者，認為對越境買賣貨物者課徵關稅，乃是取得政治財源的良好手段。但若課稅漫無節制，則又形成貨物流通的阻礙，反而導致稅收的減少。加以一國或一地如對他國或他地來的貨物課以重稅，往往招致他國或他地的報復，不獨使得彼此間的貿易減少，且常引起政治紛爭，甚至兵戎相見。因之如何促進國際貿易的自由化，自來即為國際交往的重要課題。而降低關稅則是貿易自由化的首要條件。早在一八三四年，歐洲日耳曼民族的十八個邦，為了推進各邦間的自由貿易，即曾聯合組成了「關稅同盟」，但並非藉此取消關稅，只是協議一套課徵關稅的標準，消除彼此間的關稅歧視罷了。由於利益顯著，其他使用日耳曼語文的地方，除奧地利外，均先後參加此一同盟。日耳曼民族由於工商業利益的緊密結合，卒致促成了各邦的統一建國，此即今日德國之所由來。我們重述此

一歷史，旨在了解國際貿易不僅攸關人類經濟發展，也對人類的政治活動深具重要性。

國際經濟自由化，自不限貿易自由化一方面，舉凡資金的移動、人工的遷徙及勞務的交流，均應包括在內。惟貨物以外的其他交流，每因涉及其他非經濟的複雜問題，初爲各國所忽視；卽使彼此有意探討，亦因立場不同，難獲協議，致使國際經濟自由化的進程，仍未臻於理想與成熟的階段。

再者，經濟自由化一詞，本有對內自由化與對外自由化兩方面，缺乏對內的自由化，自不可能有對外的自由化。例如一項不准國人自己經營的事業，怎可任由外國人來我國自由經營？反之，如只准國人自由經營，而不開放給外人經營，亦不能謂爲國際經濟自由化。因之經濟自由化與國際化是互相關聯的，但不一定是同時發生，而是先在國內自由化後，再進一步開放國際化。在過去強權政治時代，列強以武力作後盾，強迫他國開放市場，致使弱國每視對外開放爲喪權辱國的象徵。今則進入國際協商時代，並因民智開通，資訊發達，已知經濟自由化與國際化，乃爲彼此互利的有效手段。自二次世界大戰結束以後，國際及區域性的經濟結合頗爲盛行，並透過經濟的密切合作，促進了各國文化的交流與世界的安定。我國近年來亦隨經濟的高度發展，而逐漸採行經濟自由化與國際化政策，並已獲致豐碩的成果，以後當對此分別加以申述。

第二節　區域經濟的形成

一、戰後主要的區域經濟組織

戰後不獨形成資本主義（或稱自由國家）與共產主義（或稱集權國

家）兩大集團，在自由國家中，並因區域的不同，而有各種地區性的經濟合作組織，也有就某些特定目的而形成的。依其成立先後，計有：(1) 經濟合作與發展組織 (Organization for Economic Cooperation and Development)。其前身為歐洲經濟合作組織 (OEEC)，於一九四八年由十八個歐洲國家所組成，原以處理馬歇爾計劃下之援助為主要任務。一九六〇年因有美國、加拿大、日本、澳大利亞及紐西蘭等五個非歐國家參加，乃改稱今名。(2) 歐洲經濟聯盟 (European Economic Community)。一九五八年，由法國、西德、義大利、比利時、荷蘭及盧森堡六國所組成；一九七三年，丹麥、愛爾蘭及英國獲准參加為會員；一九八二年，希臘獲准加入；一九八六年，葡萄牙及西班牙二國加入；一九九五年，又有芬蘭、瑞典及奧地利加入為會員，現共有十五個會員國。由於不斷成長茁壯，已成今日最為強大的區域經濟合作組織，容後論之。(3) 歐洲自由貿易協會(European Free Trade Association)。一九五九年，原由英國、奧地利、丹麥、挪威、瑞典、瑞士及葡萄牙等國所組成，以後並有芬蘭及冰島二國參加。後因其大部分成員相繼退出轉而參加歐洲經濟聯盟，已形瓦解。(4) 拉丁美洲自由貿易協會(Latin American Free Trade Association)。一九六〇年，由阿根廷、巴西、智利、墨西哥、巴拉圭、秘魯及烏拉圭等國所組成。(5) 北美自由貿易區 (North American Free Trade Area)。一九八九年十一月，先由美國與加拿大二國簽訂美加自由貿易協定，一九九三年墨西哥同意與美加合組北美自由貿易區。(6) 亞太經濟合作會議 (APEC)。係由亞洲及太平洋兩岸之國家所組成，我國亦為成員之一。以上各個區域經濟組織，各有其不同之任務與功能，不擬分別具論。其中以歐洲經濟聯盟（以下簡稱歐盟）最具影響力，特於下項詳述之。

二、歐盟的形成與發展❶

　　歐盟於一九五七年三月二十五日依六國簽訂之羅馬條約成立後，多年以來，即致力推動下列工作：（1）逐漸發展一種充分的關稅同盟，藉以消除各會員國間貨物、資本、人員與服務自由移動的一切障礙。（2）建立會員國間的共同農業與運輸政策。（3）建立歐洲投資銀行及歐洲社會基金，藉此幫助與協調此一社會內的經濟發展。先就第一項任務言之，一九六一年，歐盟即將各國對工業品的一切配額取消；一九六八年，取消各會員國彼此課徵的一切關稅，並採取共同的對外關稅，從而達成充分的關稅同盟。對外共同關稅的稅率水準，是在關稅與貿易總協定主持下的甘乃迪回合的貿易談判中，歐盟以一個單位出面協議達成的。一九七七年，歐盟與歐洲自由貿易協會締結關稅同盟。此外，歐盟也因建立標準化的貿易與通關程序、廢除公路、鐵道與水運費率的國籍歧視，以及禁止公共工程合同方面的歧視等，而減少了若干歐盟內貿易的非關稅障礙。各會員國的加鐵耳與獨佔組織，倘是為了分割市場或價格歧視，以致限制或扭曲會員國間之貿易者，也受到禁止。勞工自由流動方面的限制，雖在一九六九年之前即已大部分取消，但各國對於發給執照與專業資格的認定，彼此仍多歧異，不易協調；各會員國間的資本移動，亦仍受到相當多的限制；如何消除這些最後的障礙與創建單一市場，正是一九八七年簽訂單一歐洲法案（Single European Act）的目的，容後述之。

　　再就第二項任務言之。一九六二年，歐盟即已採取共同的農業政策，藉對內的價格支持與變動的進口課稅（依對內支持的目標價格與其世界價格的差額予以隨時調整，本書第七章第四節對此已曾敍述），以

---

　　❶　參看 *MacMillan Dictionary of Modern Economics*, Fourth ed., 1992, pp. 134-137.

保證歐盟內的共同價格水準。對發展與規範區內的公路、鐵道與內陸水運，也曾協調訂定共同的運輸政策。

再就第三項任務言之。自一九七一年由布來頓森林制度 (Bretton Woods System)建立的固定匯率崩潰後，歐盟即致力協調共同的經濟與貨幣政策。一九七二年，歐盟實施歐洲通貨波動侷限制度 (European Currency Snake)，縮小會員國之間匯率的波動幅度。且於一九七三年創立歐洲貨幣合作基金，作爲浮動匯率下的清算機構。一九七九年，建立歐洲貨幣制度 (EMS)，藉由新的匯率干預及信用給予，作爲歐盟內增加貨幣合作及穩定的手段。EMS 規定會員國間的匯率，只能在協議的中心匯率上下百分之二・二五範圍內波動。惟英國保留在此一匯率機制 (Exchange Rate Mechanism, ERM) 之外，直到一九九〇年爲止，此後英國加入此一機制,但准其在中心匯率上下百分之六的範圍內波動。西班牙也是如此。EMS 並創設一種歐洲通貨單位 (European Currency Unit, ECU)，係依英國以外其他會員國之通貨加權平均數決定價值,作爲彼此間收支清算的記帳單位。由於參加 EMS 的國家所同意的通貨平價脫離 ECU 中心匯率的幅度,尚較前述百分之二・二五的範圍爲小,因之百分之二・二五的波動幅度實際上已爲此所取代了。會員國須將其部分貨幣發行準備金存入歐洲貨幣合作基金,以換取定額之 ECU 帳戶,用以清算會員國間之債務及償還貨幣合作基金給予之貸款。EMS 希望藉此恢復歐盟會員國之通貨穩定,挪威雖非會員國,亦包括在內; 惟法國卻因當時馬克升值與法郎貶值深受損害而拒未參加。EMS 在維持匯率穩定方面成效並不大,到一九九五年,已經過七次的匯率重整,且多以放寬危險國匯率波動的幅度而暫獲紓解。但其致力維持會員國間通貨匯率的狹幅波動,被視爲走向完全的貨幣聯盟及建立歐洲單一貨幣的階梯。

歐盟於一九八七年通過單一歐洲法案後，即以建立歐洲單一市場及

單一貨幣為目標。並定一九九二年底實現所謂「內市場」，即各會員國間撤銷經濟上的國界，使貨物、人員、勞務及資本四者，能在歐盟國家內自由流動，並定一九九九年採用歐洲單一貨幣。單一市場的理想已於一九九三年一月一日起實現了，從此歐盟內的居民可以在境內各國自由流動與尋找工作，但如要遷居到另一個國家，則仍需獲得居住和工作的許可證。所得稅、社會福利和醫療保健等，則仍由各個國家掌管。英國、丹麥與愛爾蘭三國仍拒絕廢除護照查驗，因為它們擔心會使非法移民、毒品走私、犯罪與恐怖活動難以控制。事實上，歐盟七年多來協調各會員國完成了一切有關的規章與立法，消除了一切有關的限制與障礙，故能水到渠成，獲得史無前例的偉大成就。至於下一步的實施單一貨幣，則問題較為複雜，因之規定各會員國須在一九九五年以前完成經濟的一致標準。例如政府年度預算赤字不得超過其國內生產毛額的百分之三，政府負債總額不得超過其國內生產毛額的百分之六○；與表現最好的三個會員國平均情況比較，其長期利率差距不得超過兩個百分點，通貨膨脹差距不得超過一‧五個百分點。如有半數以上會員國於一九九五年底以前達到上述標準，然後彼此鎖定匯率經過一年調適期後，則可從一九九七年起先行實施單一貨幣。倘如符合規定標準的國家不及半數，則此少數符合標準的國家，只要繼續鎖定彼此匯率，仍可自一九九九年起實施單一貨幣。由於條件過於嚴格，目前符合財政標準的國家極少，最近歐盟集會商討，已有延至一九九七年以後實施的擬議。

三、歐盟的成就與評價

　　歐洲基於其地理上與歷史上的條件，始能建立像歐盟這種廣泛的經濟合作，將來更可能進一步建立一有如美國的聯邦國家，這也是當初從事歐盟運動者的終極理想。整個歐洲的土地面積尚不及北美洲來得廣

大，但自從歐盟成立之後，其會員國的經濟成長大幅增加，歐盟對外貿易額，一九九四年出口已躍居世界首位、進口名列第二，可見其整體力量之大。在歷史上，歐洲原是西洋文化的發源地，也曾執國際政治與經濟的霸權。奈何民族紛歧，小國林立，征戰不息，終致衰微，非獨單國經濟落於美日等國之後，在國際政治舞臺上之影響力，亦拱手讓與美俄兩國，有識之士，乃思以經濟結合爲手段，恢復其昔日領導世界的雄風。歐盟成立之初，由於各國利害關係不同，在整合上遭遇甚多困難，但在美日等歐外國家經濟快速成長的刺激下，益堅其風雨同舟力爭上游的決心，因能一一克服各種困難。先由關稅的協調與貨物的交流開始其第一階段的結合；迨共蒙其利後，乃進一步建立其所謂內市場，達成貨物、人員、勞務及資本四者的自由流動，從而進入其第二階段的結合；現距完成其第三階段目標之單一貨幣制爲期不遠，吾人於衷心期盼其成功之餘，亦仍有下列幾項啓示值得一述：

第一、僵固的政治國界，每爲世界紛爭之源，且有礙於人類總體經濟發展。歐盟各國，基於共同利益，自願放棄部分的國家權力，其對歐盟所作的犧牲，實遠大於它們對聯合國的犧牲。相對地，其從歐盟獲得的利益，亦遠大於它們從聯合國獲得的利益。此一成就，應對今後國際政治的發展，深具啓發性與影響力。

第二、歐盟各國在結盟之前，原是分割爲許多相互敵視的小市場，企業規模受限，生產成本較高，經營利益薄弱，研發能力不足，以致經濟發展已逐漸落於美日之後。結盟之後，由於內部市場擴大，資源充分交流，上述缺點，均已逐漸獲得改善，使其與美國及日本成爲世界三大經濟力量。由於它的輝煌成就，更激發了世界其他國家謀求區域經濟結合的浪潮。雖迄無其他區域經濟合作組織可與相比，但已爲今後人類經濟發展開闢一條坦途，持久經營，不難形成各個區域的大同世界，對促

進世界和平，作出更多的貢獻。

　　第三、歐盟的成就，證實了人類具有高度智慧與追求理想的能力。在過去幾千年的人類歷史中，政治與經濟的結合，總是在武力威脅之下所形成的；惟有歐盟，則是在各國政治權力相互尊重的環境中，孕育出來的一種極具崇高理想的經濟結合。實際上，此一結合的成就，並非是單純經濟性的，其對文化、社會、種族及政治上的影響，也是不可忽視的。此時如謂歐盟終將擴大爲一歐洲的聯邦國，自亦有其充分的理由。從歷史上，我們知道無數次的世界戰爭（包括國際與洲際戰爭），都是起於歐洲境內各國之間的衝突，因之歐盟的成就與走向，將會改變人類的歷史法則，爲人類實現偉大理想的能力留下歷史的見證。

　　第四、唯一值得吾人擔憂的，歐盟的結合，就政治層面言之，仍是相當脆弱的。在各國資源不盡相同、經濟發展有別的情況下，任何內部經濟失衡的現象，都會導致各國之間的齟齬與摩擦，過去若干會員國的匯率異常變動，以及爲共同的農業政策爭執不休，即其顯例。今後如何謀求各國經濟的均衡發展，縮短國民所得之間的差距，應爲歐盟能否永存與發展的重要課題。果能於一九九九年實施單一貨幣制度，或能減少因多種匯率引起的失衡現象，但只有擴大經濟的一致性，才能眞正鞏固歐盟的凝聚力。

第三節　關貿總協定與世界貿易組織

一、關貿總協定的成立與任務

　　一九九五年元月一日改制爲世界貿易組織(World Trade Organization, WTO）的前身，乃是久享盛名的關稅及貿易總協定（General

Agreement on Tariffs and Trade, GATT)。它是於一九四八年元月一日開始運作的一項多邊性的關貿協定，除為國際貿易關係制訂行為規範外，並為解決貿易問題與逐漸消除關稅及其他貿易障礙，提供多邊談判的場所。它是基於非歧視與互惠原則，以使世界貿易走向自由化。除現有關稅同盟及自由貿易區域外，所有締約國都須受協定的「最惠國條款」❷(most favoured nation clause) 所約束。對於國內產業的保護，只能透過關稅行之，藉以禁止進口配額及其他限制性的貿易設施。由會員國協議的關稅水準，協定賦予一致遵守的約束力。如有國家認為在協定下自己所應享受的權利受到他國的違背或侵害，可依協定建立的程序進行申訴與調處。在 GATT 主持下，曾經歷過八次的貿易談判，從而大幅降低了世界工業品關稅的水準。在一九六四～一九六七年於日內瓦舉行的第六次又稱甘乃廸回合 (Kennedy Round) 的談判中，首次就全部貨物進行關稅減讓的協商，而以往幾次的關稅談判則是就個別項目進行的。一九七三～一九七九年舉行的第七次又稱東京回合 (Tokyo Round)的談判，則首次同時討論關稅與貿易的非關稅障礙兩方面的問題。一九八六～一九九〇年舉行第八次又稱烏拉圭回合 (Uruguay Round) 的談判，除處理以往各回合尚未完成的事務及多年累積的申訴案件外，並首次討論服務貿易 (trade in services)與智慧財產權(intellectual property rights)以及與貿易有關的投資措施 (trade related investment measures) 等新問題。在涉及農業支持與保護問題時，由於歐盟未能讓步以滿足其他國家特別是美國的要求，而使談判於一九九〇年底未獲結果而終止。一九九一年二月重開談判，卒於一九九四年四月簽署協定，使上述智慧財產權、服務貿易及貿易有關的投資措施等三個新議題獲致國際規範。我國

❷ 最惠國條款規定：締約國如對任何其他國家給予進出口關稅及其他貿易優惠，亦須給予其他每一締約國相同之待遇。

雖非 GATT 會員國，但仍自願遵守該協定之一切規範，並以臺澎金
馬地區名義申請加入改制後的世界貿易組織。依入會程序，須先與世貿
會員國分別舉行雙邊諮商，於解決雙方爭議問題後再提大會審議。惟中
共也在申請加入，並堅持我方入會應在它獲准入會之後，而中共在滿足
入會條件上遠較我方困難，將來是否會因中共拖延入會而使我方入會受
到阻礙，仍難逆料。

二、關貿總協定與世貿組織的貢獻

GATT 的貢獻，至少有下列幾方面：第一、由於促使會員國降低
關稅及消除非關稅障礙，已使各國間之貿易額逐年增加，從而減少了它
們的失業率，並提高了它們的國民所得水準。第二、建立了以多邊談
判解決紛爭與問題的模式，並因共同利益的促進而加強了相互依存的關
係。此由申請入會國家之踴躍與強烈意願，可得印證。我國原為其會員
國，惟自政府遷臺後自動脫離，大陸亦因中共政權未能滿足入會之諸多
條件，迄未獲准加入。目前我方與中共均已申請入會，一旦實現，對兩
岸經濟交流勢必產生深遠的影響。第三、一九六五年總協定修改後，增
加「貿易與發展」(Trade and Development)一節，以使開發中國家能
在非相互基礎上與已開發國家進行貿易，並允許已開發國家對開發中國
家實施普遍化的貿易優惠 (generalized trade preferences)，藉以排除
最惠國條款的適用。美國與日本即曾根據此一條款，對我國貨物之進口
給予關稅減免，而有助於我國出口貿易之擴增。第四、GATT 由關稅
減讓擴及於非關稅障礙的消除，由有形貿易擴及於無形貿易，由貿易本
身擴及於有關貿易的其他措施，如投資與智慧財產權的保護是；加以對
開發中國家的貿易給予片面優惠，其所發生的影響，自不限於貿易方面，
於促進國際經濟合作及平衡地區經濟發展，亦均有其輝煌的成就與貢獻。

第四節　我國貿易的自由化與國際化

　　我國為一島國經濟形態,國際貿易的開拓,佔有十分重要的地位,並與國內經濟的發展息息相關。如不給予他國貨物以進口的自由,又何能期望我國貨物能自由進入他國?因之在先天上我國貿易的自由與開放,乃其必然的趨向。多年來,已在進口關稅方面進行多次全面性的減讓,目前全部貨品平均名目稅率已降至百分之八‧六四,平均實質關稅已降至百分之四‧六九,其中工業產品平均名目稅率降為百分之六‧三八,農業產品平均名目稅率降為百分之二〇‧七九。但與已開發國家相較,仍稍偏高,如能配合其他條件的實現,不難再予降低。成問題的,是在個別產品的進口關稅及其他非關稅障礙方面。我國曾於民國八十二年二月訂頒貿易法,其第一條即謂:「本自由化國際化精神,公平及互惠原則,制定本法」。惟第二條規定:「本法所稱貿易,係指貨品或附屬於貨品之智慧財產權之輸出入行為及有關事項」。其中並不包括 GATT 烏拉圭回合協議之「服務貿易」在內。其所謂「有關事項」,是否能將此一服務貿易與 GATT 另一協議之「與貿易有關之投資措施」包括在內,亦滋疑惑。揆諸文義,我國對貿易二字似採狹義解釋,如要遵行 GATT 協議,似須另有其他立法依據。又其第十一條雖規定「貨品應准許自由輸出入,但因國際條約、貿易協定,或基於國防、治安、文化、衛生、環境與生態保護或政策需要,得予限制」。其第六條並列舉六款情況下,主管機關得暫停特定國家或地區特定貨品之輸出入或採取其他必要措施。此外,對高科技貨品之輸出入,應另訂管理辦法;及在特定情況下,可以採取進出口配額措施及課徵平衡稅或反傾銷稅。凡此均宜慎重處理,始不致有違自由化與國際化的精神。今後仍待改進之處,亦有下

列各項：

一、汽車及農產品的高關稅問題

我國汽車數十年來受高關稅保護，轎車關稅曾高達百分之百，後雖逐漸降至百分之三十以下，迄仍未能具備國際競爭的能力，久爲各方所詬病。而農產品的過高關稅，基於國內政治環境及國防需要，也不可能全面降低，此爲我國加入世界貿易組織之最大困難。我國已於談判中允諾分期降低。

二、出口沖退稅問題

出口沖退稅（卽退還已繳原料或零組件之進口稅，或先行記帳，於成品出口時沖抵）對初期促進我國產品之出口至多助益。惟自進口關稅逐漸降低後已漸失其重要性，因之已由「原則退稅、例外取消」之正面表列方式改爲「原則取消、例外退稅」之負面表列方式，並以定率或定額退稅方式行之。目前政府已在考慮於關稅作進一步降低時予以全面取消。

三、出口補貼問題

我國以往並未對工業品之出口給予直接補貼，但若干投資獎勵措施，如減免稅捐及外銷低利貸款等，被認爲具有間接補貼性質。惟此種間接補貼方式，幾爲一般開發中國家之普遍現象；在經濟不景氣時期，已開發國家亦不乏以租稅抵減（tax credit）方式刺激經濟復甦者，倘如受惠者爲外銷產業，亦可視爲出口補貼。因之出口補貼之認定，每易引起紛爭。余意應以階段加以區分，如爲生產階段之優惠，不應視爲間接補貼，外銷低利貸款，則宜儘量避免。惟各國對農業品之補貼相當普遍，

我國實施之保價收購、轉作補貼及低利農貸，均其顯例。歐美及日本等以農產品佔重要比重之國家，亦每經常給予補貼，雖非全從經濟著眼，而另有其他考慮，但均被GATT視爲非關稅障礙，應予消除。就我國而言，外銷農產品僅有少數水果、毛豬及冷凍豬肉等，即使有所補貼，亦均在生產階段爲之。惟他國認爲任何方式的補貼，因可藉以減輕生產成本與內銷價格，而使外國相同農產品不易進入我國市場。前述工業品在製造階段之租稅減免也是如此。我國已打算自民國八十五年起調整玉米、高粱及大豆保價收購方式，即同一農地同一作物全年收購一次，不同作物則以兩次爲限，八十八年起全面停止收購。八十五年起停止辦理稻田轉作玉米、高粱、大豆；雜糧田利用則以綠肥、造林或政府指定的生態保育及地區性農特產品取代之。惟此項計劃仍須獲得立法機關及農業生產者之首肯，始易實施。

四、輸入品數量設限問題

此亦爲許多農產品比重較高的國家所採用，例如我國對蘋果及牛肉等進口常加數量限制；反之，日本對我國若干農畜產品之輸入亦然。受限產品並不一定即爲本國也有生產之物品，即使進口產品非本國所能生產，但如進口過多，也可影響本國其他有替代性產品之產銷，因而仍可加以設限。各國每以相互進口某種農產品以謀解決，但非根本解決之道。

五、輸入品產地設限問題

此爲我國在某些情況下常用之手段。過去由於我國對美國貿易時有巨額出超，爲恐對方報復，每以某種商品限從美國採購進口。又因對日貿易出現巨額入超，乃對日本轎車之進口加以設限或禁止，並對某些公

共工程之招標，將日本排除在外。美國對我國紡織品之進口亦曾予以數量限制，但因不願冒違反消除非關稅障礙之名，而要我方自行限制出口數量，名爲「自願出口配額」。此外，目前我國對大陸產品之進口，仍採輸入許可政策，但已逐步擴大許可之範圍；原則上，凡臺灣缺乏之工業原材料及中藥材，多可許可進口。惟在大陸及臺灣均已參加世界貿易組織時，此種產地設限政策，勢將加以調整。尤以今日臺商在大陸投資設廠者，以其生產之零組件回銷臺灣，正與大陸臺商向臺灣採購零組件同樣具有互惠性質，應可解除任何限制以利交流。

六、貨物進出口簽證問題

我國近年來雖已將大部分進出口貨物改爲免簽證，但在輸入貨品九三四九項號列中，仍有七〇四項屬於限制輸入貨品，必須憑許可證方能通關進口。爲配合貿易自由化，政府近將取消四六五項貨品的輸入簽證限制，改爲免證進口，今後自由輸入貨品比重將高達百分之九七‧四四。而在輸出貨品方面，也仍有一八〇五項貨品，因各種原因必須由國貿局或委由有關機構核發出口簽證。政府近已決定將委由銀行簽證的農產品、藥品、肥料等三五九項貨品改爲免證出口，預計自由輸出的貨品比重將提高至百分之八四‧五三，均已符合貿易自由化的國際高標準。

第五節　我國金融的自由化與國際化

「金融」一詞，在此係指資金的融通及其有關活動而言。由於金融的工具日趨多元化，並有所謂衍生性（derivative）的金融商品，顯示今日的金融市場至爲複雜。加以今日資訊發達，電腦功能提高，已使金融業務更具敏感性與流動性。金融業務主要雖與經濟活動息息相關，但影

響金融活動的因素，則並非都是經濟性的，非經濟的因素有時反佔重要地位。例如預期（expectation）心理與投機（speculation）活動，常對金融市場發生重大影響。各國的金融市場，原都是相當封閉性與管制性的，較之商品市場及資源市場具有更多的約束。然而，二次世界大戰結束以來，隨著國際貿易的日益擴大及資訊工具的精進普及，金融自由化與國際化，已成當今世界的潮流。我國在此一潮流衝擊之下，近年也在此一方面加緊腳步跟進。就其層面而言，可分為利率的開放、外匯的開放、投資的開放，及金融機構與業務的開放等幾方面。惟投資的開放涉及兩個層面，即外匯的開放與企業的開放。涉及外匯部分，自可在外匯的開放中加以申述，涉及企業開放部分，則擬另於下節述之。

一、利率的自由與開放

我國銀行及其他合法金融機構的存放款利率，早期都是受中央銀行所管制的。惟自民國六十九年十一月中央銀行公布「銀行業利率調整要點」，對部分利率實施自由化後，更於七十四年八月廢止「利率管理條例」，九月建立基本放款利率制度，七十五年一月簡化存款利率上限之核定；七十八年七月銀行法修訂公布，更取消了對放款利率上下限及存款利率上限管制的規定，從此我國銀行利率始完全走上自由化。惟因我國貨幣市場太小，央行的動作與示意，對一般銀行利率的決定與走向，仍有其重要的影響。而且，由於外匯市場的自由化，一國利率水準的高低，每易引起國際資金的移動，從而又使國內利率隨之發生變動。例如央行為抑制國內通貨膨脹而採取緊縮性的貨幣政策時，即會導致銀行利率上漲；倘如上漲後之利率高於他國利率水準，則會使外國資金流向國內，從而增加國內資金的供應量，再使國內利率趨於降低，央行緊縮貨幣政策的效果也就難以發揮了。又如美國在一九八○年代初期的巨額赤

字預算，引起國內利率上漲，但並未對國內投資產生排擠（Crowding out）效果，卽是由於外國資金爲高利率吸引而大量流入美國，補充了國內投資所需的資金。而且在一個開放型的國際社會，此一資金的國際移動，又可引起一國匯率的變動；而匯率的變動，更可導致對外貿易及國內生產的變動，由此又可改變國內資金的供需與利率的水準。總之，利率、匯率及物價三者互爲影響，在理論上，雖可找出三者之間的均衡狀態，但在一個動態的國際經濟中，這種靜態的均衡分析並無任何用處。於此略加提及，只在顯示金融問題之複雜性罷了。

二、外匯的自由與開放

任何國家在其經濟發展的初期，都會對外匯市場加以管制。這是由於外匯乃是一個國家擁有的國外資產，在外匯資產不足時，必須善加利用，尤須防止資本逃避（capital evasion）。我國於民國六十七年七月由行政院宣布新臺幣匯率不再釘住美元而改採機動匯率制度，次年成立外匯市場，七十一年九月至七十八年四月，採用中心匯率制度（根據前一日銀行間美元交易之加權平均訂定之），但前後兩營業日中心匯率之變動幅度上下各不得超過百分之二‧二五。七十八年四月廢止中心匯率制度，凡銀行與顧客的外匯交易金額超過三萬美元者（七十八年七月降爲一萬美元），其匯率得自由議價；八十一年一月取消交易金額低於一萬元的小額外匯交易，其匯率議價不得超過輪值外匯指定銀行所訂匯率上下新臺幣一角之限制。至此我國外匯市場之匯率，表面上已做到完全自由化；惟因資金之匯出與匯入，仍受到相當限制，故仍不能充分發揮自由外匯市場的功能。

我國目前對因正常貿易（包括貨物與勞務）而引起的外匯收付，已不加任何限制，均可如數結匯。惟對非貿易性的資金移動，則仍有相當

限制。就匯出部分而言，原規定公司行號、團體或個人每年得匯出五百萬美元或其他等值外幣。八十三年一月起，公司行號之匯出額度並提高爲一千萬美元。就匯入部分而言，一般民衆匯入款，每年最高額已由初期之五萬美元提高至今日之五百萬美元。八十二年九月，公司行號及團體亦得比照個人享有匯入款五百萬美元之額度，八十三年一月起，更提高爲一千萬美元。

關於超過上項額度之資金移動，則不外基於兩種原因：一是以套利爲目的之短期資金移動，二是以投資爲目的之長期資本移動，在資本證券化的今日，兩者界限極易模糊不清。就第一目的而言，我國係採三階段之開放政策：第一階段允許國內證券投資信託公司赴海外募集資金，第二階段開放外國專業法人來臺投資股市，第三階段開放國外自然人來臺購買股票；目前已進行至第二階段，並預定明年初實施第三階段之開放。惟各階段之開放額度，仍由政府加以限制。例如外國專業法人來臺投資股市的資金，原採總體及個別雙重金額限制，並規定單一外資對個別上市公司的持股比例上限爲百分之五，全體外資對個別上市公司的持股比例上限爲百分之十；今已取消外資總體金額設限，並將比例設限提高爲：單一外資爲百分之七‧五，全體外資爲百分之十五。關於以投資爲目的之長期資本移動，則與下述企業之自由與開放有關。原則上，只要經政府核准之外人投資案件，均可依核准投資金額如數匯入；其投資本金與淨利，亦得依外國人投資條例之規定，辦理結匯。

三、金融業務的自由與開放

金融業務的自由化較前述利息及外匯之自由化更爲廣泛而複雜。歸納言之，則可分爲機構設立之解禁與業務多元化兩方面。後者又與今日實施金融制度有關，茲分別言之。

甲、金融機構之開放　我國於多年前卽已開放多家外資銀行在臺開業,但每年核准家數仍有限制。民國八十年,財政部更一舉核准國人投資經營之新銀行十餘家, 更使國內呈現銀行過多而競爭劇烈之現象。金融機構因其性質特殊, 任何國家均採許可制, 非經政府核准, 不得任意開業, 只其設立條件之寬嚴有所差異罷了。外國銀行在臺設立分行營業, 對其吸收臺幣存款仍有相當限制。例如依現行規定, 外商銀行在臺第一家分行匯入營運資金逾一億五千萬美元, 其後再增設之分行, 每家有營運資金一億二千萬美元, 則其承作新臺幣存款總額, 不受限制; 如未達此標準, 則其收受新臺幣存款總額, 不得超過營運資金的十五倍。

乙、金融業務多元化　依我國銀行法, 我國金融機構之設立, 係採分業專營制度, 卽依融資性質分設不同金融機構經營, 因之除中央銀行外, 另有商業銀行、儲蓄銀行、各種專業銀行及信託投資公司等類別, 其各經營之業務自亦有異。事實上, 相互重疊之處頗多, 專業銀行經營部分商業銀行業務, 商業銀行經營部分專業銀行業務者頗爲普遍。近年外國亦有主張銀行業務多元化或綜合化者, 其利弊得失, 見仁見智, 於此不擬具論。惟就我國而言, 目前尙不具備綜合經營之條件, 且因彼此業務並未嚴格劃分, 亦無綜合經營之必要。況現有商業銀行尙可兼營原屬證券公司經營之證券業務及信託投資公司經營之信託業務, 央行近又核准各銀行開辦「貨幣市場利率融資業務」, 更已侵蝕到現有票據金融公司之業務範圍, 自更不必倡言綜合經營了。

此外, 政府曾於民國七十二年十二月公布「國際金融業務條例」,七十三年四月核准外匯指定銀行設立境外金融業務分行, 辦理金融期貨、利率交換、選擇權等交易, 以及承辦境外客戶之信用狀開發、押匯與通知等業務。截至八十二年底止, 已設立之國際金融業務分行共有三十八家, 其中本國銀行及外商銀行各十九家, 對促進我國金融事業的國

際化至多幫助。其所辦理之境外客戶押匯交易業務，幾有四成爲大陸出口臺灣押匯。在兩岸銀行尚不能直接往來之前，透過境外分行的作業，亦有助於兩岸貿易的資金結算❸。

第六節　我國企業的自由化與國際化

自政府遷來臺灣，由於下列各項原因，政府對企業的設立頗多採取管制政策：㈠由於臺灣資源缺乏，爲提高資源的有效使用，對若干使用稀少資源的企業，採取事前審核之許可制，以免浪費寶貴資源或形成資源供給不足。㈡認爲民生主義乃是一種有計劃的自由經濟，歷年我國均曾訂定所謂四年經建計劃或六年、十年經建計劃，爲達成計劃目標，必須對企業進行相當程度之管制。㈢在臺灣光復以前，原有若干日人經營的大型企業，光復後由我政府接收改爲公營，加以若干認爲具有獨佔性或關鍵性或爲民間不願或無力經營之事業，亦由政府投資經營，在政府保護下形成其壟斷地位。數十年來，隨著國家經濟成長，民營企業雖已躍居重要地位，但仍有許多企業，如鐵道運輸、郵政電信、石油煉製、水電供給及煙酒製造等事業，均仍由政府獨佔經營。有些大型企業雖未禁止民營，但因投資巨大，民間卻步，如能放出部分持股，亦可改爲民營。至於開放何種企業，可由外國人投資經營，自更與企業國際化有關。以下卽就此兩方面加以分析：

一、公營事業的民營化

二次大戰後，歐洲大陸由於社會主義盛行，在社會黨取得政權的國

---

❸　本節各項年月及數字，參看前中央銀行總裁梁國樹「金融自由化國際化的現況與展望」，產業金融第八十三期，交通銀行出版。

家，無不將若干關鍵性的大型企業收歸國有。以英國為例，在工黨執政時期，即曾將英蘭銀行（相當於我國中央銀行）、煤礦、航空、鋼鐵、汽車等大型企業改為國營。法國收歸國營的企業更為廣泛，即一般專業銀行也不例外。但因國營效率太差，虧損累累，一至保守黨執政，乃又紛紛改為民營。一般也視此為推進企業自由化的有效手段。但仍有下列問題有待澄清：（1）公營企業有些是不具獨佔性的，民間也可投資經營，這部分公營企業之民營化，是否為企業自由化所必要？（2）倡導自由經營的亞當・史密斯（Adam Smith），也認為部分經濟事業可由政府辦理，問題在於公營的範圍應如何加以界定？關於後一問題，我們已在本書其他章節中有所論及，不擬贅述。關於前一問題，有人認為採取公民營並存方式，可以防止民營企業趨於壟斷，必要時，並可藉以達成某種政策上的目標，如低價政策或示範作用等。然而，公營企業效率較低，已為公認之不爭事實，殊難以平等地位與民營企業競爭，為求生存，必會利用政府授與之特權，形成不公平的競爭現象。加以從經濟觀點言之，如從經營效率較差之公營企業，移轉其資源與民營企業經營，當能產生更多的經濟效益。至於藉以防止民營企業壟斷或達成其他政策目標，實無必要，因政府儘可利用自身權力為之，而毋須假手於企業之公營也。因之，任何已有民營企業並存的公營企業，我認為均可開放民營（即將官股降至百分之五〇以下）。

我國政府擁有之經濟事業頗為廣泛，政府多年來為配合經濟自由化政策及減輕財政負擔，已在進行公營企業民營化，並已選定若干公共工程開放民營。惟辦理成效不彰，揆其原因：（1）賺錢的公營企業，如石油工業及電力事業等，對國家的財政收入幫助至大，政府捨不得將其改為民營。（2）賠錢的公營事業，如臺灣機械公司、唐榮公司及多年前之中國造船公司等，即使開放民營，也乏人承購（近年造船公司已轉虧為

盈)。(3)有些公營事業與國防安全有關，如郵政、電信及鐵路運輸等，政府似從未考慮改爲民營。實際上，關貿協定也並未規定政府不能經營或獨佔經營經濟事業，而只主張國際貿易或投資不應受到各國歧視或差別待遇，藉以促成貿易條件的一致化。例如煙酒公賣問題，我國以獨佔經營方式，提高公賣價格，而不以合理課稅方式，開放洋煙洋酒自由進口，則是有違貿協精神的。如能將公賣局改爲煙酒公司，並以合理稅率開放自由進口，應無不可。如亦允許民間經營，則應遵守「國民待遇」原則，對國人及外人同時開放，並享受同等的待遇。有些人不明就裡，一味主張政府應放棄所有經濟事業之經營，而置民生主義節制私人資本之原則於不顧，實有矯枉過正之嫌，不足爲取。

二、企業的國際化

自多國公司興起之後，企業國際化卽逐漸成爲一股國際潮流，起初因無一定的國際規範，全賴被投資國的主動開放，或是經由兩國間的雙邊協定所促成。至於投資後所受到的約束或待遇，則視投資國與被投資國雙方力量與需要的強弱而定，殊無客觀的合乎公平的標準可言。GATT 原是以規範有形貿易卽貨物貿易爲內涵的國際協定，但自第八回合的烏拉圭回合談判結束以後，其新增的三項協定中，服務貿易 (Trade in Service) 一項，卽涉及到無形貿易的規範。依其定義，國際服務貿易是指跨越國界提供服務、消費者跨越國界的流動及生產要素跨越國界的流動三者而言。其所包括的項目，計有一百五十多種，約可分成國際運輸業，國際旅遊業，國際金融業，國際保險業，國際訊息處理和傳遞、電腦及資訊服務業，國際顧問服務業，建築及工程承包等勞務輸出業，國際電信服務業，廣告設計、會計管理等項目服務業，國際租賃、維修和保養以及技術指導等售後服務業，國際視聽服務業，教育

衛生、文化、藝術、體育的國際交流服務業，商業批發與零售服務業，其他國際服務業及衛星發射等類別❹。上述這些所謂「服務貿易」，均屬經濟學上第三產業的範圍，在他國經營或提供這些服務，多半須有相當的投資活動，也可說是一種企業國際化的行為。我國多年來對外國人來臺投資，無論其為製造業或服務業，均已採取較為開放的態度，但多對外國人持股的比例加以限制。例如依現行規定，外人投資礦業的股權比例不得超過百分之五○，投資發電業的股權比例不得超過百分之三○，投資船舶運輸業的股權比例不得超過三分之一，投資營造業的股權比例不得超過百分之五○，投資信託業的股權比例不得超過百分之四○，投資證券信託投資業的股權比例不得超過百分之四九等均是。這些限制，雖與國貿協定之「與貿易有關的投資措施」無關，但仍將阻礙外人來臺投資，而有違我國經濟自由化的政策。最近經濟部已檢討放寬限制問題，一俟層峯核准，即可實施。又在本章第五節中所述及之金融國際化中，亦知我國對於外人投資我國金融業與證券業，也是逐步採取開放政策的，故未再贅。

至於 GATT 新規定之其他兩項，即智慧財產權的保護及有關貿易的投資措施兩項，我國亦曾配合實施。先就智慧財產權而言，包括著作權、版權、專利權及貿易機密等。我國曾於民國六十二年修訂出版法，八十二年修訂著作權法，八十三年修訂專利法，對外國人在其國家給予我國人民相同之保護、或有國際或雙邊協定之互惠規範者，外國人亦得與我國人民享有相同之受保護權利。雖在著作權法中有所謂「強制授權」條款之規定❺，在專利法中亦有「不予發明專利」之條款，但均予以嚴

❹ 參看洪坤廉、洪可人：「評述『烏拉圭回合』三大新議題」，財經研究一九九四年第八期，上海財經大學出版。

❺ 所謂著作利用之強制授權，係指各種著作於發行一定期間後，已無法找

格之適用限制，對關貿協定之規定應無牴觸。再就有關貿易的投資措施
一項言之，有些投資措施是與貿易無關的，例如前述外人持股比例的限
制，就是如此。而與貿易有關的投資措施，例如限定外資企業須在本國
購買一定比例的零組件，亦即我國所稱之自製率；又如限定外資企業使
用進口外匯不得超過其出口所得外匯的某一比例；或者限定外資企業須
以其產品的某一比例銷往其他國家等均是，這些都是違反關貿協定的。
我國初期對外資企業即常有這些限制，但已逐漸予以取消。惟簽約國遵
行關貿協定之條款時，仍可視其開發的程度，給予一定的緩衝期。例如
有關農業品的貿易，即常給以一定年限內逐漸降低稅率或逐年開放進口
之優惠，以使開發中之國家有一調適時間，得以減輕其所遭受的損害。

第七節　籌設亞太營運中心及對外投資政策

一、籌設亞太營運中心的內涵與理由

　　民國八十四年元月五日，行政院通過「發展亞太營運中心計劃」，依
行政院連院長的說詞，其具體構想分為兩部分：一是進行總體經濟的調
適，將臺灣建設成為一個高度自由開放的經濟體，以塑造發展亞太營運
中心的大環境；二是根據臺灣不同的經濟條件，發展特定功能的專業營
運中心，並區分為製造中心、海運中心、空運中心、金融中心、電信中
心、媒體中心等六種專業營運中心。這是一項跨世紀的偉大計劃，政府

到原著作或其翻譯本，而為教學、研究或調查之目的，雖盡相當努力仍無法聯
絡著作財產權人致不能取得授權，或曾要求著作財產權人授權而無法達成協議
者，得申請主管機關許可強制授權，於提付使用報酬後，可准翻譯、印刷或類
似之重製方式發行之。前項申請，通常須於經過一定期間後始予許可。

在積極爭取加入世界貿易組織的同時，其所以有此構想，我認爲應具有下列幾項理由：

第一，由於中共政權即將在一九九七年收回香港，而香港則是現今亞洲重要的商貿中心之一，我國亟欲趁此機會取而代之。然而，吾人幾可斷定中共在收回香港後，必將在其所謂一國兩制下保持香港之原有商貿地位，臺灣是否具有較香港更爲優越的條件，乃是我國亞太營運中心計劃能否成功的主要關鍵。如純從經濟的條件著眼，臺灣的地域遠較香港爲大，加上技術條件優越，自應易於發展成亞太製造中心。惟臺灣亦在勞力缺乏、電力不足、環保抗爭等幾方面爲外商所詬病，除非對此迅速有所改善，前途仍是不可樂觀的。至於其他五種中心所需之經濟條件，臺灣與香港之間，似無顯著差別。如將政治條件加入考慮，則臺灣地位反較香港爲差。因爲中共收回香港，已成一確定因素，外商顧慮較少；而臺灣則在兩岸關係尚不確定的情況下，反成外商在作長期策劃時所須考慮的重要因素。

第二，由於我國積極爭取加入世界貿易組織及擴大我國的國際生存空間，近年已在行政及立法措施上爲經濟自由化與國際化做好舖路的工作；進一步推進亞太營運中心，只是水到渠成，輕而易舉罷了。

第三，由於臺灣資源缺乏，我國近幾十年來的經濟發展，已逐漸產生嚴重的瓶頸現象，必須有所突破，才能繼續開展新局。其中又以土地價昂及工資高漲兩個問題最爲嚴重，此亦爲近年我國若干產業外移之重要原因。如不設法阻遏此一逆流，勢將出現所謂「產業空洞化」之危險。爲挽回此一頹勢，必須進行下列兩方面的改革：（1）放棄農業包袱，不再對稻米及雜糧等給予過份的保護，並逐漸釋出部分農地及農業勞動，以供發展其他產業的需要。（2）發展以服務爲目的之第三級產業。隨著經濟發展，第三級產業之比重原會逐漸增加，民國八十三年我國服

務業的產值已達到國內生產毛額 (GDP) 百分之四九・一，比十年前增加了十一個百分點，惟在亞洲四小龍中仍居末位（韓國爲五一・九六，新加坡爲六五・八二，香港爲六九・四一），更不必與美日等國相較了。此次我國提出的發展亞太營運中心方案，其中除製造中心外，其餘五個營運中心均屬服務業範圍。它們所需的土地並不太多（並可利用已有的土地設施如碼頭及機場是），雖其需要的人力較多，但亦可利用農業釋放出來的勞力，故無問題。

　　由於上述三項理由，亞太營運中心之設立，已獲朝野共識，無人加以反對。惟其能否成功，則仍視其他條件能否滿足而定。

二、亞太營運中心成功的必要條件

　　民國八十四年四月廿八日，亞太營運協調服務中心曾邀請在臺外商與經貿官員及業界代表舉行座談會，一面宣達政府籌設亞太營運中心的訊息，一面聽取外商對此計劃的意見。歸納外商的看法及衡量主客觀形勢，亞太營運中心如欲吸引外商投入，仍須滿足下列幾項條件：

　　1. 優惠的租稅待遇　我國雖有產業升級條例，並可適用於外資企業，但其所指產業的範圍，並無明確規定。如從行政院每二年檢討一次之適用範圍觀之，似以製造業爲主，如欲廣泛適用於服務業，必須修訂產業升級條例或另訂其他法規。最近經濟部爲鼓勵國內外跨國企業，將其研發、製造及行銷中心設在臺灣，而達一定規模者，正研擬修訂產升條例給予五年免徵營利事業所得稅之優惠，希望藉此帶動運輸、金融、保險及行銷等業務的發展。至於五年免稅之後的長期稅負，過去獎勵投資條例尚有「生產事業之營利事業所得稅及附加捐總額，不得超過其全年課稅所得額百分之二十五」的規定，若干重要企業尚可減爲百分之二〇，現今產升條例中對此並無規定。據知香港對於外商企業的稅負總和規定不

超過百分之二〇，我國則接近百分之四〇；新加坡對外商設立之營運總部，僅課徵百分之十的營利事業所得稅，我國則為百分之廿五。今後必須在租稅優惠方面作進一步的減免，才能增加其對外商的吸引力。

2. 良好的基礎設施　外人來華投資，最重視基礎設施是否完備。其中又以水電、運輸及通訊三項尤為重要。我國在此一方面原居優勢地位，但近年由於經濟發展快速，公共設施已顯現嚴重落後現象，能源供給更居亞洲四小龍之末，必須急起直追，速謀改善。

3. 低廉的生產成本　生產成本中以土地成本與勞動成本最關緊要。而此兩項成本，在臺均屬偏高，已為外商一致所詬病。目前由於引進外國勞工，仍多限制，如能設法提高勞動生產力，則可抵消部分工資上漲的壓力。而抑制土地成本，則有賴於政府開闢更多的工業或科技專區，以合理價格供應外商用地，政府現已朝此方向進行，應無多大問題。

4. 廣大的周邊市場　設置亞太營運中心的目的，是在以臺灣為中心，發展亞太地區的經貿活動，因之周邊市場的開拓極為重要。在外商眼中，中國大陸才是臺灣最重要的周邊市場，如兩岸關係不能穩定發展，則臺灣設置營運中心，即無憑藉可言。至於對東南亞之經貿活動，臺灣並非居於中心之地位，欲取代新加坡之地位，仍有困難。

5. 較少的行政干預　就我國現行法規而言，仍不脫其裹小腳的心態。對外商來臺投資經濟事業，一方面在租稅方面給以優惠，另一方面又在其設立與經營方面設定許多限制性的條件。例如承包工程的資格設限、投資比例的設限、盈餘分配的設限、經營業務的設限、外籍人士來臺居留的設限等均是。如何修改法令以放寬一些不必要的限制，亦為外商頗為重視的問題。

6. 良好而穩定的兩岸關係　此點已在前述第 4 項中提及，但並非我方單獨可以改善。事實上，中共在香港收回後亦有維持其原為營運中

心之意願，當不願對臺灣形成亞太營運中心的政策給以熱烈的支持。而
在當前的政治形勢下，欲大幅度地改善兩岸關係，亦不可得。任何兩岸
關係的緊張，都會影響外商來臺投資的意願，也是外商最不放心而又難
以控制的因素。

三、大陸投資及南向發展政策

　　籌建亞太營運中心是以吸收外資為目的之政策，並藉以增強我國在
亞太地區之經濟地位。過去我政府並不鼓勵國人向外投資，幾年前由於
國內工資高漲，土地取得不易，逼使部分企業出走國外，尤以中國大陸
為多，政府為此擔心臺灣產業空洞化，而喊出「根留臺灣」之號召。近
年來發覺透過香港的轉口貿易不斷增加，且形成貿易出超現象，始知對
大陸投資亦可增加我國原材料或零組件之對大陸出口，於我經濟發展具
有正面效益，然後改變昔日態度，採取「不鼓勵亦不阻撓」之政策，只
要求投資大陸的臺商，向經濟部具實登記，如獲核可，並可依核定金額
結匯輸出。在此之前，臺商早已偷跑投資大陸，形成部分外匯之逃漏；
後因政府放寬自由匯款的額度，亦成為大陸投資的合法來源。依據官方
報告，近四年經濟部核准臺商赴大陸投資案件逾一萬件，金額高達美金
四十五億五千萬元。其中以上海、深圳、東莞、廈門、廣州投資最多，
共計十七億四千萬美元。主要投資產業多係利用勞力及原料加工生產之
製造業，約佔總投資件數百分之七五，總投資金額百分之八〇。近兩年
來由於大陸內銷市場逐步開放，且大力發展服務業，因之非製造業投資
亦有明顯增加的趨勢。惟據大陸官方報告，一九九四年中，臺商投資大
陸的資金即有三十三億九千萬美元，僅次於港澳客商，可見臺商投入大
陸的資金，仍有部分來自出口所得外匯。目前共已投資多少，我方並無
正確統計，一般估計應在美金兩百億元以上。

除對大陸投資外，近年政府亦採取南向投資政策，鼓勵臺商向東南亞國家及中南半島國家發展。尤以東南亞各國華僑衆多，與我關係原本良好，加以資源豐富、市場廣大，實爲臺商開拓經濟領域之良好地區，據悉國人在此一地區之投資已達二百億美元以上。自近年李登輝總統非正式訪問新加坡、印尼、泰國與菲律賓之後，對該地區之投資更成倍數增加。除緬甸與寮國外，其他國家均已與我簽署商務設處協議；今年並與印度達成設處協議，中南半島其他國家也可能跟進。目前我國對東南亞之投資，似無任何獎勵措施，僅輸出入銀行辦理海外投資保險，對經政府核准之對外投資案件，承保其因國外政治危險而不能收回其投資本息或紅利之損失，似嫌不足。

總之，臺灣爲一島國經濟型態，本身兼又缺乏自然資源，過去以其廉價的勞工與優秀的人力，得以加工經濟成長茁壯，贏得亞洲四小龍之一的美名，及成就傲視全球的「臺灣經濟奇蹟」。惟時移勢易，隨著大陸經濟崛起，臺灣產品出口競爭力已有逐年衰退的現象。根據經濟部國貿局針對兩岸產品在國際市場佔有率變化所作的調查研究報告，一九八六年，臺灣產品在美國佔有率爲百分之五‧三五，大陸產品只有百分之一‧二九；到一九九三年，臺灣產品降至百分之四‧三五，大陸產品則升至百分之五‧四七。在日本市場佔有率，同期間內，臺灣產品由百分之三‧六五僅上升到百分之四‧〇二，而大陸產品則由百分之四‧四八劇升至百分之八‧六五。又據經濟部另一分析報告指出，近年來由於東南亞及南亞國家迅速崛起，對亞洲四小龍構成嚴重威脅。如就十八個新興工業化國家比較，臺灣經濟的競爭力，民國八十一年僅次於新加坡，居第二位；八十二年被香港超越，退居第三；八十三年，則再被馬來西亞趕上。今後如不急起直追，迅謀改善，前途不堪設想。而向大陸及東南亞擴展經貿活動，實爲延伸我國經濟腹地，重獲經濟第二春的唯一捷

徑，而籌設亞太營運中心亦具有相輔相成的作用。自然，改善國內投資環境，提昇我國科技水準，改變我國產業結構，更爲自我努力的目標。只有從多方面著手進行全方位的經濟改造，才能確保及延續昔日的經濟成就，在國際競爭中立於不敗的地位。

三民大專用書書目 —— 國父遺教

三民主義	孫	文	著		
三民主義要論	周 世 輔	編著		政 治 大 學
大專聯考三民主義複習指要	涂 子 麟	著		中 山 大 學
建國方略建國大綱	孫 文	著		
民權初步	孫 文	著		
國父思想	涂 子 麟	著		中 山 大 學
國父思想	周 世 輔	著		政 治 大 學
國父思想新論	周 世 輔	著		政 治 大 學
國父思想要義	周 世 輔	著		政 治 大 學
國父思想綱要	周 世 輔	著		政 治 大 學
中山思想新詮				
—— 總論與民族主義	周世輔、周陽山	著		政 治 大 學
中山思想新詮				
—— 民權主義與中華民國憲法	周世輔、周陽山	著		政 治 大 學
國父思想概要	張 鐵 君	著		
國父遺教概要	張 鐵 君	著		
國父遺教表解	尹 讓 轍	著		
三民主義要義	涂 子 麟	著		中 山 大 學
三民主義要義	柯 芳 枝	著		臺 灣 大 學
國父思想	周世輔、周陽山	著		政 治 大 學

三民大專用書書目——法律

中華民國憲法與立國精神	胡　佛、沈清松、石之瑜、周陽山　著	臺灣大學、政治大學、臺灣大學、臺灣大學
中國憲法新論（修訂版）	薩孟武　著	臺灣大學
中國憲法論（修訂版）	傅肅良　著	中興大學
中華民國憲法論（最新版）	管　歐　著	東吳大學
中華民國憲法概要	曾繁康　著	臺灣大學
中華民國憲法論	林騰鷂　著	東海大學
中華民國憲法論	陳志華　著	中興大學
大法官會議解釋彙編	本局編輯部	
中華民國憲法逐條釋義（一）～（四）	林紀東　著	臺灣大學
比較憲法	鄒文海　著	政治大學
比較憲法	曾繁康　著	臺灣大學
美國憲法與憲政	荊知仁　著	政治大學
國家賠償法	劉春榮　著	輔仁大學
民法總整理（增訂版）	曾榮振　著	律師
民法概要	鄭玉波　著	臺灣大學
民法概要	劉宗榮　著	臺灣大學
民法概要	何孝元著、李志鵬修訂	前司法院大法官
民法概要	董世芳　著	實踐學院
民法概要	朱鈺洋　著	屏東商專
民法概要	郭振恭　著	東海大學
民法總則	鄭玉波　著	臺灣大學
民法總則	何孝元著、李志鵬修訂	前司法院大法官
判解民法總則	劉春堂　著	輔仁大學
民法債編總論	戴修瓚　著	
民法債編總論	鄭玉波　著	臺灣大學
民法債編總論	何孝元　著	
民法債編各論	戴修瓚　著	
判解民法債篇通則	劉春堂　著	輔仁大學
民法物權	鄭玉波　著	臺灣大學
判解民法物權	劉春堂　著	輔仁大學
民法親屬新論	陳棋炎、黃宗樂、郭振恭　著	臺灣大學
民法繼承	陳棋炎　著	臺灣

公司法要義	柯芳枝著	臺灣大學
民法繼承論	羅鼎著	
民法繼承新論	陳棋炎、黃宗樂、郭振恭著	臺灣大學
商事法新論	王立中著	中興大學
商事法		
商事法論（緒論、商業登記法、公 　司法、票據法）（修訂版）	張國鍵著	臺灣大學
商事法論（保險法）	張國鍵著	臺灣大學
商事法要論	梁宇賢著	中興大學
商事法概要	張國鍵著、梁宇賢修訂	臺灣大學
商事法概要（修訂版）	蔡蔭恩著、梁宇賢修訂	中興大學
商事法要義	劉渝生著	東海大學
商事法	潘維大、羅美隆、范建得合著	東吳大學
公司法	鄭玉波著	臺灣大學
公司法論（增訂版）	柯芳枝著	臺灣大學
公司法論	梁宇賢著	中興大學
公司法要義	柯芳枝著	臺灣大學
票據法	鄭玉波著	臺灣大學
海商法	鄭玉波著	臺灣大學
海商法論	梁宇賢著	中興大學
保險法論（增訂版）	鄭玉波著	臺灣大學
保險法規（增訂版）	陳俊郎著	成功大學
合作社法論	李錫勛著	政治大學
民事訴訟法概要	莊柏林著	律師
民事訴訟法釋義	石志泉原著、楊建華修訂	文化大學
民事訴訟法論（上）（下）	陳計男著	司法院大法官
破產法	陳榮宗著	臺灣大學
破產法論	陳計男著	司法院大法官
刑法總整理	曾榮振著	律師
刑法總論	蔡墩銘著	臺灣大學
刑法各論	蔡墩銘著	臺灣大學
刑法特論（上）（下）	林山田著	臺灣大學
刑法概要	周冶平著	臺灣大學
刑法概要	蔡墩銘著	臺灣大學
刑法之理論與實際	陶龍生著	律師
刑事政策	張甘妹著	臺灣大學
刑事訴訟法論	黃東熊著	中興大學
刑事訴訟法論	胡開誠著	監察委員

最新六法全書　　　　　　　　陶 百 川　編　　國 策 顧 問
基本六法
憲法、民法、刑法（最新增修版）
行政法總論　　　　　　　　　黃　　異　著　　海 洋 大 學

三民大專用書書目 —— 行政・管理

行政學	張潤書 著	政治大學
行政學	左潞生 著	中興大學
行政學	吳瓊恩 著	政治大學
行政學新論	張金鑑 著	政治大學
行政學概要	左潞生 著	中興大學
行政管理學	傅肅良 著	中興大學
行政生態學	彭文賢 著	中興大學
人事行政學	張金鑑 著	政治大學
人事行政學	傅肅良 著	中興大學
各國人事制度	傅肅良 著	中興大學
人事行政的守與變	傅肅良 著	中興大學
各國人事制度概要	張金鑑 著	政治大學
現行考銓制度	陳鑑波 著	
考銓制度	傅肅良 著	中興大學
員工考選學	傅肅良 著	中興大學
員工訓練學	傅肅良 著	中興大學
員工激勵學	傅肅良 著	中興大學
交通行政	劉承漢 著	成功大學
陸空運輸法概要	劉承漢 著	成功大學
運輸學概要（增訂版）	程振粵 著	臺灣大學
兵役理論與實務	顧傳型 著	
行為管理論	林安弘 著	德明商專
組織行為管理	龔平邦 著	逢甲大學
行為科學概論	龔平邦 著	逢甲大學
行為科學概論	徐道鄰 著	
行為科學與管理	徐木蘭 著	臺灣大學
組織行為學	高尚仁、伍錫康 著	香港大學
組織行為學	藍采風、廖榮利 著	美國波里斯大學 臺灣大學
組織原理	彭文賢 著	中興大學
實用企業管理學（增訂版）	解宏賓 著	中興大學
企業管理	蔣靜一 著	逢甲大學
企業管理	陳定國 著	臺灣大學
國際企業論	李蘭甫 著	東吳大學
企業政策	陳光華 著	交通大學

企業概論	陳定國	著	臺灣大學
管理新論	謝長宏	著	交通大學
管理概論	郭崑謨	著	中興大學
管理個案分析（增訂新版）	郭崑謨	著	中興大學
企業組織與管理	郭崑謨	著	中興大學
企業組織與管理（工商管理）	盧宗漢	著	中興大學
企業管理概要	張振宇	著	中興大學
現代企業管理	龔平邦	著	逢甲大學
現代管理學	龔平邦	著	逢甲大學
管理學	龔平邦	著	逢甲大學
文檔管理	張翊	著	郵政研究所
事務管理手冊	行政院新聞局	編	
現代生產管理學	劉一忠	著	舊金山州立大學
生產管理	劉漢容	著	成功大學
管理心理學	湯淑貞	著	成功大學
品質管制（合）	柯阿銀	譯	中興大學
品質管理	戴久永	著	交通大學
品質管制	徐世輝	著	臺灣工業技術學院
品質管理	鄭春生	著	元智工學院
生產與作業管理	潘俊明	著	臺灣工業技術學院
可靠度導論	戴久永	著	交通大學
人事管理（修訂版）	傅肅良	著	中興大學
人力資源策略管理	何永福、楊國安	著	政治大學
作業研究	林照雄	著	輔仁大學
作業研究	楊超然	著	臺灣大學
作業研究	劉一忠	著	舊金山州立大學
作業研究	廖慶榮	著	台灣技術學院
作業研究題解	廖慶榮	著	台灣技術學院
數量方法	葉桂珍	著	成功大學
系統分析	陳進	編著	聖瑪利大學
秘書實務	黃正興	編著	實踐學院
市場調查	方世榮	著	雲林技術學院

三民大專用書書目──經濟‧財政

書名	著者	著譯	任教學校
經濟學新辭典	高叔康	編	
經濟學通典	林華德	著	臺灣大學
經濟思想史	史考特	著	
西洋經濟思想史	林鐘雄	著	臺灣大學
歐洲經濟發展史	林鐘雄	著	臺灣大學
近代經濟學說	安格爾	著	
比較經濟制度	孫殿柏	著	政治大學
經濟學原理	密爾	著	
經濟學原理（增訂版）	歐陽勛	著	政治大學
經濟學導論	徐育珠	著	南康乃狄克州立大學
經濟學概要	趙鳳培	著	政治大學
經濟學（增訂版）	歐陽勛、黃仁德	著	政治大學
通俗經濟講話	邢慕寰	著	香港大學
經濟學（新修訂版）（上）（下）	陸民仁	著	政治大學
經濟學概論	陸民仁	著	政治大學
國際經濟學	白俊男	著	東吳大學
國際經濟學	黃智輝	著	東吳大學
個體經濟學	劉盛男	著	臺北商專
個體經濟分析	趙鳳培	著	政治大學
總體經濟分析	趙鳳培	著	政治大學
總體經濟學	鐘甦生	著	西雅圖銀行
總體經濟學	張慶輝	著	政治大學
總體經濟理論	孫震	著	國防部
數理經濟分析	林大侯	著	臺灣大學
計量經濟學導論	林華德	著	臺灣大學
計量經濟學	陳正澄	著	臺灣大學
經濟政策	湯俊湘	著	中興大學
平均地權	王全祿	著	內政部
運銷合作	湯俊湘	著	中興大學
合作經濟概論	尹樹生	著	中興大學
農業經濟學	尹樹生	著	中興大學
凱因斯經濟學	趙鳳培	譯	政治大學
工程經濟	陳寬仁	著	中正理工學院
銀行法	金桐林	著	中興銀行

銀行法釋義	楊承厚編著	銘傳管理學院
銀行學概要	林葭蕃著	
商業銀行之經營及實務	文大熙著	
商業銀行實務	解宏賓編著	中興大學
貨幣銀行學	何偉成著	中正理工學院
貨幣銀行學	白俊男著	東吳大學
貨幣銀行學	楊樹森著	文化大學
貨幣銀行學	李穎吾著	臺灣大學
貨幣銀行學	趙鳳培著	政治大學
貨幣銀行學	謝德宗著	臺灣大學
貨幣銀行——理論與實際	謝德宗著	臺灣大學
現代貨幣銀行學（上）（下）（合）	柳復起著	澳洲新南威爾斯大學
貨幣學概要	楊承厚著	銘傳管理學院
貨幣銀行學概要	劉盛男著	臺北商專
金融市場概要	何顯重著	
金融市場	謝劍平著	政治大學
現代國際金融	柳復起著	澳洲新南威爾斯大學
國際金融理論與實際	康信鴻著	成功大學
國際金融理論與制度（修訂版）	歐陽勛、黃仁德編著	政治大學
金融交換實務	李麗著	中央銀行
衍生性金融商品	李麗著	中央銀行
財政學	李厚高著	行政院
財政學	顧書桂著	
財政學（修訂版）	林華德著	臺灣大學
財政學	吳家聲著	財政部
財政學原理	魏萼著	臺灣大學
財政學概要	張則堯著	政治大學
財政學表解	顧書桂著	
財務行政（含財務會審法規）	莊義雄著	成功大學
商用英文	張錦源著	政治大學
商用英文	程振粵著	臺灣大學
貿易英文實務習題	張錦源著	政治大學
貿易契約理論與實務	張錦源著	政治大學
貿易英文實務	張錦源著	政治大學
貿易英文實務習題	張錦源著	政治大學
貿易英文實務題解	張錦源著	政治大學
信用狀理論與實務	蕭啟賢著	輔仁大學
信用狀理論與實務	張錦源著	政治大學

國際貿易	李穎吾 著	臺灣大學
國際貿易	陳正順 著	臺灣大學
國際貿易概要	何顯重 著	
國際貿易實務詳論（精）	張錦源 著	政治大學
國際貿易實務	羅慶龍 著	逢甲大學
國際貿易實務新論	張錦源、康惠芬 著	政治大學
國際貿易實務新論題解	張錦源、康惠芬 著	政治大學
國際貿易理論與政策（修訂版）	歐陽勛、黃仁德 編著	政治大學
國際貿易原理與政策	黃仁德 著	政治大學
國際貿易原理與政策	康信鴻 著	成功大學
國際貿易政策概論	余德培 著	東吳大學
國際貿易論	李厚高 著	行政院
國際商品買賣契約法	鄧越今 編著	外貿協會
國際貿易法概要（修訂版）	于政長 著	東吳大學
國際貿易法	張錦源 著	政治大學
國際政治經濟學 —— 現代富強新論	戴鴻超 著	底特律大學
外匯投資理財與風險	李麗 著	中央銀行
外匯、貿易辭典	于政長 編著 張錦源 校訂	東吳大學 政治大學
貿易實務辭典	張錦源 編著	政治大學
貿易貨物保險（修訂版）	周詠棠 著	中央信託局
貿易慣例 —— FCA、FOB、CIF、 CIP等條件解說	張錦源 著	政治大學
國際匯兌	林邦充 著	長榮學院
國際匯兌	于政長 著	東吳大學
國際行銷管理	許士軍 著	臺灣大學
國際行銷	郭崑謨 著	中興大學
國際行銷（五專）	郭崑謨 著	中興大學
國際行銷學	陳正男 著	成功大學
行銷學通論	龔平邦 著	逢甲大學
行銷學	江顯新 著	中興大學
行銷管理	郭崑謨 著	中興大學
行銷管理	陳正男 著	成功大學
海關實務（修訂版）	張俊雄 著	淡江大學
實用國際行銷學	江顯新 著	中興大學
市場調查	方世榮 著	雲林技術學院
保險學（增訂版）	湯俊湘 著	中興大學
保險學概要	袁宗蔚 著	政治大學

會計制度設計之方法	趙仁達 著	
銀行會計	文大熙 著	
銀行會計（上）（下）	李兆萱、金桐林 著	臺灣大學等
銀行會計實務	趙仁達 著	
初級會計學（上）（下）	洪國賜 著	淡水學院
中級會計學（上）（下）	洪國賜 著	淡水學院
中級會計學題解	洪國賜 著	淡水學院
中等會計（上）（下）	薛光圻、張鴻春 著	西東大學
會計辭典	龍毓珊 譯	
會計學（上）（下）	幸世間 著	臺灣大學
會計學題解	幸世間 著	臺灣大學
會計學（初級）（中級）（高級）（上）（中）（下）	蔣友文 著	
會計學概要	李兆萱 著	臺灣大學
會計學概要習題	李兆萱 著	臺灣大學
成本會計	張昌齡 著	成功大學
成本會計（上）（下）	洪國賜 著	淡水學院
成本會計題解（增訂版）	洪國賜 著	淡水學院
成本會計	盛禮約 著	淡水學院
成本會計習題	盛禮約 著	淡水學院
成本會計概要	童綷 著	
管理會計	王怡心 著	中興大學
管理會計習題與解答	王怡心 著	中興大學
政府會計	李增榮 著	政治大學
政府會計（修訂版）	張鴻春 著	臺灣大學
政府會計題解	張鴻春 著	臺灣大學
稅務會計	卓敏枝、盧聯生、莊傳成 著	臺灣大學
財務報表分析	洪國賜、盧聯生 編著	淡水學院
財務報表分析題解	洪國賜 編	淡水學院
財務報表分析	李祖培 著	中興大學
財務管理（增訂版）	張春雄、林烱垚 著	政治大學
財務管理（增訂新版）	黃柱權 著	政治大學
公司理財	黃柱權 著	政治大學
公司理財	文大熙 著	

朱算學（上）（下）	邱	桃	弘	著	商 專
朱算學（上）（下）	楊	英	約	著	中 工 商 學
商業簿記（上）（下）	盛	渠	禮	著	臺 淡 水 大 學
商用統計學	顏	月	珠	著	臺 灣 大 學
商用統計學題解	顏	月	珠	著	臺 灣 大 學
商用統計學	劉	一	忠	著	舊金山州立大學
統計學（修訂版）	柴	松	林	著	交 通 大 學
統計學	劉	南	溟	著	臺 灣 大 學
統計學	張	浩	鈞	著	臺 灣 大 學
統計學	楊	維	哲	著	臺 灣 大 學
統計學	張	健	邦	著	政 治 大 學
統計學題解	蔡 淑 女			著 校訂	政 治 大 學
	張 健 邦				
現代統計學	顏	月	珠	著	臺 灣 大 學
現代統計學題解	顏	月	珠	著	臺 灣 大 學
統計學	顏	月	珠	著	臺 灣 大 學
統計學題解	顏	月	珠	著	臺 灣 大 學
推理統計學	張	碧	波	著	銘傳管理學院
應用數理統計學	顏	月	珠	著	臺 灣 大 學
統計製圖學	宋	汝	濬	著	臺 中 商 專
統計概念與方法	戴	久	永	著	交 通 大 學
統計概念與方法題解	戴	久	永	著	交 通 大 學
回歸分析	吳	宗	正	著	成 功 大 學
變異數分析	呂	金	河	著	成 功 大 學
抽樣方法	儲	金	滋	著	成 功 大 學
抽樣方法——理論與實務	鄧光甫、韋端			著	行政院主計處
商情預測	鄭	碧	娥	著	成 功 大 學
審計學	殷文俊、金世朋			著	政 治 大 學
管理數學	謝	志	雄	著	東 吳 大 學
管理數學	戴	久	永	著	交 通 大 學
管理數學題解	戴	久	永	著	交 通 大 學
商用數學	薛	昭	雄	著	政 治 大 學
商用數學（含商用微積分）	楊	維	哲	著	臺 灣 大 學
線性代數（修訂版）	謝	志	雄	著	東 吳 大 學
商用微積分	何	典	恭	著	淡 水 學 院
商用微積分題解	何	典	恭	著	淡 水 學 院
微積分	楊	維	哲	著	臺 灣 大 學
微積分（上）（下）	楊	維	哲	著	臺 灣 大 學

淡水學院　何典恭　著　　微積分

中山大學　姚任之　著　　微積分

臺灣大學　楊維哲　著　　大二微積分

交通大學　戴久永　著　　機率導論